权威·前沿·原创

皮书系列为
"十二五""十三五"国家重点图书出版规划项目

BLUE BOOK

智库成果出版与传播平台

河南省社会科学哲学社会科学创新工程试点项目

河南蓝皮书
BLUE BOOK OF HENAN

河南能源发展报告（2022）
ANNUAL REPORT ON HENAN'S ENERGY DEVELOPMENT (2022)

碳达峰碳中和与能源绿色发展

主　编／魏澄宙　谷建全
副主编／刘湘荙　王玲杰　白宏坤　杨　萌

社会科学文献出版社
SOCIAL SCIENCES ACADEMIC PRESS (CHINA)

图书在版编目(CIP)数据

河南能源发展报告.2022：碳达峰碳中和与能源绿色发展/魏澄宙，谷建全主编.－－北京：社会科学文献出版社，2021.12
（河南蓝皮书）
ISBN 978－7－5201－9561－4

Ⅰ.①河… Ⅱ.①魏… ②谷… Ⅲ.①能源发展－研究报告－河南－2022 Ⅳ.①F426.2

中国版本图书馆CIP数据核字（2021）第270775号

河南蓝皮书
河南能源发展报告（2022）
——碳达峰碳中和与能源绿色发展

| 主　　编 / 魏澄宙　谷建全 |
| 副 主 编 / 刘湘苡　王玲杰　白宏坤　杨　萌 |

出 版 人 / 王利民
组稿编辑 / 任文武
责任编辑 / 李　淼
文稿编辑 / 杨鑫磊
责任印制 / 王京美

出　　版 / 社会科学文献出版社·城市和绿色发展分社（010）59367143
　　　　　 地址：北京市北三环中路甲29号院华龙大厦　邮编：100029
　　　　　 网址：www.ssap.com.cn

发　　行 / 市场营销中心（010）59367081　59367083
印　　装 / 天津千鹤文化传播有限公司

规　　格 / 开　本：787mm×1092mm　1/16
　　　　　 印　张：24.5　字　数：368千字
版　　次 / 2021年12月第1版　2021年12月第1次印刷
书　　号 / ISBN 978－7－5201－9561－4
定　　价 / 128.00元

本书如有印装质量问题，请与读者服务中心（010－59367028）联系

▲ 版权所有 翻印必究

《河南能源发展报告（2022）》
编　委　会

主　编　魏澄宙　谷建全

副主编　刘湘苾　王玲杰　白宏坤　杨　萌

委　员　（以姓氏笔画为序）

丁志强　卜飞飞　于昊正　马青坡　王　艳
王　略　王　涵　王元亮　王世谦　王佳佳
王圆圆　王攀科　毛玉宾　尹　硕　邓方钊
邓振立　卢　玮　田春筝　付　涵　邢鹏翔
华远鹏　刘　航　刘　博　刘军会　刘保枝
许长清　李　科　李　鹏　李虎军　李秋燕
李倩倩　李慧璇　杨钦臣　邱国卓　余晓鹏
张　平　张艺涵　张晓东　张鸿雁　陈　兴
陈　莹　陈鹏浩　邵颖彪　范　磊　罗　潘
金　曼　周显达　郑永乐　孟恩超　赵文杰
郝元钊　皇甫霄文　秦开明　秦军伟　贾一博
柴　喆　郭长辉　郭兴五　郭培源　彭俊杰
蒋小亮　韩　丁　谢安邦　路　尧

主要编撰者简介

魏澄宙 女,河南漯河人,国网河南省电力公司经济技术研究院院长,正高级会计师。长期从事能源电力发展、能源数据分析、宏观战略咨询、企业经营管理等领域研究,全面负责河南省能源大数据中心和兰考农村能源互联网平台建设工作,先后荣获多项省部级科技创新、管理创新成果奖励。

谷建全 男,河南唐河人,河南省社会科学院院长,研究员,经济学博士,博士生导师。国家"万人计划"首批人选、国家哲学社会科学领军人才、国务院特殊津贴专家、文化名家暨全国宣传文化系统"四个一批"优秀人才、河南省优秀专家。中国劳动经济学会副会长、河南省信息化专家委员会副主任委员。主要从事产业经济、科技经济、区域经济研究。近年来,公开发表学术论文200余篇,出版学术论著15部,主持国家级、省级重大研究课题30余项。

摘　要

本书由国网河南省电力公司经济技术研究院与河南省社会科学院共同编撰，以"碳达峰碳中和与能源绿色发展"为主题，深入系统分析了2021年河南能源发展态势，并对2022年发展形势进行了研判。全方位、多角度研究和探讨了河南能源行业统筹疫情防控和经济社会发展，扎实推进灾后重建、能源保供、绿色转型的各项举措及成效，围绕加快构建清洁低碳、安全高效的现代能源体系提出了有关对策建议，以期为政府部门施政决策、能源行业咨询研究、社会公众了解河南能源发展提供参考。全书包括总报告、行业发展篇、碳达峰碳中和篇、调查分析篇、专题研究篇五部分。

总报告是河南能源运行的年度分析报告，阐明了对2021年河南能源发展态势和2022年预测展望的基本观点，提出了加快构建现代能源体系、推动绿色低碳转型相关建议。2021年，面对错综复杂的内外部环境、艰巨繁重的改革发展任务，特别是灾情、疫情的冲击，河南能源行业深入贯彻习近平总书记视察河南重要讲话精神与重要指示要求，全面落实省委省政府决策部署，锚定"两个确保"，坚持"项目为王"，统筹推进疫情防控、灾后重建和能源保供各项工作，着力打好抗洪抢险保卫战、供应保障攻坚战、低碳转型持久战，为全省经济运行持续恢复、"十四五"开好局起好步提供了有力支撑。2022年，河南能源发展面临的形势依然复杂严峻，推动能源绿色低碳转型的有利条件与制约因素并存，宏观环境总体向好。初步判断，随着全省经济社会运行回稳向好和能源供需关系逐步改善，能源供应偏紧的局面将得到缓解，能源消费需求有所增长，能源结构优化和绿色转型加快的良好

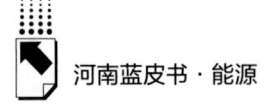

态势持续巩固。

行业发展篇，分别对河南省煤炭、石油、天然气、电力、可再生能源及储能产业等各能源行业2021年发展态势进行了分析，总结了行业发展的年度特征和取得的主要成效，分析了宏观政策形势和面临的机遇挑战，并对各行业2022年发展进行了预测展望，针对能源绿色低碳转型背景下河南各能源行业高质量发展，提出了有关对策建议。

碳达峰碳中和篇，站位河南能源发展全局，围绕"双碳"目标下能源绿色发展，针对能源低碳转型的思考与建议、中长期能源发展展望、新型电力系统构建、节能提效路径研究与建议、屋顶光伏整县推进前景、新型储能经济性与可持续发展模式等专题，开展了深入、系统的研究与思考。

调查分析篇，基于翔实的第一手调研资料和海量的能源电力大数据，研究了乡村振兴背景下河南农村能源消费情况、电力负荷可调节能力与市场化机制，建立了全省乡村振兴电力指数、数字产业发展指数、绿色能源发展指数，提供了通过实地调研、数据分析评估能源发展的视角和方法体系。

专题研究篇，聚焦河南省碳排放监测分析平台构建、地热资源监测平台构建、新时代农村能源转型变革、电力系统灵活性资源发展等专题研究，多维度、多视角研究了河南能源高质量发展路径与策略，可为相关领域创新发展提供思路和借鉴参考。

目 录

Ⅰ 总报告

B.1 构建现代能源体系 推动绿色低碳转型
——2021年河南省能源发展分析与2022年展望
.... 河南能源蓝皮书课题组 / 001

Ⅱ 行业发展篇

B.2 2021~2022年河南省煤炭行业发展形势分析与展望
.... 赵文杰 杨钦臣 / 027

B.3 2021~2022年河南省石油行业发展形势分析与展望
.... 路 尧 李虎军 / 040

B.4 2021~2022年河南省天然气行业发展形势分析与展望
.... 郭兴五 李虎军 / 051

B.5 2021~2022年河南省电力行业发展形势分析与展望
.... 邓振立 金 曼 / 064

B.6 2021~2022年河南省可再生能源发展形势分析与展望
　　　　　　　　　　　　　　　　　　　　赵文杰　刘军会 / 082

B.7 2021~2022年河南省储能产业发展形势分析与展望
　　　　　　　　　　　　　　　　　　　　柴　喆　李虎军 / 094

Ⅲ　碳达峰碳中和篇

B.8 碳达峰碳中和下河南省能源低碳转型的思考与建议
　　　　　　　　　　　　　　　　　　能源低碳转型项目课题组 / 106

B.9 碳达峰碳中和下河南省中长期能源发展展望
　　　　　　　　　　　　　　　　　邓方钊　赵文杰　杨　萌 / 122

B.10 碳达峰碳中和下河南省新型电力系统构建路径探讨
　　　　　　　　　　　　　　　　　　新型电力系统项目课题组 / 136

B.11 碳达峰碳中和下河南省节能提效路径研究与建议
　　　　　　　　　刘军会　张鸿雁　付　涵　刘　博　罗　潘 / 150

B.12 碳达峰碳中和下河南省屋顶光伏整县推进前景分析展望
　　　　　　　　　　　　于昊正　李　科　许长清　毛玉宾 / 164

B.13 碳达峰碳中和下新型储能经济性与可持续发展模式研究
　　　　　　　　　　　　　　　　　　　　陈　兴　尹　硕 / 180

Ⅳ　调查分析篇

B.14 乡村振兴背景下河南省农村能源消费情况调查
　　　　　　　　　　　　　　　　　　　　王世谦　李慧璇 / 198

B.15 河南省电力负荷可调节能力调查与市场化机制研究
　　　　　　　　　　　　　　　　　　　　刘军会　邓振立 / 216

B.16 河南省乡村振兴电力指数研究与应用
　　…………………………… 乡村振兴电力指数课题组 / 239
B.17 河南省数字产业发展指数研究与应用
　　………………… 韩　丁　华远鹏　刘保枝　肖　刚 / 266
B.18 河南省绿色能源发展指数研究与应用
　　………………………… 王圆圆　卜飞飞　李倩倩 / 282

Ⅴ 专题研究篇

B.19 河南省碳排放监测分析平台构建与应用
　　………………………… 白宏坤　王　涵　贾一博 / 295
B.20 河南省地热资源监测平台的构建与发展建议
　　………………… 陈　莹　王攀科　卢　玮　马青坡 / 312
B.21 新时代农村能源转型变革典型模式与对策建议
　　………………………… 郑永乐　李　鹏　谢安邦 / 326
B.22 服务新型电力系统构建的河南省电力灵活性资源发展展望
　　………………………………… 李虎军　赵文杰 / 340

Abstract ……………………………………………………… / 353
Contents ……………………………………………………… / 355

总 报 告
General Report

B.1
构建现代能源体系　推动绿色低碳转型
——2021年河南省能源发展分析与2022年展望

河南能源蓝皮书课题组*

摘　要： 2021年，面对严重洪涝灾害、新冠肺炎疫情、能源供应紧张等严峻挑战与考验，河南能源行业深入贯彻习近平总书记视察河南重要讲话精神与重要指示要求，围绕省委省政府决策部署，统筹推进疫情防控、灾后重建和能源保供各项工作，打赢了抗洪抢险保卫战、供应保障攻坚战，实现了能源供需总体平稳和绿色转型步伐加快，为全省经济运行持续回稳向好提供了坚实能源保障。2022年，面对错综复杂的内外部环境、艰巨繁重的改革发展任务，要锚定"两个确保"，坚持"项目为王"，稳妥有序推动绿色转型，加快构建清洁低碳、安全高效

---

* 课题组组长：魏澄宙、谷建全。课题组副组长：刘湘莅、王玲杰、白宏坤、杨萌。课题组成员：王世谦、李虎军、刘军会、赵文杰、邓振立、郭兴五、路尧、柴喆。执笔：刘军会，国网河南省电力公司经济技术研究院高级工程师，研究方向为能源经济与电力市场；李虎军，国网河南省电力公司经济技术研究院高级工程师，研究方向为能源电力供需与电网规划。

的现代能源体系，为确保高质量建设现代化河南、确保高水平实现现代化河南提供绿色低碳、安全可靠的能源保障。初步判断，随着经济运行持续恢复和能源效率稳步提升，预计 2022 年全省能源消费总量将呈现低速增长态势，同比增长 2% 左右。

关键词： 碳达峰　碳中和　绿色低碳　现代能源体系　河南省

  实现碳达峰、碳中和，是以习近平同志为核心的党中央站在构建人类命运共同体高度，着眼解决资源环境约束突出问题、实现中华民族永续发展，做出的重大战略决策。推动能源绿色低碳发展，是确保如期实现碳达峰、碳中和的必然要求和关键举措。2021 年，河南省以习近平新时代中国特色社会主义思想为指导，以"四个革命、一个合作"能源安全新战略为根本遵循，深入贯彻习近平总书记视察河南重要讲话精神与重要指示要求，紧紧围绕碳达峰、碳中和有关部署，锚定"两个确保"，全面实施绿色低碳转型战略，稳妥应对严重洪涝灾害、新冠肺炎疫情、能源供应紧张等复杂局面挑战，保障了全省能源供需的平稳有序，实现了绿色转型的加快推进，为"十四五"开好局、起好步，全面建设社会主义现代化河南提供了有力支撑。2022 年，河南能源发展的内外部环境依然复杂严峻，推动绿色低碳转型，既面临难得历史机遇，也面临诸多困难挑战，应立足新发展阶段，完整、准确、全面贯彻新发展理念，紧抓构建新发展格局战略机遇，坚持系统观念，统筹发展与减排、低碳与安全、当前与长远，以绿色低碳为方向，一体推进"减煤、稳油、增气、强新、引电"，加快构建清洁低碳、安全高效的现代能源体系，在拉高标杆中争先进位，在加压奋进中开创新局，为确保高质量建设现代化河南、确保高水平实现现代化河南，谱写新时代中原更加出彩的绚丽篇章提供坚实可靠、清洁绿色的能源保障。

一　2021年河南能源发展态势分析

2021年是近年来能源领域内外部环境最复杂、供需形势最紧张、发展任务最艰巨的一年，面对历史罕见的极端暴雨灾害和前所未有的供应保障压力，全省能源战线紧紧围绕省委省政府决策部署，锚定"两个确保"，坚持"项目为王"，着力打好抗洪抢险保卫战、供应保障攻坚战、低碳转型持久战，实现了全省能源供需平稳有序、绿色转型步伐加快、发展质效稳步提升，为全省经济运行回稳向好、灾后重建加快推进提供了坚实基础支撑。

（一）2021年河南能源发展总体情况

1. 能源生产总量有所回落

2021年，严重洪涝灾害和新冠肺炎疫情对全省能源生产运行产生了较大冲击。面对不利局面，河南统筹推进防汛救灾、疫情防控、灾后重建等工作，积极释放煤炭优质产能、着力稳定油气市场供应、持续加快可再生能源发展，大力推动能源各领域增产保供。但受煤矿安全生产压力增大、极端特大暴雨灾情等因素影响，全省能源生产总量有所回落（见图1）。截至10月底，全省原煤产量同比下降了12.6%，原油、天然气产量基本稳定，非化石能源发电量同比增长44.2%，但在能源生产结构中的占比仍然偏低。初步判断，预计2021年全省能源生产总量约为1.03亿吨标准煤，同比下降1%左右，其中原煤产量明显下降是拉低能源生产总量的主要因素。

2. 能源消费需求明显复苏

2021年，国际大宗商品价格持续快速上涨，钢铁、有色金属、化工、建材等原材料加工、"两高"行业生产需求较为旺盛，同时河南经济底盘稳、活力足、韧性强的特征充分显现，经受住了灾情、疫情叠加的严峻考验，经济运行持续回稳向好，全省能源消费需求明显复苏。截至10月底，

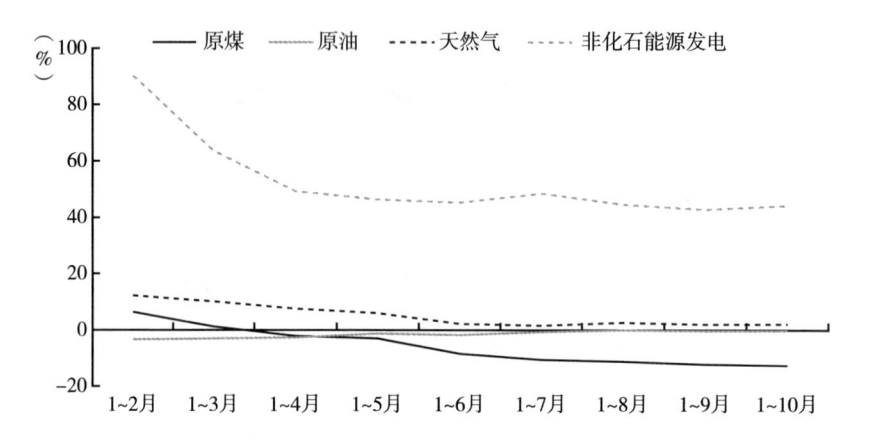

图1　2021年1~10月河南主要能源品种累计生产增速

资料来源：原煤、原油、天然气数据来自行业初步统计；非化石能源发电数据来自国家能源局河南监管办公室公布数据。

全省天然气消费量同比增长8.9%，全社会用电量同比增长8.6%（见图2），成品油销售量受新能源汽车替代、交通出行方式变化等因素影响同比下降9.5%。初步判断，预计2021年全省能源消费总量约为2.31亿吨标准煤，同比增长1.5%左右。

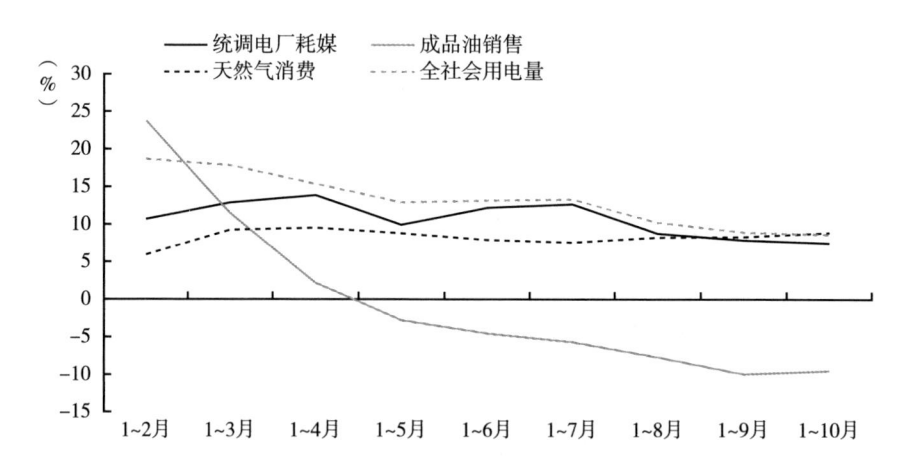

图2　2021年1~10月河南主要能源品种累计消费增速

资料来源：行业初步统计。

3. 能源供需形势整体趋紧

2021年，受全球新冠肺炎疫情蔓延影响，世界经济复苏分化，我国等制造业大国生产需求持续恢复，欧佩克（OPEC）等主要能源出口组织产能不足，能源供应紧张成为全球性问题。从国内看，极端气候灾害、安全事故多发等因素使得全国能源供需形势进一步趋紧。2021年上半年，国内发生了多起能源安全生产事故，煤矿等安全生产压力、安全监管力度持续加大，7月、10月，河南、山西等地先后遭遇特大暴雨灾害，相关企业生产以及煤炭运输供应受到较大影响，国内煤炭供应异常紧张，全社会煤炭库存均处于历史低位。尤其是进入第三季度以来，大宗商品价格上涨、下游煤炭市场需求旺盛，煤炭市场供不应求，电煤供应形势严峻。受电煤紧缺导致电力供应不足影响，包括河南在内的20多个省份被迫采取了有序用电措施。国家气候中心预计2021年冬季将形成一次弱到中等强度的拉尼娜事件，随着采暖季电煤需求量的增加，煤炭供应紧张的局面仍将持续，能源保供形势更为严峻。

4. 能源产品价格普遍上涨

2021年，新冠肺炎疫情对全球经济发展的深层次影响逐步显现，世界主要发达经济体实施了超宽松货币政策，加之煤炭、石油、天然气等产能不足，全球能源产品价格普遍上涨。煤价方面，山西大同煤炭坑口月均价格自5月开始上涨，10月月均价格冲高至1600元/吨以上；在国家增产保供稳价等综合管控措施推动下，11月月均价格回落至不足1000元/吨，仍较年初上涨55%。油价方面，受国际原油价格上涨影响，国内成品油月均价格持续缓慢上涨；截至11月，国内成品油价格已上调14次，较年初涨幅超过20%，其中95#汽油全面进入"8元时代"。天然气价格方面，受全球天然气供应紧张影响，8月以来液化天然气（LNG）价格快速上涨，截至11月涨幅已接近50%。初步判断，随着国内能源供需紧张形势逐步缓解，能源产品价格将有所回落，但受国际价格走势影响，总体仍将保持高位运行态势（见图3）。

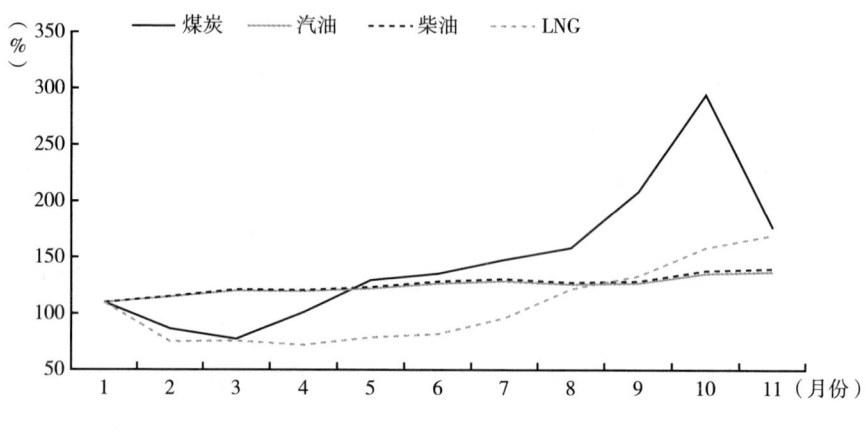

图3　2021年1~11月主要能源产品价格情况

资料来源：行业统计机构公布数据。

（二）2021年河南能源行业发展情况

1. 煤炭供应较为紧张，价格持续高位运行

2021年，煤炭供应紧张成为全国性问题，同时河南省内煤炭生产总量降幅明显、煤炭市场需求旺盛，整体供需矛盾较为突出。从供给看，受煤矿安全生产压力增大、极端特大暴雨灾情等因素影响，全省煤炭生产总量未达预期，截至10月底河南原煤产量为7472万吨，同比下降12.6%。从需求看，在国际大宗商品价格持续快速上涨等因素带动下，全省钢铁、有色金属、建材、化工等重点用煤行业市场订单增多、产能快速恢复、产量有所提升，截至10月底全省钢材、氧化铝、硫酸、烧碱等产量分别增长了7.3%、2.3%、3.5%、5.6%，煤炭消费需求明显增加。电力行业作为用煤大户，面临电煤紧缺的严峻挑战（见图4），迎峰度夏期间全省电煤库存长期低于525万吨安全警戒线，且入秋以后进入传统迎峰度冬的储煤关键时期，受全国煤炭供需持续趋紧影响，全省电煤库存不升反降，煤炭供应保障持续吃紧。10月中旬以来，河南全力做好煤炭保供工作，电煤库存量有所回升，截至11月底已接近900万吨。

2021年，受煤炭市场供应偏紧影响，煤炭价格高位运行。9月份以来，

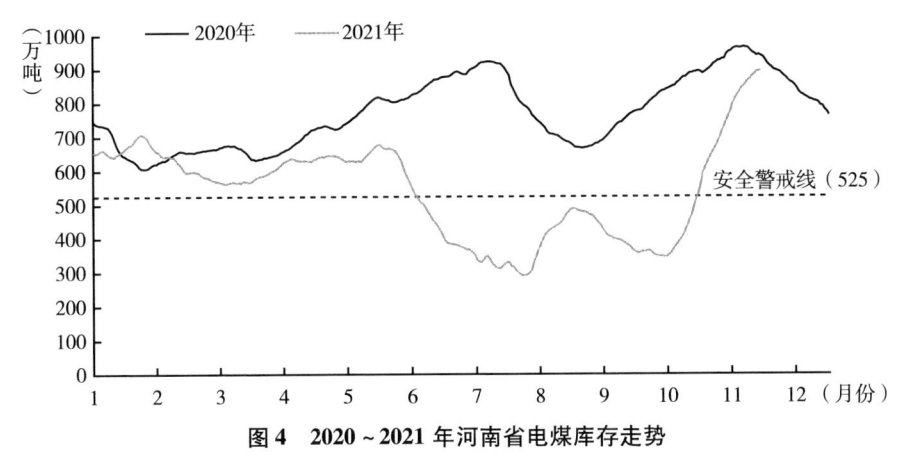

图 4　2020～2021 年河南省电煤库存走势

资料来源：国家能源局河南监管办公室公布数据。

国际煤炭价格大幅上涨，加之电厂补库存需求较为旺盛，钢铁、建材、化工等耗煤行业存在刚性需求，国内现货价格不断攀升，10 月 22 日山西大同煤炭坑口价飙升至 1900 元/吨，同比增长 349%，较年初涨幅达到 196%。随着国内煤炭保供取得阶段性成效，煤炭市场价格有所回落。截至 11 月底，山西大同煤炭坑口价回落至 978 元/吨，降幅达到 49%（见图 5）。从省内看，电煤价格仍保持高位，11 月份，全省电煤月均价格为 1392 元/吨，同比上涨 164%，较年初涨幅达到 111%。随着煤炭供需紧张局势的缓解，预计电煤价格也将有所回落。

2. 油气运行总体平稳，保障能力稳步提升

2021 年，河南油气供需总体较为平稳。生产方面，随着河南两大主产地中原油田、南阳油田逐步进入枯竭期，企业以稳产为主，全省油气产量保持相对稳定。截至 10 月底，河南原油产量为 156.9 万吨、与上年同期基本持平，天然气产量为 1.7 亿立方米，同比增长约 2%。初步判断，预计全年原油产量为 190 万吨、天然气产量达到 2 亿立方米左右。需求方面，成品油销量降幅明显，截至 10 月底河南成品油销量为 1435.6 万吨，同比下降 9.5%。其中，柴油销售量下降主要受两大因素影响：一是上年同期油价较低，相关零售企业大量囤积柴油，被纳入当年销售量，实际在 2021 年逐步释

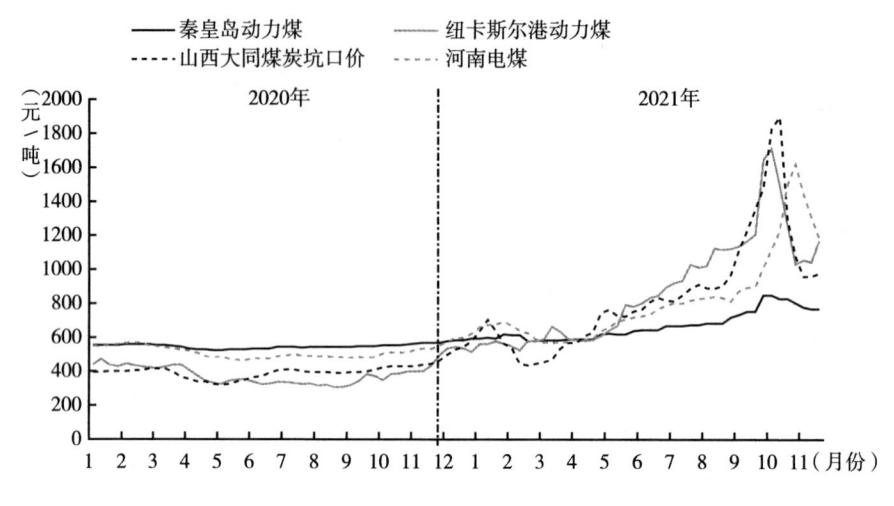

图5　2020～2021年全国煤炭及河南省电煤价格走势

资料来源：煤炭市场网。

放；二是工业用天然气替代柴油导致需求下降。汽油销售量下降主要受燃气车替代影响。初步判断，随着河南生产生活秩序恢复、居民出行需求释放，预计成品油销量降幅将有所收窄，全年有望达到1770万吨，同比下降7%。天然气消费保持中高速增长。截至10月底河南天然气消费量为97.1亿立方米，同比增长8.9%。考虑到工业生产持续恢复，部分工业企业用天然气替代柴油，采暖季用气量增加，预计全年天然气消费量为122亿立方米，同比增长8.9%。

2021年，河南油气行业基础设施建设加快推进，供应保障能力进一步提升。截至9月底，全省油气行业累计完成投资30.5亿元。石油方面，推动省政府与中石化签署新一轮战略合作协议，深化开展炼化一体化工程，洛阳石化百万吨乙烯项目前期工作加快推进，着力打造贯通"芳烃—PTA—聚酯—涤纶纤维"完整产业链条。洛阳—新郑国际机场航煤管道项目取得用地预审和选址意见，预计2023年投产，可新增航煤产能60万吨/年，将有效保障省内及中西部地区航空煤油需求。洛阳原油商业储备基地二期工程建成投运，新增储油容量80万立方米，省内原油储备能力实现翻番。天然气方面，输配网络与储气调峰体系不断完善。天然气外引再添新通道，西气东输三线河南段工程开工建设,投产后可新增输气能力300亿立方米/年,苏豫皖等入豫通道纳入国家"十四五"专项规划。省级干线建设有序推进,开封—周口、濮阳—鹤壁、周口—柘城等输气工程完成核准,预计可新增输气管线440公里。县域支线及互联互通管网加快完善,周口—漯河、西峡—淅川—内乡—镇平输气管道,截至9月底分别累计完成管道敷设101公里、97公里,省内六个储气中心连接线基本建成。储气调峰基础设施建设取得突破,江苏滨海储罐项目、平顶山盐穴储气库先导工程开工建设,储气调峰能力进一步提升。

3. 电力供需全面趋紧,灾后重建步伐加快

2021年,特大暴雨灾害、电煤紧缺严峻形势,对河南省电力生产运行造成了较大冲击。河南电力行业以强烈的政治责任和使命担当,尽锐出战、顽强拼搏,全力抗汛情,保供电、抓重建,在极其艰难的情况下保障了电力安全可靠运行和平稳有序供应,为全省经济运行稳定恢复、灾后重建步伐加快提供了坚强电力保障。

电力供需方面,随着经济运行向好态势持续巩固,2021年河南省电力需求实现恢复性增长,同时因电煤紧缺、电力供应能力受限,全省电力供需明显趋紧,局部时段面临电力、电量、电煤"三紧缺"严峻挑战。1~11月,河南省全社会用电量达到3318.5亿千瓦时,同比增长8.1%(见图6),迎峰度夏期间全社会最大负荷为6801万千瓦,同比增长3.9%。初步判断,全年全社会用电量约为3645亿千瓦时,同比增长7.5%左右,其中暴雨灾情、新冠肺炎疫情、电煤紧缺等因素影响用电量近50亿千瓦时,拉低用电量增长约1.5个百分点。

灾后重建方面,河南电力行业以此作为推动高质量发展的重要契机,全面打响灾后重建"下半场战役"。省委省政府与国家电网有限公司签署灾后重建合作备忘录,争取国家电网有限公司划拨灾后重建专项资金53亿元,安排河南省"十四五"发展总投资1853亿元,赢得了发展主动权。组建工作专班,邀请国内电力领域资深专家,深入开展诊断分析,科学编制河南电网灾后重建"十四五"高质量发展规划,全面理清重建时

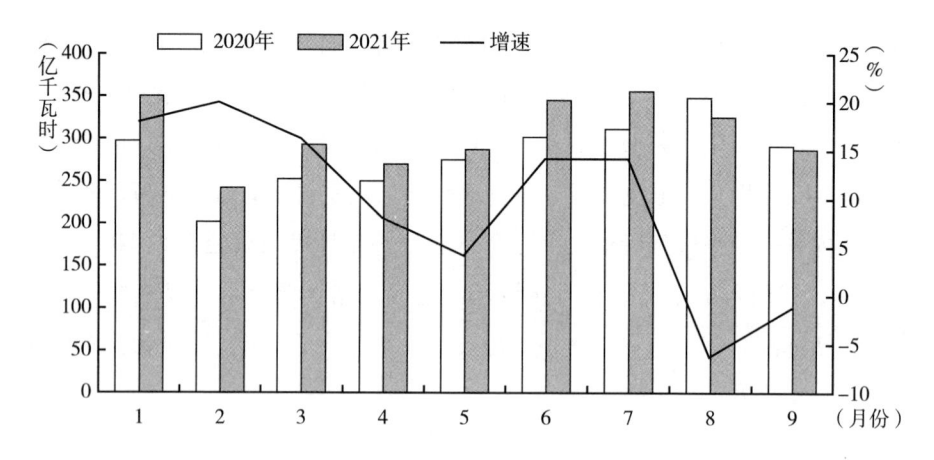

图 6　2021 年 1~9 月与 2020 年同期河南省全社会用电走势

资料来源：国家能源局河南监管办公室公布数据。

间表、任务书、施工图，布局了规划先手棋。8 月中旬，全面启动电网灾后重建，599 项配电网重建工程顺利建成投产。制定受灾电网在建工程防洪提升整改方案，推动省政府出台"加强城市电力设施建设管理意见"，明确提升主网重点工程和小区配电设施防涝标准，奠定了高质量发展的坚实基础。

4. 新能源保持较快增长，发展方式明显转变

2021 年，河南深入贯彻落实国家战略部署，锚定碳达峰、碳中和目标要求，立足当下、着眼长远，聚焦新能源有效支撑能力弱、分布式能源发展乏力等痛点，深入实施绿色低碳转型战略，树立"项目为王"鲜明导向，紧抓新能源发电设备、储能设施等成本快速下降的有利时机，打出了强有力的政策组合拳，推动了行业发展的换道破局，为碳达峰、碳中和背景下新能源的长期健康可持续发展奠定了坚实基础。一是"新能源＋储能"一体化发展成为共识。2021 年，省内有关主管部门正式出台《关于加快推动河南省储能设施建设的指导意见》，制定了年度风电、光伏项目建设开发方案，结合不同区域新能源消纳情况，首次发布全省新能源电力消纳指引，明确了分区域、差异化的"新能源＋储能"配置要求。二是分布式能源发展实现重大突破。河南深入贯彻国家能源局关于整县（市、区）屋顶分布式光伏

试点建设有关要求，举办了全省屋顶光伏发电开发行动启动会议暨集中签约仪式，正式发布了行动方案，明确将在66个县（市、区）开展整县屋顶分布式光伏开发试点建设，采用"1+1+X"建设模式整体推进，高标准打造一批"光伏+"特色工程，拟建设规模约为1500万千瓦，建成后全省光伏发电装机规模可实现翻番。

全省新能源发电装机平稳快速增长、利用水平显著提升、发展方式更加多元，行业投资明显增长，项目建设加快推进，特别是光伏发电发展超出年初预期。截至11月底，河南省风电、光伏等新能源发电装机规模达到3195.1万千瓦，同比增长34.0%，占全省电力装机规模的比重达到30%，较上年年底增加了352万千瓦，占同期全省新增发电装机总量的69%。初步判断，第四季度全省新能源项目建设仍将保持向好态势，全年行业总投资有望超过220亿元，2021年底新能源发电装机规模将达到3500万千瓦。

（三）2021年河南能源发展主要特征

1. 人民至上、向险而行，打赢抗洪抢险保卫战

2021年7月下旬，河南连续遭遇多轮极端强降雨天气，暴雨之大、灾情之重历史罕见，全省生产生活秩序遭到严重破坏，能源输运通道中断、生产设施受到不同程度损坏，省内1/3电力设备受到影响，374万用户因灾停电，能源安全运行、供应保障挑战空前。

面对突如其来的严重灾情，河南能源行业坚决贯彻习近平总书记关于防汛救灾工作重要指示批示精神，全面落实河南省委省政府工作部署，牢记灾情就是命令，挺身而出、向险而行，煤炭行业全力加快产能恢复、积极协调省外资源调入，油气行业统筹省内资源、全力服务油品供应保障，电网企业在国家电网有限公司大力支持下，25家省级公司星夜驰援，累计投入救援人员3.3万人、抢险车辆1万余台、各类物资总价值16亿元，与洪水角力、与时间赛跑、与疫情抢位，构建起电力防汛的"铜墙铁壁"，筑牢了抢险救灾的"全民防线"，保障了大电网安全稳定运行，7天实现郑州城区基本恢复供电，10天内除蓄滞洪区外全省全面恢复供电，创下了震撼人心的"河

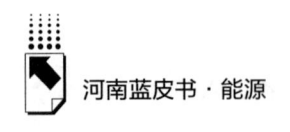

南速度"，用坚决的行动守护了中原万家灯火。

2. 提高站位、全力以赴，打胜供应保障攻坚战

2021年是近年来能源形势最复杂、供需最紧张、矛盾最突出的一年，受能源生产不及预期、煤炭等能源价格大幅上涨等多重因素影响，全国能源生产供需整体趋紧，局部地区、部分时段能源生产供应较为紧张，度夏期间、入秋以后全省能源供应保障面临较大压力。

河南能源行业深刻领会习近平总书记重要指示批示精神，坚决贯彻党中央、国务院决策部署，全面落实省委省政府有关要求，站位服务经济社会发展大局，坚持"保安全、保供应、保民生、保重点"，全力以赴打好能源供应保障攻坚战。认真执行省政府常务会关于部署电力煤炭供应、保障经济平稳运行的会议要求，充分发挥好煤电油气运保障机制的作用。在电力保供方面，全面启动今冬明春保供电应急工作机制。加强电力保供设备特巡特护，深化节煤优化调度，推动省内机组应并尽并、能发满发。在前三季度累计外引电量542亿千瓦时、创历史新高的基础上，继续深挖外电入豫潜力，确保电力增发稳供。细化完善电力保供方案，加强节约用电宣传，合理引导企业错峰避峰生产，全力保障民生、公共服务和重要用户用电。在煤炭保供方面，加强电煤中长期协议跟踪落实，开展第四季度电煤中长期合同补签工作，并依法打击价格串通、哄抬价格等违法行为，切实维护了煤炭市场秩序。在保障安全生产的前提下推动有潜力的煤矿释放产能、增加产量。加快储煤基地建设，坚守7天电煤库存底线，建立电煤储备情况与有序用电指标联动机制。本地煤炭产能进一步释放，电煤购运储环节实现有效衔接，凝聚了全社会电煤增产保供合力。

3. 创新驱动、绿色发展，打好低碳转型持久战

2021年，河南锚定碳达峰、碳中和目标要求，坚持改革创新双轮驱动、政府市场两手发力，充分发挥新型举国体制优势，以煤炭消费减量替代、新能源提速发展为抓手，有力推动了能源绿色低碳转型，为加快构建清洁低碳、安全高效的现代能源体系奠定了坚实基础。

清洁能源成为全省能源消费增量的供应主体，能源绿色发展的方式更加多元。河南积极应对可再生能源发电出力随机波动、系统整体灵活性调节资源不足、局部地区消纳风险凸显等挑战，全力保障可再生能源能用尽用、足额消纳，实现了可再生能源利用规模显著扩大、利用水平显著提升。截至9月底，全省可再生能源发电量达到467.2亿千瓦时，同比增长42.8%，占全省发电量比重达到21.1%，较上年提高5.3个百分点，较上年同期增加140亿千瓦时，实现了全省全社会用电量增量中62%由可再生能源供给。

充分发挥自身资源和产业优势，构建多元支撑的能源绿色发展格局。立足省情实际，着力扩大冬季清洁供暖范围，加快推动地热能、氢能发展应用。2021年，河南大力推进可再生能源清洁供暖，预计全年新增可再生能源供暖能力为2400万平方米。其中，重点推进沿黄地区地热能供暖连片开发利用，率先开展地热能供暖动态监测，全年新增地热供暖能力为1400万平方米；加快生物质热电项目建设进度，扩大生物质能供暖面积，全年新增生物质供暖能力为1000万平方米。积极布局氢能及燃料电池产业，全年预计完成投资15.8亿元，涉及制氢、氢能综合利用、氢能产业园、燃料电池核心部件等领域，共6个项目落地洛阳、安阳、新乡、平顶山，全省初步搭建起一条包含制氢、储氢、加氢站、膜电极、电堆、车载储能氢瓶、整车等多个领域的燃料电池汽车产业链。

坚持改革创新"双轮驱动"，蓄积能源高质量发展的新动能。在改革创新方面，"双碳"工作有谋有为，河南碳达峰"1+10+7"政策体系初步构建，为今后能源低碳转型、产业绿色发展提供了路径指引和政策保障。用能权交易市场进一步扩大，试点范围已逐步扩大到全省5000吨标准煤以上的用能单位。国企改革三年行动有序推进，电力交易机构股权多元化改革提前完成。省内燃煤发电量原则上全部进入市场，全面取消工商业目录电价，全年市场化交易电量预计突破1500亿千瓦时。在技术创新方面，能源大数据全面应用加快推进，探索市、县能源大数据建设模式，建设新乡、许昌2个地市级能源大数据中心。农村能源革命试点示范进一步拓展，河南兰考首次实现连续72小时全清洁能源供电，农村能源革命示范建设初见成效。

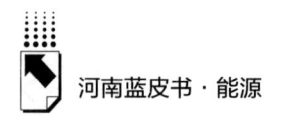

二 2022年河南能源发展形势与展望

"十四五"时期是碳达峰的关键期、窗口期，是构建现代能源体系的重要阶段，能源系统形态将面临深刻变革。能源绿色低碳转型进入爬坡过坎的攻坚期，碳达峰和低碳化已成为能源发展的硬约束，能源低碳转型进程将进一步加速。但能源安全保障风险持续增加，保障面临更高要求。同时，新一轮技术创新和体制变革深入发展，新业态新模式蓄积的发展动能持续壮大，为促进河南能源绿色低碳转型创造了有利条件。

（一）面临形势

1. 能源低碳转型进程提速

2020年，习近平总书记在联合国大会正式提出2030年前碳达峰、2060年前碳中和的战略目标，并多次就碳达峰、碳中和工作发表重要讲话，彰显了我国为全球应对气候变化做出更大贡献的决心。2021年，中共中央、国务院正式公布《关于完整准确全面贯彻新发展理念做好碳达峰、碳中和工作的意见》，作为指导做好碳达峰、碳中和这项重大工作的纲领性文件，该意见明确了我国实现碳达峰、碳中和的时间表、路线图，围绕"十四五"时期以及2030年前、2060年前两个重要时间节点，提出了非化石能源消费比重的目标（20%左右、25%左右、80%以上）。具体到河南，《河南省国民经济和社会发展第十四个五年规划和二〇三五年远景目标纲要》明确提出要构建低碳高效的能源支撑体系，"十四五"期间煤炭占能源消费总量比重降低5个百分点左右，非化石能源占能源消费比重提高5个百分点以上。河南省第十一次党代会提出，全面实施绿色低碳转型战略，突出双控倒逼，坚持先立后破，为确保高质量建设现代化河南、高水平实现现代化河南提供绿色能源保障，能源绿色低碳发展的路径和举措更加明确。同时，河南正处于工业化中期向后期过渡阶段，作为现代化河南建设的基础支撑，能源电力需求还将继续增长，但产业结构偏重、能源结构偏煤问题较为突出，煤炭消费占比高出全国平均水平约10个百分点。偏煤的能源消费和生产结构加重了节能降碳压力，用能成本上升、供需调节能力不足等问题亟须解决，绿色能源生产消费模式亟待形成，河南能源低碳转型较为迫切。

2. 能源保障面临更高要求

习近平总书记提出的"四个革命、一个合作"能源安全新战略，是新时代指导我国能源转型发展的行动纲领。习近平总书记强调："能源安全是关系国家经济社会发展的全局性、战略性问题，对国家繁荣发展、人民生活改善、社会长治久安至关重要。"① 近年来，随着河南能源供应保障体系加快建设，能源供应的外部环境与内生动力渐趋优化，全省能源供应保障基础较为坚实稳固，但影响供需的因素更趋复杂，能源安全保障风险持续增加。就资源禀赋而言，河南能源资源以煤为主，油气、水、风、太阳能等赋存相对偏少，供给对外依存度高。在煤炭供应方面，全国煤炭产业集中度越来越高，"三西"地区产量占比已经超过70%，这些地区产量稍有变动就会对河南的煤炭调入量造成明显影响。同时，极端天气也会影响"北煤南运"的运力。在电力供应方面，"十四五"期间供需形势总体趋紧，面临系统性硬缺电风险。随着电力系统物理和信息层面互联程度的提升，人为外力破坏或通过信息手段攻击引发电网大面积停电事故等非传统电力安全风险也在增加，应对极端天气、重大疫情等突发事件，以及区域性、时段性紧张局面的保供能力需进一步强化，能源应急保障和隐患排查治理能力仍需进一步提升。

3. 能源技术迭代升级速度加快

党的十八大以来，习近平总书记多次强调创新驱动发展战略，推动科技创新和经济社会发展深度融合。明确指出要深刻认识和把握能源技术变革趋势，高度重视能源技术变革的重大作用。当前，世界正处于新科技革命和产业革命交汇点，新技术加速带动产业变革。电化学储能技术加快成熟，规模化应用推动成本持续降低；电动汽车加快向乘用车领域渗透，退役动力电池

---

① 《习近平谈治国理政》（第一卷），外文出版社，2018，第130页。

开展多元化梯次利用；氢能产业链已初具雏形，补贴扶持下燃料电池汽车基本实现对标燃油汽车平价，推动产业进入"规模化—降成本—技术提升"的良性循环，氢能平价时代加速到来，加快无法实现电能替代领域的清洁、脱碳发展。各品类能源存在通过相对优势的互补融合，形成整体优势的发展需求和巨大的技术创新空间。能源企业纷纷开展跨界合作，投资布局可再生能源开发和利用，加大氢能、储能、智慧能源商业化应用实践，积极构建未来生态。能源技术更新迭代，为能源行业生态重塑、跨界融合提供了广阔的空间，也为能源行业进一步延伸产业链、提升价值链、打造供应链创造了可能。但河南能源技术积累、装备创新能力薄弱，灵活高效燃煤发电和现代煤化工等技术研究仍需突破，新型储能、氢能开发利用、碳捕集利用和封存等前沿技术亟须探索，源网荷储一体化、多能互补等新模式新业态对新技术的要求越来越迫切，能源科技支撑能力有待进一步提升。

4. 能源体制变革纵深推进

习近平总书记关于能源体制革命的重要论述为推进能源法制和体制改革工作提供了根本遵循。当前能源领域市场化改革步伐加快，为能源低碳转型发展提供新动能。煤电方面，2021年，煤电"基准价+上下浮动"的市场化价格形成机制进一步完善，已告别"计划电量、政府定价"模式，实现工商业全电量市场竞价，价格将合理反映电力供需和成本变化。油气方面，成品油零售市场化程度提高，"团油""滴滴加油"等互联网加油平台相继出现，"资本+互联网"深刻影响传统销售模式，"X+1+X"的油气体制改革趋势更加明显。新能源方面，为解决部分可再生能源企业的补贴资金不能及时到位导致的资金紧张问题，国家统筹能源、财政、金融等相关领域政策支持，以市场化方式支持新能源发展，贷款对象、金额、年限和利率均由市场决定。碳市场方面，2021年我国碳市场已正式启动。碳价反映了燃烧化石燃料的环境成本，可有效推动行业节能减排，应对气候变化。随着建材、钢铁等更多行业逐步进入碳市场，配额分配趋紧，碳价将逐年上升，相关企业必然要增加运营成本（碳成本、技术成本、管理成本），倒逼企业推动减排。但河南省以绿色能源为导向的价格和交易机制尚未形成，系统灵活性提升缺乏机制保障，储能、需求侧资源还不具备独立的市场主体地位，电力系统灵活性资源供给存在短缺，市场主体参与能源领域的活力有待进一步发挥。

（二）2022年河南能源发展研判

1. 能源消费需求刚性增长，供需紧张局面有所缓解

2022年，能源领域在做好供应保障的同时，统筹有序做好碳达峰、碳中和工作，更加注重能源结构调整，持续壮大风电、光伏、地热等低碳能源行业，统筹二氧化碳排放、煤炭消费总量控制、单位GDP能耗下降等多目标平衡。更加注重能源消费减量化、清洁化，持续深化节能增效。传统产业转型升级和绿色化改造加快推进，建筑节能标准和绿色建造在更大范围推广，多式联运与大宗货物运输"公转铁"大力发展，多领域节能降碳局面孕育发展。更加注重资源利用效率提升，以减量化、再利用、资源化为抓手，现代化循环经济体系加快建设，资源产出率和循环利用水平不断提高，可再生能源利用渠道更趋多元。在控制碳排放总量增长势头的同时，能源消费仍将保持增长。初步预计，2022年全省能源消费呈现低速增长，同比增长约2%，达到2.35亿吨标准煤。随着全国及河南增产保供各项措施效果逐步显现，能源供需紧张的局面将得到有效缓解。

2. 煤炭市场供需情况持续改善，价格逐步回归至合理区间

在煤炭消费方面，"双碳"目标下河南继续严控煤炭消费总量。随着用能预算管理和区域能评制度的推行，用能权市场扩大至年综合能耗5000吨标准煤以上的重点用能企业，企业节能提效责任和压力并重，火电、钢铁、焦化、化工、建材等行业燃料煤消费量得到有效控制。大力实施煤炭减量替代和清洁利用，继续压减不合理煤炭消费，逐步降低高耗能行业用煤总量和强度，合理控制煤电装机规模和电煤消费量，严防严控散煤复烧。预计2022年煤炭消费总量小幅下降，增速在-2%左右。

在煤炭供应方面，依托骨干煤炭生产企业，继续发挥河南煤炭开采的装备技术优势，加快智能化矿井建设，增强煤炭后续资源接替保障能力，预计2022年全省煤炭产量为1亿吨左右。通过与山西、陕西、内蒙古、新疆等煤

炭资源丰富省区合作开发经营权益煤矿，充分利用浩吉、瓦日、宁西、太焦、侯月、陇海等铁路运输通道，进一步加快河南储煤基地和铁路运输基础设施建设，增加省外煤炭调入量。随着煤炭产运销环节进一步优化衔接，煤炭保供工作落地实施，预计煤炭市场供需将持续改善，价格逐步回归至合理区间。

3. 油气供需保持总体宽松，基础保障能力稳步提升

在油气消费方面，在宏观经济回暖等因素带动下，户外工程、基建以及物流运输恢复性增长，考虑到居民和工业用气的推动，预计2022年油气消费实现小幅增长。其中，成品油销售量约为1900万吨，同比增长约7%；天然气消费量约为130亿立方米，同比增长约7%。

在生产供应方面，预计2022年省内原油产量为190万吨，天然气产量为2亿立方米，保持相对稳定。依托日—濮—洛原油管道引入海上原油资源，以洛阳原油商业储备为补充，全省原油供应稳定，可满足省内炼厂成品油生产，预计全年成品油市场供需处于宽平衡状态。随着外气入豫通道不断扩展、省内天然气输送网络进一步完善，预计全年天然气供需情况保持宽松。

4. 电力需求保持较快增长，供应紧张形势明显改善

在电力需求方面，碳达峰、碳中和目标下风电、光伏发电、新型储能等供给侧基础设施建设规模将快速扩张，需求侧新能源汽车、充电基础设施等建设将稳步推进，带动相关高技术产业和装备制造业快速发展。各方均积极采取措施降低疫情对交通运输、餐饮、住宿等服务业的影响，带动服务业用电量增长回升。随着乡村振兴和新型城镇化战略的推进，农村电网持续巩固提升，"煤改电"配套和老旧小区、"城中村"改造完成，城乡电气化水平将稳步提升，居民生活用电量仍有较大增长空间。综合上述因素，预计2022年全社会用电量将达到3870亿千瓦时，同比增长6%左右。

在电力供应方面，预计2022年全省电源总装机达到1.2亿千瓦，哈郑、青豫直流送电功率达到1130万千瓦，预计2022年全省电力供应紧张形势明显改善。

5. 新能源发展质效明显提升，有效支撑能力逐步增强

在可再生能源发电装机方面，2022年河南将积极推进风电、光伏平价上网项目建设，稳步推进整县（市、区）屋顶分布式光伏开发，开展生物质高值化利用，预计2022年全省分别新增风电、光伏、生物质发电装机210万千瓦、265万千瓦、24万千瓦，可再生发电装机总规模突破4500万千瓦；可再生能源发电量达到700亿千瓦时，同比增长17%。

在清洁能源利用规模方面，2022年河南将依托沿黄绿色能源廊道，大力发展可再生能源，推进地热、生物质供暖，建设大型秸秆沼气、畜禽养殖场沼气、生物天然气等工程，推广应用储能、氢能新技术，以电能形式转换利用的可再生能源以及区外清洁电力，预计2022年全省可再生能源利用总量达到2600万吨标准煤，同比增长4%。

综合前述预测分析，2022年河南能源发展将呈现生产稳中有增、消费逐步回升、结构更趋清洁的良好态势，全省能源消费呈现低速增长，同比增长约2%，达到2.35亿吨标准煤（见表1）。

表1 2021~2022年河南省能源发展预测

年度	能源总量（亿吨标准煤）生产	能源总量（亿吨标准煤）消费	煤炭（亿吨）生产	煤炭（亿吨）消费	原油、成品油（万吨）生产	原油、成品油（万吨）消费	天然气（亿立方米）生产	天然气（亿立方米）消费	非化石能源（万吨标准煤）利用量
2021年总量	1.03	2.31	0.95	—	190	1770	2.0	122	2500
2021年增速(%)	—	—	-13.6	—	0.1	-7	0.5	8.9	3.0
2022年总量	1.1	2.35	1.00	—	190	1900	2.0	130	2600
2022年增速(%)	—	—	5.3	-2	0	7	0	7	4.0

三 加快构建现代能源体系，推动绿色低碳转型的对策建议

河南省第十一次党代会明确提出锚定"两个确保"，全面实施"十大战略"，开启全面建设社会主义现代化河南新征程。推动能源绿色低碳转型，是落实省第十一次党代会战略部署、高质量建设现代化河南的应有之义，也是确保如期实现碳达峰、碳中和的必然要求。应坚持系统观念，统筹发展与

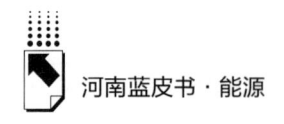

安全，一体推进"减煤、稳油、增气、强新、引电"，稳妥有序、循序渐进推动绿色转型，加快构建清洁低碳、安全高效的现代能源体系。

（一）坚持煤炭减量替代，推动能源绿色发展

河南是传统能源消费大省，煤炭消费占比为67%，高出全国约10个百分点。煤炭消费减量化、清洁化、高效化是推动能源结构优化调整，实现清洁低碳发展的必然选择。考虑到煤炭消费50.7%的对外依存度，在合理控制煤炭消费的同时，应通过优化产能结构、提升外引与储备能力来夯实煤炭保供基础。

落实能耗"双控"，合理引导煤炭消费。根据《河南省国民经济和社会发展第十四个五年规划和二〇三五年远景目标纲要》并结合河南省实际，"十四五"时期河南能耗强度要降低15%以上。严控"两高一危"项目，密切跟踪"两高"企业调整和转移情况，严禁不符合环保要求的项目投产。继续压限不合理煤炭消费，逐步降低高耗能行业用煤总量和强度，合理控制电煤消费量，压减其他用煤。继续推动燃煤发电超低排放和节能技术改造，支持冶金和煤焦化行业余热综合利用，提高煤炭利用率。大力发展绿色低碳高效产业，进一步加强煤炭减量替代和清洁利用。力争"十四五"期间，河南煤炭消费实物量削减2000万吨左右。

改造提升骨干煤炭企业传统非煤产业，推动煤电一体化发展。提升煤炭和煤电供应链效率，推动实现煤炭消费总量下降、电煤占比上升，煤电装机占比下降、煤电调节能力上升（"两降两升"）。优化煤电项目布局，在豫南、豫中东等电力热力缺口较大地区，有序建设一批高效清洁支撑电源项目。持续优化调整存量煤电，在保障电力、热力可靠供应的前提下，积极推进城区存量煤电机组"退城进郊"，持续淘汰煤电落后产能，重点关停、淘汰服役期满机组，寿命到期机组原则上要按期退役，不再延寿。辅以碳捕捉和储存（CCS）或碳捕捉、利用与封存（CCUS）的煤电改造项目，促进煤炭清洁开发利用。以深化燃煤发电上网电价市场化改革为契机，利用市场化手段提高火电机组参与灵活性改造和调峰的积极性，促进煤电行业可持续发展。

统筹煤炭生产、外引与储备能力建设，夯实煤炭保供基础。优化煤炭产品结构，推进煤炭从总量性去产能向结构性优产能转变。适度发展优势煤种先进产能，加快绿色矿山建设，推进煤矿信息化、智能化建设，持续提高煤炭入选率。持续淘汰落后、无效、低效产能，对30万吨以下矿井进行分类处置，煤炭年产能稳定在1.5亿吨左右。提升煤炭外引与储备能力。鼓励省内企业与晋陕蒙等煤源地建立战略合作共赢发展机制，形成稳定的省外煤炭供应保障格局；积极推进铁路专用线和储煤基地建设，实现运煤专线与矿区、用户、储备基地等的无缝衔接。

（二）保障油品稳定供应，推动能源提质发展

在碳达峰目标下，面对电力、氢燃料等在交通领域的加速替代，石油行业一方面需要坚守传统业务，稳定油品供应，加快炼化环节生产流程向化工新材料、高端专用化学品等方向调整；另一方面，需要向光伏、风能、氢能、电力等多个方向发展，探索向低碳化、去碳化的新能源业务转型。

完善生产—外引—输送体系，稳定油品供应。一是加强原油勘探开发。加大中原油田、河南油田区块精细勘查力度，稳定省内原油产量，争取维持在200万吨/年左右。二是完善油品外引通道。打通海上原油入豫通道，降低省内炼化企业原油运输成本，提升企业市场综合竞争力；进一步完善以郑州为枢纽的油品骨干网络，强化互联互通，提高成品油管输比例和外引能力，保障全省成品油市场稳定供应。三是完善成品油输送网络。围绕保障郑州都市圈、洛阳都市圈等重点地区用油需求，畅通洛阳炼化基地成品油外送通道，持续完善覆盖全省、辐射周边的成品油输送网络。

持续推进炼能优化，提高产品绿色生产能力。一是拉长精细化工产业链条，差异化打造更具竞争力的石化产品基地。洛阳石化重点提高乙烯、航空煤油炼化能力，濮阳重点发展烯烃后续加工产业，南阳重点开展石蜡精细化工产品开发。二是加大技术创新和改造投入力度，降低产品生产能耗与减少碳排放。正确判断产业链不同环节的碳排放来源及特点，有针对性地加大对重点环节减排投入力度，增加在产业链各个环节低碳清洁能源的使用量，优

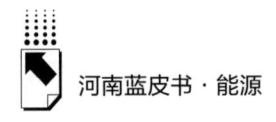

化生产链上的能源使用结构，降低能耗和碳排放，提高绿色生产技术在石油全产业链的贡献率，增强行业竞争力。

加大对新能源业务的投入力度，加快向综合能源服务商转型。一是以油气业务为主的重资产向以新能源为主的相对轻型资产转型，围绕新能源产业链开展合作，发展地热、"氢能—光伏"等业务，提高从新能源技术研发、设计到生产的综合服务能力，提升市场竞争力和占有率。二是提升碳资产管理能力。积极挖掘、培育、综合利用自身所拥有的各类碳资产，开发具备碳资产性质的新能源项目，为社会提供清洁能源或者提高自身生产过程中绿色能源的使用比例。积极参与碳排放权交易市场，优化碳资产组合，提升企业碳资产的价值，为企业开拓业务空间、保持经济效益提供有力的保障。

（三）加快燃气互联互通，推动能源清洁发展

天然气作为一种稳定、应用范围广且基础设施完备的清洁化石能源，在服务民生和工业生产领域得到广泛应用。河南天然气对外依存度在95%以上，需要加强外引和储备能力建设，增加省内天然气供应，同时持续优化天然气利用方向。

持续扩大天然气引入规模，打造多元保障的供应体系。在稳定省内天然气年产量2亿立方米的基础上，扩展外气入豫通道。全面融入国家"西气东输、北气南下、川气东送、海气登陆"战略，拓展东北、西北、东南、西南方向外气入豫通道，加快推进西气东输三线（中卫—枣阳）、苏皖豫（盐城—商丘）输气管道河南段等国家天然气主干线，多元引入西气、俄气、川气、海气等资源，积极构建多方向气源、多途径引入的通道格局。进一步扩大现有西气东输一线、二线，榆林—济南输气管道等现有资源外引通道输气能力。

完善天然气输送网络和储备体系建设，提升天然气保供和调峰能力。一是完善输送网络。加快推进开封—周口、濮阳—鹤壁、周口—柘城等"两纵四横"省级天然气主干管网建设，强化气源统筹调配能力。持续完善国家天然气干线配套支线、县域支线管道以及储气设施就近接入管网，补齐跨

区域、跨市县调配短板，提升管网互联互通水平。顺应管网改革方向，逐步以市场化方式融入国家管网。二是加快储备设施建设。全面构建"大型地下储气库、沿海LNG储罐、省内区域储气中心"三级储气调峰体系，形成与全省天然气消费水平相适应的储备能力，并持续完善储气价格机制，促进天然气商品自由流动和市场化交易。

推动天然气与新能源融合发展，持续优化天然气利用方向。在民生领域，重点满足新型城镇化建设和农村地区清洁取暖。在工业领域，以打造低碳工业园区为着力点，稳步拓展工业"煤改气"，鼓励天然气合成氨、合成甲醇汽油、氮肥、低碳烯烃等能源或化工产品。在交通领域，推动LNG在重型载货汽车、大型载客汽车等应用。在与新能源融合发展方面，鼓励发展天然气分布式能源，推广集供电、供气、供热、供冷于一体的综合能源服务模式，积极探索和推动天然气等化石能源"集中利用＋CCUS"的近零排放商业模式。

（四）强化新能源有效支撑，推动能源可持续发展

强化新能源发展是应对气候变化、加快能源结构优化、构建绿色低碳安全高效能源支撑体系的重要路径。"双碳"目标下，清洁低碳的新能源将成为能源消费增量主体，并逐步走向存量替代阶段。

多领域协同推进，强化新能源开发利用。风电方面，依托黄河流域干支流沿线及周边区域优质风电资源，规划建设一批百万千瓦级风电基地。光伏发电方面，重点建设屋顶分布式光伏发电，通过"光伏＋"模式建设一批高标准示范性光伏基地，依托先进储能系统，有序推进光伏发电与5G通信、新能源汽车充电设施等新型领域融合发展。地热能供暖方面，具备条件的地区重点推进中深层水热型地热能供暖，其他地区因地制宜推进土壤源、地下水源热泵供暖（制冷），提升浅层地热能利用水平。生物质能开发利用方面，加快建设生物质热电联产项目和生物质天然气示范工程。氢能产业发展方面，发挥河南工业副产氢资源优势，开展氢能汽车、"绿氢"等项目示范，布局氢能相关产业研发生产基地，带动产业发展。

加强源网协调发展，提升新能源开发利用水平。加强新能源接网工程建设，开辟新能源配套电网工程建设"绿色通道"，高效服务新能源接入，确保电网电源同步投产。做好分布式电源并网工作。全力推广"三零"（零上门、零审批、零投资）、"三省"（省力、省时、省钱）服务，精简办电业务证件流程，做好一站式全流程免费服务，实现"应并尽并、愿并尽并"。推动微电网发展，结合电网条件和周边新能源环境，在有条件的工业园区和企业积极开展新能源微电网建设，提高可再生能源、分布式电源的接入及消纳能力，与大电网兼容互补。拓展配电自动化对分布式新能源的支撑能力，利用台区智能融合终端开展新能源接入低压配电网的实时监测、异常状态预警及远程控制试点工作，支撑新能源监测及消纳。

完善电力市场建设，不断扩大清洁能源交易规模。创新交易模式和交易品种，探索建立符合河南省情、网情、企情的清洁能源参与市场模式，构建"中长期交易＋现货交易＋应急调度"的清洁能源消纳模式，开展绿电交易、分布式发电交易、发电权交易、新能源优先替代等多种形式的交易，服务新型电力系统运行更加安全可靠、能源消费更加清洁低碳。推动清洁能源市场融合，深化可再生能源消纳责任权重市场建设，推进电力市场与可再生能源消纳责任权重、碳交易等相关能源市场的协调融合，引导发用协同和清洁能源价值增值，建立促进清洁能源开发利用的长效机制。

（五）扩大电力外引规模，推动能源安全发展

电网作为连接电力生产和消费、促进行业和社会碳减排的枢纽平台，应坚持保障能源安全要求，继续扩大电力外引规模，全面提高电力供应的稳定性和安全性，筑牢电力安全稳定"三道防线"，切实保障碳达峰、碳中和推进过程中的能源安全。

加快推进外电入豫新通道建设。加快推进陕西—河南外电入豫第三直流工程，积极谋划第四条特高压直流输电通道。跟踪国家新一轮可再生能源基地规划与开发情况，积极主动与山西、甘肃、内蒙古、吉林等省份对接，力争"十五五"期间建成投产入豫第四直流。全面释放外电入豫送电能力，

加快特高压交流及配套工程建设，消除特高压"强直弱交"安全隐患，提升河南受端电网接纳外电能力。推进系统动态无功支撑能力提升，积极推动火电机组改调相机运行，提升电网安全稳定水平和直流通道利用率。依托全国统一电力市场和特高压互联大电网优势，充分发挥市场作用持续扩大外电入豫规模，促进能源资源大范围优化配置。

提升电网防灾抗灾韧性和安全供电能力，适度提升重点区域设防标准，从项目选址、设备选型等方面系统提高电网防灾抗灾能力。构建城市电网"生命线"通道，升级改造"生命线"通道变电站及线路，强化全链条"生命线"防内涝能力，打造坚强局部电网。巩固提升农村电网，推动村庄电力设施提档升级。坚持"提低控高"，优先挖掘存量资产，远近结合做好变电站布点和容量增加，推动供电能力与各地区负荷增长相匹配。深化应用网格化规划方法，大力推广典型模式和标准接线，提升配电网网架适应性，满足多元化负荷、高渗透率分布式电源的安全接入。

构建新型电力系统安全稳定控制体系。适应河南"双高"电力系统发展趋势，探究新型电力系统基础理论和稳定机理，提升多时间尺度的电网暂态仿真分析能力，升级仿真平台及负荷建模平台。全面推进"自主可控、安全可靠"新一代变电站二次系统建设，推动安自装置标准化建设，提升"三道防线"可观、可测、可控技术水平。深度融合应用先进信息通信技术、控制技术和先进能源技术，建设"人机融合、群智开放、多级协同、自主可控"的新一代调度技术支持系统。

参考文献

国家发展改革委等五部门：《关于引导加大金融支持力度　促进风电和光伏发电等行业健康有序发展的通知》（发改运行〔2021〕266号）。

河南省发展改革委：《关于印发2021年河南省重点建设项目名单的通知》（豫发改重点〔2021〕90号）。

河南省人民政府重点项目建设办公室：《关于对2021年河南省重点建设项目进行动

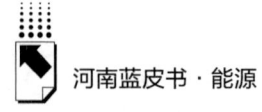

态调整的通知》（豫政重点办〔2021〕18号）。

河南省污染防治攻坚战领导小组办公室：《河南省2021年大气污染防治攻坚战实施方案》。

河南省发展改革委：《关于印发河南省2021年清洁取暖工作方案的通知》（豫发改电力〔2021〕220号）。

国家发展改革委：《关于进一步深化燃煤发电上网电价市场化改革的通知》（发改价格〔2021〕1439号）。

国家能源局石油天然气司等：《中国天然气发展报告（2021）》。

中共河南省委办公厅、河南省人民政府办公厅：《2021年下半年全省经济社会发展牵引性重大项目关键性任务举措》（豫办〔2021〕25号）。

国家发展改革委：《关于2021年新能源上网电价政策有关事项的通知》（发改价格〔2021〕833号）。

河南省人民政府办公厅：《关于印发河南省乡村建设行动实施方案的通知》（豫政办〔2021〕23号）。

《河南省委十届十二次全会暨省委经济工作会议召开》，《河南日报》2020年12月28日。

河南省人民政府：《关于印发河南省2021年国民经济和社会发展计划的通知》（豫政〔2021〕15号）。

《国家电网公司发布"碳达峰、碳中和"行动方案》，《国家电网报》2021年3月2日。

行业发展篇
Industry Development

B.2
2021~2022年河南省煤炭行业发展形势分析与展望

赵文杰　杨钦臣*

摘　要： 2021年，受煤炭市场供应紧张、价格持续高位运行等因素影响，煤炭供需整体趋紧，河南多措并举、协同发力，着力推动煤炭行业稳生产、保供应、强基础、促转型，实现了全省煤炭安全稳定供应、市场总体平稳运行。2022年，煤炭行业发展的内外部环境依然复杂严峻，在碳达峰、碳中和目标指引下，有序减量替代、清洁高效利用仍将是煤炭发展的主基调。初步判断，随着国家"双控"力度加大、严控"两高"行业产能，全省煤炭消费需求将有所回落，在煤炭优质产能加快释放带动下，全省煤炭生产总量稳步回升，预计煤炭供应紧张局面将得到明显缓解。河南

---

* 赵文杰，工学硕士，国网河南省电力公司经济技术研究院工程师，研究方向为能源电力供需与电网规划；杨钦臣，工学硕士，国网河南省电力公司经济技术研究院工程师，研究方向为能源电力供需与发展战略。

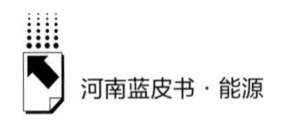

应坚持以绿色低碳为方向、以安全可靠供应为前提，有序推进煤炭消费减量替代，积极推进煤炭清洁高效利用，大力推进煤炭行业转型提质发展，充分发挥煤炭作为基础能源的兜底保障作用，为河南实现"两个确保"提供优质可靠能源支撑。

关键词： 煤炭行业　市场供需　减量替代　河南省

2021年，面对极端气候灾害偏多、煤炭价格高位运行、全国供需整体偏紧的复杂局面，河南煤炭行业深入贯彻习近平总书记视察河南重要讲话重要指示，全面落实河南省第十一次党代会部署，着力稳生产、保供应、强基础、促转型，保障了煤炭供需的总体平稳，为全省"十四五"开好局、起好步提供了坚强支撑。2022年，煤炭行业发展的内外部环境更加复杂多变，河南应坚持先立后破，更加重视煤炭作为基础性能源的兜底保障作用，以安全可靠供应为前提、以绿色低碳转型为方向，提高煤炭优质供给能力、加快煤炭储备基地建设、保障煤炭市场平稳运行，推动全省煤炭减量替代、行业提质发展，为实现"两个确保"提供坚强可靠的能源保障。

一　2021年河南煤炭行业发展情况分析

2021年，河南煤炭行业深入贯彻落实省委省政府决策部署，积极妥善应对特大暴雨灾害、煤炭供应紧张等复杂局势，加快释放省内煤炭产能、着力协调省外煤炭调入、稳步提升煤炭储备能力，基本保障了全省煤炭平稳有序供应，煤炭行业发展质效稳步提升。

（一）煤炭市场需求较为旺盛

2021年，受全球新冠肺炎疫情蔓延影响，世界经济恢复态势明显分化，我国经济运行向好态势持续巩固。在国际大宗商品价格持续快速上涨等因素带动下，河南全省钢铁、有色金属、建材、化工等重点用煤行业市场订单增多、产能快速恢复、产量有所提升。1~10月，全省钢材、氧化铝、硫酸、烧碱等产量分别同比增长了7.3%、2.3%、3.5%、5.6%（见图1），加之电煤消费增加，河南煤炭下游市场需求明显高于上年。第四季度，随着国家严控"两高"项目产能、"双控"力度加大，预计2021年煤炭消费需求将有所回落。

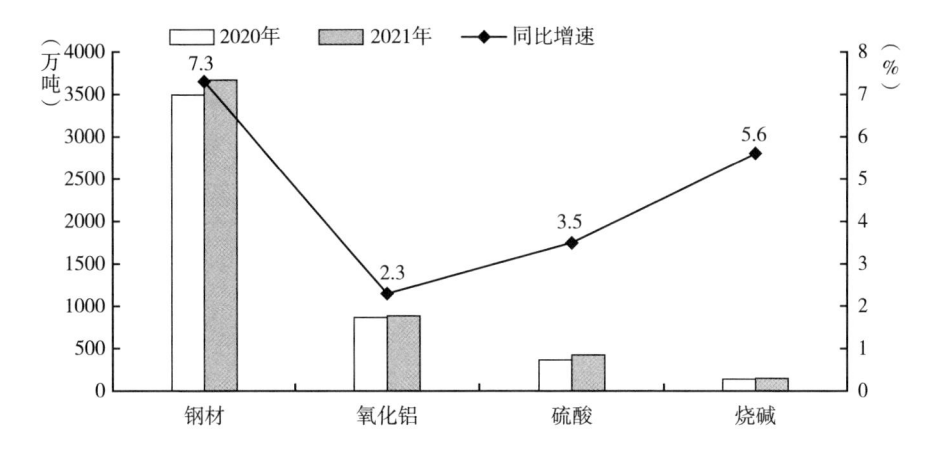

图1 2020年及2021年河南省重点用煤行业主要产品产量情况（截至10月底）

资料来源：国家统计局公布数据。

（二）煤炭生产总量降幅明显

2021年，河南积极释放煤炭优质产能，持续加强安全生产监管，大力推进煤炭增产保供，但受煤矿安全生产压力增大、极端特大暴雨灾情、新冠肺炎疫情等因素影响，全省煤炭生产总量未达预期。1~10月份，全省原煤产量为7472万吨，同比下降12.6%，创近年来最大降幅。分阶段看，1~5月河南煤炭生产较为平稳；6月，受省内煤矿安全生产事故影响，全省煤炭产量大幅下降，同比下降34%；第三季度，河南加快推动煤矿产能恢复，然而突如其来的极端特大暴雨灾情和新冠肺炎疫情，对全省煤炭生产造成了一定影响，煤炭产量虽较6月环比有所增长，但从同比看，降幅达到16%（见图2）。随着煤矿生产秩序恢复和增产保供工作推进，预计全省煤炭产量将逐步回升、降幅收窄。初步判断，2021年全省原煤产量约为9500万吨，同比下降13.6%（见图3）。

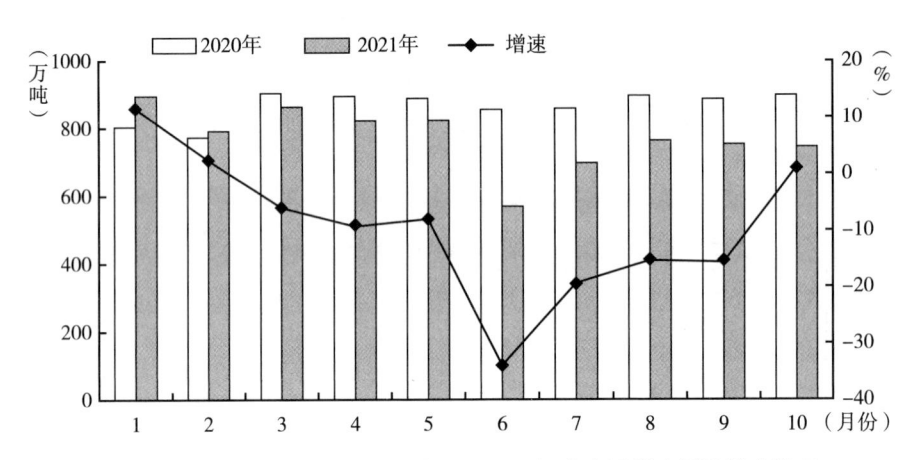

图2 2020年1~10月与2021年1~10月河南省原煤产量及增速情况

资料来源：国家统计局公布数据。

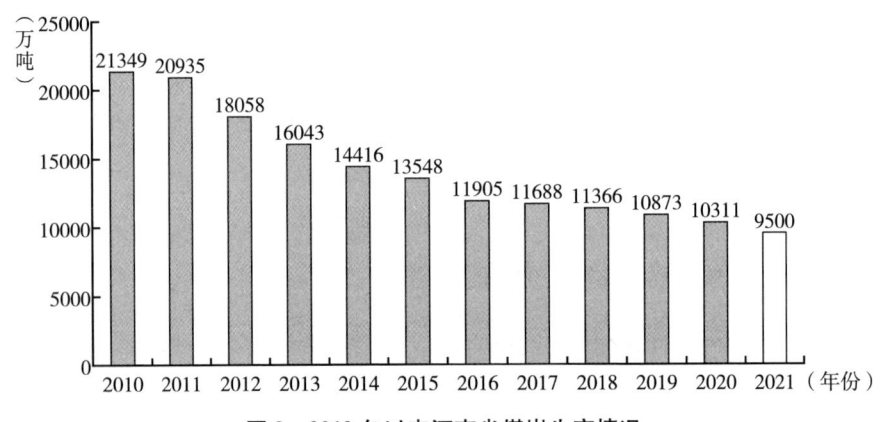

图3 2010年以来河南省煤炭生产情况

资料来源：国家统计局公布数据。

（三）煤炭供需形势明显趋紧

2021年，在国际能源供需紧张、全国煤炭进口量下滑的大背景下，河南省受煤炭产量及受入量下降、需求旺盛增长叠加因素影响，全省煤炭供需形势明显趋紧。从国际能源供需形势来看，2021年以来，世界经济恢复态势分化，资源需求方"快恢复"，拉动消费需求"快增长"，资源供给方疫情反复，供给能力呈"慢恢复"态势，阶段性供需错配，导致煤炭等能源供需形势持续趋紧，能源价格持续上扬。从河南省内来看，受安全生产整顿、疫情、灾情等叠加影响，全省煤炭产量大幅下降，此外山西暴雨导致晋煤送豫铁路中断，受入煤炭量明显下降，同时全省经济发展企稳回升带动用煤需求快速增长，导致全省煤炭供需形势明显趋紧，尤其电煤供应较为紧张。度夏期间，全省电煤库存处于安全警戒线（525万吨）以下的天数达到76天，8月初电煤库存降至300万吨以下，电力供需形势较为严峻，9月底，全省电煤库存仍在400万吨以下，低于安全警戒线150万吨左右。进入第四季度，随着全省煤炭保供增供措施的实施，电煤库存持续回升，11月底，全省电煤库存已接近900万吨，预计全省煤炭及电力供需的严峻形势将逐步缓解（见图4）。

图 4 2020~2021年河南省电煤库存走势

资料来源：国家能源局河南监管办公室公布数据。

（四）煤炭价格持续高位运行

2021年以来，河南省经济发展呈快速恢复态势，建材、化工等耗煤行业煤炭需求旺盛，电力需求快速增长，带动煤炭及动力煤价格大幅上涨，持续保持高位运行。从全国来看，2021年以来，煤炭价格呈快速攀升态势（见图5），10月中旬，纽卡斯尔港动力煤、山西大同煤炭坑口价分别冲高，达到1714元/吨、1900元/吨，较年初分别上涨1159元/吨、1259元/吨，同比分别上涨209%、196%。随着国内煤炭保供取得阶段性成效，煤炭市场价格有所回落，截至11月底，纽卡斯尔港动力煤、山西大同煤炭坑口价分别回落至1171元/吨、978元/吨，降幅分别达到32%、49%。从省内来看，2021年以来全省电煤价格总体呈快速上升态势，其中第一季度电煤价格因采暖逐渐结束，略有下降，第二季度以来，受经济社会用电量的持续快速增长及库存持续下降等因素影响，电煤价格快速攀升，河南省能源主管部门通过保障省内电煤长协年度合同足额兑现，补签电煤中长期合同，遏制煤炭价格过快上涨。11月份，全省电煤月均价格为1392元/吨，同比增长164%，高于山西大同煤炭坑口价414元/吨。预计进入第四季度，随着煤炭供需形势的逐渐好转，煤炭及电煤价格将有所回落。

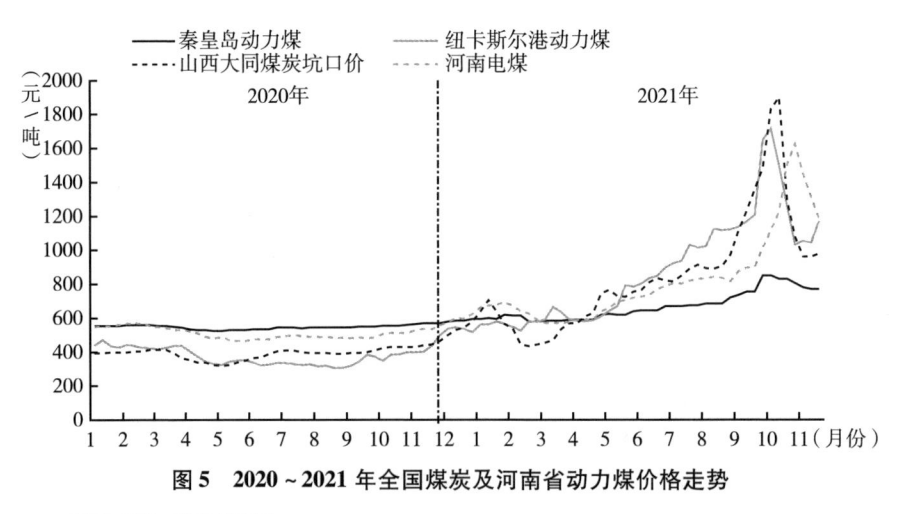

图5 2020~2021年全国煤炭及河南省动力煤价格走势

资料来源：煤炭市场网。

（五）供应保障能力持续增强

2021年，河南省深入贯彻落实国家能源安全供应保障和完善应急储备制度的相关要求，以增强煤炭优质高效产能保障能力、推进新建煤炭储备基地建设为主要抓手，全力保障全省煤炭安全平稳供给。在优质产能建设方面，加快平煤集团夏店矿建设，释放优质产能150万吨/年，加快推进平煤集团梁北二井、河南能源大众煤矿改扩建项目，增强优质产能保障能力。在煤炭储备基地建设方面，加快推进南阳（内乡）储备园区改扩建，建成园区专用线及配套系统，开工建设豫西义煤集团、豫北焦作、豫东永城等煤炭储备园区项目，推进豫西济源煤炭储备园区前期工作，加速补齐煤炭储备短板，全省煤炭储备能力明显增强。

（六）行业发展质效稳步提升

2021年，河南省深入贯彻落实安全发展理念，以煤矿智能化升级及数字化转型守牢安全环保底线，持续推进煤炭行业质效提升。在煤矿智能化、数字化建设方面，2021年，针对煤矿开采条件复杂、自然灾害严重、劳动用工多、安全风险大、开采成本高等问题，将煤矿智能化建设作为提高安全生产水平、实现煤矿提质增效的重要抓手，强化顶层设计，加强组织实施，以煤矿开采少人无人、安全高效为目标，推动新一轮信息技术与煤炭行业全面深度融合，全面推进煤矿装备智能化升级改造，加快提升煤矿信息化、智能化水平。2021年河南省第一批22个煤矿智能化采掘工作面建设获得专项资金支持，2021年以来，全省已累计建成36个智能化采掘工作面，到2021年底，全省将建成8~10处智能化示范煤矿、30~35个智能化采煤工作面和35~40个智能化掘进工作面，全省煤矿安全生产保障能力和竞争力将进一步提升。在煤企经营形势方面，2021年，河南省主要煤炭企业在煤价飙升带动下，生产经营指标持续向好，煤炭板块收入、利润均同比增加，创近年来最高水平。

二 2022年河南煤炭行业发展形势展望

在碳达峰、碳中和的目标指引下，能源低碳转型进程进一步加快，煤炭

"减量提质"将成为行业发展主旋律。2021年10月，河南省第十一次党代会明确提出，锚定"两个确保"，要推进绿色低碳发展，加强生态文明建设，一体推进"减煤、稳油、增气、强新、引电"。2022年，随着煤炭供给增加、需求趋稳，预计全省煤炭供需关系将明显改善、供应紧张局面有效缓解、市场价格逐步回归至合理区间。

（一）行业发展形势分析

1. 煤炭供需关系有望逐步改善

2022年，随着全国主产区煤炭产能加快释放、进口量显著增长，同时随着"两高"项目的进一步遏制，煤炭需求将有所回落，煤炭供需紧张形势将逐步改善。从全国来看，一是内蒙古、山西、陕西等主产区煤炭产能将进一步释放，国家发展改革委发文明确提出，鼓励符合条件的煤矿核增生产能力，2022年3月31日前提出核增申请的煤矿，不需要提前落实产能置换指标，可采用承诺的方式进行产能置换。10月中下旬以来，全国煤炭日均产量连续数日保持在1150万吨以上，比9月底增加了近110万吨，最高日产量达到1172万吨，为近年来日产量峰值。二是我国煤炭进口量将大幅提升，随着世界主要产煤国疫情的有效控制，产能将进一步恢复，我国将加大从印度尼西亚、哥伦比亚、南非、加拿大、俄罗斯等国的煤炭进口量。三是煤炭需求将有所回落，随着其他国家疫情得以控制，我国出口贸易将逐步平稳，同时随着"两高"项目的进一步遏制，全国煤炭需求将有所回落。从河南省看，全省将在保障安全的前提下，进一步释放省内优质煤矿产能，持续加强煤炭储备基地建设，提升应急保障能力，同时随着山西煤炭产能的释放，晋煤入豫量将大幅增加，全省煤炭供需紧张形势也将逐渐缓解。

2. 煤炭价格逐步回归至合理区间，价格高企缺乏长期有效支撑

2022年，在能源转型发展的大背景下，煤炭减量提质发展是大势所趋，随着煤炭产能的逐渐恢复、煤炭价格管控措施的实施，煤炭价格将逐步回归至合理区间。从世界范围看，随着疫情进一步有效控制，主要产煤国煤炭产能将逐渐恢复，煤炭产量将大幅增长，煤炭供不应求的局面将逐渐转变，煤炭供需紧张形势将明显趋缓。从全国来看，随着煤炭增产保供政策的加码及"双碳"目标下煤炭需求的稳步回落，国内煤炭供需形势也将逐步趋缓。从河南省内看，随着国际及全国煤炭供需形势趋缓、煤价回落，省内储煤基地建设速度加快，有潜力的煤矿释放产能、增加产量，河南省煤炭供需形势也将逐步趋缓、煤炭价格也将稳步回落。

3. **煤炭定位转变成为必然要求**

2022年，在"双碳"目标要求下，在"十四五"期间全省煤炭消费总量下降10%的目标指引下，煤炭在河南省能源体系中的定位将进一步转变，由主力保障能源向兜底支撑能源转变，发展方式也将向清洁化利用、兜底保障转变。清洁化利用方面，推进煤炭从资源能源向原材料利用转变，河南省是传统煤化工产业大省，全省煤制油、煤制天然气、煤制烯烃、煤制乙二醇等现代煤化工产业逐渐兴起，为煤炭从能源燃料向工业原材料利用转变提供了充足的土壤，同时煤炭原料化利用也是落实"双碳"目标要求、推进全省煤炭行业低碳清洁转型发展的必然选择，是河南省煤炭行业发展的大趋势，也将是全省煤炭行业实现高质量发展的主要路径。兜底保障方面，煤炭仍是河南省基础保障能源，仍将继续发挥兜底保障作用。河南省可再生资源禀赋一般，储能技术尚在新生期，距离规模化应用还有很长的路要走，从2021年以来煤炭供需紧张导致全省电力供需紧张的形势来看，当前可再生能源有效保障能力仍然偏弱，煤炭对全省能源安全将发挥着兜底保障作用。

4. **数智升级成为提质发展方向**

2022年，煤炭行业将继续深入推进信息化、智能化升级，提升煤炭清洁安全生产能力，促进行业整体高质量发展。煤矿的数字化、智能化升级是防范化解煤矿安全风险的客观要求，是实现煤炭行业转型升级高质量发展的必由之路。河南省是全国重要产煤大省，煤矿生产智能化转型升级尤为重要。《河南省煤矿智能化建设三年行动方案（2021—2023年）》明确提出，全面推进煤矿装备智能化升级改造，加快提升煤矿信息化、智能化水平，着力构建煤矿智能化创新支撑体系，持续提升煤矿行业装备水平，推动新一轮

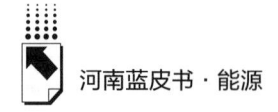

信息技术与煤炭行业全面深度融合，实现煤炭开采集约化、智能化，有效提升全省煤矿安全生产保障能力和竞争力。

（二）2022年煤炭行业发展展望

长远来看，在碳达峰、碳中和目标指引下，煤炭有序减量替代、清洁高效利用仍将是行业发展的主基调。2022年，新冠肺炎疫情、世界经济复苏、国际能源供应和能源价格等因素仍存在较大不确定性，煤炭行业发展面临的内外部环境依然复杂多变。初步判断，随着煤炭产能有序释放，煤炭需求逐步回落，河南煤炭供应偏紧的局面将得到缓解，煤炭价格有望回归至合理区间。

煤炭生产总量明显回升。2022年，预计在河南煤炭稳产保供政策措施实施、煤矿安全生产监察力度加大、煤炭优质产能有序释放等因素带动下，全省煤炭生产总量将明显回升，全年达到1亿吨，同比增长5%左右。

煤炭消费总量稳步降低。"十三五"以来，河南持续推动煤炭减量替代，大力削减煤炭消费总量，取得了显著成效。但全省能源消费结构中，煤炭占比仍然偏高，预计"十四五"期间全省煤炭消费总量仍将进一步降低。2022年，随着国家能源"双控"力度加大，严控"两高"行业产能，加之煤炭减量替代持续推进，预计全省煤炭消费总量将小幅下降，增速为-2%左右。考虑电力需求持续增长，预计全省电煤消费将保持总体稳定，在1亿吨左右。

煤炭供需紧张形势缓解。2022年，随着河南省优质产能的释放、山西等省外输入煤炭的增加以及煤炭消费量的回落，煤炭价格也将回归至合理区间，全省煤炭供需形势将逐步好转。同时，随着煤电市场监管加强，国家有序放开全部燃煤发电电量上网电价政策的深入推进，燃煤发电电量原则上全部进入电力市场，通过市场交易在"基准价+上下浮动"范围内形成上网电价，燃煤发电成本将得到合理疏导，煤电企业经营形势将逐渐好转，存煤及发电意愿将逐渐升高，全省电力供需形势将明显改善。

三 河南省煤炭行业发展对策建议

2022年是落实"十四五"发展目标的关键之年，河南省应坚持把煤炭保供任务放在首位，持续增强煤炭兜底保供能力，着力夯实发展基础，完善煤炭产供储销体系，稳步推进煤炭减量替代，促进清洁转型发展，提升煤炭低碳高效利用水平，推进行业高质量发展。

（一）保供应，增强煤炭兜底保供能力

能源安全稳定供应事关经济社会发展，事关人民生产生活，煤炭作为河南省基础保障能源，应继续大力提升煤炭保供能力，增强兜底保障作用。一是大力推进优质产能释放。在保障安全生产的前提下，持续推动有潜力的煤矿释放产能，提升全省煤炭供应保障能力。二是加强中长期协议跟踪落实。积极推动与晋陕蒙等煤炭主产省区建立合作机制，签订中长期协议，稳定全省煤炭输入量，保障极端天气全省煤炭供应。三是持续加强储备能力建设。依托浩吉、瓦日等晋陕蒙煤炭入豫通道，优化全省储备基地布局；完善落实最低库存制度，严格落实不同时段最低库存要求；鼓励煤炭企业、物流企业、社会资本主动承担储备责任，完善多元化市场主体储备机制。

（二）强基础，完善煤炭产供储销体系

完善的产供储销体系是保障能源安全稳定供应的基础，煤炭作为河南省基础保障能源，全省需进一步加强煤炭生产、存储等基础支撑能力，完善煤炭的产供储销体系。一是夯实安全生产基础。将人工智能、工业物联网、云计算、大数据、机器人、智能装备等与现代煤炭开发利用深度融合，推进数字矿山、智慧矿山建设，利用传感、信息与通信技术，逐步实现生产过程的自动检测、智能监测，安全智能精准开采。二是持续加强煤炭储备基地建设。提高煤炭储备能力是保障能源安全和强化煤炭兜底作用的体现，全省需

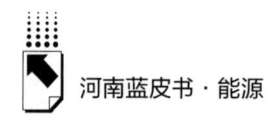

大力推进中原大型煤炭储备基地建设步伐，加快建成义煤煤炭储备园区，持续推进焦作、济源煤炭储备园区建设。

（三）促转型，持续推进煤炭减量替代

在碳达峰、碳中和目标要求下，全省需统筹发展与减排任务，稳步有序推进煤炭减量替代。一是严格落实煤炭消耗总量和强度"双控"，科学控制火电、钢铁、焦化、化工、建材等行业燃料煤消耗量，继续实施监测预警机制；二是实施煤炭消费替代，全省所有新建、改建、扩建耗煤项目一律实施煤炭减量或等量替代，着力压减高耗能、高排放、过剩落后产能煤炭消费总量；三是开展散煤治理行动，依法查处违规销售、储存、运输、使用散煤的行为，严防严控散煤复烧，确保全省平原地区散煤清零。

（四）提质效，促进煤炭低碳高效利用

加快科学技术创新发展是实现煤炭清洁高效利用的根本途径，河南省煤炭行业高质量发展之路任重道远，必须加大科技创新力度，争取关键领域突破。一是推进煤炭分级分质、梯级利用，通过对原煤精细化洗选加工，形成多品质、多粒度级，经配煤改质实现优质、优价、优用；二是推进煤炭产品的清洁高效利用，加快新型煤化工和煤基碳材料技术快速发展，实现少排碳或不排碳，加快煤炭从燃料到原料转变；三是加快碳捕集、碳封存技术突破，大力实施煤炭生产减排、煤炭生产和消费节能减排、煤燃烧新工艺减排、燃料变原料减排等多路径减碳，加速发展以二氧化碳捕集、封存与利用（CCUS）为代表的去碳技术，推广燃煤电厂＋CCUS、煤制氢＋CCUS、煤化工＋CCUS等方式。

参考文献

国家发展改革委：《关于做好 2021 年煤炭储备能力建设工作的通知》。

河南省发展改革委：《加快中原大型煤炭储备基地建设完善煤炭储备机制实施方案》（豫发改煤炭〔2021〕661号）。

河南省人民政府办公厅：《河南省煤矿智能化建设三年行动方案（2021—2023年）》（豫政办〔2021〕1号）。

河南省污染防治攻坚战领导小组办公室：《河南省2021年大气污染防治攻坚战实施方案》。

河南省工业和信息化厅：《关于做好2021年全省煤矿"一通三防"工作的通知》（豫工信煤安〔2021〕40号）。

朱妍等：《探索煤炭行业低碳化发展的"中国方案"》，《中国能源报》2021年6月28日。

B.3
2021~2022年河南省石油行业发展形势分析与展望

路尧 李虎军*

摘　要： 2021年，随着疫情防控、灾后恢复重建和经济社会发展各项工作统筹推进，石油行业运行总体保持恢复态势。河南大力推进原油储备、炼化一体化工程等基础设施建设，不断优化管网布局，油品保供能力稳步提升，全年油品供需总体平稳。2022年，随着河南生产生活秩序恢复、居民出行需求释放，成品油消费将小幅增长，全省油品供需保持宽松态势。在"双碳"目标背景下，面对市场需求规模收缩以及行业转型发展需求，在强化油品保供能力、稳定市场供应的同时，应积极探索低碳化、去碳化的业务转型道路，提高产品绿色生产能力和行业可持续发展能力。

关键词： 石油行业　原油生产　成品油消费　油品供需　河南省

一　2021年河南省石油行业发展情况分析

2021年，围绕省委省政府决策部署，河南石油行业锚定"两个确保"，

---

* 路尧，工学硕士，国网河南省电力公司经济技术研究院工程师，研究方向为能源电力经济与企业战略；李虎军，工学硕士，国网河南省电力公司经济技术研究院高级工程师，研究方向为能源电力供需与电网规划。

坚持"项目为王",大力推进重大基础设施建设,不断强化石油资源供应保障和输油管道安全保护工作,全年油品供应保障有力,有效支撑全省经济社会发展需要。

(一)原油生产保持相对稳定

随着河南两大原油主产地中原油田、南阳油田逐步进入枯竭期,企业以稳产为主,全省原油产量保持相对稳定。截至2021年10月底,全省原油产量为156.9万吨(见图1),与上年基本持平,其中中原油田原油产量为78.1万吨、同比增长1.3%,南阳油田产量为78.8万吨、同比下降1.7%。初步判断,2021年全省原油产量有望保持在约190万吨水平。

分阶段看,2021年上半年受国内油品供应总体宽松影响,河南原油产量为93.8万吨,同比下降1.57%;2021年第三季度以来,为保障全省防汛救灾、灾后重建和经济社会恢复运行,省内两大企业紧抓生产运营、全力保障供应,实现了原油产量明显提升,第三季度全省原油产量达到47.2万吨,同比增长2.39%;2021年第四季度,预计省内原油生产仍将保持小幅增长态势,全年全省原油产量达到约190万吨,与上年基本持平。

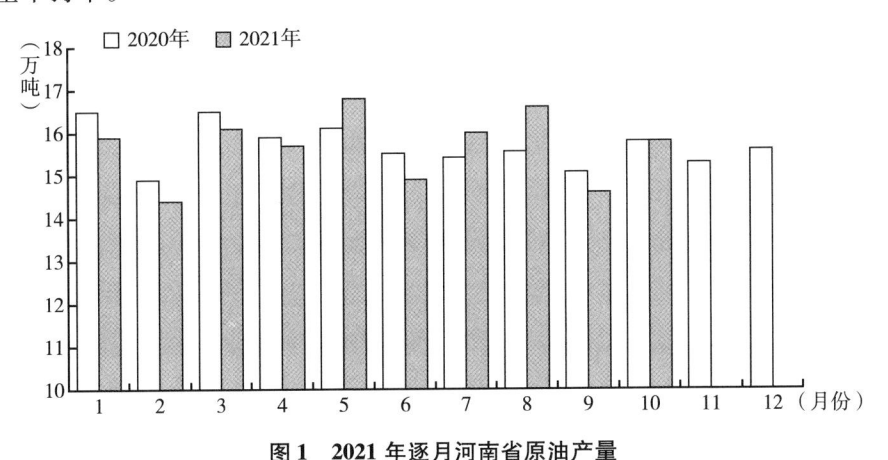

图1 2021年逐月河南省原油产量

资料来源:行业初步统计。

（二）成品油销量小幅回落

2021年，受省内局部区域新冠肺炎疫情冲击，加之低碳理念深入人心，电动汽车市场规模不断扩大，居民生活出行方式优化转变，省内成品油销量有所回落。截至2021年10月底，全省成品油销量为1435.6万吨，同比下降9.5%（见图2）。初步判断，2021年全省原油销量将较上年同期小幅回落。

分阶段看，2021年上半年，疫情防控局面基本保持稳定，经济运行逐渐恢复正常，河南成品油销量为882.2万吨，同比下降0.79%；2021年第三季度，受洪涝等影响，全省成品油销量达到359.4万吨，同比下降26.3%；2021年第四季度，随着疫情防控态势的严峻和冬季大气污染管控工作力度的加大，预计全年全省成品油销量总体较上年有所回落。

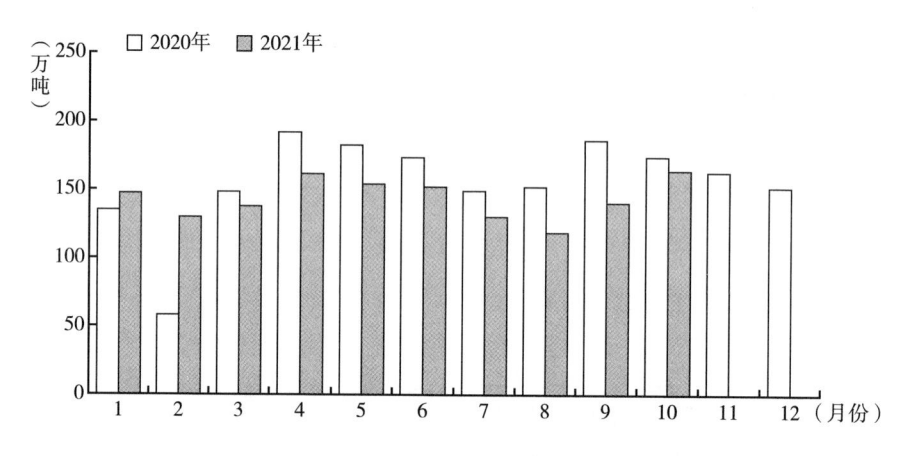

图2　2020~2021年10月逐月河南省成品油消费量

资料来源：行业初步统计。

（三）油品保供能力稳步提升

河南省地理位置优越，是东西、南北流通的必经之路，原油获取需要通过铁路、公路以及石油管道进行输送，日—濮—洛原油管道正式投运，进一步畅通了海上原油供应渠道,洛阳原油商业储备基地二期工程建成投运,基地具备储油条件,全省原油供应能力进一步提升。全省原油加工能力在国内跻身前列,主要生产基地位于南阳、濮阳、洛阳等地,中国石化洛阳石化公司原油加工能力持续提升,目前已达到1000万吨/年,2021年全省油品保障能力不断增强,全省各类油品供需基本保持平稳。

(四)成品油价格有所上涨

2021年,受欧佩克(OPEC)中主要产油国减产影响,国际油价大幅上涨,由年初的51美元/桶上涨到10月的85美元/桶,创下近7年历史新高,截至11月底,国际油价小幅回调至70美元/桶左右(见图3)。受国际油价上涨影响,截至2021年11月底,国内成品油价格共上调14次,下调4次。国内汽油价格由年初的7595元/吨上涨到9315元/吨,涨幅达23%,柴油价格由年初的6620元/吨上涨到8275元/吨,涨幅达25%。河南成品油价格也保持持续上涨(见图4)。

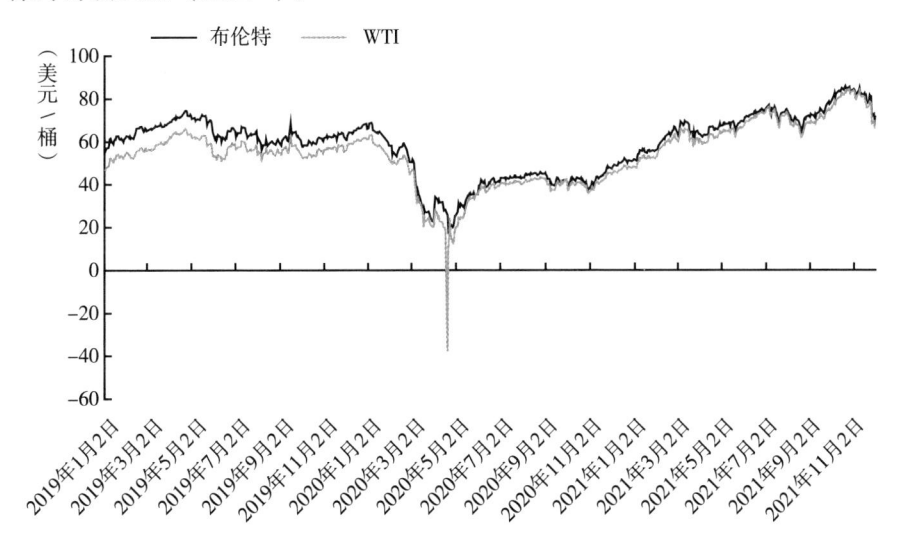

图3 2019~2021年国际原油期货价格

资料来源:WIND咨询数据库。

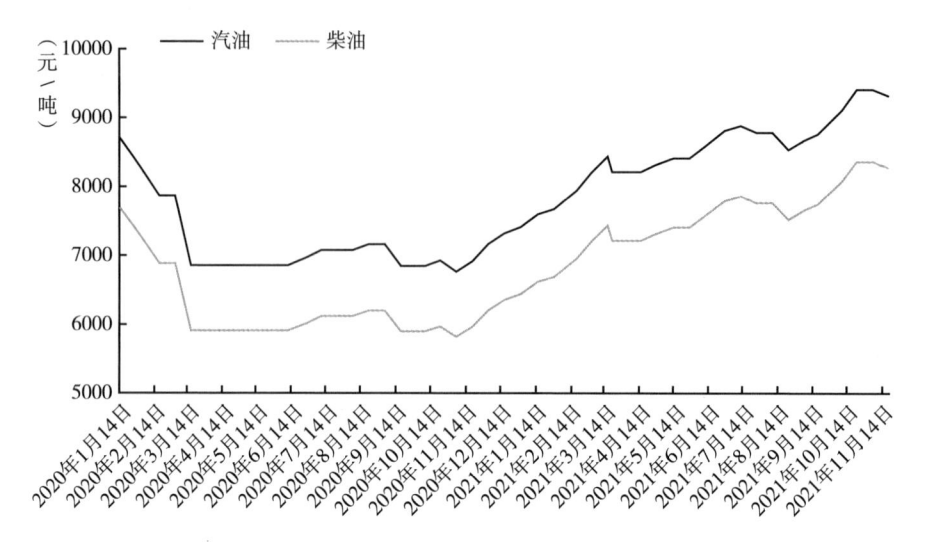

图4　2020～2021年河南汽柴油价格调整

资料来源：《油价调整最新消息2021时间表》，车主指南网。

（五）炼能优化工程积极推进

2021年，河南省以原油管道项目建成和炼油结构优化调整为契机，持续打造"芳烃—PTA—聚酯—涤纶纤维"完整产业链，促进石化行业向产业链、价值链中高端迈进，加快构建门类齐全的化工产品序列体系。7月，中国石化洛阳石化公司举行省内首个12万吨/年苯乙烯项目中间交接仪式，标志着洛阳石化加快由"炼油"向"油化工"转型，苯乙烯作为一种重要的基础化工原料，主要用于生产各类合成树脂和弹性材料，广泛应用于医药、农药、染料等领域，项目正式达产后将更好地满足周边市场的需要。同时，中国石化加快推动百亿吨乙烯项目（220万吨/年加氢裂化装置和40万吨/年乙烷回收装置）前期工作进度，加快150万吨/年蜡油中压加氢裂化项目建设，助力河南省打造中西部高端石化标杆，打造千亿级高端石化产品集群。

二 2022年河南省石油行业形势展望

在碳中和、碳达峰目标约束下，清洁低碳能源对高碳化石能源的替代需求更趋明确。石油行业面对市场规模收缩和产品结构转型需求，行业数字化转型、价值链升级、经营风险化解等方面都在开展更多探索。同时，在经济持续恢复的大背景下，河南明确提出实施能源绿色低碳转型战略，在"稳油"基础上将加快推进炼能优化和技术创新。

（一）有利条件

1. 经济复苏势头明显，带动成品油消费恢复性增长

"十四五"期间，河南省迎来三大战略机遇，将锚定"两个确保"重大战略目标，全面实施"十大战略"，社会经济发展活力将进一步得到释放。随着防疫形势的逐步向好，物流运输及重要基础性设施建设、城市老旧小区改造、新农村建设的不断向前推进，加之开工建设机械设备需求增加，都将有效带动成品油消费需求加速增长。同时，随着河南现代化进程进一步加快，人民生活水平进一步提高，居民汽车保有量持续增加，对成品油的依赖性持续稳定，河南省成品油市场仍然具备增长空间，销量将保持稳定增长。

2. 炼能优化方向明确，打造更具竞争力产品系列

2021年3月，河南省政府与中石化签署新一轮战略合作协议，明确"控油增化、做大做强化工、持续推进提质增效"的发展原则，为充分发挥全省独有的区位优势和产业政策优势，打造一批高质量规模化产业集群，创新推动产业转型，推动石化行业提质降碳、降本增效，助推"双碳"目标实现提供了有利条件。河南省石化行业将逐步实现产业链下移，逐步缩减油气等传统业务，布局氢能、生物燃料、新材料等新兴业务体系，促进下游业务更注重关键工艺技术改进和路线优化，延伸具备差异化、功能化、高端化、精细化的高附加值产品，引领行业高质量发展。

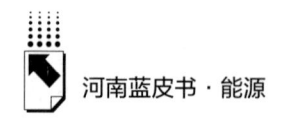

3. 低碳技术创新发展，行业碳资产价值有所提升

在新一轮科技革命和产业变革的重要机遇期，在碳达峰、碳中和的政策背景下，作为推动绿色低碳、节能降耗，倒逼能源结构变革的主力军，碳交易市场应运而生。石油石化企业积极进行用能结构优化调整，促进技术协同联动提质增效，降低企业二氧化碳排放量，加速企业转型升级。同时，石油行业碳资产运营也将带来新的业务增长点，通过碳交易资源的布局和统筹管理，为企业可持续发展提供了良好契机。

（二）制约因素

1. 数字化转型有待积极探索

在新一轮科技革命和产业革命的大背景下，数字化转型是未来石化产业升级的重要方向。习近平总书记多次指出，要加快数字经济发展。数字技术的快速发展加快了各行业数字化转型进程，目前河南石化数字化还刚起步，亟须加快数字化转型进程，特别是受疫情影响的物流运输调控体系面临挑战，这迫使很多企业利用更加柔性、更加安全可靠的数字调控平台。国家发展改革委等四部门出台《能源领域5G应用实施方案》明确提出，未来3~5年，围绕智能电厂、智能电网、智能煤矿、智能油气等领域拓展一批5G典型应用场景，建设一批5G行业专网或虚拟专网，探索形成一批可复制、易推广、有竞争力的商业模式。与此同时，河南省石油行业数字化转型在顶层设计、数字技术业务融合深度、数字应用和拓展程度、数字化商业模式构建、数字化转型配套制度保障等方面需要提升。

2. 产品价值链有待优化提升

在"双碳"目标下，石化行业绿色转型和高端炼化成为行业转型的科技前沿，河南省高端技术研发仍有待突破。分子炼油方面，近年来，河南省石化行业加工原油的适应能力不断提升，具备加工高含硫原油条件，实现了从"吃细粮"到"吃粗粮"的转变，但是与分子炼油"宜油则油、宜烯则烯、宜芳则芳、宜润则润、宜化则化"，实现原油"全处理、吃干榨净、无浪费"仍有不小距离；炼化方面，河南省重油加工手段较为单一，高端聚烯烃、功能膜、弹性体、电子化学品、降解材料等高附加值产品仍处在研发阶段，在激烈的市场竞争中处于较弱的地位。

3. 企业经营成本呈上升态势

从供给侧看，受国际疫情蔓延影响以及国际主要产油国战略性降低原油产量，进口原油成本将逐步升高，石油行业原材料价格持续增长。从需求侧看，随着国内疫情防控局势逐步稳定，经济社会发展逐步回稳向好，制造业、服务业快速复苏，成品油需求持续回升。随着国内炼化一体化工程的持续推进，石油消费需求增加。总体来看，国际油价的高位波动将增加石化企业的经营成本。

（三）2022年河南省石油行业供需形势预测

1. 原油产量和供应基本平稳

随着石油勘探开采关键技术的不断优化提升，资金投入力度的不断加大，河南省内原油产量基本保持平稳。预计2022年，河南省原油产量为190万吨。依托日—濮—洛原油管道引入海上原油资源，以洛阳原油商业储备为补充，全省原油供应能力基本稳定。

2. 成品油供需保持宽松

考虑国内疫苗的广泛接种，疫情防控形势总体平稳，在宏观经济回暖等因素带动下，户外工程、基建以及物流运输恢复性增长，将带动成品油消费实现恢复性增长。预计2022年成品油销售量约为1900万吨，同比增长约7%。

3. 成品油价格仍呈波动态势

考虑到目前的疫苗接种速度及有效性、全球经济持续复苏，预计原油需求增长提速，国际油价波动将牵连国内成品油价格走势。油价走势受多重因素叠加影响，主要表现在目前全球疫情常态化发展局势、全球经济不均衡复苏、全球碳达峰、碳中和意愿的动力驱动、地缘因素等方面。2022年，随着全球疫情紧张局势逐步缓和，全球经济复苏迹象加强，但同时地缘政治风险对油价的扰动作用可能引起原油价格的震荡，河南成品油价格将呈波动态势。

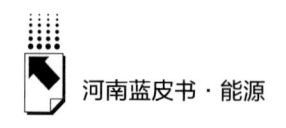

三 河南省石油行业发展对策建议

"十四五"时期,是全省开启全面建设社会主义现代化河南新征程的关键时期,也是加快推进能源革命、构建低碳高效能源支撑体系的重要阶段,河南省石油行业应着力统筹发展安全,坚持绿色低碳,在强化油品保供能力、稳定市场供应的同时,应积极探索低碳化、去碳化的行业转型道路,提高行业可持续发展能力。

(一)积极开展行业低碳转型

立足"十四五"新发展阶段,在"双碳"宏伟目标指引下,秉承绿色低碳发展理念,持续深化河南石油行业经济低碳转型发展,统筹谋划碳减排能力建设。一是进行顶层设计,学习借鉴省外先进经验,结合本省战略规划方案,科学制定行业"双碳"路线图。二是推进碳足迹排查工作,深入完善建立碳排放监测系统,通过加强过程管控技术能力建设提升全产业链能源利用效率。三是完善能源科技创新体系,加大科技创新投入,研创高效能新材料、高标准新基建,增强数字化联动管控能力,深化提质增效,实现产业外延拓展,推动企业核心竞争力由内向外跃迁。四是开展多元化能源业务,积极开发氢能等新型可再生能源,在保障能源安全的前提下加速行业低碳转型发展。

(二)加快推动炼能优化提升

石油行业应将绿色低碳确立为其核心发展战略,构建从常规油气向非常规油气、从传统油气向新能源跨越发展的路径,逐步将新能源业务与油气业务融合,加快推动行业绿色低碳转型升级。一是结合能源领域新模式新业态,以氢能基础设施、智慧化油气设施等为重点,加快谋划推动新型基础设施建设,加快石油与新能源、新基建协同发展,为推动全省能源高质量发展提供新支撑。二是基于数字化技术,石化产业可以有效聚合上中下游产业伙伴，利用数字化信息通信技术和业务板块的深度融合，形成数据集约、业务集成一体化的生产管控模式，高效推动全产业链降本增效和高质量发展。三是深化拓展石油炼化项目规划设计，加快纵深推进洛阳石化炼化一体化工程进度规模，优化提升炼油转化工技术工艺，有序推进产业链转型升级，助推石油产业高质量发展。

（三）持续加强油品市场监管

为促进市场公平有序竞争，优化市场资源配置，增强企业可持续发展能力，加强节能降耗、绿色减排意识，建议打牢做实成品油市场秩序管控，进一步探索完善河南成品油价格形成机制，服务经济社会持续健康运行。一是严格按照生态环境部工作部署，持续加大市场监督管制力度，对市场上不符合国六排放标准的柴油机动车进行停产停售，严令禁止不符合排放标准的柴油机动车在市场上流通使用。二是持续推进市场常态化监管，借助数字化系统，建立加油站税务监管系统，探索对整个产业链进行全方位、全链条、可追溯的信息化监管，对偷逃消费税的市场现象实施全面深化整改。三是持续深化推进成品油市场价格监管，科学系统研究完善石油资源市场价格形成机制，对不执行价格政策的行为进行严厉查处，积极推动市场竞争健康有序发展。

（四）全力做好油品安全供应

面临严峻复杂的内外部形势，河南省要时刻确保把油品供应安全作为今后一个时期内能源发展的重要主题，全力做好油品供应安全保障工作，推动石油行业持续向好发展。一是推动输油管道平稳运行，加大督促协调力度，推动各企业完成输油管道的除险加固工作，确保生产生活用油稳定充足供应。二是以隐患整治为抓手，切实做好输油管道保护，督促石油企业切实履行主体责任，持续加强风险隐患排查和安全生产管理，进一步提升全省输油管道安全运行水平。三是组织各地、各油气企业结合发现的问题，将排查出的隐患建立整改台账，落实到人，强力推进隐患整改，进一步提高全省油气管道安全平稳运行水平。四是着力提升全省管道保护业务能力，组织对全省

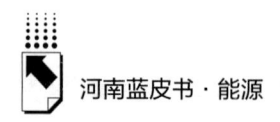

从事管道保护业务的人员进行专题培训，努力提升管道保护工作能力。组织开展全省管道保护行政执法业务专题培训，进一步提升全系统管道保护工作能力，扎实推动能源领域安全运行。

参考文献

河南省发展改革委：《关于印发2021年河南省重点建设项目名单的通知》（豫发改重点〔2021〕90号）。

国家发展改革委：《关于"十四五"时期深化价格机制改革行动方案的通知》（发改价格〔2021〕689号）。

中国石油经研院：《2020年国内外油气行业发展报告》。

戴家权、霍丽君：《后疫情时代国际石油市场趋势展望》，《中国远洋海运》2021年第6期。

国家发展改革委等四部门：《能源领域5G应用实施方案》（发改能源〔2021〕807号）。

B.4
2021~2022年河南省天然气行业发展形势分析与展望

郭兴五 李虎军*

摘　要： 2021年，河南省天然气行业不断强化区块生产目标责任，持续完善省内天然气管网通道和储气调峰能力，有力保障了天然气全年供需稳定。2022年，在全省经济运行持续恢复、能源清洁替代步伐加快等因素带动下，预计全省天然气消费仍将保持平稳较快增长。为提升河南省天然气供应保障能力，建议加快推动天然气管网互联互通、均衡布局气源供应、加强天然气网络末端配送能力建设，进一步健全天然气产供储销体系，推动构建绿色低碳、安全高效的现代能源体系。

关键词： 天然气行业　三级储气　均衡布局　储气设施　河南省

一　2021年河南省天然气行业发展情况分析

2021年，全省经济运行稳定恢复、稳中向好，天然气供需双侧持续发力，全省天然气消费第一季度实现高速增长，上半年已恢复至疫情前水平，预计全年消费量较上年有较大提升。在生产供应方面，在全球天然气价格上

---

* 郭兴五，工学硕士，国网河南省电力公司经济技术研究院工程师，研究方向为能源经济与电力市场；李虎军，工学硕士，国网河南省电力公司经济技术研究院高级工程师，研究方向为能源电力供需与电网规划。

涨的带动下，不断强化区块生产目标责任，聚焦高质量勘探，省内天然气生产保持相对稳定，持续完善三级储气调峰体系，加强与沿海气源的深度合作，天然气行业加快数字化转型，推动产储供销协同发展，有力保障全年天然气供给。

（一）天然气消费快速增长，供需总体平稳有序

1. 天然气消费保持较快增长

2021年，随着疫情防控形势基本平稳，全省社会经济活动恢复速度进一步加快，工业产值、居民消费、固定资产投资均较上年同期实现正增长，天然气消费需求稳步回升，受上年同期基数偏低因素影响，预计全年天然气消费将保持较快增长，增速有望恢复至疫情前水平。

分阶段看（见图1），第一季度，河南省天然气消费量为32.3亿立方米，较上年同期增加17.6%，实现首季高位起步，其中1月份受寒冬刺激，全省天然气消费量为12.9亿立方米，创同期历史新高。第二季度，工业生产的持续恢复增长对天然气消费起到了拉动作用，上半年，河南省天然气消费量为59.7亿立方米，同比增长5.6%，已恢复至疫情前水平。第三季度，受疫情和洪涝灾害叠加影响，省内部分企业停产，但河南经济依然展现出较强韧性和活力，1~10月，全省天然气消费97.1亿立方米，较上年同期增长8.7%。当前，随着疫情形势得到有效控制和"21·7"灾后重建的加速推进，全省经济重回稳定增长轨道，加之北方清洁取暖持续推进，冬季天然气消费需求仍有较大增量，综合考虑，初步预计2021年，全省全年天然气消费量为122亿立方米，同比增长8.9%。

2. 天然气生产量持续稳固

2021年省内两大油田持续巩固疫情防控成果、提升油气勘探质量、坚持科技创新、实现降本增效，预计全省天然气今年产量小幅增长。第一季度，得益于油气价格的提升，带动省内天然气企业加大产量，天然气产量为0.54亿立方米，同比增长5.8%。第二季度，天然气行业坚持以"拓资源、增储量、扩矿权"为工作主线，强化生产安全环保意识，启动"五查五严"

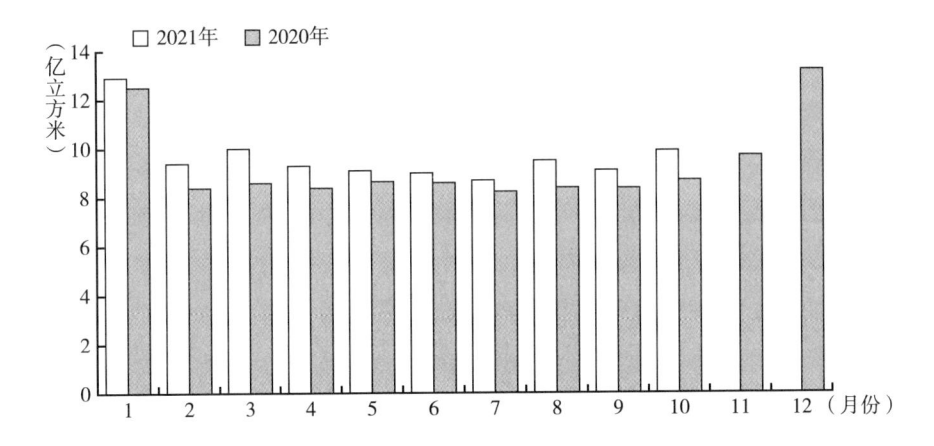

图1 2020~2021年10月河南省天然气消费情况

资料来源：行业初步统计。

保安全专项行动，持续推进资源突破工程、天然气效益工程、降本增效工程，平稳提升省内天然气产量，上半年全省天然气产量为1.04亿立方米，同比增长2.25%。第三季度，天然气行业克服疫情和灾情的叠加影响，全力保障天然气生产平稳有序，1~10月，全省天然气累计产量为1.7亿立方米，同比增长2.1%（见图2），全年来看，预计全省天然气产量为2亿立方米。

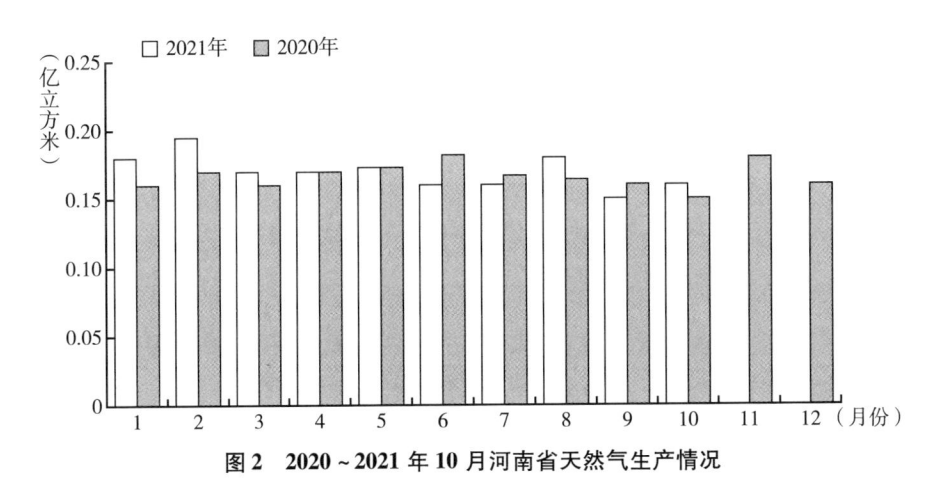

图2 2020~2021年10月河南省天然气生产情况

资料来源：行业初步统计。

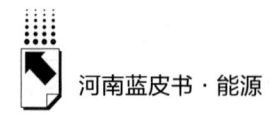

3. 全年供需继续保持平稳基调

河南省受资源禀赋限制，入豫天然气在河南省天然气消费市场中的比重长期保持高位。2021年1~10月，入豫天然气占比达到98.2%，其中"西气东输"是最大的气源，占比达55.0%；其次是榆济线，占比达27.6%（见图3）。随着疫情得到良好控制，河南省社会经济稳定恢复，对天然气的需求进一步增加，省内天然气产业持续加大生产力度，加快区域管网互联互通，大力推动外气入豫管道规划建设，加强海气入豫合作，强化储气调峰能力建设，加快构建多元化供应保障体系。同时，河南积极向中石油、中石化等上游供气企业争取增加入豫资源量，协调加快供气合同签订进程，加快推动省管网公司与山西、陕西等周边省份建立长期战略合作关系，并不断努力寻求海外优质气源，全省天然气供需保持平稳。

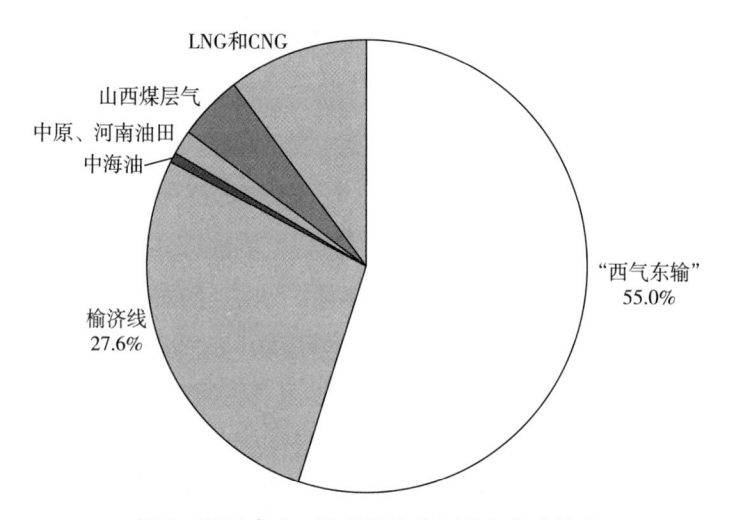

图3 2021年1~10月河南省天然气供应情况

资料来源：行业初步统计。

（二）基础设施建设加快推进，保障能力稳步增强

2021年，河南省不断加强气源多元化建设，持续完善省内管网互联互通、县域支线以及三级储气调峰体系，大力推动产供储销协调化发展。一是谋划

推动入豫通道建设。外气入豫管网通道的建设直接决定了供应能力的强弱与高峰保供压力的大小，完善的管道网络是实现供气主体多元化、销售市场健康有序发展的基本保障。目前在运行的"西气东输"管道河南段总长为1415公里。9月"西气东输"三线中段项目正式开工，三线中段河南境内管道全长220公里，设计压力为10兆帕，年输气能力为300亿立方米，河南省主动协调解决项目建设相关问题、督促项目施工进度，同时积极推动将苏豫皖等入豫通道纳入国家"十四五"专项规划。二是完善"1+2+6"三级储气调峰体系建设。按照"谋划一批、开工一批、建设一批"的思路积极推进河南储气调峰基础设施建设，平顶山盐穴储气库先导工程开工建设，濮阳文23储气库达容达产，持续谋划平顶山盐穴、南阳枯竭油气藏储气库等储气调峰接续项目，省内6个储气中心连接线基本建成，持续完善河南"1+2+6"三级储气调峰体系，倾力打造领跑全国的"河南模式"，初步形成"储气有层次、调峰有力度、应急有保障"的保障局面，可有效解决河南储气调峰能力不足问题。三是加强与沿海气源合作。主动与国家发展改革委、中海油、江苏省沟通衔接，积极推动国内首例异地建设储气设施新模式——"苏豫模式"落地，即河南天然气出资委托中海油在江苏滨海LNG接收站内建设2座27万立方米储罐，该项目于3月获得江苏省发展改革委核准并正式开工建设，加快打通"引海气入豫"管网通道，实现气源多元化，建立资源稳定安全供应长效机制。四是创新LNG"一罐到底"入豫模式。与罐装LNG供应商加强合作，充分发挥罐装LNG"宜储宜运、宜水宜路"的特点，依托周口港航运优势、多式联运优势。10月，来自马来西亚罐式集装箱LNG，经过海陆运输"一罐到底"直达周口豫东LNG应急储备中心，为2021年冬季和第二年用气保供增添了新气源。五是加快省内管网通道建设。加快开封—周口、濮阳—鹤壁、周口—柘城、三门峡—新安—伊川、伊川—薛店等省级干线项目，加快周口—漯河输气管道、西峡—淅川—内乡—镇平等县域支线及互联互通管网建设。

（三）数字化转型步伐加快，发展质效明显提升

河南省作为能源大省，天然气在能源结构中的占比不到7%，低于全国

近1.6个百分点,传统燃气行业的竞争不断加剧、能源供需结构的转变以及人民对美好生活的需求,对燃气企业的转型发展提出了新的要求,为了赋能天然气行业高质量发展并提升其在能源消费中的占比,新奥、蓝天等燃气供应商加快数字化转型。4月,新奥和新智认知联合发布燃气智能调度平台1.0,该平台集成了物联网、GIS（地理信息系统）、SCADA（数据采集与监控控制系统）、计量远传等信息系统,利用在线仿真工具实现了高中压燃气管网的数字化孪生。6月,华为联合沃风科技共同为蓝天燃气搭建数字化系统平台,涵盖从CRM（客户关系管理）、OA（办公自动化）系统、ERP（企业资源管理）系统到销采运数字一体化解决方案,实现蓝天燃气全链条智能化升级转型。数字化转型赋能城市燃气企业效率提升、管理优化、创新发展,促进城市燃气企业向智慧能源供应商、轻资产能源数据服务商的换道转型,助力构建清洁低碳、安全高效的现代能源体系。

（四）价格机制进一步健全,市场机制持续完善

2021年3月,河南省按照国务院办公厅《关于清理规范城镇供水供电供气供暖行业收费促进行业高质量发展的意见》,加快清理供气环节不同名目的各种不合规收费项目。加快完善价格形成机制,合理制定并动态调整供气价格。取消燃气企业通过配气价格回收成本的收费项目,规范建筑区红线内外费用及其他费用,强化企业服务意识,优化服务办理流程,建立健全价格和收费公示制度,促进提升服务质量和效率。通过规范天然气收费服务以及提升服务质量,河南省持续降低实体经济成本,减轻社会负担,优化营商环境,提高人民群众满意度。10月,河南省发展改革委印发《河南省"十四五"时期深化价格机制改革实施方案》（以下简称《方案》）,《方案》强调了天然气价格改革需稳步推进。适时放开非居民天然气价格,合理制定和调整省内天然气管道运输价格,探索建立城市燃气企业购气成本约束和激励机制,有效降低燃气供应商运营成本,促进下游市场化发展,有利于广泛推动天然气在各行业的应用,助力碳达峰、碳中和目标实现。

二 2022年河南省天然气行业形势展望

"双碳"目标下，天然气作为技术成熟、清洁低碳、广泛使用的优质能源，是促进能源低碳转型、保障能源安全责任的基础能源之一，是实现"清洁化、低碳化"行之有效的手段，国家积极构建"X+1+X"油气市场体系，不断深化天然气体制改革，为推动天然气行业健康有序发展打下良好基础。随着天然气在工业、居民生活、环保领域的深化应用，预计2022年河南省的天然气消费将会继续保持稳健增长。

（一）面临机遇

1. 天然气的能源"纽带"作用愈加凸显

碳达峰、碳中和是一场广泛而深刻的经济社会系统性变革。天然气作为清洁能源，在能源结构从化石能源向清洁能源转变的过程中发挥着重要作用。天然气的碳排放量仅相当于同热值煤炭排放的45%～55%，"十三五"期间，河南省天然气消费占终端比重由2016年的5.2%提升至2020年的6.8%，天然气消费总量约为550亿立方米，可降低碳排放量约1亿吨。"双碳"目标下，天然气在我国能源增存双线替代发展阶段发挥纽带作用，是新型电力系统安全稳定地高比例消纳清洁能源的"助推器"。在居民生活、工业、电力等多领域有序扩大天然气使用规模及充分发挥燃气发电效率高、运行灵活、启停速度快等特点，将燃气发电作为新型电力系统的重要调峰手段，是服务能源实现碳达峰、碳中和的重要举措之一。

2. 天然气消费市场需求进一步扩大

从能源消费结构来看，天然气在我国能源结构中消费占比仅为8.4%，河南省不到7%，远低于亚洲12.1%及全球24.8%的消费占比。从人均天然气消费量来看，河南省天然气消费总量高、人均低，河南省人均消费量仅为120立方米，与全国人均消费量217立方米差距巨大，并且不到全球人均水平的50%。"十四五"期间，新能源发电将会成为电源装机容量增量主体，预计2025年全省风电、光伏装机将分别达到2600万、2400万千瓦，对电源的灵活性调峰调频提出了更高的要求。未来，在中部崛起、黄河流域生态保护和高质量发展三大国家战略的引领下，全省经济将保持中高速增长，这对能源需求提出了更高的要求。"双碳"发展目标下，随着河南省京津冀大气污染传输通道城市及汾渭平原等地区控煤力度加大，产供储销体系逐步完善，全省天然气的市场需求将进一步扩大，用气人口持续增长，需求量也将不断增长。

3. 天然气政策体系建设不断深入

近年来，天然气行业持续深化供给侧改革，相关有利政策措施不断出台，为加快形成上游多主体多渠道供应、中间统一管网高效集输、下游销售市场充分竞争的"X+1+X"油气市场体系提供了良好的条件。2021年4月，我国管道气预售交易在上海石油天然气交易中心开启。首次预售交易范围涵盖了五省（安徽、江苏、浙江、山东、河南）一市（上海），本次交易开创了天然气保供、稳价、锁量的交易新模式，为天然气线上交易创造了有利条件，保障了上下游企业的权益。2021年6月，新版《天然气管道运输价格管理办法》将跨省管道分为西北、西南、东北、中东部四个价区，由按管道定价改为分区定价，有利于规范气源竞争和加快形成全国统一市场，促进资源流动和多元竞争市场形成，降低价格水平，释放油气管网运营机制改革红利。天然气政策体系框架的不断完善将为天然气的发展构建良好的政策环境。

（二）存在问题

1. 输气网络还不满足快速增长的市场需要

近年来，依托"西气东输"、榆济线等国家干线，河南省天然气管网建设进度加快，全省管道里程持续增长，输气量稳步提升，逐步形成了"两纵三横"纵贯南北、横穿东西的国家长输干线网络和辐射全省18个省辖市的支线网络，有力支撑了全省经济社会发展和能源清洁化转型。截至2020年底，河南省已建成的天然气管网总里程不足7000公里，人均管网长度为

0.7米，低于全球人均1.1米的水平，与美国人均11米的差距接近15倍。河南是传统农业大省，乡村呈现"分散广、聚集少"的地理格局，地形地貌的复杂多变增加了敷设天然气管网难度，据测算，河南需要进行"气化乡村"的居民约有1000万户，基本实现"气化乡村"目标需敷设至少40万公里管线。此外，全省以国家主干网为基础的部分互联互通管道和县域支线还不够完善，河南省整体管网规模和发展水平仍然不能满足需求的快速增长，亟须加快全省管线等基础设施建设。

2. 天然气管网安全压力长期存在

河南省天然气管道呈现"链长面广、环境复杂"的特点，近年来，输气管道受自然灾害、超期服役、第三方施工破坏、管理不到位等因素影响，管道安全的隐患时有出现。自然灾害方面，全省受2021年夏季期间极端强降雨天气影响，管道沿线多处出现安全隐患，这对天然气管网建设运维标准提出了更高的要求。超期服役方面，近几年全省部分老旧小区的地下燃气管网存在超期服役的情况，管道和接口等附属设备老化极易导致管道穿孔、断裂，造成天然气泄漏事故。第三方施工破坏方面，当前，河南省城镇化建设稳步推进，工程建设点多面广，部分第三方施工单位法律意识淡薄，导致天然气管网遭受破坏的情况屡禁不止。管理不到位方面，城镇燃气属于投资大、回报周期长、资产专用性强的高危行业，很多城镇燃气企业受利润的影响，缺乏主动进行设备改造、安全管理升级和隐患查改的管理措施，容易滋生安全问题，国内外发生了多起天然气泄漏爆炸等事故，造成了重大人身伤亡，安全问题不容忽视，这就要求各级行政主管部门加大行政干预力度，强化安全执法和监管，开展全方位、全覆盖的隐患排查整改，实行严格的资格准入制度，保证燃气供应行业安全平稳运行。

3. 天然气管网交易和保供体系仍需完善

随着国家管网公司的成立，天然气交易方式正在发生一系列转变：传统的产输销一体化模式已经不能满足高质量发展的需要，交易方式正从双边协商向多样化和灵活化逐渐转变，新的交易方式需要依托公平独立的交易平台实现充分的市场化竞争。全国新的交易平台建设处于探索期，新的保供体系由国家管网公司和"三桶油"共同负责，在新的保供运行机制下，天然气管输体系成为"全国一张网"，提高了调度的效率和公平性，但上中下游的衔接还需磨合，上中下游之间对新保供体系的判断出现了预期偏差。同时，开启市场化交易之后，销售方式以合同制为主，对合同约定外的额外需求没有做相应储备，容易导致特殊情况下的供需偏差，河南省应提前做好应对新保供模式的充分准备，切实降低天然气供应紧张的风险。

（三）2022年河南省天然气供需形势预测

1. 天然气消费增长持续向好

作为清洁低碳的优质能源，天然气在推动全球绿色低碳能源革命中将发挥纽带作用。2022年随着河南经济的持续向好、好中加固，新型城镇和农村建设速度不断加快、能源双控逐步落实到各行业，全省对天然气消费需求预计加速释放。从消费因素来看，随着"气化河南"和"气化乡村"等战略的实施，燃气用户有序扩增拉动天然气消费增长；河南近年严寒等极端气候时有发生，冬季采暖对天然气的安全稳定供应提出了更高需求；"双碳"目标下，能源双控、"蓝天保卫战"等带动天然气增存双线替代在工业领域加速发力；由于燃气发电价格偏高以及电源装机规模较小，全省天然气发电用气基本稳定。总体来看，用户扩增、严寒气候、"双碳"目标是促进天然气消费增长的主要因素，预计2022年全省全年天然气消费量为130亿立方米，同比增长7%左右。

2. 天然气供需总体平稳

河南省内天然气产量继续保持稳产基调，预计2022年产量为2亿立方米。全省供应呈现以西气为主（西气东输、榆济线等）、东气为补（海外气源）、中气为基（省内生产及储存气源）的基本供应体系，随着省内燃气管网的加快建设、"1+2+6"储气设施的持续完善、"引海气入豫"模式的不断创新以及政策体系的持续深化，河南省天然气保障能力将不断提升，预计2022年全省天然气供需总体可保持平稳。

三　河南省天然气行业发展对策建议

2022年是党的二十大召开之年,在"双碳"目标引领下河南省能源转型进程提速,能源双控、生态文明建设等将带动全省天然气增量发展和存量替代双重发力,河南省全面贯彻新发展理念,坚定推动高质量发展,充分发挥河南区位优势,积极谋划天然气行业转型发展、构建多元化发展体系,加快天然气新保供体系的建立,均衡外部气源结构、强化省内管网互联互通,全力提升天然气保障能力。

(一)积极谋划天然气行业转型发展

在碳达峰、碳中和目标下,河南省天然气行业应充分抓住行业发展的机遇期、窗口期,有效应对来自内外部的多重挑战。基于省内资源禀赋和发展现状,科学制定行业发展战略和路径,积极谋划省内天然气行业的转型发展。一是广泛推动天然气和清洁能源的一体化发展,积极探索构建省内或区域间气电联调、风光水火储联保的协同机制,同时深入开展气电技术经济补偿机制探索以实现成本降低。二是积极向综合能源供应商转型,谋求单一能源向综合能源服务商转型,发挥与传统燃气业务的协同作用,建立好服务系统、搭建好服务网络、设计好服务业务,扩大天然气消费基数,带动天然气消费市场的发展。三是加快数字化技术应用与服务的紧密结合,紧紧围绕市场需求,建设数字化天然气管网平台,加快燃气智能芯片、智能终端在上中下游应用,精准采集管网物理信息,在线实时监控通道运行状态,推动天然气行业高质量发展。

(二)加快构建多元化外引体系

河南作为缺油少气的典型内陆省份,保障天然气供应要从气源抓起,过度依赖单一气源供应会造成结构性供应风险,应积极对接国家"西气东输、北气南下、川气东送、海气登陆"的战略布局,主动布局气源市场、优化气源结构，形成多元化气源发展格局。一是在气源通道方面，推动"西气东输"三线、苏豫皖等入豫通道各项工作，加快构建多元化外引网络；依据河南中长期天然气管网规划纲要，加快推进晋陕豫黄河金三角—三门峡灵宝、陕西—南阳等入豫管道前期研究论证。二是在气源结构方面，随着"X+1+X"油气体系的构建，天然气上游供应会形成多元化的气源品类以及产地的格局，如油气田气、煤层气、海气、页岩气、煤制气以及储气库储备气等，河南省依靠区位优势持续优化气源供应结构，大力推动新兴气源入豫，提升天然气供应保障能力。三是在气源合作方面，随着天然气上游资源市场继续开放，鼓励省内天然气企业走出省内，参与上游市场的竞争，做好天然气勘探开采布局，优化供应链，增强对气源的自主性、可控性，确保建立灵活有效的天然气合作模式，提升省内天然气供应保障能力。

（三）完善天然气保供体系建设

在国际天然气价格变动难以预测的大形势下，为保障冬季用气高峰期安全供应能力，在新的天然气市场格局下，应加快完善保供体系。一是气源供应企业加强资源组织衔接，积极承担调峰保供责任，做到"应储尽储"，以实际精细化管理做好产运储销的衔接，提前锁定管容、库容及罐容，落实可调节用户清单，在气量、气价、补偿等方面做好约定；二是管网企业加强管网运行调度，做好管网安全维护，消除管输瓶颈，做好应急情况下的及时高效响应，提高互供互保能力；三是城市燃气企业详细摸排终端用户需求，做好需求侧管理，考虑极端气温情况，通过长协、现货等资源组合提前锁定资源，严格落实储气调峰责任；四是重视LNG物流配送板块建设，针对新增终端用户和点供用户，应重视LNG槽车运输补充方式，提升天然气供应链能力；五是注重省内天然气开采能力提升，加大省内常规天然气及岩页气精细勘探力度，加快勘探突破变储量、储量变产量的转化，持续开展"增储增产增效"行动，增强本省天然气的基础保障能力。

（四）加强天然气网络互联互通能力建设

随着河南省内新型城镇化和乡村振兴的加快建设，城镇乡村居民对燃气的需求会稳步快速增长，按照合理有序、鼓励多主体参与的原则，紧密结合河南天然气管网近远期战略规划，加快天然气网络互联互通配送能力建设。一是加快主干管网、互联互通及调峰设施建设，补齐跨区域、跨市县输配短板，加快三门峡—新安—伊川等项目的项目进度，推动已核准项目尽快开工，加快周口—漯河、西峡—淅川—内乡—镇平等互联互通管道及县域支线建设，消除管输瓶颈，提高互供互保能力；二是正确把握省委、省政府关于推进乡村振兴加快农业农村现代化的实施要点，推动资源要素合理流动、倾斜乡村，扎实实施乡村振兴战略，积极开展县域城乡清洁能源一体化建设，加快实施"气化乡村"工程，以2025年基本实现重点城镇和乡村天然气"全覆盖"为目标，加大省内支脉管道和乡镇乡村管道的投资建设力度，从根本上解决美丽乡村清洁用能问题，推进乡村能源革命，促进乡村振兴。

参考文献

河南省发展改革委：《关于做好清理规范城镇供水供电供气供暖行业收费有关事项的通知》（豫发改价管〔2021〕130号）。

国家能源局石油天然气司等：《中国天然气发展报告（2021）》。

河南省发展改革委：《河南省"十四五"时期深化价格机制改革实施方案》（豫发改价调〔2021〕795号）。

国家能源局：《2021年全国能源工作会议》，2020。

河南省能源局：《2021年河南省能源工作会议》，2020。

国家发展改革委：《关于"十四五"时期深化价格机制改革行动方案的通知》（发改价格〔2021〕689号）。

国家发展改革委：《天然气管网设施运行调度与应急保供管理办法》。

国家发展改革委：《天然气管道运输价格管理办法》。

B.5
2021~2022年河南省电力行业发展形势分析与展望

邓振立 金曼*

摘 要： 2021年，面对复杂严峻的电力供需形势，河南电力行业坚决贯彻落实省委省政府决策部署，统筹推进电力保供、灾后重建、绿色低碳转型等各项工作，加快构建以新能源为主体的新型电力系统，保障了电力安全可靠、平稳有序供应，为全省经济社会运行回稳向好提供了坚强支撑。2022年，随着碳达峰、碳中和背景下能源绿色低碳转型进程加快，电力行业发展既有难得的历史机遇又面临诸多困难挑战，河南应统筹发展与安全，坚持以绿色低碳为方向、以安全保障为基础、以节能提效为引领、以改革创新为动力、以灾后重建为契机，推动源网荷储全环节、电力产业全链条协调发展，加快构建以新能源为主体的新型电力系统，为实现"两个确保"奋斗目标提供清洁低碳、安全高效的电力保障。

关键词： 电力行业 防汛抢险 供需形势 新型电力系统 河南省

一 2021年河南省电力行业发展情况分析

2021年，面对历史罕见的极端特大暴雨灾害和前所未有的供需紧张形

---

* 邓振立，工学硕士，国网河南省电力公司经济技术研究院工程师，研究方向为能源电力供需与电力市场；金曼，管理学硕士，国网河南省电力公司经济技术研究院经济师，研究方向为能源政策与企业战略。

势，河南电力行业坚持以习近平新时代中国特色社会主义思想为指导，深入贯彻习近平总书记视察河南重要讲话、重要指示，全面落实省委省政府决策部署，以强烈的政治责任和使命担当，全力抗汛情、保供电、抓重建，在极其艰难的情况下保障了电力安全可靠运行和平稳有序供应，为全省经济社会运行稳定恢复、灾后重建步伐加快推进提供了坚强电力保障。

（一）打赢抗洪抢险保供电艰苦战役

2021年7月下旬，河南连续遭遇多轮极端强降雨天气，暴雨之大、灾情之重历史罕见，省内近1/3电力设备受到冲击，374万用户因灾停电，全省生产生活秩序遭到严重破坏，电网安全、供电保障挑战空前。

面对突如其来的严重灾情，电力行业、电网企业坚决贯彻习近平总书记关于防汛救灾工作重要指示批示精神，全面落实河南省委省政府工作部署，牢记灾情就是命令，挺身而出、向险而行，在国家电网有限公司大力支持下，25家省级电网企业星夜驰援，累计投入救援人员3.3万人、抢险车辆1万余台、各类物资总价值16亿元，与洪水角力、与时间赛跑、与疫情抢位，构建起电力防汛的"铜墙铁壁"，筑牢了抢险救灾的"全民防线"，接连打赢了应急响应主动战、稳网护安保卫战、民生抢修攻坚战，保障了大电网安全稳定运行，7天内实现郑州城区基本恢复供电，10天内除蓄滞洪区外全省全面恢复供电，创下了震撼人心的"电力速度"，用坚决的行动守护了中原万家灯火。

（二）迈出灾后重建强基础坚实步伐

2021年，河南电力行业将灾后重建作为推动高质量发展的重要契机，提前布局、精心谋划，全面打响灾后重建"下半场战役"。一是积极作为赢得发展主动权，推动河南省委省政府与国家电网有限公司举行会谈，并签署灾后重建合作备忘录，争取国家电网有限公司划拨灾后重建专项资金53亿元，安排河南省"十四五"发展总投资1853亿元。二是远近结合布局规划先手棋，组建工作专班，邀请国内电力领域资深专家，深入开展诊断分析，科学编制河南电网灾后重建"十四五"高质量发展规划，全面理清重建时间表、任务书、施工图。三是接续奋斗打响重建攻坚战，8月中旬，全面启动电网灾后重建，599项配电网重建工程顺利建成投产。制定受灾电网在建工程防洪提升整改方案，推动省政府出台"加强城市电力设施建设管理意见"，明确提升主网重点工程和小区配电设施防涝标准，为灾后重建和电网高质量发展奠定了坚实基础。

（三）筑牢电力保供攻坚战严密防线

2021年，随着经济社会运行向好态势持续巩固，河南省电力需求增长明显复苏，截至11月底，全社会用电量达到3318.5亿千瓦时，同比增长8.1%。另一方面，受煤炭价格持续快速增长、进口煤炭规模缩减、国内主产区产能不足等因素影响，电煤供应紧张成为全国性问题。7~8月，迎峰度夏期间，河南电煤持续紧张、负荷快速增长、暴雨洪涝多发、新冠肺炎疫情反复"四期叠加"，面临电力、电量、电煤"三紧缺"严峻挑战，全省电煤库存最低降至不足300万吨，发电机组全开机可用天数远低于国家提出的7天警戒线，存煤3天以下的电厂占比达到49%，电力供应保障的重要性、紧迫性、艰巨性前所未有。

2021年迎峰度夏期间，面对省内电煤紧缺的严峻挑战，河南第一时间启动应急响应，纵向统筹、横向协同，科学研判、快速应对，全方位发力，坚决确保电网安全运行和电力有序供应。全力保障电煤供应。出台7项煤炭增产保供措施，全面打响十日应急抢煤"战役"。积极争取外电支援。7~8月区外电力、净吸纳电量均创历史新高，有效缓解了省内燃煤电厂电煤库存快速下滑趋势，提升了河南迎峰度夏和抗灾保供电能力。着力保障电网安全运行。立足河南电网地处"西电东送""南北互供"全国联网枢纽位置，加强特高压设备特巡特护，执行特高压线路24小时不间断巡视，争取省外电力支援的"主动脉"和"生命线"，确保了外电入豫通道畅通和大电网安全运行。开展节煤优化调度。综合考虑迎峰度夏期间用电走势、各电厂来煤情况与电厂在保供电中的作用，按照"先减后加"原则优化电厂出力，有效支撑了电力有序供应、减少了电煤消耗。

2021年入秋以后，电煤价格持续攀升、产能不足已经成为全国性问题，在全省用电需求逐步回落、电厂备冬储煤关键期，全省电煤库存不升反降。10月14日，全省电煤库存达到最低点，仅为346万吨（见图1），

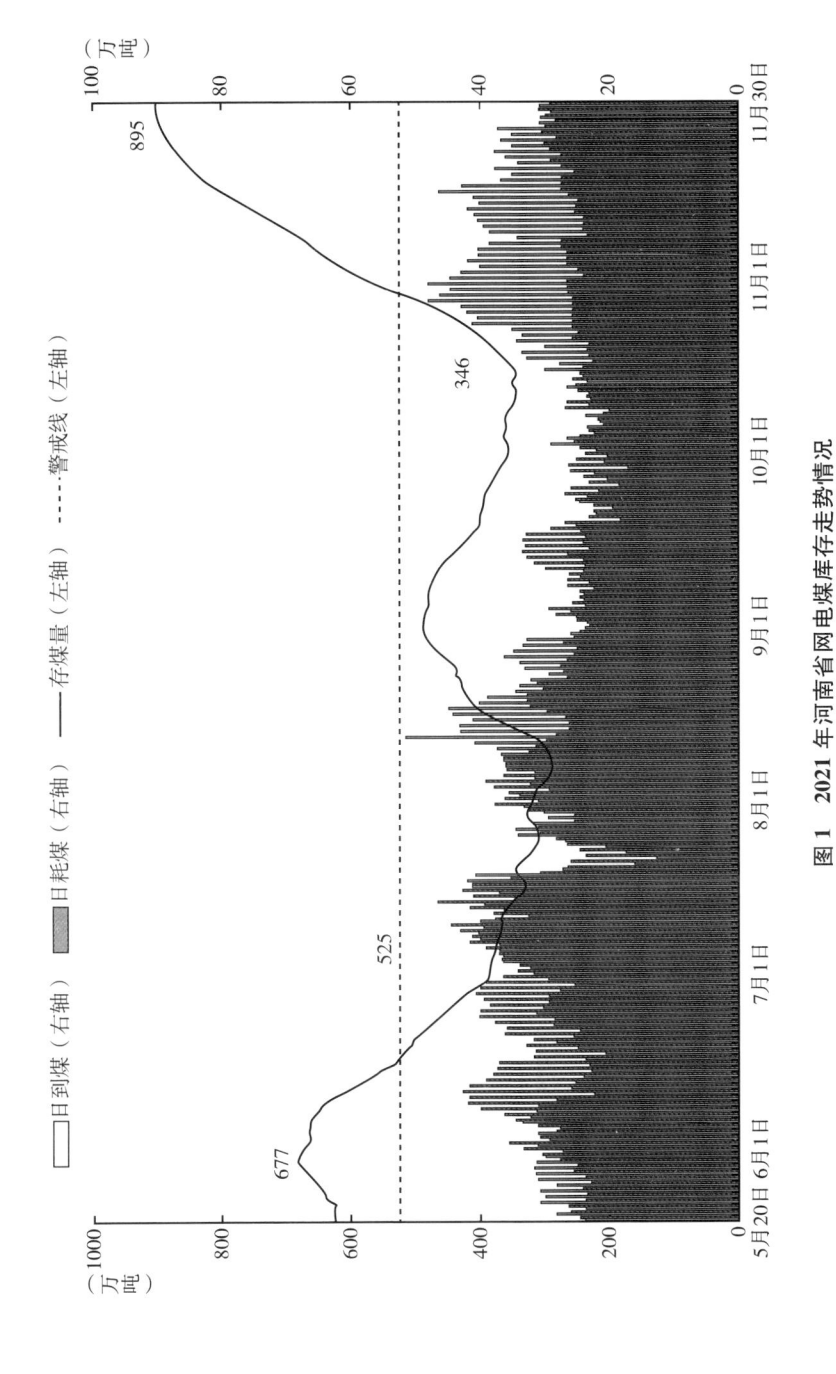

2021~2022年河南省电力行业发展形势分析与展望

图1 2021年河南省电网电煤库存走势情况

资料来源：国家能源局河南监管办公室。

全开机可用天数仅为5天，罕见出现电煤、电力、电量"三紧缺"现象，河南再次打响了电力保供攻坚战。随着政府主管部门、煤炭供应企业、各大发电集团、电网公司多措并举、协同发力，全省电煤库存逐步回升，截至11月底，全省电煤库存已接近900万吨以上，可支撑全省煤电机组全开机13天，电力供需紧张的局面有所缓解。初步判断，2021年全社会用电量约为3645亿千瓦时，同比增长7.5%左右。

（四）扛起绿色发展促转型责任担当

电源供应结构持续优化（见图2）。装机方面，截至2021年11月底，河南省风电、光伏等新能源装机3195.1万千瓦，占全省发电装机比重达到30%。发电量方面，截至11月底，全省全口径发电量为2652.2亿千瓦时，同比增长5.5%。其中，风电、光伏发电量为419.3亿千瓦时，同比增长84.1%，占全省发电量比重达到15.8%，较上年同期提高6.7个百分点；风电利用水平显著提高，平均利用小时数达1936小时，同比增加488小时。清洁能源成为电力消费增量供给主体，1~11月全省清洁能源发电与区外来电增量为294亿千瓦时，超过电力消费增量45亿千瓦时。

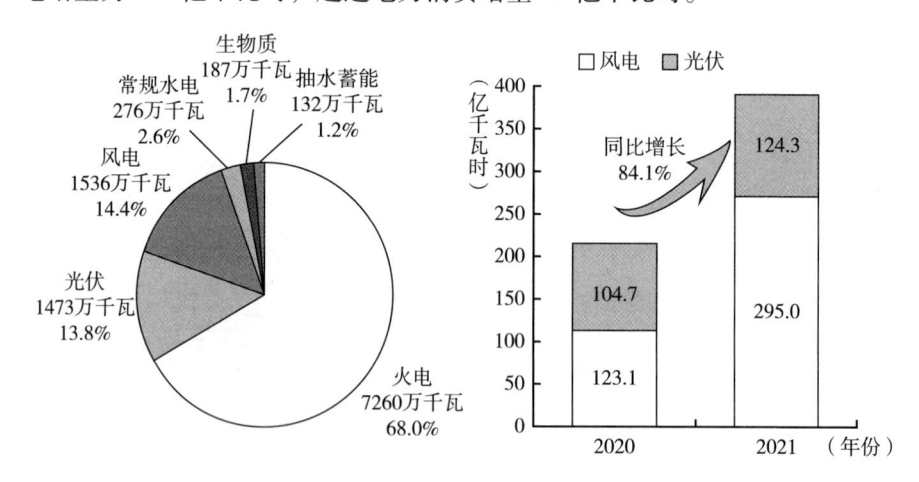

图2 河南省全口径装机容量和风电、光伏机组发电量（截至2021年11月底）

资料来源：行业统计。

（五）取得改革创新蓄势能阶段成果

坚持改革创新双轮驱动，电力体制改革稳步推进。2021年，河南省电力中长期交易连续运营、绿电交易试点稳步推进。加快完善电力市场竞争机制，电力现货市场建设扎实推进，编制完成河南省电力现货市场"1＋6＋2"规则体系，初步完成现货市场支持平台建设，预计2021年底前将实现电力现货市场模拟试运行。增量配电改革试点稳步推进，洛阳孟津华阳产业集聚区、焦作矿区等第五批增量配电试点完成规划编制工作。电价机制改革持续深化，落实国家有关工作部署，稳妥有序推进燃煤发电上网电价、分时电价改革、工商业用户全部进入市场、电网企业代购电等工作，推动建立成本有效传导、供需协同互动、市场竞争充分的电力价格体系，合理反映电力供需关系，有效引导全社会节能提效。

（六）实现普惠共享惠民生全面提升

助力乡村振兴措施有力。创新构建农业发展、产业兴旺、生活富裕"三位一体"乡村振兴电力指数，为政府科学决策提供有力支撑，被国家乡村振兴局作为典型在全国推介。积极服务全省"气化乡村"工程。高质量推进乡村电气化工程试点县建设，前三季度建成惠农富民乡村电气化项目131个，力争全年建成155个惠农富民乡村电气化项目；加快推进农村配电台区升级改造任务，力争2021年底新建改造10千伏及以下线路5000千米，农村地区用户年均停电时间压减至16小时以内；出台加强农田水利设施管护工作的指导意见，进一步明确机井高、低压电力设施管护责任主体，累计接收高压供电设施5.7万个，移交30万眼机井低压电力设施的管护权，实现了"应接尽接""能交尽交"。

服务大气污染防治攻坚扎实推进。加快推进煤电结构调整，配合政府完成全年40万千瓦落后煤电机组关停任务，督促郑州市、洛阳市加快推进煤电机组淘汰工作，确保按时关停到位，稳妥推动许昌等市区内燃煤火电机组"退城进郊"；制定促进新能源消纳工作方案，力争全年省内新能源并网装

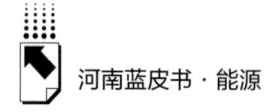

机增加450万千瓦；巩固"双替代"供暖替代成效，对完成"双替代"供暖改造的地区开展"回头看"，对发现的问题建立台账、立整立改，依法将已经实现清洁取暖和已实施集中供热的地区划定为禁煤区。

充电设施服务基础不断夯实。一是完成2020年度电动汽车充电基础设施省级财政奖补资金申报、审核验收工作，配合财政部门完成2020年充电基础设施财政奖补资金审核及发放工作。二是研究编制《县域示范类集中式公用快速充换电站建设指导意见》，力争2~3年全省县域建成100座示范类集中式公用快速充换电站。三是与交通部门沟通对接，研究高速公路服务区充电基础设施建设事宜，重点加强国道、省道沿线充电设施布局。四是进一步完善省级充电智能服务平台和"中原智充"手机App应用功能，累计用户、充电电量、互联互通充电桩数量等多项指标稳步提升。

电力营商环境持续优化。"获得电力"蝉联河南省营商环境评价优势指标，郑州入选2020年国家营商环境标杆城市。牢固树立"三个一切"理念，创新服务方式，丰富服务手段，结合不同地域、不同用户、不同用电需求，科学确定服务标准，不断提升客户获得感和满意度；发布服务"万人助万企"十大举措，"阳光业扩"六方面30项升级措施有效落地，临时接电费等14项收费项目全面取消，高、低压业务办理时限分别压降至16个、5个工作日以内。综合采取"电e金服"、市场化交易等手段，降低企业用能成本，帮助受灾企业渡过难关。

二 2022年河南电力行业发展形势展望

2022年是全面推进社会主义现代化建设，奋力实现"两个确保"，落实碳达峰、碳中和目标的关键之年。当前，河南省产业基础雄厚、市场空间广阔、枢纽支撑有力、开放优势彰显，多领域战略平台融合联动的叠加效应持续显现，全省将继续深入贯彻落实党中央、省委省政府决策部署，锚定"两个确保"，全面实施"十大战略"，预计2022年全省电力需求将呈现平稳较快增长态势，电力供需紧张局面将进一步缓解，全社会用电量达到3870亿千瓦时，同比增长6%左右。

（一）2022年河南省电力行业发展形势

1. 锚定"两个确保"为电力行业发展带来新契机

确保高质量建设现代化河南、确保高水平实现现代化河南为电力行业高质量发展带来重要机遇。预计未来电力消费仍将保持刚性增长，亿万人口大省的用电需求潜力将进一步释放，为电力行业发展带来了新契机。国家战略叠加，实现"两个确保"具备强大发展势能。当前，河南面临构建新发展格局的战略机遇、新时代推动中部地区高质量发展的政策机遇、黄河流域生态保护和高质量发展的历史机遇，多领域战略平台融合联动的叠加效应将持续显现。产业基础雄厚，实现"两个确保"具备强大实力保障。河南省经济总量连续17年居全国第五位，工业增加值稳居全国前列，拥有2个万亿级产业集群和19个千亿级特色优势产业集群，人工智能、数字经济等产业蓬勃发展，一批战略新兴产业、未来产业在全国崭露头角。市场空间广阔，实现"两个确保"具备巨大内需支撑。全省常住人口居全国第三位，郑州常住人口跃居中部地区城市第一位，全省社会消费品零售总额居全国第五位。随着新型城镇化快速推进，未来全省农村人口向城镇转移、中等收入群体消费迭代升级，将产生巨大的投资、消费需求。枢纽支撑有力，实现"两个确保"具备广阔合作空间。全国"十纵十横"综合运输大通道中有五个经过河南，以郑州为中心的"米"字形高铁网基本建成，郑州1.5小时航空圈、4小时高铁圈覆盖全国主要经济区，以民航为先导、高铁为骨架、高速公路为支撑的现代综合交通体系逐步完善，东接长三角、北连京津冀、南通粤港澳、西牵成渝的战略枢纽地位更加突出。开放优势彰显，实现"两个确保"具备强劲发展动能。高质量参与"一带一路"建设，统筹推进"五区联动""四路协同"，全省进出口总值超过6600亿元、居中部地区第一位；郑州机场客运、货运规模持续保持中部地区"双第一"，内陆开放高地基本形成。随着自贸试验区主动对标高标准国际经贸规则，制度型开放深入推进,开放红利将进一步释放。

2.新型电力系统加快建设为系统运行带来新挑战

电力系统安全稳定运行压力持续增大。以新能源为主体的电力系统发展背景下,风电、光伏保持快速发展态势,截至2021年11月底,全省新能源装机已突破3100万千瓦,从全省来看,河南省用电需求呈现冬、夏"双峰"特征,迎峰度夏期间,河南新能源"极热无风""晚峰无光"等特点突出,用电高峰时段参与平衡的能力十分有限,大装机、小出力特征明显(见图3)。负荷高峰时段新能源出力占用电负荷的比例平均为10.1%,部分天数占比低于5%,对电力平衡贡献度不高,需常规电源和外来电保障电力可靠供应。极端强对流天气影响下,风电出力大幅波动,对电力平衡的影响极为明显,2021年7月28~30日,"烟花"台风过境期间,风电出力波动一度达到804万千瓦,叠加用电负荷骤变,给电力供应带来较大挑战(见图4)。

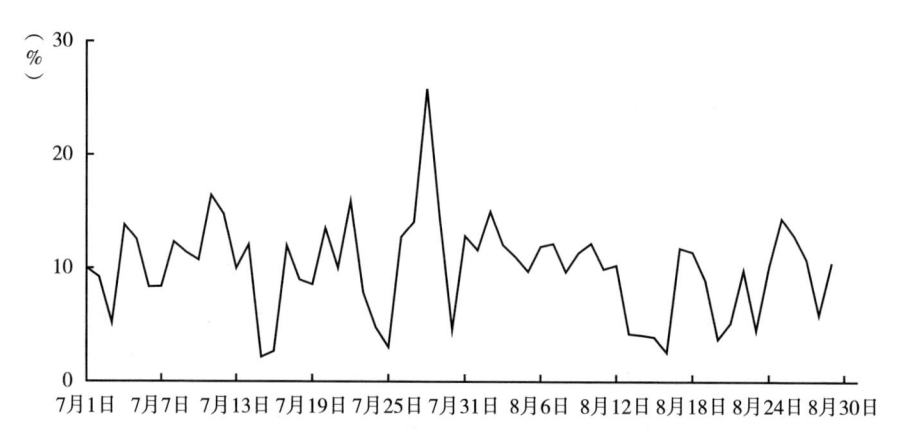

图3　2021年度夏期间负荷高峰时段新能源出力占用电负荷比例

资料来源:行业统计。

电力系统灵活性资源不足问题凸显。新能源的快速发展为优化能源结构做出了重要贡献,同时,客观上对可再生能源电力全额消纳也带来一定压力。当前,河南省省网日用电最大峰谷差超过2000万千瓦,在电网低负荷情况下,为保障外电和新能源消纳、热电机组供热发电需求,电网开机方式

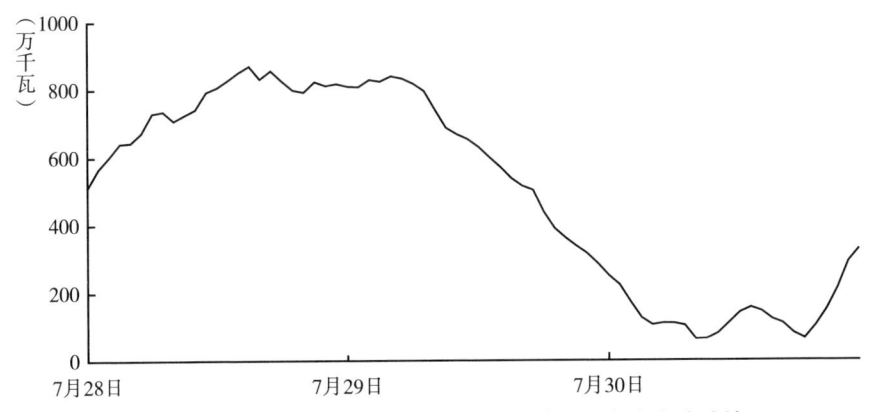

图4 2021年度夏"烟花"台风过境期间统调风电出力波动情况

资料来源：行业统计。

难以兼顾各方需求，安全运行压力加大。1～10月份，全省新能源弃电量合计为3.73亿千瓦时，年累计新能源利用率为99.03%。未来，在碳达峰、碳中和背景下，要推动风电、光伏发电实现大规模、高比例发展，亟待解决新能源发展与电网消纳的矛盾，加大源网荷储等协同规划布局力度。

3. 煤电发展定位转变为电力供需形势带来新变化

"十四五"是碳达峰的关键期、窗口期，在构建以新能源为主体的新型电力系统背景下，煤电发展约束进一步收紧，常规水电基本开发殆尽，河南省常规电源建设明显趋缓，新能源机组成为增量主体。与此同时，新能源具有随机性，发电出力"靠天吃饭"，主要提供的是电量，从运行实际看，新能源安全保障的有效支撑能力偏弱，随着全省电力需求的持续快速增长，电力供需趋紧态势将更加突出。从常规电源发展建设看，"十四五"期间，河南明确提出合理控制煤电建设规模和发展节奏，大气污染防治重点区域内的城市原则上不再建设除民生热电外的煤电项目。随着在建煤电项目逐步投产，除抽水蓄能电站外，河南目前暂无其他常规机组开展前期工作。同时，随着电力需求快速增长，新型电力系统中煤电机组逐步向灵活调节型电源转变，全省电力供应保障面临更大压力。

4. 灵活资源不足矛盾对市场体系建设提出新课题

当前，我国风电、光伏等机组执行保障性收购政策，新能源发电"保量保价、优先上网、全额收购"。保障性收购政策有利于新能源规模快速扩张,但也存在市场价格信号不明晰、新能源边际成本优势未发挥、电力系统灵活调节压力大等问题。在碳达峰、碳中和目标指引下,仅依靠火电机组开展调峰辅助服务,难以满足电网高峰供应和低谷调峰需求,需求侧响应、虚拟电厂、储能等灵活可调资源的价值逐步凸显。河南储能资源相对较为缺乏,新能源建设配套储能机制初步建立,投资储能成本回收机制尚不完善。需求侧资源参与市场的配套政策、交易机制尚不健全,交易品种、盈利模式单一,相关市场主体从市场中回收成本、赚取利润的风险较大。

(二)2022年河南省电力行业发展预测

2022年,河南省将紧紧围绕新型电力系统"清洁低碳、安全可控、灵活高效、智能友好、开放互动"五个方面,对接河南省"两个确保""十大战略"重大决策部署,努力开创新型电力系统河南落地实践,服务现代化河南建设,推进电力行业高质量发展。

电力供应保障能力显著提升。装机方面,全省电源装机进一步提升、电源结构持续优化。预计全省电力总装机在1.2亿千瓦左右,其中,新增新能源发电装机约500万千瓦;随着新能源配储能政策的落地见效,新建项目的逐渐投运,新能源高峰供应能力将有所提升。外电方面,随着青豫直流工程配套电源逐步投产和送端网架持续加强,青豫直流送电能力将持续提升,配合中长期交易协议的有效落实,外电保障能力将进一步增强。

电力供需紧张局面逐步缓解。2021年以来电煤供应紧张,导致煤电机组出力严重受限,造成了下半年电力供应紧张局面,从长期来看,绿色低碳发展已经成为未来发展大势,减煤成为发展方向,随着国家电力和煤炭供应调控政策、严控"双高"行业盲目发展部署的落地见效,未来煤炭价格将逐步回归至合理区间。预计,随着新能源供给能力的稳步提升、煤炭价格的回归及燃煤发电上网电价市场化改革政策落地,电力供需形势将得到有效缓解。

全社会用电量保持较快增长。2022年,在重大国家战略加快实施、锚定"两个确保"、全面实施"十大战略"的带动下，全省将稳步推进传统产业转型升级、培育壮大新兴产业、提前布局未来产业，推动制造业高质量发展，加快建设经济强省，多领域战略平台融合联动的叠加效应将持续显现，经济回稳向好的态势将更加稳固。产业升级、新旧动能协同驱动将为电力需求增长带来新生动力，叠加2021年极端特大暴雨、新冠肺炎疫情、供需紧张等多重因素抑制需求的释放，2022年，电力需求将呈现平稳较快增长态势，初步测算，2022年全省全社会用电量为3870亿千瓦时，增长6%左右。

新能源消纳压力持续增加。2022年全省新能源装机预计将达到4000万千瓦，新能源出力突破1500万千瓦，在当前新能源配储能政策落地初期，新能源配储能投运项目占总装机的比例相对较低，在春秋季小负荷时刻，新能源出力占全网用电负荷的比重超40%的情况下，省内新能源与省外来电消纳的叠加矛盾将更加突出，电网的消纳压力仍将继续增加，部分时段会面临弃风弃光风险。

三 河南省电力行业发展对策建议

2022年，河南省电力行业应继续深入贯彻习近平总书记"构建清洁低碳、安全高效的能源体系，构建以新能源为主体的新型电力系统"①的战略部署，以新发展理念为引领，围绕服务全省经济社会发展和能源转型大局，坚持以绿色低碳为方向、以安全保障为基础、以节能提效为引领、以改革创新为动力、以灾后重建为契机，推动源网荷储全环节、电力产业全链条协调发展，为社会主义现代化河南建设提供坚强可靠、清洁低碳、安全高效的电力保障。

（一）坚持以绿色低碳为方向，推动电源结构优化调整

在服务"双碳"目标、打造以新能源为主体的新型电力系统背景下，

---

① 《习近平主持召开中央财经委员会第九次会议》，《人民日报》2021年3月15日。

煤电进入高质量发展新阶段，新能源成为新增装机和发电量的主体。目前，河南水电、抽水蓄能、燃气和储能电站等灵活调节电源较少，装机占比不足5%，系统调节能力不足，叠加河南供热机组占比较高的现实，构建以新能源为主体的新型电力系统，对电力系统灵活性资源提出了更多数量、更高质量的要求。

积极加大煤电机组灵活性改造力度。一是结合全省新能源发展及消纳形势，合理确定火电灵活性扩大规模，优先提升30万千瓦级煤电机组的深度调峰能力，并逐步全面推广；二是在全省范围开展火电机组单机最小技术出力率和最小开机方式核定，在确保各机组安全稳定运行的基础上确定各机组的基准调峰深度，逐年进行更新和调整。加快推动在建抽水蓄能电站建设。加快南阳天池120万千瓦抽水蓄能电站建设进度，确保2022年底前全部投产；加快洛宁大鱼沟、光山五岳等抽蓄建设；积极配合推进辉县九峰山、嵩县龙潭沟等抽水蓄能电站前期工作。服务新能源高质量发展。依据全省分地市新能源消纳指引，推动新能源有序发展，滚动进行新能源消纳能力分析，引导各地区优化新增装机规模、布局和时序。落实河南省储能设施建设指导意见，深入落实分地区的储能差异化配置要求，推动新能源分地区同步配置储能设施，促进新能源与储能一体化发展，助力新能源提速发展，提高新能源的有效支撑能力。

（二）坚持以安全保障为基础，推动电力系统平稳运行

加快四级电力系统保障体系建设。全面总结梳理"21·7"防汛救灾保供电工作的宝贵经验，将提升电网防灾抗灾能力纳入"十四五"规划，重点实施外电入豫及主网架加强、电网协同互济能力提升、打造郑州坚强局部电网、重要用户应急能力建设、电网抗灾智能化水平提升等工程，建成"坚强统一电网联络支撑、本地保障电源分区平衡、自备应急电源承担兜底、应急移动电源作为补充"的四级电力系统保障体系。

加强电力系统全环节高质量协调发展。持续补强主网架，加快华中"日"字形特高压环网建设步伐，推动长治—南阳第二回线路工程纳入规划

并开工建设，充分发挥天中直流、青豫直流输电能力；密切跟进国家"十四五"电力发展规划进展，确保陕电入豫工程纳入正式规划，尽快启动陕电入豫工程前期工作，力争早日开工、早日建成，持续谋划建设外电入豫第四直流，扩大省外清洁电力入豫消纳规模，力争到2025年、2030年外电入豫电量分别突破1000亿千瓦时、1400亿千瓦时。

提升清洁能源优化配置和消纳能力。积极落实河南省加强新能源并网管理意见，服务新能源项目开发，强化新能源并网运行管理与加强涉网性能管理；开辟新能源配套电网工程建设"绿色通道"，积极服务新能源项目开发，及时受理并网申请、确定并网方案、签订并网协议，便捷高效开展接网服务，确保电网电源同步投产，助推新能源由辅助电源转变为主体电源，助力新能源可持续快速发展。

加快补齐城乡配电网短板，助力乡村振兴。重点做好城镇现代化配电网、乡村电气化提升工程等工作。一是加快城镇现代配电网建设，服务城镇老旧小区配套改造，年内完成60万户老旧小区配套电网建设改造，提高城镇配电网供电能力；二是积极对接河南省乡村振兴五大行动，全面服务实施"气化乡村"工程，大力实施农村电网巩固提升工程，打造中部领先的农村电网，服务乡村振兴战略。同步建设农田机井配套工程，服务高标准农田建设，助力河南省扛稳粮食安全重任。

适应分布式电源、微电网、多元负荷规模化发展需要。积极配合河南省加快推进屋顶光伏发电开发行动方案部署，深入参与整体开发方案编制，重点做好配电网升级改造、接网服务和发布电力供需指引等相关工作，消除配电网供电瓶颈，服务全省66个试点、1500万千瓦整县屋顶分布式光伏消纳，全力保障全省整县（市、区）屋顶分布式光伏开发试点工作落地见效，支撑河南省能源绿色低碳转型，服务全省"双碳"目标。

（三）坚持以节能提效为引领，推动供需双侧协同互动

节能提效是推动高质量发展，助力碳达峰、碳中和实现的重要举措和必然要求。随着新能源发电装机迅速增长，仅靠常规电源调节能力难以满足电

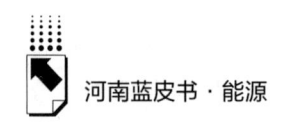

力系统供需平衡调节要求，精准高效的需求侧管理已成为做好电力保供的有效手段之一。

发挥好价格的市场化作用，提升供需两侧交互能力。精准实施需求侧管理不仅是保持电力供需平衡、保障电网安全的必要技术手段，也是保障居民、重要用户和产业链关键环节企业可靠供电的有力措施。河南省电力行业应以进一步完善分时电价机制政策为契机，更加重视可调节负荷激励政策和市场机制建设，明确高比例新能源接入情况下电力系统对需求侧资源的互动需求，充分发挥市场决定价格作用，形成有效的市场化分时电价信号，实现电力系统运行由"源随荷动"向"源荷互动"模式转变，以更经济、更高效的方式促进供需两侧协同互动，提高电力系统调峰能力，提升新能源消纳能力，改善电力供需状况。

将需求响应作为重要的规划资源纳入电力保障体系。持续扩大需求侧响应实施范围及规模，尽快实现需求响应的常态化、规模化，全力实现政策机制全覆盖、负荷管理平台化水平和响应能力显著提升，加快构建不少于最大负荷5%的可调节负荷资源库，纳入省级智慧能源服务平台统一管理，并创新市场化交易机制，推动需求响应市场与辅助服务、现货等市场有效衔接。

充分发挥电力载体节能提效枢纽平台作用。持续做好工业企业、商业建筑等用户中蕴藏的可调节负荷容量挖掘，提升负荷感知与在线监测水平，形成稳定的新能源、负荷协调互动能力，以电力枢纽平台为节能提效载体，考虑地区差异，对高耗能行业实施差别电价策略，动态优化调整峰谷电价时段，激励用户优化用能习惯，抑制"双高"行业盲目发展需求，促进企业绿色低碳高效转型、产业结构升级，加快构建以电为中心，清洁低碳、互动高效的能源消费体系，服务全社会节能提效。

（四）坚持以改革创新为动力，推动电力行业提质发展

构建新型电力系统是一场全方位变革，需要正确处理好清洁低碳、供应保障、安全运行三者的关系。河南电力行业应积极承接落实新型电力行动方案，对接"两个确保""十大战略"重大决策部署，努力在推动新能源成为

供应主体、保障电力安全可靠供应、提升电网防灾抗灾能力、建设现代化农村电网、能源互联网高质量发展五个方面打造河南模式，服务现代化河南建设。

加强配套政策机制建设，提升支撑和保障能力。加快形成保障煤电健康发展的长效机制。长期来看，煤电仍将在全省电力电量平衡中发挥重要作用，建议按照"增容控量""控容减量""减容减量"三个阶段来谋划煤电发展，改革完善煤电价格市场化形成机制，客观充分反映煤电机组电力供应保障价值，提振托底保障电源建设信心，提升电力系统本质安全水平。明确储能独立市场主体地位。充分发挥政府政策引导与市场推动作用，推动储能设施与风电、光伏项目本体同步设计、同步施工、同步投运，支持储能规模化应用；健全储能价格机制，引导用户侧储能有序发展，充分发挥市场作用，形成合理的受益者费用承担机制，提高电力系统调节能力；合理核定抽水蓄能电站容量电费，并将抽水蓄能电站运行成本向终端分摊传导，促进抽蓄电站可持续发展和效用发挥。完善适应高比例新能源发展的价格机制。完善适应高比例新能源发展的价格体系、交易机制和结算体系，加快促进灵活调节资源参与系统调节的各类辅助服务体系构建，开展碳—电力市场协调发展机制、碳价与电价传导机制研究，加快构建开放、高效、智能的电力市场运营支撑平台，实现对多类型主体、多时间尺度、多交易模式的友好支撑。同时，完善"两高"行业差别电价、阶梯电价、超低排放差别化电价等绿色电价政策。

坚持示范工程带动作用，加快建设新型电力系统"试验田"。建设新型电力系统县级示范区。突出科技驱动、模式创新，按照示范先行的原则，推动兰考成为新型电力系统县级示范区，选择新能源资源条件好、电网发展基础强、具有先行意愿及能力的县（市）作为新型电力系统培育试点，差异化、特色化建设新型电力系统县级示范区。创新打造市县级零碳能源互联网示范工程。坚持把创新作为第一动力，统筹加强新型电力系统科技攻关，推进科技创新、管理创新和商业模式创新，推进新能源云应用，积极拓展综合能效服务、多能供应服务、清洁能源服务和新兴用能服务，推动建设以电为中心，电、气、热、冷等多能融合互补的综合能源系统；打造能源＋工业互联网、能源＋市场等新业态，延伸产业链、价值链，实现以电为中心的能源互联网生态圈带动产业链上下游共同发展。

加大充电基础设施建设力度。一是构建布局合理、车桩相随的充电网络，努力满足全省电动汽车城际出行和省外过境的电动汽车充电需求；二是持续加大政策支持力度，从财政奖补、金融支持、配套电网建设等方面给予支持，优化项目建设环境；三是进一步加强充电服务监督管理，依托全省统一充电智能服务平台，完善公共充电设施建设和运营标准规范，提升群众充电服务体验。

着力开展营商环境优化提升。打造城区低压网格化综合服务新模式，推进优化营商环境"深化创新年"活动，加快用电报装改革，建成"五机制、一平台"阳光业扩服务新模式；落实"万人助万企"活动部署，紧密跟进工程建设项目审批，前移关口主动做好办电服务；持续拓展"网上国网"功能，实现"办电 e 助手"线上服务全覆盖，服务现代化河南建设。

参考文献

国家发展改革委、国家能源局：《关于加快推动新型储能发展的指导意见（征求意见稿）》。

国家能源局：《关于建立健全清洁能源消纳长效机制的指导意见（征求意见稿）》。

国家能源局：《新型储能项目管理规范（暂行）》（国能发科技规〔2021〕47 号）。

国家能源局：《电网公平开放监管办法》（国能发监管规〔2021〕49 号）。

国家发展改革委：《关于进一步深化燃煤发电上网电价市场化改革的通知》（发改价格〔2021〕1439 号）。

河南省人民政府：《河南省乡村建设行动实施方案》（豫政办〔2021〕23 号）。

河南省人民政府：《河南省加快电动汽车充电基础设施建设的若干政策》（豫政办〔2020〕30 号）。

河南省发展改革委：《关于 2021 年风电、光伏发电项目建设有关事项的通知》（豫发改新能源〔2021〕482 号）。

河南省发展改革委：《关于推进增量配电业务改革试点开展源网荷储一体化建设的

通知》（豫发改电力〔2021〕688号）。

河南省发展改革委：《河南省加快推进屋顶光伏发电开发行动方案》（豫发改新能源〔2021〕721号）。

河南省发展改革委：《关于进一步完善分时电价机制有关事项的通知（征求意见稿）》。

河南省发展改革委：《河南省加快推进屋顶光伏发电开发行动方案》（豫发改新能源〔2021〕721号）。

河南省发展改革委：《河南省"十四五"时期深化价格机制改革实施方案》（豫发改价调〔2021〕795号）。

B.6
2021~2022年河南省可再生能源发展形势分析与展望

赵文杰 刘军会*

摘 要： 2021年，河南省充分发挥可再生能源绿色低碳转型的主力军作用，坚持"项目为王"，打出了一套政策"组合拳"，推动了全省可再生能源的换道破局、提速发展，实现了发电装机规模快速扩大，整体利用水平显著提升，风光、地热、生物质能、氢能多元发展，可再生能源成为消费增量的主体。2022年，随着全省政策机制不断完善、市场环境持续优化，可再生能源发展的有利因素将进一步积聚，但也面临能源供应保障支撑较弱、局部地区消纳困难等风险挑战，河南应坚持多元开发、供需协同、试点示范、创新引领，着力加快可再生能源发展，提升安全保障能力，推动构建清洁低碳、安全高效的现代能源体系，为实现"两个确保"提供绿色清洁能源保障。

关键词： 可再生能源 绿色发展 河南省

可再生能源是实现碳达峰、碳中和，推动能源绿色低碳转型的主力军。习近平总书记在中央财经委员会第九次会议发表重要讲话时强调，要实施可

---

* 赵文杰，工学硕士，国网河南省电力公司经济技术研究院工程师，研究方向为能源电力供需与电网规划；刘军会，工学硕士，国网河南省电力公司经济技术研究院高级工程师，研究方向为能源经济与电力市场。

再生能源替代行动，构建以新能源为主体的新型电力系统，为新时代新征程下的可再生能源发展指明了科学方向。2021年，河南全面贯彻落实碳达峰、碳中和有关部署，锚定"两个确保"，牢固树立"项目为王"鲜明导向，大力推动可再生能源换道破局、多元发展，加快能源绿色低碳转型，取得了显著成效。2022年，面对能源保障、系统变革、消纳风险等挑战，河南应统筹低碳与安全、当前与长远，着力推动可再生能源成为消费增量主体，加快构建清洁低碳、安全高效的现代能源体系，以可再生能源高质量发展，引领全社会绿色发展变革。

一 2021年河南省可再生能源发展情况分析

2021年，在碳达峰、碳中和目标指引下，可再生能源行业发展步入新阶段、呈现新特征。河南坚持以"四个革命、一个合作"能源安全新战略为根本遵循，立足新发展阶段，完整、准确、全面贯彻新发展理念，紧抓构建新发展格局战略机遇，深入实施绿色低碳转型战略，打出了政策"组合拳"，推动了可再生能源的换道破局、提速发展，全省可再生能源发电装机平稳快速增长、利用水平显著提升、发展方式更加多元，实现了"十四五"时期的开好局、起好步。

（一）可再生能源项目投资超出预期，发电装机保持较快增长

2021年，河南牢固树立"项目为王"鲜明导向，锚定碳达峰、碳中和目标愿景，以可再生能源项目建设为主要抓手，全力推动能源绿色低碳转型，全省可再生能源产业保持了快速发展势头，行业投资明显增长，项目建设加快推进，特别是光伏发电发展超出年初预期。截至11月底，河南省可再生能源发电装机达到3602.8万千瓦，同比增长35.6%，占全省发电装机的比重达到33.7%，较2020年底增加了352万千瓦，占同期全省新增发电装机总量的69%。其中，光伏发电装机达到1473万千瓦，增加298万千瓦；风电装机达到1536万千瓦，增加17万千瓦；生物质能发电装机达到187万

千瓦,增加36万千瓦;水电装机达到408万千瓦(见图1)。第四季度,预计全省可再生能源项目建设仍将保持向好态势,全年行业总投资有望超过220亿元。初步判断,2021年底全省可再生能源发电装机将突破3900万千瓦。

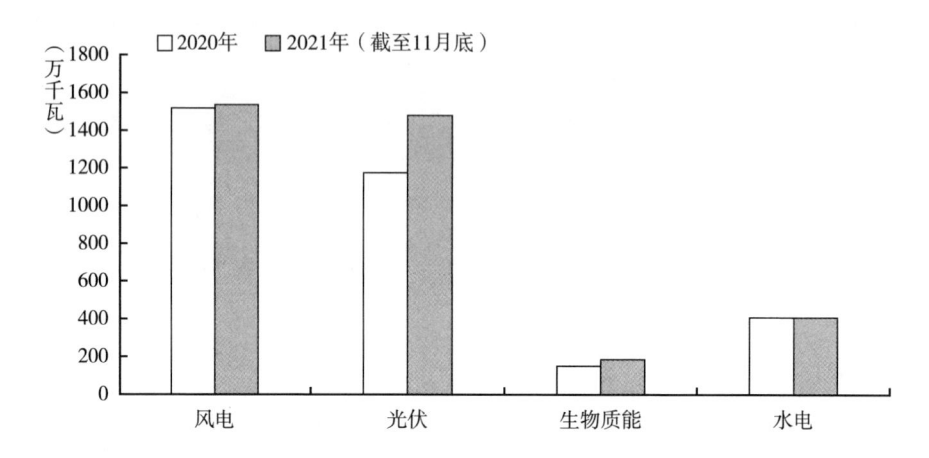

图1 截至2021年11月河南可再生能源装机增长情况

资料来源:能监办公布数据。

(二)可再生能源利用规模显著提升,成为消费增量供应主体

2021年,河南积极应对可再生能源发电出力随机波动、系统整体灵活性调节资源不足、局部地区消纳风险凸显等挑战,全力保障可再生能源能用尽用、足额消纳,实现了可再生能源利用规模扩大、利用水平显著提升。可再生能源发电量方面,截至11月底,全省可再生能源发电量达到593亿千瓦时,同比增长46.8%,较2020年同期增加189亿千瓦时,贡献了全省用电量增量的76%,成为全省消费增量供应的主体,其中,光伏、风电、生物质能、水电发电量分别为124亿、295亿、71亿、102亿千瓦时。设备利用率方面,截至11月底,全省可再生能源发电利用小时数达1744小时,同比增加99小时,其中风电利用小时数大幅增加488小时,光伏发电利用小时数同比增加8小时,水电、生物质能发电利用小时数略

有减少。初步预测，2021年，全省可再生能源利用量达到2500万吨标煤，同比增长约3%。

（三）可再生能源发展方式明显转变，分布式能源进入发展快车道

2021年，河南深入贯彻落实国家战略部署，立足当下、着眼长远，聚焦可再生能源发电有效支撑能力弱、分布式能源发展乏力等痛点，紧抓可再生能源发电设备、储能设施等成本快速下降的有利时机，打出了强有力的政策"组合拳"，推动了行业发展的换道破局，为碳达峰、碳中和背景下可再生能源的长期健康可持续发展奠定了坚实基础。一是"新能源＋储能"一体化发展成为共识。储能作为平抑新能源出力波动、提升新能源消纳水平的重要手段，中央和地方政府陆续出台推动储能和新能源产业融合发展的相关政策，"新能源＋储能"一体化发展已成为共识。从储能经济性来看，近十年来，储能系统成本降幅接近90%，当前2小时级储能系统成本已降至1500元/千瓦时以下，储能商业化利用已达到赢利拐点，随着储能成本的继续下降及销售电价价差的拉大，储能收益将进一步提高。从储能配套政策来看，河南省根据各地消纳能力，分别设置"10%＋2小时""15%＋2小时""20%＋2小时"三类新能源配置储能比例，并对配置储能的新能源项目，优先保障并网、优先消纳。二是分布式能源发展全面提速。2021年，河南省着力突破土地对可再生能源发展的制约，加快推进全省分布式新能源发展，大力推进屋顶光伏发电建设，全省共有66个县（市、区）开展整县屋顶分布式光伏开发试点建设，采用"1＋1＋X"建设模式整体推进，高标准打造一批"光伏＋"特色工程，拟建设规模约为1500万千瓦，建成后全省光伏发电装机规模可实现翻番。

（四）可再生能源发展格局更加多元，地热氢能产业发展提速

2021年，河南立足省情实际，充分发挥自身资源和产业优势，加快推动地热能、氢能发展应用，构建了多元支撑的可再生能源绿色发展格局。一是大力推进可再生能源清洁供暖。2021年，河南省以保障群众温暖过冬，减少大气污染为立足点，通过加大清洁取暖财政支持力度、落实清洁取暖价格政策等激励方式，大力推进可再生能源清洁供暖，全年新增可再生能源供暖能力2400万平方米。其中，重点推进沿黄地区地热能供暖连片开发利用，率先开展地热能供暖动态监测，全年新增地热供暖能力1400万平方米；同时加快生物质能热电项目建设进度，扩大生物质能供暖面积，全年新增生物质能供暖能力1000万平方米。地热能与生物质能的开发利用促进了可再生能源与常规能源供暖系统融合发展，有力支撑和完善了全省供暖体系。二是积极布局氢能产业，涉及制氢、氢能综合利用、氢能产业园、燃料电池核心部件等领域，共6个项目落地洛阳、安阳、新乡、平顶山，全省初步搭建起一条包含制氢、储氢、加氢站、膜电极、电堆、车载储能氢瓶、整车等多个领域的燃料电池汽车产业链。

二 2022年河南省可再生能源发展形势展望

2022年，在抽蓄和新型储能加快发展、配套政策机制进一步完善的利好因素带动下，河南省可再生能源将继续呈稳步向好态势。同时随着风电、光伏等新能源装机的大规模、高比例接入，新能源消纳及支撑保供能力偏低等问题逐渐凸显，全省还需进一步提升新能源涉网性能、增强电力系统的承接与消纳新能源的能力，促进可再生能源高质量发展。

（一）有利条件

1. 可再生能源发展长期向好

2022年，在"双碳"目标要求、政策指引及市场推动下，河南省可再生能源将继续稳步发展。从发展定位来看，在"双碳"目标下，大力推进可再生能源发展成为必然选择，构建以新能源为主体的新型电力系统，确立了新能源的主体地位，全省可再生能源将进入快速发展的新阶段。从发展态势来看，河南省深入贯彻"双碳"目标要求，积极推进能源清洁转型，全省可再生能源装机增长位居全国前列，整县屋顶光伏试点建设加快推进，全省可再生能源发展态势长期向好。从技术经济来看，近年来随着技术创新和装备产业升级步伐加快，风电、光伏度电成本大幅下降，据测算，在可再生能源进入全面平价上网时代，全省风电项目全生命周期平均收益率约为11%；光伏项目虽受上游原材料大幅上涨影响，成本有所上升，但全生命周期平均收益率依然在6%左右，稳定的市场收益率为全省可再生能源长期向好发展提供了强劲动力。

2. 配套政策机制进一步完善

国家为促进可再生能源健康发展，进一步完善了可再生能源配套机制，随着可再生能源消纳导向的转变、绿电交易及碳交易市场的逐渐开启，河南省可再生能源建设开发的主动性将得到释放、市场竞争力将明显提升。消纳导向的转变，释放了全省可再生能源建设开发的主观能动性。国家统筹可再生能源发展规模与利用率水平，由规模导向转向目标导向，建立可再生能源消纳责任权重引导机制。可再生能源消纳指引策略的进一步完善，有利于河南省结合消纳实际，积极引导行业和企业自主决策、有序建设，在保障风电、光伏装机规模的同时，保证新能源的合理利用水平。绿电交易开启，将进一步提升新能源发电的市场竞争力。新建风电、光伏项目可自愿通过参与市场化交易形成上网电价，在绿色低碳转型背景下，将有越来越多的用电企业愿意与新能源发电企业直接开展市场交易，购买绿电并支付更高价格，这将进一步提升全省新能源发电的市场竞争力。碳交易市场正式上线，为新能源发展带来新机遇。2021年7月，全国碳排放权交易市场正式上线，纳入发电行业重点排放单位超2000家，所覆盖企业的碳排放量超过40亿吨二氧化碳，新能源行业作为碳排放权的重要供给方，通过出售碳排放指标，将获得除发电收入之外的收入增量，同时碳交易市场的平稳运行也将带来新能源市场的增量需求，为新能源发展带来新机遇。

3. 新型储能创新提速发展

为充分发挥新型储能的安全保障和调节能力，支撑新型电力系统建设，我国打出一套政策"组合拳"，大力推进新型储能提速发展。源网荷储一体化。国家发展改革委明确提出，大力推进电力源网荷储一体化建设，加强源网荷储各环节协调互动，充分发挥系统灵活性调节能力和需求侧资源作用，以提升可再生能源开发消纳水平。鼓励储能多元发展。大力推进电源侧储能项目建设，利用退役火电机组站址建设风光储设施；积极推动电网侧储能优化布局，提升系统灵活调节能力和安全稳定水平；积极支持用户侧储能多元化发展，通过不间断电源、电动汽车、用户侧储能等分散式储能设施开展商业应用。健全新型储能价格机制。明确新型储能独立市场主体地位，鼓励建设共享储能，电网侧储能建立容量电价机制，并研究将储能成本纳入输配电价回收；完善峰谷分时电价政策，提升用户侧储能盈利能力。规范新型储能行业管理。完善储能建设运行要求，明确储能备案并网流程，健全储能技术标准及管理体系，提升新型储能建设运行水平。

4. 抽蓄等调节资源加快建设

2022年，国家将继续加快抽蓄开发建设，完善抽蓄电价形成机制，河南省结合本省实际，加快推动新一轮抽蓄选点规划，切实提升全省可再生能源消纳水平。风电、光伏发电等新能源大规模、高比例发展，对调节电源的需求更加迫切。《抽水蓄能中长期发展规划（2021—2035年）》印发实施，要求加快抽水蓄能电站核准建设，明确了两个翻一番的发展目标，即2025年抽蓄投产总规模较"十三五"翻一番，达到6200万千瓦以上，2030年抽蓄投产总规模较"十四五"翻一番，达到1.2亿千瓦左右。同时，《关于进一步完善抽水蓄能价格形成机制的意见》印发，明确以竞争性方式形成电量电价，将容量电价纳入输配电价回收，同时强化与电力市场建设发展的衔接，逐步推动抽水蓄能电站进入市场。规划引导与价格机制相助力，河南省抽水蓄能电站将迎来大规模发展，依托太行山脉、伏牛山脉和桐柏山脉，全省新一轮抽水蓄能选点规划选出17个抽蓄站点，初拟装机规模达2370万千瓦。

（二）制约因素

1. 风电、光伏涉网性能仍需提升

在构建以新能源为主体的新型电力系统背景下，新能源将进入快速发展新阶段，但由于新能源出力固有的随机性、不稳定性，其距离合格主力电源仍存在一定差距，新能源机组的涉网性能仍需进一步提升。新能源机组与常规机组相比，对电力系统的电压、频率及稳定支撑能力明显不足，国家最新版标准和规范强化了新能源发电机组并网管理，规范了对新能源场站涉网性能要求，河南省能源监管办出台《关于进一步加强新能源并网运行管理的意见（试行）》，对新并网风电项目和集中式光伏发电项目的电能质量、高低压穿越能力及一次调频等相关涉网性能也提出明确要求。支撑保障作用偏弱。新能源出力无法按需控制，"天热无风""天冷结冰""云来无光"的特性使得电力系统面临"源荷随机波动"，对电力的支撑保障能力偏低。2021年以来，全省电煤价格飙升、库存持续紧张，导致电力供需出现持续紧张的形势，也充分暴露了新能源机组电力支撑保障能力偏低的问题。辅助服务分摊成本机制还需进一步理顺。为充分发挥全省新能源消纳水平，需充分挖掘系统辅助服务市场的调节潜力，辅助服务市场中抽蓄、储能等调节电源的成本分摊机制还有待进一步补充完善。

2. 局部地区消纳风险更加凸显

近年来，河南省风电、光伏发电装机快速增长，同时由于全省调节性电源占比较小，系统消纳压力逐渐增大，局部地区消纳风险更加凸显。从新能源装机来看，河南省风电、光伏发电装机呈持续快速增长态势，"十三五"期间全省风电、光伏装机年均增速分别为76%、97%。从调节电源来看，河南省抽水蓄能、燃气电站等调节性能好的电源装机占比不足5%，作为全省主力调节电源的煤电机组由于供热机组占比高、灵活性改造比例较小等因素，系统整体调节能力有限。随着新能源装机的持续快速增长，全省新能源消纳问题逐渐显现，2020年首次出现弃风弃光，年弃电量约0.2亿千瓦时，2021年1～11月全省弃风弃光电量达3.73亿千瓦时，为2020年的18.7倍。为推进全省新能源大规模有序接入、高水平消纳，逐步构建以新能源为主体的新型电力系统，亟须解决新能源发展与电网消纳的矛盾，大力提升系统调节能力。

3. 电力系统功能形态正在改变

构建以新能源为主体的新型电力系统是一场广泛而深刻的系统性变革，当前电力系统不能满足大规模、高比例新能源的接入，为适应新能源发展目标要求，电力系统的功能及形态正在改变。配电网的功能和结构发生显著变化。随着新能源装机的大规模接入，配电网当前为单向逐级传输的传统电网，正在从传统的电力系统"神经末梢"向连接能源生产和消费、输送和转换的枢纽位置转变，潮流也将呈现双向互动。调度运行模式发生深刻改变。新能源大规模、高比例接入将改变电网的功能及形态，调度运行方式也需进行相应改变，由以大电源大电网为主要控制对象、源随荷动的调度模式，向源网荷储协调控制、输配微网多级协同的调度模式转变。

（三）发展预测

2022年，随着进一步优化投资环境，持续降低可再生能源非技术成本，河南省继续扩展可再生能源发展空间。依托沿黄地区绿色能源廊道，适时启动一批电网友好型、生态融合性风电项目；以产业集聚区、工业园区、大型公共建筑屋顶为重点，建设分布式光伏发电。同步推动新能源新业态加速发展，推进地热能供暖、生物质能开发利用和氢能产业发展。预计全省可再生能源发电装机继续保持快速增长，继续发挥"增量替代"作用，可再生能源作为能源电力消费增量的主体，在能源电力消费中占比快速提升，将进一步引领能源生产和消费的主流方向，发挥能源绿色低碳转型的主导作用。

初步预测，2022年全省新增可再生能源发电装机600万千瓦以上，可再生发电装机总规模突破4500万千瓦；可再生能源发电量达到700亿千瓦时，同比增长17%。计及以电能形式转换利用的可再生能源以及区外清洁电力，预计2022年全省可再生能源利用总量达到2600万吨标准煤，同比增长约4%。

三 河南省可再生能源发展对策建议

2022年是全面推进河南省"十四五"现代能源体系建设的第一年，全省需统筹各方资源，坚持整体规划分步实施，稳步扩大可再生能源开发利用规模，坚持源网荷储协同推进，坚持健全市场化交易机制，持续提升可再生能源消纳能力，坚持创新新模式新业态，推动可再生能源高质量跃升发展。

1. 整体规划分步实施，稳步有序开发可再生能源

落实"双碳"目标，持续提升可再生能源开发利用水平，是一项广泛而深刻的系统性工程，全省应坚持规划引领、分步实施的原则，统筹资源条件、政策导向、技术水平等因素，稳步有序开发可再生能源。一是坚持整体规划。建议新能源项目建设与当地国土空间规划相衔接，依托当地资源条件、网架结构及能源生产消费特点，整体规划风电、光伏发电规模和布局，推动风电、光伏与现有火电、水电等传统能源多能互补。二是坚持分步实施。建议加强项目全过程管理，设立储备、前期、建设三个项目库，各项目库有效衔接、动态调整，按照"储备一批、成熟一批、建设一批"的发展思路，结合电力消纳情况、存量项目建设情况，分批推进、分步实施。

2. 源网荷储协同推进，提高可再生能源消纳能力

提升可再生能源开发利用水平的关键在于高水平的消纳，全省应统筹电源侧、电网侧、负荷侧资源，加快储能侧建设进度，着力构建源网荷储协同消纳体系，持续提升可再生能源消纳能力。一是加快可调节电源建设步伐。扎实推进抽水蓄能电站建设，在建抽蓄机组尽早投产，根据新一轮选点规划，尽快再开工一批抽蓄机组；加快火电灵活性改造，充分释放存量煤电的调节潜力。二是强化电网支撑保障能力。针对"双高""双峰"特征，持续强化电网支撑保障能力，助推传统电网向能源互联网转型升级。持续强化主网架，支撑保障区外清洁电力消纳；结合整县分布式光伏开发，做好新一轮配电网改造升级。三是挖掘负荷侧调节能力。建立负荷侧可中断负荷资源库，通过市场化手段唤醒负荷侧"削峰填谷"潜能，进一步促进新能源消纳。四是推进储能规模化应用。储能将是新型电力系统必不可少的组成部分，建议加大政策支持力度，创新市场机制，联合储能行业头部企业开展共享储能、分布式储能等商业模式试点，推进储能规

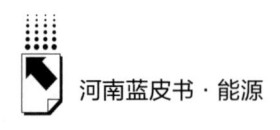

模化应用。

3. 健全市场交易机制，扩大可再生能源交易规模

新能源步入全面平价时代，通过市场化手段促进新能源发展和消纳已成为业界共识。一是加快调峰、调频等辅助服务市场建设。创新辅助服务品种设计，引导更多市场主体参与辅助服务市场，通过实施辅助服务市场激励政策，充分发挥抽蓄、新型储能等新兴市场主体的灵活调节能力，实现系统运行效率更高、成本更低。二是推动辅助服务市场与现货市场融合发展。积极通过现货市场的价格信号引导市场主体参与辅助服务，进一步完善市场主体辅助费用的分摊机制。三是建立基于可再生能源电力消纳保障机制的电力交易机制。基于可再生能源电力消纳保障机制要求，建立完善适应配额制要求的电力交易机制，建立配额制下的绿电交易与电力市场衔接机制。

4. 创新新模式新业态，推动可再生能源高质量发展

创新是第一生产力，加快全省可再生能源新模式新业态的创新步伐，是推动河南省可再生能源高质量跃升发展的第一动力。一是推动可再生资源开发与装备制造协同发展。抓住可再生能源快速发展的关键期，支持风电、光伏发电、储能等相关装备制造基地做大做强，不断提升装备制造企业研发能力，带动整体产业的高质量发展。二是创新光伏开发利用新模式。光伏发电项目要突出节约集约用地导向，应当优先利用现有建筑物、构筑物及其附属设施建设，积极支持开发区、工业区建设集中连片分布式光伏项目，具备条件的地区可结合采煤沉陷区、石漠化、油井矿山废弃地治理等，实施开展创新性、综合效益高、示范带头强的高质量"光伏+"基地建设。三是创新民生领域发展模式。坚定能源发展依靠人民，为了人民的初心使命，擦亮可再生能源惠民利民的底色，深入发掘新能源在乡村产业发展、观光旅游、文化体验等领域的多种功能和多重价值，依托现代产业园区、特色旅游区等平台，通过"多能互补+特色旅游"等新业态新模式，推动产业融合发展；扩大地热能供暖项目开发规模、加快生物质能电厂供热改造，持续扩大地热能、生物质能供暖面积，助力全省清洁取暖。

参考文献

国家发展改革委、国家能源局：《关于2021年可再生能源电力消纳责任权重及有关事项的通知》（发改能源〔2021〕704号）。

国家能源局：《关于2021年风电、光伏发电项目建设有关事项的通知》（国能发新能〔2021〕25号）。

国家能源局：《关于因地制宜做好可再生能源供暖工作的通知》（国能发新能〔2021〕3号）。

国家发展改革委：《关于2020年光伏发电上网电价政策有关事项的通知》（发改价格〔2021〕511号）。

中华人民共和国财政部：《关于促进非水可再生能源发电健康发展的若干意见》（财建〔2021〕4号）。

河南省发展改革委：《河南省加快推进屋顶光伏发电开发行动方案》（豫发改新能源〔2021〕721号）。

河南省发展改革委：《河南省2021年补短板"982"工程实施方案》（豫发改投资〔2021〕176号）。

河南省发展改革委：《关于进一步推动风电光伏发电项目高质量发展的指导意见》（豫发改新能源〔2021〕319号）。

河南省发展改革委：《关于印发河南省2021年清洁取暖工作方案的通知》（豫发改电力〔2021〕220号）。

河南省发展改革委：《关于组织申报"十四五"电力源网荷储一体化和多能互补项目方案的通知》。

张森林等：《新型电力系统中新能源参与电力市场机制的思考》，《中国电力企业管理》2021年第6期。

B.7
2021~2022年河南省储能产业发展形势分析与展望

柴喆 李虎军*

摘 要： 储能是国家战略性新兴产业，具有快速响应、双向调节、环境适应性强、建设周期短等技术优势，是构建新型电力系统的关键环节，是能源结构转型和抢占能源技术制高点的重要手段。河南省储能产业起步早、规模小，2021年，随着一系列支持储能行业高质量发展的政策文件出台，抽水蓄能电站规划选址速度加快，新能源配置储能政策落地，峰谷分时电价政策进一步完善，储能产业迎来多重机遇叠加的黄金发展期。2022年，河南省储能产业将延续快速发展的态势，加快推进规模化发展和模式创新性应用，不断健全配套政策机制，加强产业链上下游协同发展。

关键词： 储能 能源转型 抽水蓄能 新型储能 分时电价 河南省

实现碳达峰、碳中和，就要加快构建以新能源为主体的新型电力系统，储能是支撑新型电力系统的重要技术和基础装备，对于推动能源绿色低碳转型、保障能源安全可靠供应、促进可再生能源健康可持续发展具有重要意

---

* 柴喆，工学硕士，国网河南省电力公司经济技术研究院工程师，研究方向为能源经济与电力市场；李虎军，工学硕士，国网河南省电力公司经济技术研究院高级工程师，研究方向为能源电力供需与电网规划。

义。河南省储能产业发展起步较早，但受资源条件等因素制约，储能设施总体规模较小。2021年，河南深入实施能源绿色低碳转型战略，加快构建以新能源为主体的新型电力系统，持续优化储能发展配套政策，推动全省储能产业发展迈入了新阶段，新能源与储能一体化发展已经成为共识。2022年，随着储能经济成本的稳步下降和相关配套政策机制的持续完善，省内抽水蓄能开发建设的进程提速、新型储能设施的相继投产，预计全省储能设施总体规模将呈现快速扩大态势。

一 河南省储能产业发展总体概况

储能，广义上讲，指通过物理介质将能量进行转化并储存，从而实现能量的跨时间或跨空间转移。常见的储能类型分为三类：一是物理类，包括抽水蓄能、飞轮储能和压缩空气等；二是电化学类，包括锂离子电池、铅蓄电池、液流电池等；三是热储能，包括高温熔融盐、热化学材料等。其他的储能类型还包括氢能、超级电容、超导储能等。2021年，在国家大力推进能源绿色低碳转型、加快建设以新能源为主体的新型电力系统背景下，储能产业发展越来越受到各方关注。河南省现有抽水蓄能电站2座，建成了全国首个电网侧分布式百兆瓦级新型储能示范工程，储能产业发展具有较好的条件和基础。

（一）抽水蓄能具备较好的资源开发潜力

抽水蓄能具有容量大、寿命长、度电成本低、整体效率高等优点，适合百兆瓦及以上规模的储能应用，已实现商业化应用，是物理蓄能中应用最多的储能方式。

截至2021年10月底，河南省抽水蓄能电站有2座，分别为回龙抽水蓄能电站和宝泉抽水蓄能电站。回龙抽水蓄能电站是河南省第一座抽水蓄能电站，位于西阳市南召县，装机容量为12万千瓦；宝泉抽水蓄能电站位于新乡市辉县，装机容量为120万千瓦。

截至2021年10月底，河南省在建的抽水蓄能电站有南召天池（120万千瓦）、洛阳洛宁（140万千瓦）、信阳五岳（100万千瓦），预计分别将在2023年、2026年、2026年投产运行，已建、在建总装机规模为492万千瓦。根据全省抽水蓄能选点规划，河南省符合选点要求的抽水蓄能电站站址有17个，主要分布在豫西伏牛山山脉、豫北太行山山脉、豫南大别山山脉以及豫中嵩山山脉，规模约为2370万千瓦。

（二）新型储能示范工程实现了商业应用

根据国家能源局《新型储能项目管理规范（暂行）》规定，新型储能是指抽水蓄能外以输出电力为主要形式，并对外提供服务的储能项目。示范应用方面，河南省新型储能电站应用较早，2018年建成投运了我国首个电网侧分布式百兆瓦级电池储能示范工程，选择郑州、信阳、开封等9个地市的16座变电站，采用"模块化设计、分布式布置、单元化接入、集中式调控"的技术方案，建设规模为100.8兆瓦/125.8兆瓦时，共计84个电池集装箱，该工程的响应时间可以达到毫秒级，可为河南省特高压交直流系统提供功率支撑，同时也丰富了电网调峰调频手段，有效提高了能源综合利用水平，使河南省在抢占电网侧储能技术应用和商业模式创新制高点方面取得了突破性进展。电源侧和用户侧方面，由于河南不具备我国西部地区大型风光发电基地的先天资源优势和东部地区较高的峰谷价差，储能应用较少。

（三）新能源配置储能需求已经日益迫切

新能源蓬勃发展的同时产生了电网调节困难和弃风弃光等问题。电力调峰辅助服务作为保障电力系统安全、提高调节能力、促进新能源发展和消纳的市场化手段，对于加快能源电力低碳转型具有重要意义。2019年8月，河南省能监办印发了《河南电力调峰辅助服务交易规则（试行）》，2020年6月对交易规则进行了修订，河南调峰辅助服务市场运行机制进一步完善。2020年1月1日，河南省电力调峰辅助服务市场正式运行，全年共启动交易300天，320家发电企业参与交易结算，市场参与交易电量为44.43亿千瓦时，合计补偿费用达6.9亿元，平均挖掘调峰容量在320万千瓦以上，相当于减少弃风弃光电量约23亿千瓦时，占同期新能源发电量的7.5%。全年全省58家发电厂获得了补偿收益，其中25家获得的补偿收益超过1000万元。全年30家发电厂分摊费用超过400万元，其中风电厂25家、火电厂4家、光伏电站1家。河南启动电力调峰辅助服务市场以来，推动了火电企业开展灵活性改造，促进了新能源的发展和消纳，实现了清洁能源和火电发展的双赢，提升了灵活调节能力，保障了电力系统安全稳定优质运行。调峰能力强、积极参与调峰辅助服务的火电机组普遍获得了较为丰厚的收益；新能源发电企业，尤其是风电机组，因其逆调节的出力特性，带来了较为高昂的调峰成本。可以看出，新能源配置储能需求已日益迫切。

二 2021年河南省储能产业发展情况分析

2021年，河南省储能产业迎来快速发展的新阶段。河南省相继出台支持储能发展相关政策，为储能行业高质量发展营造了良好的外部环境；抽水蓄能电站建设加快推进，并初步完成17个站点选址规划；新型储能设施快速发展，2021年风电项目开发方案明确了省内三类地区新能源配置储能比例及规模；其他形式储能蓬勃发展，形成了共享储能的发展新模式。

（一）相关支持政策密集出台，储能产业迈入快速发展新阶段

2021年，河南省储能政策密集出台，在项目规模、配置比例和机制完善等方面分步细化举措，为储能产业发展提供了良好的外部环境。4月，河南省发展改革委出台《关于进一步推动风电光伏发电项目高质量发展的指导意见》，提出要扎实推进抽水蓄能电站建设，鼓励配置新型储能，挖掘需求侧响应能力，实现源网荷储协同发展；6月，河南省发展改革委出台《关于加快推动河南省储能设施建设的指导意见》，指出要推广储能运行新模式，探索研究储能新技术，完善储能发展机制，拓展储能应用市场，推动储能与新能源、常规能源协同发展；6月，河南省发展改革委出台《关于

2021年风电、光伏发电项目建设有关事项的通知》，明确各地应按照电网部门测算提出的全省新能源电力消纳指引，分区域配置相应规模的储能设施，储能配比在10%×2小时~20%×2小时；9月，河南省发展改革委出台《关于下达2021年风电项目开发方案的通知》，指出本次年度风电项目开发方案，共404万千瓦，全部配置储能，部分项目配置了30%~50%的储能。河南省储能发展政策逐步由鼓励引导向具体项目开发转变，举措不断细化、进度不断明确，为储能行业的高质量发展营造了良好的外部环境。

（二）抽水蓄能电站建设加快推进，初步完成新一轮站址选点规划

2021年，河南省抽水蓄能电站建设加快推进，政府部门积极对接各方主体，科学谋划站点选址工作，各项工作取得了阶段性进展。6月，中国水电水利规划设计总院联合河南省发展改革委、国家电网有限公司，在郑州主持召开了河南省抽水蓄能电站选点规划调整报告审查会议，抽水蓄能电站选点规划工作范围为河南全省，规划水平年为2030年、2035年，并适当考虑了后续发展资源站点储备需要。本次站点比选保留了上一轮的新县大坪，新增辉县九峰山、林州弓上、淇县鱼泉、嵩县龙潭沟等16个站点，共计17个站点作为本次规划调整的比选站点，初拟装机规模为2370万千瓦，其中嵩县龙潭沟站点已完成预可研阶段勘测设计工作，辉县九峰山站点已基本达到预可研阶段的勘测设计工作深度。8月，河南省发展改革委下发了《关于加快开展抽水蓄能电站项目前期工作的通知》，重点对嵩县龙潭沟、辉县九峰山、林州弓上等站点开展前期工作，明确项目投资主体范围及义务职责，建立投资主体退出机制，确保工程如期开工，早日建成投产。预计到2035年，河南省抽水蓄能电站规模将在2800万千瓦左右。

（三）新型储能设施提速发展，新能源配置储能成为各方共识

2021年，河南省快速布局风电、光伏发电配置储能项目，分地区落实新能源配置储能规模，新能源配置储能已成为各界共识。6月，《关于2021

年风电、光伏发电项目建设有关事项的通知》将全省分为三类地区，Ⅰ类地区包括郑州、许昌、漯河、周口、平顶山、南阳、信阳和驻马店，基础配置储能要求为10%×2小时；Ⅱ类地区包括焦作、新乡、济源、开封和商丘，基础配置储能要求为15%×2小时；Ⅲ类地区包括安阳、鹤壁、濮阳、三门峡和洛阳，基础配置储能要求为20%×2小时以上。9月，《关于下达2021年风电项目开发方案的通知》明确要求了2021年各地风电开发项目的储能配置规模，其中，郑州、平顶山、南阳等五地市16个风电项目的储能规模按照10%×2小时来配置；开封、新乡、焦作等五地市10个风电项目的储能规模按照15%×2小时来配置；安阳、洛阳等地市的13个风电项目的储能配置规模在30%×2小时以上，其中安阳内黄县华润电力200兆瓦风储一体化乡村振兴示范项目储能配置规模达到50%×2小时，为本轮风电项目中储能配置规模最大的项目。

（四）压缩空气储能探索起步，形成了共享储能的发展新模式

2021年，河南储能产业发展的新业态、新模式不断涌现。6月份，平顶山市举办了项目签约仪式，提出将在叶县建设国际首套以盐穴为储气空间的百兆瓦级先进压缩空气储能电站。叶县被誉为"中国岩盐之都"，具有丰富的盐穴空间资源，具备发展压缩空气储能得天独厚的条件，同时盐穴压缩空气储能具有成本低、寿命周期长、规模化、清洁低碳等优点，项目投产后对于提升平顶山地区电力系统调节能力、促进新能源发展具有重要意义。9月份，河南省发展改革委公布了2021年全省风电项目开发方案，明确将在洛阳宜阳建设500兆瓦/500兆瓦时共享储能项目，开创了河南省共享储能的发展新模式，对于促进储能技术在新能源消纳方面的规模化应用和储能产业的创新发展具有积极意义。

三 2022年河南省储能产业发展情况分析

目前，河南省储能开发与利用不断发展，面临前所未有的发展机遇，与

此同时产业发展仍受到安全、政策机制等方面的制约。2022年，随着构建新型电力系统的步伐不断加快，河南省将加快推进储能规模化发展和模式创新性应用，河南省储能产业将进入快速的高质量发展期。

（一）面临机遇

1."双碳"目标背景下储能迎来黄金发展窗口期

中央财经委员会第九次会议上习总书记强调，"十四五"是实现"双碳"目标的关键期、窗口期，要大力实施可再生能源替代，构建以新能源为主体的新型电力系统。对于未来新型电力系统高比例可再生能源和高比例电力电子装备的"双高"特征，储能是解决新能源发电不稳定的最主要工具。国家能源局印发《抽水蓄能中长期发展规划（2021—2035年)》，明确到2025年，抽蓄投产总规模较"十三五"翻一番，到2030年，抽蓄投产总规模较"十四五"再翻一番，全国抽水蓄能电站总规模突破1.2亿千瓦左右。《关于加快推动新型储能发展的指导意见》明确，到2025年，实现新型储能从商业化初期向规模化发展转变，装机规模突破3000万千瓦。与此同时，储能的规模化应用也给储能产业带来诸多优势，如储能产品规格的统一和标准化、原材料单位购入成本的下降、新技术的迭代和新产品的研发，有利于储能产业快速创新升级、高质量发展。在构建以新能源为主体的新型电力系统背景下，河南省储能行业将迎来黄金发展期，储能行业在未来构建新型电力系统中大有可为。

2.动力电池快速发展带动储能成本大规模下降

近年来，动力电池产业链的日趋成熟，带动以锂离子电池为代表的电化学类储能成本的大规模下降。新能源汽车的需求加速增长，推动动力电池企业产能的不断提升，也带动了储能领域锂电池价格的快速下降。锂电池成本近十年来下降近九成，2011~2021年，全球锂离子电池组平均价格从7.1元/瓦时降至0.9元/瓦时，降幅达87%，使得电化学类储能第一次具备了商业可行性。除电池成本外，电池配套设备成本也在不同程度地下降。据彭博社新能源财经报道，2021年一个2小时电站级储能系统成本可下降至1.3

元/瓦时，2025年将下降至0.9元/瓦时，随着技术进步储能成本将进一步下降。

3. 有利政策出台为储能营造良好商用环境

2021年5月，国家发展改革委发布的《关于进一步完善抽水蓄能价格形成机制的意见》和《抽水蓄能容量电价核定办法》明确在坚持优化两部制电价机制的基础上，通过将容量电价纳入输配电价的方式疏导容量电费的问题，提出建立电量电价执行收益分享机制，并分别对现货市场运行及未运行的情况做出了不同规定，同时鼓励社会资本积极参与抽水蓄能电站的建设，为促进抽水蓄能电站加快发展奠定了坚实的基础。9月，河南省发展改革委发布了《关于进一步完善分时电价机制有关事项的通知（征求意见稿）》，针对河南省分时电价机制进行了五项调整：一是适当扩大分时电价执行范围；二是完善峰谷电价机制，其中峰平谷价差拉大到4:1；三是实施季节性电价机制；四是恢复尖峰电价机制，尖峰时段电价可上浮20%；五是完善市场化用户执行方式。9月，国家发展改革委印发《新型储能项目管理规范（暂行）》的通知，文件要求电网企业不得歧视新型储能项目，并应当公平为储能提供接入服务。峰谷价差的拉大和公平接入电网为储能的发展营造了前所未有的良好商用环境，储能行业发展通道日趋完善并已逐渐成形。

（二）存在问题

1. 安全问题影响储能行业发展

安全问题始终是储能行业面临的重大问题，储能电站的整体安全性包括电气安全、火灾安全、化学安全和机械安全等多项内容，其中火灾危险性最大。自2017年以来，国外陆续出现30多起火灾事故，我国境内也曾发生数起储能电站火灾，造成人员伤亡或财产等重大损失。2021年4月，北京集美家居大红门储能电站起火，电站北区发生爆炸，引发业界对储能火灾安全问题的关注。储能电站火灾是一个从局部隐患演变为故障事件的过程，而安全隐患及演变可能存在于储能电站全寿命周期过程中的任何一个环节，因此

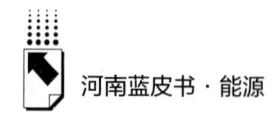

安全问题仍是制约储能行业发展的关键问题。

2. 储能产业政策机制需健全

关于储能标准层面，当前储能产业涉及设计、安装、并网、运维、回收等多个环节，储能建设标准体系还不够完善，全国多地对新能源+储能模式涉及储能的容量和时长进行了规定，但是对储能如何参与调度，参与的频次、充放电次数和充放电深度还缺少科学核定。在技术层面，大规模储能对电网运行和稳定性的影响还有待进一步论证；在市场层面，虽然储能可以作为独立主体参与电力市场，但由于储能应用场景众多，储能的价值和给各类场景与投资主体带来的收益也存在较大差异，储能从商业化到规模化的进展，还缺少更加完善的长效政策保障机制。河南省在推动储能发展过程中，需要形成系统配套的政策机制和价格体系，制定细化的、可操作性强的实施方案。

3. 储能产业发展链条需完整

2021年，储能产业延续快速发展态势，竞争日益激烈，行业巨头已经出现。河南省储能产业布局早，但尚未形成完整的发展链条。在《储能产业研究白皮书2021》企业排名中，河南本土企业中航锂电公司位列国内市场储能技术提供商第九位，许继集团位列国内市场储能变流器提供商第八位，平高集团位列国内市场储能系统集成商第三位。虽然河南省储能产业已经形成了一定的规模，且在国内市场有一定的份额，但上下游产业链有待加强，与行业内头部企业如宁德时代、阳光电源等仍有一定的差距。

（三）发展展望

2022年，随着构建新型电力系统的步伐不断加快，储能作为保障电力系统的"稳定器"、促进新能源消纳的"调节器"以及推动产业链发展的"推进器"，已逐步成为社会各界的共识，河南省储能创新模式将更加广泛，储能规模化发展空间将不断扩大，全省储能规模将保持较快增长态势。抽水蓄能方面，作为当前最主流、最成熟、装机容量最大的储能技术，南阳天池抽水蓄能电站的建成投运将在保障高比例新能源电力系统安全稳定运行方面发挥重大作用。新型储能方面，随着电力市场改革的不断深入、现货交易市场进入运行阶段、辅助服务市场和储能电价政策的不断完善，储能市场价值将在电力市场中得到充分体现，"新能源+储能"一体化，电网侧储能、用户侧储能将会有更多应用场景和更大市场价值。

四 河南省储能发展对策建议

2022年，在构建清洁低碳的新型电力系统背景下，河南省储能产业将迎来跨越式发展。立足新发展阶段，河南省将坚持规划引领促进储能多元发展，加强技术支撑壮大储能产业体系，强化政策保障营造健康市场环境，为储能高质量发展奠定坚实的外部基础。

（一）坚持规划引领，促进储能多元发展

统筹开展储能专项规划。对各种储能技术同等对待，支持各类技术公平竞争，促进技术进步、推动产业发展。大力推进电源侧储能项目建设。加快南阳天池、洛阳洛宁、信阳五岳抽水蓄能电站施工进度，确保南阳天池抽蓄蓄能电站2022年全部投产。推动压缩空气储能、利用废弃矿井无水坝抽水蓄能试点，在有条件的地区，布局一批新能源配置储能项目，根据河南省三类地区划分，设置合理的规模目标，推动风电、光伏项目承担起合格可调节电源的责任，储能设施要与风、光项目本体同步规划、设计、施工、投运。重点推进电网侧储能合理化布局。统筹项目选点，以建设大规模集中式共享储能项目为主，优先在省内西部、北部和南部新能源富集区建设一批电网侧独立储能项目，大力推广共享型储能发展模式。积极支持用户侧储能多元化发展。推动增量配电网、大数据中心配置储能设施，围绕屋顶光伏发电开发、电动汽车、5G基站等分散式储能设施，依托大数据、人工智能和区块链等新技术，探索储能融合发展新场景、新模式，强力推进一批整县屋顶光伏开发试点，争取在全省66个县域开展分布式光伏+储能示范工程。

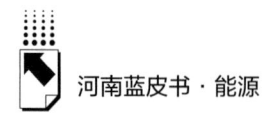

（二）加强技术支撑，壮大储能产业体系

持续提升科技创新能力。依托省内重点科研院所及重点企业等各方面力量，推动储能理论和技术应用攻关，进行针对性技术研发，重点研究电化学类储能安全技术。加强产学研用融合。推进以企业为主体、市场为导向、产学研融合发展的技术创新体系建设，依托中航锂电公司、许继集团、平高集团等省内重点企业，打造储能发展创新平台，开展储能技术应用示范工作，强化产学研协同开展关键技术攻关和重大成果转化。增强储能产业竞争力。依托省内万人助万企工程，通过重大项目建设引导省内储能产业自主发展，重视产业链协同发展，依托省内具有自主知识产权和核心竞争力的中航锂电公司、许继集团等重点骨干企业，积极推动从生产、建设、运营到回收的全产业链协同发展。

（三）强化政策保障，营造健康市场环境

明确储能独立市场主体地位。还原储能商品属性，鼓励引导各类社会资本投资建设储能，从国家层面确立储能独立市场主体地位，推动储能参与到各类电力市场中。探索储能发展新模式。探索"调频和故障紧急支撑服务补偿""共享储能"等商业模式，建立健全"按效果付费"的电力辅助服务补偿机制，发现储能作为灵活调节资源的价值，通过市场化手段解决成本回收问题，推进储能商业化规模化应用。健全储能价格机制。完善抽水蓄能电站电价机制，合理核定抽水蓄能电站容量电费，并将抽水蓄能电站运行成本向终端用户合理有序传导，促进抽蓄电站可持续发展和规模化发展。进一步完善峰谷电价政策，服务用户侧储能商用发展。

参考文献

国家发展改革委：《关于加快推动新型储能发展的指导意见》（发改能源规〔2021〕

1051号）。

国家发展改革委：《关于进一步完善分时电价机制的通知》（发改价格〔2021〕1093号）。

国家能源局：《抽水蓄能中长期发展规划（2021—2035年）》。

国家发展改革委：《关于进一步完善抽水蓄能价格形成机制的意见》（发改价格〔2021〕633号）。

国家发展改革委：《关于鼓励可再生能源发电企业自建或购买调峰能力增加并网规模的通知》（发改运行〔2021〕1138号）。

河南省发展改革委：《关于进一步推动风电光伏发电项目高质量发展的指导意见》（豫发改新能源〔2021〕319号）。

河南省发展改革委：《关于推动河南省储能设施建设的指导意见》（豫发改能综〔2021〕451号）。

河南省发展改革委：《关于2021年风电、光伏发电项目建设有关事项的通知》（豫发改新能源〔2021〕482号）。

河南省发展改革委：《关于下达2021年风电项目开发方案的通知》（豫发改新能源〔2021〕776号）。

碳达峰碳中和篇

Emission Peak Carbon Neutrality

B.8 碳达峰碳中和下河南省能源低碳转型的思考与建议

能源低碳转型项目课题组*

摘 要： 加快构建清洁低碳、安全高效的能源体系，推动绿色转型发展，是落实碳达峰、碳中和目标要求的关键举措和重要抓手。本文梳理了碳达峰、碳中和相关政策安排，总结了国内先行省市典型经验做法，分析了新形势下河南能源发展面临的问题挑战，最后聚焦能源生产、能源配置、能源消费、机制变革四个方面，提出了推动能源低碳转型的对策建议。

关键词： 碳达峰碳中和 能源发展 低碳转型 实施路径

---

* 课题组组长：余晓鹏。课题组成员：张晓东、田春筝、郝元钊、王世谦、杨萌、刘军会、邓方钊。执笔：杨萌，工学硕士，国网河南省电力公司经济技术研究院高级工程师，研究方向为能源电力经济与发展战略规划。

实现碳达峰、碳中和，是以习近平同志为核心的党中央站在构建人类命运共同体高度、统筹国内国际两个大局做出的重大战略决策，是着力解决资源环境约束突出问题、实现中华民族永续发展的必然选择。深入贯彻落实习近平总书记和党中央指示精神，推动能源绿色低碳转型，是确保如期实现碳达峰、碳中和的关键举措，也是迈入新时代、踏上新征程，实现"两个确保"奋斗目标，推动河南"奋勇争先、更加出彩"的应有之义和担当之举。

一　国家及河南省有关政策安排

碳中和是指一定时间内人为产生的温室气体（一般折合为二氧化碳当量来计量）排放量与去除量平衡，即二氧化碳净排放量为零，又称"零碳"。碳达峰、碳中和理念来源于巴黎协定，联合国政府间气候变化专门委员会（IPCC）指出，只有全球在本世纪中叶达到碳中和，才可能实现巴黎协定温控目标。习近平总书记就碳达峰、碳中和做出庄严承诺，彰显了我国为全球应对气候变化做出更大贡献的决心。为如期实现碳达峰、碳中和目标，国家、河南省委省政府做出了一系列工作部署，明确了相关政策安排。

（一）国家有关部署

2020年9月，习近平总书记在第七十五届联合国大会上，向国际社会做出了"中国将提高国家自主贡献力度，采取更加有力的政策和措施，二氧化碳排放力争于2030年前达到峰值，努力争取2060年前实现碳中和"[1]庄严承诺，并在气候雄心峰会上进一步明确了具体目标。2021年，习近平总书记先后多次在公开重要场合就碳达峰、碳中和发表重要讲话，强调"2030年前实现碳达峰、2060年前实现碳中和，这需要付出艰苦努力，但我们会全力以赴，中国将大力支持发展中国家能源绿色低碳发展，不再新建

---

[1] 习近平：《习近平在联合国成立75周年高级别会议上的讲话》，人民出版社，2020，第10页。

境外煤电项目"。① 习近平总书记的重要讲话和指示精神，展现了中国应对气候变化的坚定决心、责任担当，为推动能源绿色低碳转型指明了科学方向、擘画了美好蓝图、明确了实践路径、提出了具体要求，必须坚定不移地予以贯彻落实。

党的十九届五中全会，对我国"十四五"规划及2035年远景目标做出了安排部署，明确提出到2035年广泛形成绿色生产生活方式，碳排放达峰后稳中有降。中央财经委员会第九次会议明确提出"十四五"是碳达峰的关键期、窗口期，要构建清洁低碳安全高效的能源体系，实施可再生能源替代行动，构建以新能源为主体的新型电力系统。《中华人民共和国国民经济和社会发展第十四个五年规划和2035年远景目标纲要》围绕绿色低碳发展，提出了更为明确的阶段目标。

2021年9月，中共中央、国务院正式印发《关于完整准确全面贯彻新发展理念 做好碳达峰碳中和工作的意见》（中发〔2021〕36号）（以下简称《意见》），明确了我国推动碳达峰、碳中和工作的指导思想、工作原则和各阶段主要目标。《意见》提出，要坚持系统观念，处理好发展和减排、整体和局部、短期和中长期的关系，以能源绿色低碳发展为关键，坚持"全国统筹、节约优先、双轮驱动、内外畅通、防范风险"原则：到2025年，单位GDP能耗累计下降13.5%、单位GDP碳排放累计下降18%，非化石能源消费占比达到20%左右；到2030年，单位GDP碳排放较2005年下降65%以上，非化石能源消费占比达到25%左右；到2060年，绿色低碳循环发展的经济体系、清洁低碳安全高效的能源体系全面建立，非化石能源消费占比达到80%以上。

总体上看，党中央对于推进碳达峰、碳中和做出了明确安排部署，提出了能源消费总量预算管理制度、建立全国用能权市场、控制化石能源总量、实施可再生能源替代行动，构建以新能源为主体的新型电力系统等一系列政策措施。近期国家针对严控"两高"项目、能源"双控"制度等出台了更

---

① 《习近平在第七十六届联合国大会一般性辩论上的讲话（全文）》，中共中央党校（国家行政院）网，2021年9月22日，https://www.ccps.gov.cn/xxsxk/zyls/202109/t20210922_150601.shtml。

加严格、细致的政策，对存量项目实施清理、整改，对新上项目用能管理标准更高、要求更严，特别是对化石能源消费总量控制更加严格。

（二）河南任务安排

2021年9月，河南省委工作会议做出了锚定"两个确保"奋斗目标，全面实施"十大战略"重大部署，明确提出实施能源绿色低碳转型战略，发展绿色能源，一体推进减煤、稳油、增气、强新、引电。河南省碳达峰、碳中和工作领导小组强调，实施碳达峰、碳中和，是全省必须面对、必须解决好的重大问题，要坚持全省一盘棋，省级层面把问题研究透彻，做到横向到边、纵向到底，市县两级依照规定、组织实施，坚决摆脱路径依赖，坚持又立又破、双控倒逼、抢占机遇、绿色发展，持续实施节能降碳增效行动，严控高耗能高排放行业产能，确保碳达峰碳中和工作有抓手、有路径、有政策、见实效。《河南省国民经济和社会发展第十四个五年规划和二〇三五年远景目标纲要》确立了"十四五"时期，全省能源资源配置更加合理、利用效率大幅提高，煤炭占能源消费总量比重降低5个百分点左右，非化石能源占能源消费比重提高5个百分点以上的发展目标。河南省政府印发《关于加快建立健全绿色低碳循环发展经济体系的实施意见》明确，到2025年全省单位GDP能耗降低15%以上。

二 国内先行省市相关经验做法

（一）先行省份典型做法

截至2021年9月底，北京、上海、天津、山东等省市结合当地经济发展水平、能源结构等实际情况，明确提出了碳达峰目标。其中，北京2020年已实现碳达峰，上海市提出2025年碳排放总量力争达峰。浙江、广东、江苏等省份积极探索推动碳达峰工作思路举措，在产业、能源、建筑、交通等重点领域实施节能减碳行动，其中江苏省成立由省生态环境厅牵头负责的碳达峰专班，优化碳排放统计和考核指标体系，加大省级财政支持力度。部分省份碳达峰的时间见表1。

表 1　部分省份碳达峰时间表

序号	省份	达峰时间
1	北京	2020 年
2	上海	2025 年
3	云南	2025 年前后
4	山东	2027 年前后
5	天津	2028 年前后

资料来源：文献调研。

北京提出，"十四五"时期，碳排放稳中有降、碳中和迈出坚实步伐，要加强大气污染防治与温室气体减排的协同配合，突出二氧化碳排放总量和强度双控，明确碳中和时间表、路线图。上海提出，着力推动电力、钢铁、化工等重点领域和重点用能单位节能降碳，确保在2025年前实现碳达峰，积极推进全国碳排放权交易市场建设。天津提出，推动钢铁等重点行业率先达峰和煤炭消费尽早达峰，协同推进减污降碳，推动工业绿色转型。山东提出，强化源头管控，加快"四大结构"（能源、产业、交通、农业投入）优化调整，实施煤炭消费总量控制，推进清洁能源倍增行动，推广"无废城市"建设，实现垃圾分类处置全覆盖。江苏提出，力争提前实现碳达峰，扎实推进清洁生产，发展壮大绿色产业，加强节能改造管理，完善能源消费双控制度，严格控制新上高耗能、高排放项目。浙江提出，"十四五"期间实施碳达峰行动，加快推进能源革命，系统优化能源体系，构筑新发展格局。到2025年，非化石能源消费占比提升至24%，煤电装机占比下降至42%，实施"风光倍增工程"，到2025年风电、光伏装机在2020年基础上翻番，达到3400万千瓦左右；安全有序发展核能电，到2025年核电装机在1100万千瓦以上。江西提出，协同推进减污降碳，"十四五"期间以"降碳"为抓手，协同推进应对气候变化与生态环境治理，重点做好实施碳排放达峰行动计划、大力推进碳交易市场建设、建立健全应对气候变化管理体系等三项工作。湖北提出，做好全国碳排放权注册登记结算中心建设，开展零碳试点示范，推进绿色建筑、绿色工厂、绿色产品、绿色园区、绿色供应链发展。湖南提出，发展环境治理和绿色制造产业，推进钢铁、建材、石化等重点行业绿色转型，支持探索零碳示范创建，加快发展装配式建筑、绿色建筑。山西提出，把贯彻落实碳达峰、碳中和部署作为深化国家能源革命综合改革试点的牵引性举措，推动煤炭分质分级和梯级利用，抓好煤炭消费减量等量替代。云南提出，争取部省共建国家级绿色发展先行区，促进资源循环利用，为国家碳达峰、碳中和做贡献，深入开展污染防治行动。全面推进美丽城乡建设。

（二）达峰先锋城市联盟

城市是实现碳达峰和绿色低碳转型的主战场，为实现2030年前碳达峰目标，城市需要先行。2015年，中美联合召开了第一届中美气候智慧型/低碳城市峰会，中国的参会省市宣布了各自努力实现碳达峰的目标，并宣布成立中国达峰先锋城市联盟（APPC）（见表2），宗旨是加强城市间低碳发展与减排达峰的经验总结和分享，推广国内外优秀碳减排实践，发挥示范引领作用。11个省市率先成为该联盟首批会员。2016年，在第二届中美气候智慧型/低碳城市峰会上，又有12个中国城市加入该联盟，承诺在2030年实现碳排放达峰。联盟中23个成员省市总人数约占全国总人口的17%，地区生产总值约占GDP的28%，二氧化碳排放总量约占全国排放总量的16%。

表2 中国达峰先锋城市联盟的达峰目标

加入时间	省市	达峰目标
2015年	北京	2020年前后达峰
2015年	广州	2020年底前达峰
2015年	镇江	2020年前达峰
2015年	深圳	2022年前后达峰
2015年	武汉	2022年前后达峰
2015年	贵阳	2025年前达峰
2015年	金昌	2025年前达峰
2015年	吉林	2025年前达峰
2015年	延安	2029年前达峰
2015年	四川	2030年前达峰
2015年	海南	2030年达峰

续表

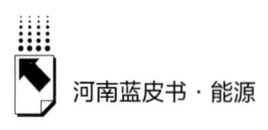

加入时间	省市	达峰目标
2016年	宁波	2020年前达峰
2016年	温州	2020年前达峰
2016年	苏州	2020年前后达峰
2016年	南平	2020年前后达峰
2016年	青岛	2020年前后达峰
2016年	晋城	2023年前后达峰
2016年	赣州	2023年前后达峰
2016年	池州	2030年前后达峰
2016年	桂林	2030年前后达峰
2016年	广元	2030年前后达峰
2016年	遵义	2030年前后达峰
2016年	乌鲁木齐	2030年前后达峰

资料来源：文献调研。

三 河南能源低碳转型面临形势

近年来，河南加快推动能源低碳转型，能源消费总量得到有效控制，煤炭消费总量大幅削减，以较低的能源消费增长满足了经济社会发展需要，清洁能源实现了跃升式发展。但全省能源结构以煤为主、二氧化碳排放总量偏高的特征仍较为突出，清洁低碳转型任务艰巨。

（一）二氧化碳排放现状

根据国家生态环境部公布的《中国气候变化第二次两年更新报告》，二氧化碳排放主要来源于能源开发利用、工业生产、废弃物处理三大领域。其中，能源活动产生碳排放占比在80%~90%（全国为86.9%，河南为91%），电力行业产生的碳排放占能源活动碳排放量的40%左右、占二氧化碳排放总量的35%以上。

1. 河南二氧化碳排放总量偏高

河南二氧化碳排放总量居全国第六位，近年来保持基本稳定。全省能源活动产生的二氧化碳排放量在4.9亿吨左右，约占全国排放总量的5%，低于山东、江苏、河北、内蒙古、广东，居全国第六位。初步统计，国内碳排放较高的9个省份合计碳排放量占全国的50%以上。

2.煤炭燃烧是碳排放主要来源

能源利用中煤炭燃烧排放了大部分二氧化碳。从河南看，煤炭、石油、天然气利用产生的碳排放量占比分别为81%、15%、4%。从全国看，2019年全国煤炭消费产生的二氧化碳排放量约为77亿吨，占比80%；石油消费产生的碳排放量约为14亿吨，占比14%左右；天然气消费产生的碳排放量约为5亿吨，占比5%左右。从世界看，煤炭与油气排放基本相当，近年来保持基本稳定。2018年，世界煤炭消费产生二氧化碳排放量为148亿吨，占比44%；石油消费产生二氧化碳排放量为114亿吨，占比34%；天然气消费产生二氧化碳排放量为71亿吨，占比21%。

3.电力生产是碳排放重点行业

河南电力行业碳排放总量较为稳定，近两年略有下降。2010年以来，全省电力行业二氧化碳排放总量在1.8亿~2.1亿吨波动，占全省碳排放总量的40%左右。"十三五"期间，河南风电、光伏装机由132万千瓦增长至2693万千瓦，增长约19倍，年均增长512万千瓦，增速超过80%，远高于全国平均水平（26%），外电入豫规模由321亿千瓦时增长至600亿千瓦时，电力供给清洁化水平显著提升。同时，2019~2020年受省内电解铝产能关停外迁、新冠肺炎疫情等特殊因素影响，全省电力需求增长放缓，省内煤电发电量阶段性降低，电力行业碳排放总量略有下降。"十四五"期间，全省电力需求仍将保持较快增长，预计省内电力行业二氧化碳排放量也将进一步增加。

（二）河南面临问题挑战

1.河南碳减排时间紧任务重

目前全球已经有54个国家的碳排放实现达峰，约占全球碳排放总量的40%，大部分为发达国家。2020年，碳排放量排名前十五位的国家中，美国、俄罗斯、日本、德国、巴西、印度尼西亚、英国、加拿大、韩国、意大利和法国等12个国家已经实现碳排放达峰。大多数发达国家实现碳排放达峰是一个经济、技术、全球化等因素综合作用下的自然过程，英国、法国、德国等西欧发达国家碳排放在20世纪70年代末80年代初就已经达到峰值。

从各国承诺碳中和时间表看，大多数发达国家将碳中和时间设定在2050年（见表3），由"碳达峰"到"碳中和"有50~70年的过渡期。而当前，中国二氧化碳排放体量是英国的1.5倍、法国的1.7倍，且碳排放量仍处于上升阶段（见图1），从碳达峰到碳中和仅有30年时间，转型压力更大，必须付出艰苦努力。

表3 世界主要国家和地区碳中和目标

缔约方	承诺性质	承诺碳中和时间
苏里南	—	已实现
不丹	—	已实现
丹麦	完成立法	2050年
法国	完成立法	2050年
匈牙利	完成立法	2050年
新西兰	完成立法	2050年
瑞典	完成立法	2045年
英国	完成立法	2050年
加拿大	法律提案	2050年
智利	法律提案	2050年
欧盟	法律提案	2050年
西班牙	法律提案	2050年
韩国	法律提案	2050年
斐济	法律提案	2050年
芬兰	政策文件	2035年
奥地利	政策文件	2040年
冰岛	政策文件	2040年
日本	政策文件	2050年
德国	政策文件	2050年
瑞士	政策文件	2050年
挪威	政策文件	2050年
爱尔兰	政策文件	2050年
南非	政策文件	2050年
葡萄牙	政策文件	2050年
哥斯达黎加	政策文件	2050年
斯洛文尼亚	政策文件	2050年

续表

缔约方	承诺性质	承诺碳中和时间
马绍尔群岛	政策文件	2050 年
美国		2050 年
中国		2060 年
新加坡		21 世纪下半叶
其他数十个国家	政策讨论中	2050 年

资料来源：文献调研。

2.面临发展与减碳双重压力

国内学者研究表明，从全球各国发展历程看，人均累计碳排放量与人均GDP 呈现高度的正相关关系，即人均累计碳排放量越高、现时人均 GDP 越高，且随着人均碳排放量的累积，工业产值占 GDP 的比重先增加、后降低。[①] 我国虽然当前排放体量较大，但人均累计碳排放量远低于发达国家，存在人均累计碳排放量进一步增长的客观需求。同时，河南作为传统重工业大省，是国内重要的基础性工业、原材料生产加工基地，六大高耗能产业增加值占全省规模以上工业增加值的比重达到 35.3%、较全国高 4 个百分点，铝材、有色金属、水泥、钢铁等产品产量分别占全国的 28%、7%、5%、3.3%，为外省提供了大量能源密集型产品，在一定程度上承担了外省的部分碳排放量，成为"隐含碳"净转入地区。

河南正处于工业化中期向后期过渡阶段，工业化、城镇化加速发展，当前全省人均 GDP、人均能源消费量、人均用电量分别仅为全国平均水平的80%、67%、65% 左右。预计"十四五"期间，河南省主要经济指标年均增速将高于全国平均水平，GDP 年均增速在 6.0% 左右，全省生产总值再迈上两个新的大台阶，能源电力需求还将持续攀升，鉴于经济发展与碳排放仍存在强耦合关系，未来一段时期，河南将面临发展与减碳的双重压力，既要做好经济稳定增长下的能源安全可靠供应，还要加快实现碳达峰和碳减排。

---

① 引自中国科学院院士方精云等论著《中国及全球碳排放——兼论碳排放与社会发展的关系》，科学出版社，2018。

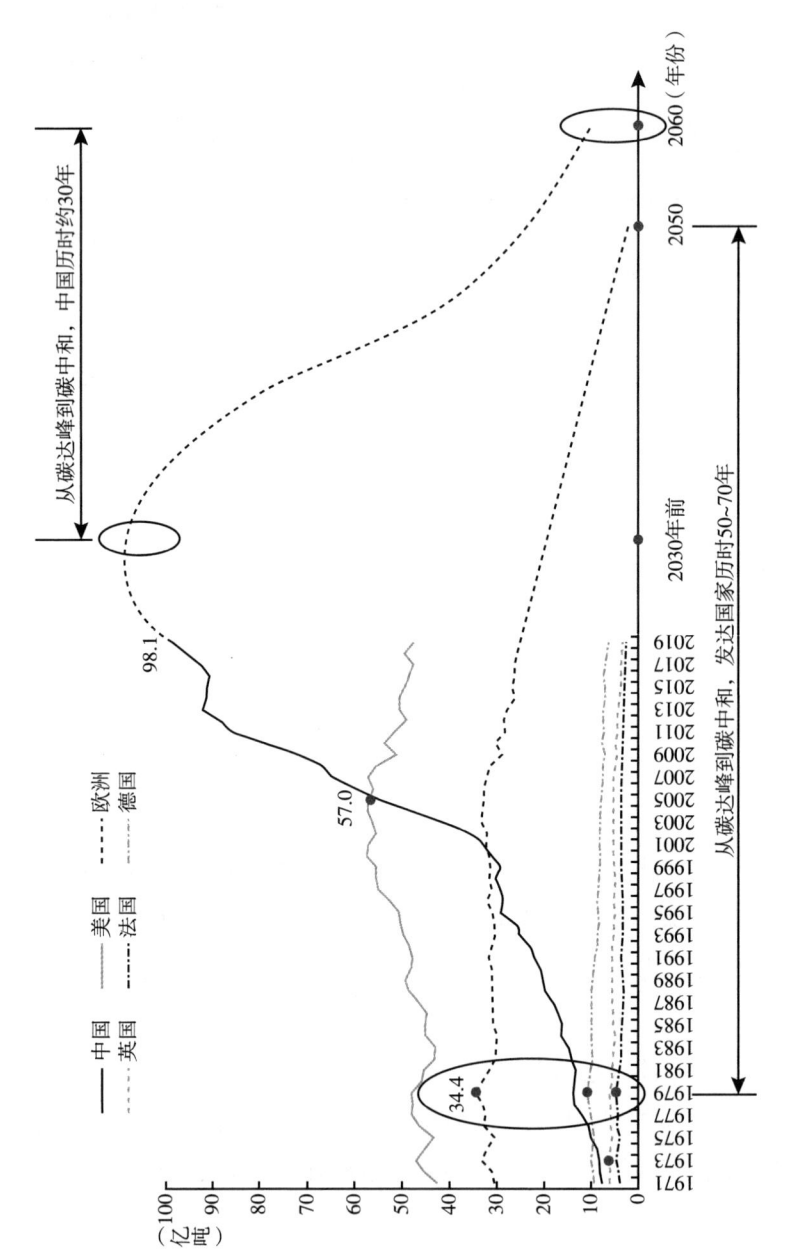

图1 主要发达国家和地区与中国碳达峰、碳中和情况对比

资料来源：文献调研。

3.能源领域需展现更大担当

化石能源的开发利用是二氧化碳排放的主要来源，河南能源结构以煤为主，碳排放总量偏高。电力是二氧化碳排放体量最大的行业，占全省排放总量的40%左右，减排任务很重。推进能源清洁低碳转型，关键是加快发展风能、太阳能等可再生能源，电力是可再生能源开发利用的主要载体，95%左右的可再生能源需要转化为电能加以利用。同时，随着可再生能源大规模开发利用和电力需求持续增长，电网作为连接生产和消费的网络平台，面临保障安全供应、降低系统成本、转变功能形态的多重要求。如期实现碳达峰、碳中和目标愿景，能源电力领域任务艰巨，必须展现更大担当、付出更大努力、做出更大贡献。

四 河南能源低碳转型路径建议

当前，河南已全面开启现代化建设新征程，到了由大到强、实现更大发展的重要关口，到了可以大有作为、为全国大局做出更大贡献的关键阶段。推动能源低碳转型，河南应深入贯彻省委工作会议部署，锚定"两个确保"奋斗目标，全面实施能源绿色低碳转型战略，聚焦"三个环节、一个发展"（生产环节、配置环节、消费环节，创新发展），坚持全环节、全链条、全要素发力，实现"三个转变、一个破解"，走出一条河南特色的转型道路，为实现"两个确保"，助力碳达峰、碳中和提供坚强保障、做出更大贡献。

（一）生产环节，以清洁主导转变能源生产方式

坚持系统观念、先立后破，统筹安全保障与低碳转型，全面实施可再生能源替代行动。一是推动实施"风光倍增"工程。优先开发分布式光伏发电和分散式风电，加快整县试点建设，推动与工业、建筑、交通、农业、旅游等产业协同发展，大力建设可再生能源微电网、局域网和分布式发电项目，促进新能源发电就近消纳，预计到2025年全省风电、光伏发电装机达到5000万千瓦以上，较"十三五"末基本实现倍增。二是着力夯实新能源

主体地位。聚焦新能源大规模、高比例、分布式开发利用需要，以提升新能源的并网友好性、支撑保障能力为导向，推动新能源与储能一体化发展，尽快完善新能源及储能电站技术标准，引导新能源发电转型为"系统友好型"电源，承担起合格主力电源的责任，成为新型电力系统供应保障和运行支撑的主体。三是加快转变煤炭和煤电发展定位。坚持底线思维，科学看待煤炭、煤电在能源电力保障中的基础性作用，合理控制发展规模，按照"守住安全底线，先立后破""控电量、保装机"的思路，推动煤电由传统电量型电源向灵活调节型电源转变，保持合理煤电装机规模，科学控制煤电发电量，充分发挥煤炭、煤电的托底保供及灵活调节能力，避免在低碳转型过程中出现供给与需求脱节问题。

（二）配置环节，以智慧互联转变能源配置方式

坚持数字转型、互联互通，推动能源革命与数字革命融合发展，全面实施能源智慧互联升级行动。一是加快构建能源互联网。以电力为载体、电网为核心平台，统筹能源生产、转化、配置、存储、利用各环节，加快构建清洁低碳、安全韧性、广泛互联、智能互动、灵活柔性的新型电力系统，支撑构建能源互联网，推动能源智慧运行和综合利用效率明显提升。二是着力提升能源多元外引能力。加快特高压交流网架建设，"十四五"期间，着力推动南阳—荆门第二回特高压交流线路工程、驻马店—武汉双回特高压交流线路工程、晋东南—南阳第二回特高压交流线路工程、豫中东特高压交流工程建成投运，保障直流安全可靠运行，满足电力需求，提升外引电力承接能力和电网安全可靠水平。"十四五"期间，积极推动外电入豫第三直流工程纳入国家规划并开工建设，并配套建设调相机。加快外引油气管道建设，提升安全保障能力。三是推动能源数字化转型。主动适应能源互联网、新能源电力系统构建要求，聚焦状态感知、信息采集、共享互联、智慧调控等关键领域，推动智能重点、物联平台和数据中台建设，提升能源互联共享能力，逐步实现数字化技术深度嵌入能源供应、消费各环节。

（三）消费环节，以电为中心转变能源消费方式

坚持节能高效、清洁低碳，加快终端化石能源消费减量替代，全面实施电气化水平提升行动。一是大力推进节能提效。以更大力度强化能耗双控，加强重点用能单位节能管理，推动重点用能单位提高能效水平。加快推进绿色改造，强化余热、余气、余压重复利用，降低能耗、提高能效。注重市场化运作，以产业园区、公共建筑等为重点，拓展综合能源供应、用能诊断分析、节能提效改造、设备用能管理等专业化能源服务，提升全社会终端用能效率。二是深度实施电能替代。工业领域，重点推广应用电炉、电加热干燥、热泵、电窑炉等技术，替代煤炭、石油直接消费，发展智能制造和自动化生产。交通领域，加快推动电动汽车商业化应用，做好电动汽车公共快充网络建设，加速替代传统燃油汽车，增加城市轨道交通和铁路电气化里程。建筑及生活领域，推广应用建筑及生活领域电能替代技术。"十四五"期间，力争全省电能替代电量达到400亿千瓦时。三是提升乡村电气化水平。加快推进高标准农田配套电力设施建设，助力河南在2025年建成8000万亩高标准农田，服务农业生产电气化。推进农村合作社、家庭农场、现代农业园区、特色农产品优势区电气化升级，推广电烘干、电炒茶、电烤烟等技术应用，服务乡村产业电气化。推广电厨炊、电采暖等高能效设备应用，加快农村充电设施建设，推动新能源汽车下乡，服务农民生活电气化。

（四）创新发展，以机制变革破解转型关键制约

坚持市场主导、政策引导，以体制机制创新为实现低碳转型的根本动力，着力破解河南省电力低碳转型的重大问题和关键制约。一是打造一批典型示范工程。突出科技驱动、模式创新，按照示范先行的原则，聚焦数字电网、"系统友好型"电源、规模化电动汽车与电网互动、低碳零碳园区、低碳零碳市县、电气化乡村、电力需求侧响应能力提升等领域，先行推进一批"十四五"期间可尽快启动实施的创新性示范工程，

待形成示范效应后逐步推广应用。二是推动构建适应能源低碳转型的市场机制和政策体系。突出市场主导、政策引导，深化体制机制改革，建立全社会公平分摊、合理反映成本、促进低碳转型的价格机制和市场机制。完善抽水蓄能两部制电价政策，明确储能独立市场主体地位，建立储能容量补偿机制，探索制定河南储能电站容量电价政策。深化燃煤机组上网电价形成机制改革，研究制定煤电两部制电价机制，客观充分反映煤电机组电力供应保障价值。完善可中断负荷电价、峰谷分时电价制度，充分发挥价格信号配置资源作用，引导各类用户主动消纳新能源。按照"谁受益、谁承担"原则，探索建立全社会共同参与、促进新能源发展消纳的市场机制。

五 结语

加快能源清洁低碳转型，是落实碳达峰、碳中和要求，提高应对气候变化能力，实现能源永续利用的关键举措，也是贯彻习近平总书记关于河南重要指示批示精神、奋力实现"两个确保"、推动高质量发展的必然要求。推动能源领域碳达峰、碳中和，行动越晚越被动、难度越大、代价越高。河南应紧抓"十四五"关键期、窗口期，聚焦能源生产、能源配置、能源消费全环节，坚持创新引领，加快机制变革，以更大决心、更强力度、更实举措早谋划、早实施、早见效，尽早以较低峰值达峰，走出一条河南特色的转型道路，以能源高质量发展服务和保障碳达峰、碳中和目标如期实现。

参考文献

中共中央、国务院：《关于完整准确全面贯彻新发展理念 做好碳达峰碳中和工作的意见》（中发〔2021〕36号）。

生态环境部：《中华人民共和国气候变化第二次两年更新报告》。

河南省人民政府：《河南省国民经济和社会发展第十四个五年规划和二〇三五年远景目标纲要》。

河南省人民政府：《关于加快建立健全绿色低碳循环发展经济体系的实施意见》。

河南省统计局：《河南省统计年鉴2020》，中国统计出版社，2020。

方精云等：《中国及全球碳排放：兼论碳排放与社会发展的关系》，科学出版社，2018。

陈迎、巢清尘等编《碳达峰、碳中和100问》，人民日报出版社，2021。

B.9
碳达峰碳中和下河南省中长期能源发展展望

邓方钊　赵文杰　杨萌*

摘　要： 碳达峰、碳中和背景下，全社会能源供应方式、能源发展需求、能源结构特征都将发生革命性、根本性变化，前瞻性地开展中长期能源发展的研究展望，对于明晰方向、指导实践具有积极意义。本文详细阐述了河南省能源发展的现状基础，系统梳理了国内权威机构关于全国能源的发展研判，研究构建了"能源—电力—碳排放"一体化分析模型，分情景进行了河南省中长期能源电力发展的预测展望，总结了阶段的主要特征、提出了转型的对策建议，以期为政府管理和行业发展提供决策参考。

关键词： 碳达峰　碳中和　河南能源　中长期发展

2020年9月以来，习近平总书记多次就碳达峰、碳中和发表重要讲话，提出明确要求、做出全局部署，为能源绿色低碳发展指明了方向。河南作为传统能源大省，能源资源禀赋呈现"有煤、少油、乏气、可再生能源开发利用条件一般"特征，长期以来形成了以煤为主的能源供应和消费结构，能源体系高碳值、高排放的问题较为突出。研究构建碳达

---

* 邓方钊，工学硕士，国网河南省电力公司经济技术研究院工程师，研究方向为能源电力供需与电网规划；赵文杰，工学硕士，国网河南省电力公司经济技术研究院工程师，研究方向为能源电力供需与电网规划；杨萌，工学硕士，国网河南省电力公司经济技术研究院高级工程师，研究方向为能源电力经济与发展战略规划。

峰、碳中和目标约束下河南省能源分析模型，深入开展中长期能源发展预测展望，对于明晰发展特征、研判发展路径、支撑发展规划具有重要意义。

一 河南省能源发展现状基础

"十三五"以来，河南持续深化能源供给侧结构性改革，加快推动能源清洁低碳转型，取得了显著成效，能源消费总量保持了总体平稳，能源结构持续优化、能源效率稳步提升，但与全国及世界对比，全省能源结构偏煤、能源效率偏低、碳排放水平偏高的问题仍然较为突出，清洁低碳转型任务较为艰巨。

（一）能源消费总量低速增长

河南能源消费总量基本稳定（见图1）。"十三五"以来，河南持续强化总量、强度"双控"，保持了能源消费总量的基本稳定。2020年全省能源消费总量为2.27亿吨标准煤，同比增长1.8%。"十三五"期间，河南以能源年均0.3%的增长满足了经济年均6.3%的增长需要。

能源消费增速低于全国及世界平均水平。从全国看，能源消费总量年均增长2.8%（见图2）。当前我国能源已经进入提质发展新阶段，消费增速持续放缓。2020年，全国能源消费总量为49.8亿吨标准煤，同比增长2.5%，"十三五"期间年均增长2.8%，较"十二五"年均增速下降0.7个百分点，满足了国民经济年均5.8%的增长需要。从世界看，能源消费总量年均增长1%左右。随着主要发达国家进入经济社会发展与能源消费增长脱钩阶段，世界能源消费基本稳定，能源消费增速明显放缓。根据国际能源署（IEA）、英国石油公司（BP）最新数据，2019年世界能源消费总量为205.5亿吨标准煤，2010~2019年均增长1.3%，近五年年均增长1.1%。

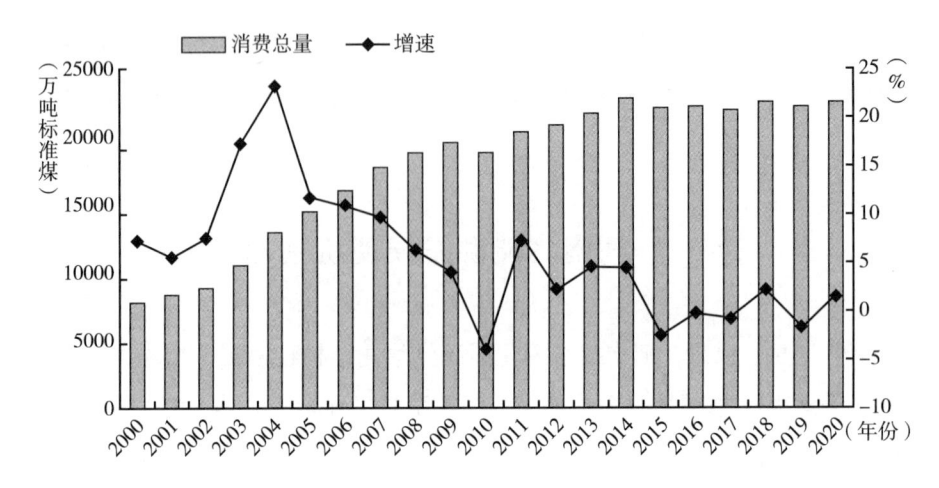

图 1 2000~2020年河南省能源消费情况

资料来源：2000~2019年数据引自《河南统计年鉴（2020）》，2020年为初步统计数据。

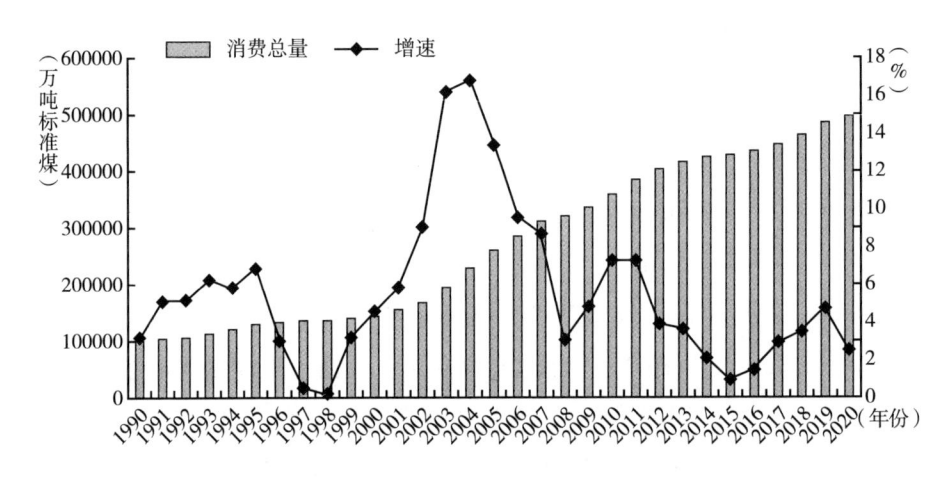

图 2 1990~2020年全国能源消费总量增长情况

资料来源：1990~2019年数据引自《中国统计年鉴（2020）》，2020年为初步统计数据。

（二）能源结构煤炭占比偏高

河南能源结构优化步伐加快。"十三五"以来，河南能源消费结构中煤炭占比快速下降，非化石能源消费占比稳步提升（见图3）。2019年全省煤炭消费占比为67.4%，较2015年（76.4%）下降了9个百分点；非化石能源消费占比达到10.7%，较2015年（5.1%）提升了5.6个百分点。

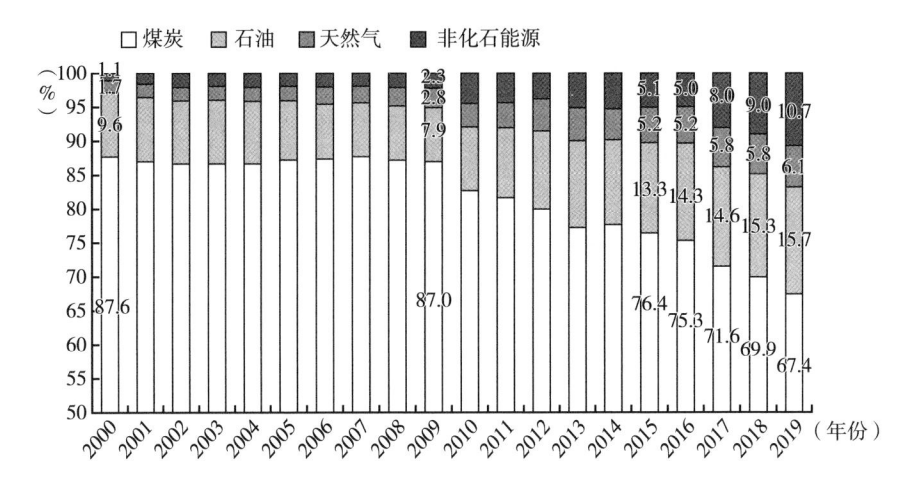

图3 2000~2019年河南省能源消费结构

资料来源：《中国统计年鉴（2020）》。

煤炭占比高于全国及世界平均水平。从全国能源结构（见图4）看，河南与全国差距有所缩小。2019年，全国煤炭消费占能源消费总量比重为57.7%，较河南（67.4%）低约10个百分点，"十三五"以来河南与全国差距缩小了近3个百分点；非化石能源占比为15.3%，较河南高4.6个百分点，"十三五"以来河南与全国差距缩小了1.4个百分点。从世界能源结构看，整体呈煤、油、气、非化石能源四分天下格局。2019年世界能源消费结构中煤炭占比26%、石油占比31%、天然气占比23%、非化石能源占比19%。在2010~2019年世界能源消费结构中，煤炭占比下降了2.3个百分点，石油占比基本保持稳定，天然气、非化石占比分别上升了1.9、1.2个百分点。

（三）人均用能处于较低水平

2019年，河南省人均能源消费量为2.31吨标准煤，为全国平均水平

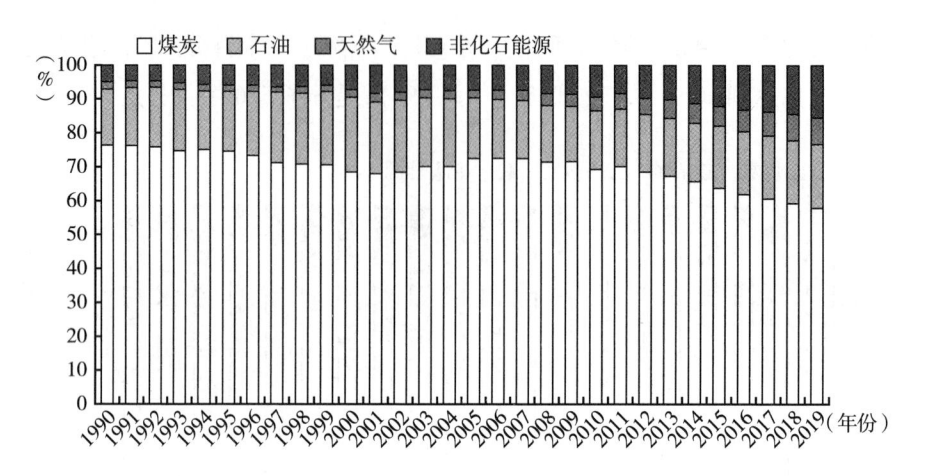

图4 1990~2019年全国能源消费结构

资料来源：《中国统计年鉴（2020）》。

（3.48吨标准煤）的2/3，为山东、江苏的57%左右，为浙江的61%左右，为广东的86%左右（见图5）。

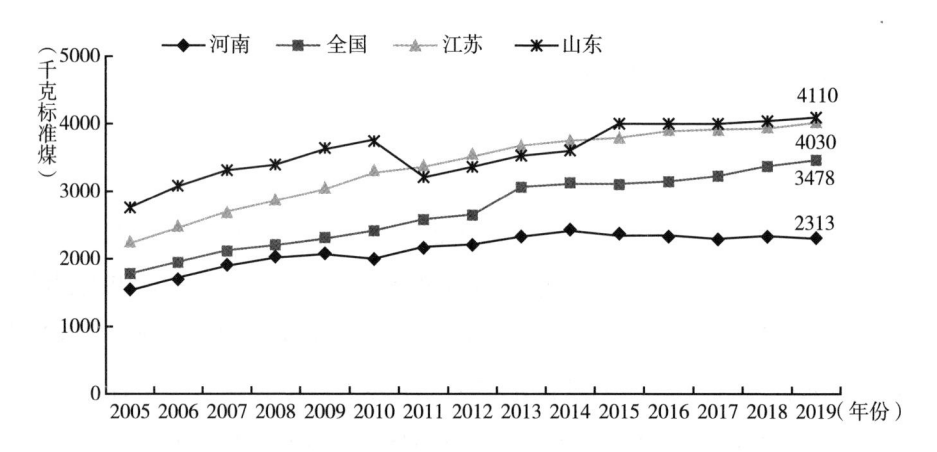

图5 2000~2019年河南与全国及一些省份人均能源消费量对比

资料来源：《中国统计年鉴（2020）》。

（四）碳排放强度仍相对较高

"十三五"以来，河南省能源活动产生的二氧化碳排放量基本稳定在

4.9亿吨左右,约占全国排放总量的5%。从碳排放强度看,河南单位GDP碳排放量略低于全国平均水平,较国内发达地区偏高。2020年全省单位GDP碳排放量为0.88吨二氧化碳,约为全国平均水平(0.96吨二氧化碳)的92%。"十三五"期间,河南省单位GDP碳排放累计减少约28%。从各省碳排放强度看,河南明显强于广东、江苏、浙江等发达地区,在中部地区高于湖南、湖北,与江西基本相当(见图6)。从世界范围看,河南省碳排放强度约为世界平均水平的1.6倍,仍处于较高水平。

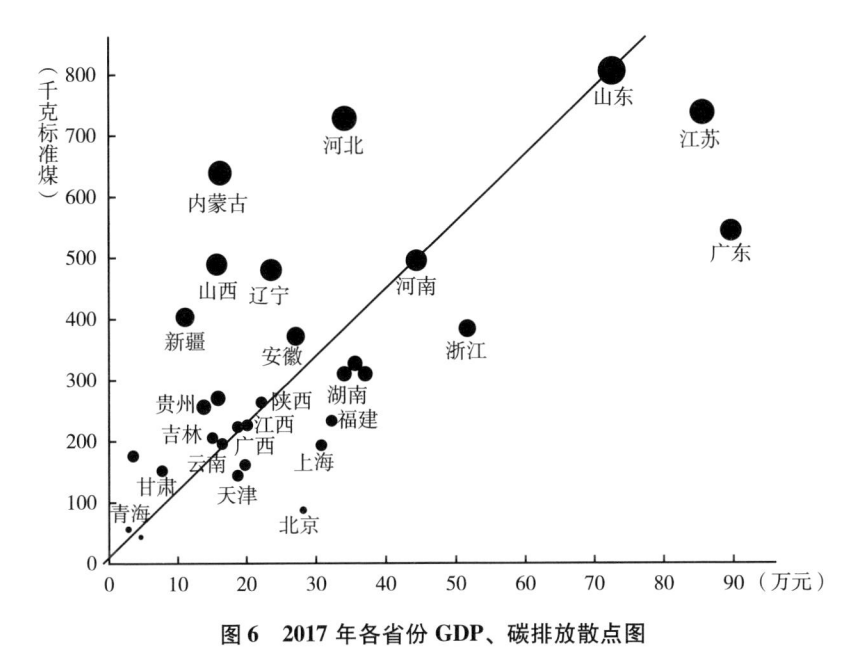

图6 2017年各省份GDP、碳排放散点图

资料来源:《中国统计年鉴(2020)》。

二 碳达峰碳中和下能源发展形势分析

(一)世界能源发展趋势

2020年10月,国际能源署发布了《世界能源展望2020》,对中长期能源发展趋势进行了全面分析。根据国际能源署预测，在碳排放方面，现有政策情景下全球未来碳排放量居高不下，《巴黎协定》目标（2℃）的可持续发展情景下全球二氧化碳于2070年实现净零排放（碳中和），较更激进（1.5℃）的2050净零排放情景（Net-zero in 2050）滞后约20年。其中，可持续发展情景下2030年全球碳排放量约为270亿吨，2050净零排放情景下2030年将可降至200亿吨，分别较目前下降约20%、40%。

能源消费方面，在可持续发展情景下，2019~2030年世界能源消费总量（见表1）持续缓慢下降，2030年达到191亿吨标准煤，较2019年累计下降约7%。其中，煤炭、石油消费量持续下降，2030年分别将达到32亿、57亿吨标准煤，分别累计下降41%、12%；天然气消费量在2025年前后达到峰值（约49亿吨标准煤），随后缓慢下降；非化石能源消费量持续快速增长，2030年达到55亿吨标准煤，累计增长38%。预计到2030年，全球煤炭、石油、天然气、非化石能源消费比重分别为17%、30%、25%、29%，分别较2019年提升约-9、-1、2、10个百分点。

表1 2019~2030年世界能源消费

单位：亿吨标准煤，%

类别	消费量			累计增速	占比		
	2019年	2025年	2030年	2020~2030年	2019年	2025年	2030年
能源消费	206	198	191	-7	100	100	100
煤炭	54	42	32	-41	26	21	17
石油	65	61	57	-12	31	31	30
天然气	48	49	47	-1	23	25	25
非化石能源	40	46	55	38	19	23	29

资料来源：国家能源署《世界能源展望2020》。

（二）全国能源发展分析

习近平总书记提出碳达峰、碳中和目标愿景后，国内权威机构、专家学者开展了相关研究。本文详细梳理了清华大学、国网能源研究院等权威机构研究成果，总体上看，预计全国能源发展将呈现以下特征。

总量方面，预计"十四五"时期全国能源消费总量保持年均2%左右低速增长，2025年约为54亿吨标煤；能源相关二氧化碳排放量将于"十五五"初期达峰，峰值在105亿吨以下，能源消费总量于2030年前后达峰，峰值为57亿~58亿吨标准煤，2060年降至约46亿吨标准煤。

结构方面，预计2025年全国煤炭消费占比降至50%、非化石能源消费占比提升至20%以上；2030年非化石能源消费占比提升至25%以上；2035年煤炭消费占比降至37%，非化石能源消费占比提升至40%，超越煤炭成为我国能源供应主体；2060年煤炭消费占比降至10%以内（其中79%用于发电），非化石能源消费占比在70%以上。

电量方面，预计"十四五"时期全国全社会用电量年均增长4.5%，到2025年达到9.5万亿千瓦时，电能占终端能源消费比重约为30%。2035年达到12万亿千瓦时，人均用电量超过8000千瓦时，达到当前日本、德国等高能效国家水平，电能占终端能源消费比重约为45%。2035年以后，我国电力消费进入饱和增长阶段，年均增速降至2%以下，2060年全国全社会用电量达到15万亿千瓦时，人均用电量达到饱和水平即10000千瓦时左右，电能占终端能源消费比重在70%以上。

装机方面，预计2025年全国风电、光伏装机超过10亿千瓦，"十四五"期间年均增长1亿千瓦，考虑核电、水电等，非化石能源发电装机占比达到50%；2035年风电、光伏装机达到22.5亿千瓦；2060年风电、光伏装机达到33亿千瓦，非化石能源发电装机总规模将超过40亿千瓦，装机占比88%，发电量占比将超过85%。

（三）河南能源发展方向

当前，河南省能源生产消费以煤为主的特征仍十分突出，在碳达峰、碳中和目标指引下，传统化石能源将呈稳步下降态势，可再生能源将进入快速发展新阶段，逐渐替代煤炭成为河南能源生产利用的主体。从生产侧来看，全省化石能源生产量总体将呈稳步下降态势，可再生能源生产量不断增加及占比不断提升，逐渐成为全省能源供应主体，化石能源逐步降为支撑性能源。从消费侧来看，作为可再生能源利用的主要载体，电能占终端能源的消费比重将大幅提升，成为终端能源消费的主体。从能源结构更替阶段看，碳达峰之前，全省能源消费总量仍将保持小幅增长态势，其中煤炭消费量稳中有降，油气消费量总体略有上升，可再生能源成为全省能源消费增量的供应主体；碳达峰之后，预计全省能源消费总量将稳中有降，可再生能源逐步实现对化石能源的存量替代。

三 新形势下河南省中长期能源发展展望

为准确把握碳达峰、碳中和目标指引下河南省中长期能源发展特征，本文研究构建了"能源—电力—碳排放"一体化规划模型，分情景对2020～2030年河南省能源电力发展进行展望分析。

（一）主要思路原则

根据《中华人民共和国国民经济和社会发展第十四个五年规划和2035年远景目标纲要》《河南省国民经济和社会发展第十四个五年规划和二〇三五年远景目标纲要》目标要求，参照国内外专家学者对碳达峰、碳中和背景下世界和中能源发展趋势的判断，结合河南能源发展实际，对碳达峰、碳中和背景下河南中长期能源电力发展进行研究。总的思路原则可概括为"三个坚持、三个统筹"。

一是坚持目标导向，统筹发展需求与减排约束。对照国家碳达峰、碳中和目标要求，突出目标倒逼，加快河南能源电力结构转型升级，以清洁绿色的方式满足经济社会高质量发展的能源电力需求。

二是坚持近细远粗，统筹立足当前与着眼长远。立足碳达峰、碳中和目标的递进关系，碳达峰更多依靠产业结构、能源结构调整和全社会节能，碳中和更多依靠技术突破和能源替代，主要聚焦碳达峰目标下能源电力发展。

三是坚持系统观念，统筹低碳转型与安全保障。充分考虑新能源发展的优势与劣势，正确处理好低碳清洁发展与供应保障、安全运行的关系，坚持先立后破，合理把握能源低碳转型的节奏和力度，更加注重高质量发展。

（二）研究方法模型

1."能源—电力—碳排放"一体化分析模型

河南省"能源—电力—碳排放"一体化分析模型（见图7）以全国和河南省规划纲要中经济、能源目标指标为基本输入，以满足碳达峰、碳中和目标愿景和能源供应保障为落脚点，包含能源、电力、碳排放三个部分，既有各自纵向逻辑链条，又横向产生逻辑约束，开展预测分析。能源模块从河南规划纲要目标出发，以满足国家2030年相关目标（2030年前碳达峰，或非化石能源比重达到25%）为约束，分情景对河南能源消费结构进行预测，得出河南煤炭、石油、天然气、非化石能源消费量及能源碳排放量。电力模块从全省GDP增长、电力需求出发，以电力电量平衡为方法，结合规划电源开发进度和能源模块的约束，得出电力系统碳排放达峰路径和电力供应结构。碳排放模块从全国碳减排目标出发，对能源模块、电力模块结果进行约束调整。

2.情景设置逻辑

按照河南省能源转型的节奏和力度不同，研究设置基础情景、积极情景两种转型情景，不同情景设置逻辑分别如下。

基础情景，确保如期实现碳达峰刚性目标。落实国家和河南省规划纲要要求，考虑河南省还处于工业化、城镇化加速发展阶段的基本省情，能源消费需求巨大，全省能源清洁转型发展水平与全国平均水平仍有一定差距，转型任务艰巨，统筹保障经济社会需求和能源清洁低碳发展，坚持实事求是、蹄疾步稳，确保2030年前全省如期实现碳达峰刚性目标。

积极情景，在如期实现碳达峰刚性目标基础上，进一步加速转型，力争与国家同步实现非化石能源占比25%的目标。对标国家中长期目标，更加突出河南贡献，着眼以更大决心和更有力举措，推动能源电力低碳转型。

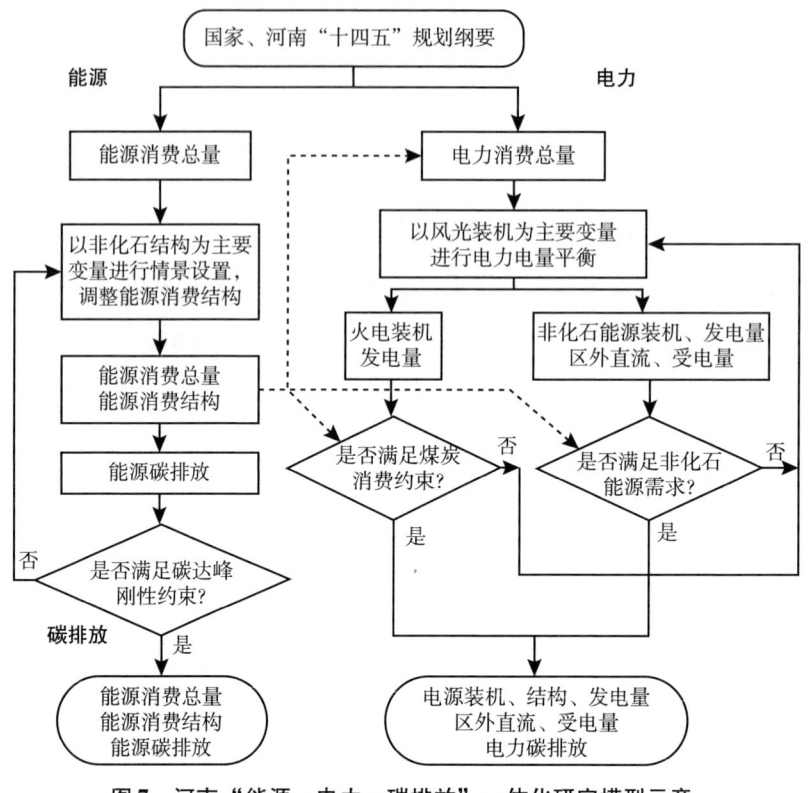

图7 河南"能源—电力—碳排放"一体化研究模型示意

（三）河南省中长期能源电力发展研判

1. 能源消费总量

根据河南省规划纲要，预计"十四五"期间河南省生产总值将保持较快增长，年均增长6%左右。河南省2021年8月印发的《关于加快建立健全绿色低碳循环发展经济体系的实施意见》提出，到2025年全省单位GDP能耗降低15%以上，经模型测算，预计"十四五"期间河南省能源消费总量年均增长2.2%左右，达到2.53亿吨标准煤；"十五五"期间将年均增长2%左右，达到2.8亿吨标准煤。

2. 能源消费结构

考虑河南省偏煤的能源结构，以及碳达峰、碳中和目标愿景下能源加速低碳转型的发展趋势，初步判断河南省中长期能源发展，煤炭消费总量仍将保持下降态势。考虑煤炭减量速度、力度不同，设置基础情景、积极情景两种情景进行分析。

基础情景下，2025年河南省煤炭、非化石能源消费比重分别为60%、17%，非化石能源消费比重提升5.5个百分点，满足河南省"十四五"规划提升5个百分点以上的目标要求。2030年，全省煤炭消费比重进一步下降至53%，非化石能源消费比重提升至23%，2020~2030年非化石能源消费增量占比达到70%左右，成为能源消费增量的主体。

积极情景下，河南减煤进程进一步提速，预计2025年全省煤炭、非化石能源消费比重分别为58%、18%。2030年，全省煤炭消费比重进一步下降至50%，非化石能源消费比重与国家同步达到25%的目标，2020~2030年非化石能源消费增量占比在80%以上。

3. 电力消费总量

基础情景下，"十四五"期间河南省全社会用电量年均增长5.3%，达到4400亿千瓦时，"十五五"年均增长3%左右，达到5100亿千瓦时。积极情景下，考虑能源加速低碳转型，电动汽车、电采暖等普及力度加大，全社会电气化水平明显提升，预计"十四五"期间用电量年均增长6.6%，达到4670亿千瓦时，"十五五"年均增长3%左右，达到5400亿千瓦时。

碳达峰、碳中和目标愿景下，随着整县分布式光伏试点推进实施，预计可再生能源发电将保持高速发展态势，2020~2030年河南省风电、光伏装机保持年均500万千瓦左右的增长速度，到2025年风电、光伏整体装机规模达到5000万千瓦，2030年达到7500万千瓦。

经测算，在基础情景、积极情景下，河南均可如期完成碳达峰目标，为我国绿色低碳转型做出河南贡献。

4. 电力供应结构

碳达峰、碳中和目标愿景下，随着整县分布式光伏试点推进实施，预计可再生能源发电将保持高速发展态势，2020~2030年河南省风电、光伏装机保持年均500万千瓦左右的增长速度，到2025年风电、光伏整体装机规

模达到5000万千瓦，2030年达到7500万千瓦。

经测算，在基础情景、积极情景下，河南均可如期完成碳达峰目标，为我国绿色低碳转型做出河南贡献。

四 主要结论及对策建议

"十四五"是加快能源低碳转型、确保如期实现碳达峰、碳中和目标愿景的关键期和窗口期，河南作为能源大省、煤炭大省，应立足自身实际，统筹需求与约束、当前与长远、低碳与安全，坚持先立后破，着力构建清洁低碳、安全高效的现代能源体系。

（一）坚持节能优先，以更有力的"双控"措施保障低碳转型

节约的能源是最清洁的能源，节能的能源是最高效的减排。当前，河南已全面开启社会主义现代化建设新征程，工业化、新型城镇化加快推进，根据模型预测，全省能源消费需求仍将保持刚性增长，预计2025年、2030年河南能源消费总量将分别达到2.53亿吨标准煤、2.8亿吨标准煤。贯彻节能优先的理念，以最严格的举措，强化总量和强度"双控"，严控高耗能、高排放项目发展，着力控制能源消费总量，提高全社会能源利用效率，是落实碳达峰、碳中和目标要求的根本性举措。

（二）坚持煤炭减量，以更精准的减煤方案支撑低碳转型

河南省能源资源偏煤、产业结构偏重，经济发展对能源价格承受能力较弱、能源高碳发展的路径依赖较强，2020～2030年严控煤炭总量、实现煤炭减量替代，是全省如期实现碳达峰的基础前提。根据模型测算，要如期实现碳达峰刚性目标，2025年、2030年全省煤炭消费占一次能源消费比重须分别降至60%、53%以下。"十三五"期间，河南大力控制煤炭消费总量，取得了显著成效，超额完成了国家下达的减煤目标任务。"十四五""十五五"期间，河南应坚持减煤控煤方向不动摇，深入行业内部

生产流程，制定精细化的减煤替代方案，以煤炭消费减量支撑能源清洁低碳转型。

（三）坚持提速发展，以更优质的绿色能源引领低碳转型

"十三五"以来，河南主动转变能源发展方式，实现了非化石能源跃升式发展，能源结构与全国差距明显缩小，但要实现碳达峰刚性目标，非化石能源发展仍需进一步提速。根据模型预测，2020~2030年全省风电、光伏年均新增装机须在500万千瓦左右，2025年、2030年全省风电、光伏装机总量须分别达到5000万千瓦、7500万千瓦。且随着非化石能源持续快速增长，逐步成为能源供应保障主体，风能、太阳能必须肩负起主体能源的责任和义务，着力提升能源供应的可靠性和稳定性，以自身的高质量发展引领能源绿色低碳转型。

参考文献

习近平：《在第七十五届联合国大会一般性辩论上的讲话》，2020。

习近平：《继往开来，开启全球应对气候变化新征程——习近平在气候雄心峰会上的讲话》，2020。

国务院新闻办公室：《新时代的中国能源发展白皮书》，2020。

中华人民共和国中央人民政府：《中国国民经济和社会发展第十四个五年规划和2035年远景目标纲要》，2021。

河南省人民政府：《河南省国民经济和社会发展第十四个五年规划和二〇三五年远景目标纲要》，2021。

河南省人民政府：《关于加快建立健全绿色低碳循环发展经济体系的实施意见》，2021。

B.10
碳达峰碳中和下河南省新型电力系统构建路径探讨

新型电力系统项目课题组*

摘　要： 构建以新能源为主体的新型电力系统，是党中央做出的重大决策部署，为能源电力发展指明了科学方向。本文基于新型电力系统构建的国家要求、企业表述，分析了新型电力系统的特征内涵，指出新型电力系统是传统电力系统的跨越升级。河南电力系统发展基础坚实，为构建新型电力系统提供了基本条件，但在电网发展、电源发展、负荷发展、调度运行、技术创新、行业发展等六个方面仍存在一系列问题。为此，提出了河南构建新型电力系统的"五大原则"和"六个转变"实施路径，推动高质量构建新型电力系统。

关键词： 电网发展　电源发展　负荷发展　调度运行

2021年3月15日，习近平总书记在中央财经委员会第九次会议上提出，构建以新能源为主体的新型电力系统，这是自2014年6月总书记提出"四个革命、一个合作"能源安全新战略以来，再次对能源电力发展做出的系统阐述，明确了新型电力系统在实现"双碳"目标中的基础地位，为能源电力发展指明了科学方向、提供了根本遵循。河南电力系统依煤而建、由

---

* 课题组组长：郝元钊。课题组成员：郭长辉、邓方钊、蒋小亮、李秋燕、张平、秦军伟、邢鹏翔、田春笋、皇甫霄文。执笔：邓方钊，工学硕士，国网河南省电力公司经济技术研究院工程师，研究方向为电力供需与电网规划。

煤而成、因煤而变，伴随着党的百年非凡历程，取得了从小到大、由弱到强的历史性成就，如今到了实现更高质量发展，全力支撑河南"两个确保"和"双碳"目标实现的关键时期，构建新型电力系统正当其时。

一 新型电力系统构建要求及特征内涵

新型电力系统是个全新概念，当前，电力行业内外已围绕其开展不同角度、不同程度、不同层次的解读，我国两大电网企业也分别发布构建新型电力系统行动方案，新型电力系统的特征内涵逐步清晰。

（一）国家相关要求

2021年3月15日，习近平总书记在中央财经委员会第九次会议上发表重要讲话强调，实现碳达峰、碳中和是一场广泛而深刻的经济社会系统性变革，要把碳达峰、碳中和纳入生态文明建设整体布局，拿出抓铁有痕的劲头，如期实现2030年前碳达峰、2060年前碳中和的目标。会议指出，"十四五"是碳达峰的关键期、窗口期，要构建清洁低碳安全高效的能源体系，控制化石能源总量，着力提高利用效能，实施可再生能源替代行动，深化电力体制改革，构建以新能源为主体的新型电力系统。3月30日，国务院新闻办公室举行新闻发布会指出，构建新型电力系统，是实现"30·60"目标的必然选择，核心特征是新能源成为电力供应的主体。

（二）企业相关表述

2021年5月15日，南方电网公司发布《南方电网公司建设新型电力系统行动方案（2021—2030年）白皮书》，指出将通过数字电网建设加快构建以新能源为主体的新型电力系统，全面建设安全、可靠、绿色、高效、智能的现代化电网。到2025年，南方电网将具备新型电力系统"绿色高效、柔性开放、数字赋能"的基本特征；到2030年，基本建成新型电力系统，支撑非化石能源占比在65%以上，新能源装机成为南方五省区的第一大电源。

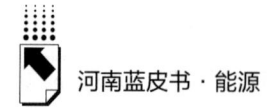

2021年9月9日，国家电网有限公司与国际可再生能源署共同举办2021能源电力转型国际论坛并指出，新型电力系统是以新能源为供给主体，以坚强智能电网为枢纽平台，以源网荷储互动和多能互补为支撑，具有清洁低碳、安全可控、灵活高效、智能友好、开放互动基本特征的电力系统，具有更加强大的功能特征：一是有效破解新能源发电大规模并网和消纳难题，二是有效实现新型用电设施灵活接入、即插即用，三是有力支撑源网荷储各环节高效协调互动，四是有力促进电力与其他能源系统的互补互济。

（三）新型电力系统特征内涵

新型电力系统是清洁低碳、安全高效能源体系的重要组成部分，是以新能源为供给主体，以确保能源电力安全为基本前提，以满足经济社会发展电力需求为首要目标，以坚强智能电网为枢纽平台，以源网荷储互动与多能互补为支撑，具有清洁低碳、安全可控、灵活高效、智能友好、开放互动基本特征的电力系统。

新型电力系统是传统电力系统的跨越升级。电源结构由可控连续出力的煤电装机占主导向强不确定性、弱可控出力的新能源发电装机占主导转变。负荷特性由传统的刚性、纯消费型向柔性、生产与消费兼具型转变。电网形态由单向逐级输电为主的传统电网向包括交直流混联大电网、微电网、局部直流电网和可调节负荷的能源互联网转变。技术基础由同步发电机为主导的机械电磁系统向由电力电子设备和同步机共同主导的混合系统转变。运行特性由源随荷动的实时平衡模式、大电网一体化控制模式向源网荷储协同互动的非完全实时平衡模式、大电网与微电网协同控制模式转变。

二 河南构建新型电力系统面临形势

伴随着党的百年非凡历程，河南电力系统取得了从小到大、由弱到强的历史性成就：电源装机突破1亿千瓦，新能源装机突破"双千万千瓦"，在全国率先迈入特高压交直流混联运行时代，形成"两交两直"特高压供电格局和"鼎"字形500千伏网架结构,全社会最大负荷突破6000万千瓦大关,为奋进新型电力系统建设新的赶考之路奠定了坚实基础。与此同时,构建以新能源为主体的新型电力系统,河南仍面临一系列新形势、新问题,迫切需要转变发展思路和方式,谋求新突破、构筑新形态。

(一)发展基础

1. 从电网发展看,各级电网全面升级,电网资源配置能力、发展支撑能力显著增强

主网架承载能力显著增强。河南电网处于全国联网的枢纽位置,目前已形成"两交两直"特高压供电格局,外电入豫能力在2000万千瓦以上,位居中部地区第一。拥有500千伏变电站44座,容量为7940万千伏安,形成覆盖18地市的"鼎"字形网架结构。拥有220千伏变电站339座,容量为11056万千伏安,实现220千伏覆盖所有县,拥有城市双环网、县域双电源,坚强的"大电网"屹立于中原大地。

城乡配网薄弱局面初步扭转。10~110千伏变电容量为24094万千伏安,"十三五"期间实现翻番,110千伏变电站全部双电源供电、110千伏变电站覆盖所有产业集聚区、35千伏及以上变电站基本覆盖所有乡镇、动力电覆盖所有自然村、机井通电覆盖平原地区所有农田。河南城乡配网供电能力、设备状况及运行水平等主要指标从2015年的全国倒数升至平均水平,有力支撑了中低压用户负荷年均350万千瓦的快速增长,服务了全省704万千瓦分布式电源接入,满足了人民美好生活用电需要。

2. 从电源发展看,形成以煤电为第一大电源、新能源为第二大电源的省内电力供给体系

煤电进入高质量发展新阶段。截至2020年底,全省煤电装机6482万千瓦,占比63.7%,较2015年下降24.6个百分点,仍是第一大电源。"十三五"累计淘汰落后煤电机组近600万千瓦,占全国的五分之一。全省60万千瓦及以上机组占比达到65%,较"十二五"末提高15个百分点。在全国范围内率先实现超低排放,完成4015万千瓦机组节能改造,平均供电煤耗

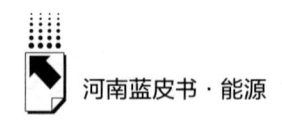

降至300克/千瓦时，低于全国平均水平，省内煤电碳排放约2亿吨，保持基本稳定。

新能源成为新增装机和发电量的主体。截至2020年底，全省风电、光伏新能源发电装机达到2693万千瓦，占比26.5%，较2015年提升24.5个百分点，成为第二大电源。低风速平原风电并网规模居全国第一，"十三五"全省新增新能源装机2561万千瓦、新增发电量236亿千瓦时，分别占到全省新增电源总装机的75%、新增全社会用电量的46%，新能源发电迈入增量主体时代。

3. 从负荷发展看，电力需求水平、供电服务水平迈上新台阶，中部地区最大的负荷需求得到有效优质满足

负荷水平迈上6000万千瓦新台阶。"十三五"期间，克服电解铝产能外迁、新冠肺炎疫情、反常气候多重因素影响，全社会用电量达到3392亿千瓦时，最大负荷6902万千瓦，居中部地区第一，是国网系统第4个超6000万千瓦的省份。产业用电"基本盘稳、新动能快、服务业靓"，城乡居民用电增长贡献率超过50%，电动汽车、5G基站、数据中心等多元柔性新兴负荷快速成长。电力需求侧响应实现突破，响应能力超400万千瓦。完成电能替代电量647亿千瓦时，电能终端占比达到23.6%，提升约4个百分点。

电力营商环境持续优化。供电服务水平实现了从落后到先进的跨越突破，"获得电力"入选全省优化营商环境优势指标，全面推行"一网通办"，群众用电获得感、幸福感显著增强。服务管理体系不断完善，建成供电服务"强前端·大后台"运作体系，大力实施"互联网+"市场营销服务，上线运行"网上国网"App，服务线上化率显著提升。

4. 从调度运行看，支撑大电网运行的技术、管理、控制能力得到明显提升，电网安全和效率保持较高水平

电网运行管控水平先进。在全国率先建成省地县一体化电网调度控制系统，建成河南一、二期精准切负荷系统、省地县调D5000系统、"栅格状"电力监控系统安全防护体系，87座变电站实现一键顺控，10千伏以上电网

运行状态实现全感知，实现万兆到市、千兆到县、百兆到站所通信带宽互联。"十三五"期间，全省220千伏及以上线路跳闸率累计降低54.44%，配电线路故障停运率累计降低79.15%。

系统运行更加绿色高效。建成全国首个大气污染防治电力绿色调控平台，实现污染物排放在线精准管控。建成国内首个电网侧10万千瓦分布式电池储能示范项目，实现新能源厂站和储能电站一体化协调控制。新能源利用率超额完成国网目标，直流系统能量可用率位居国网前列。深入开展降损增效，10千伏高损、负损线路数量分别下降98.2%和45.6%。

5. 从技术创新看，坚持以需求为导向，科技创新取得明显突破

特高压运行机理研究持续深化。深化特高压交直流混联电网机理研究和特性分析，构建连锁故障分析理论及仿真平台，在大电网停电防御问题方面达到国际领先水平。依托世界上规模最大的真型舞动试验线路、国内容量最大的电能质量综合试验检测平台，为电网安全运行提供科学运维策略。

数字化支撑能力不断提高。全国首家建成省级能源大数据中心，构建"能源—电力—经济—环境"大数据辅助决策体系。首创并推广"5G+特高压"检修模式，打造龙子湖智慧岛"5G+配电网"等示范工程。国网首家部署完成8.0版本华为云，云平台总体规模超过200台。数据中台接入52套业务系统，支持39项应用场景；业务中台交叉赋能价值初显，电网资源业务中台部署完成；技术中台初具规模，建成36座北斗基准站，区块链平台实现22项业务功能，GIS平台纳管1亿多台设备图形，高质量影像实现全省覆盖。

6. 从行业发展看，支撑高质量发展的市场体系更加开放有序，能源互联网生态圈更加协同完善

体制机制改革取得丰硕成果。电力价格形成机制逐步完善，经营性电力用户发用电计划全面放开，形成燃煤发电上网电价"基准价+上下浮动"的市场化价格机制，稳步推进以竞争性招标方式确定新建风电、光伏发电项目上网电价，完成两个周期的输配电价核定，一般工商业目录电价下降明显。电力市场主体实现多元化，市场化电量连续三年突破1000亿千瓦时。

增量配电改革稳步推进，先后五批共39个增量配电改革试点获得国家批复，居全国第一。

能源互联网建设迈出关键步伐。省内综合能源、电动汽车领域以思极科技为代表的新兴产业公司蓬勃发展，兰考能源互联网综合示范项目取得阶段性成果，首次实现全县连续72小时全清洁能源供电。"中原智充"等一批能源互联网产品上线运行，"网上电网"、新能源云等数字化应用不断深化，能源互联网产业生态圈初步形成。

（二）存在问题

1. 电网发展方面，呈现以大电网为主导、多种电网形态相融并存的格局，新型电网形态构筑面临新课题

未来，交直流混联大电网依然是能源资源优化配置的主导力量，配电网成为有源网，微电网、分布式能源系统、电网侧储能、局部直流电网等将快速发展，与大电网互通互济、协调运行。在此形势下，面临以下主要问题。

一是系统安全稳定性仍需提升。目前全省河南特高压电网仍存在"强直弱交"问题，电网严重故障下可能引发多回直流同时连续换相失败，存在稳定破坏和大面积停电风险。华中地区武汉、长沙、南昌等省会城市均规划建设特高压交流站，作为国家中心城市，郑州大都市区迫切需要布局特高压交流站落点，提升电网安全保供水平。随着新能源和多元负荷等电力电子装备持续增多，电力系统动态无功支撑不足、频率调节和稳定不足等安全问题日益显现，新能源发电的抗扰动性和友好支撑能力亟须提升。

二是电网抗灾韧性需加强。新能源主导下系统运行和气象条件高度相关，全球气候变暖下极端天气对电力系统的影响显著增大，极端灾害引发的故障损失风险加大，"21·7"暴雨对河南电网损毁严重，新型电力系统的抗灾韧性和快速恢复能力面临巨大挑战。

三是配电网承载能力有待增强。配电网由单一无源网络向复杂有源网络演变，微电网、分布式能源系统、电网侧储能等载体影响负荷特性曲线，可能存在大量潮流反送，配电网功能由"下注"向"下注、上送、自治"并存演进，配电网综合承载力和资源配置能力有待提升。

四是电网智慧支撑能力和数字化赋能作用亟待提升。新型电力系统下多种形态并存，电力元件数量呈现爆发式增长，要求广泛应用"大云物移智链"等先进通信技术实现电网数据全景采集、深度感知，有效支撑可再生能源大规模开发利用和各类能源设施"即插即用"，实现"源网荷储"灵活调配。目前公司云平台、企业中台、物管平台等数据共享程度不高，跨专业综合分析决策支撑能力不强，数据价值无法充分利用。

2. 电源发展方面，新能源将逐步成为装机和电量主体，高比例新能源接入下系统面临供应保障、强不确定性问题

预计 2030 年，河南风光新能源装机达到 7500 万千瓦，占比 45%，超过煤电成为第一大电源。2035 年，新能源装机占比将超过 50%，成为电源装机的主体电源，清洁电量占用总电量比重达到 50%，清洁电成为电量供应的主体。在此形势下，面临以下主要问题。

一是供电保障压力持续增大。新能源发电"极热无风""晚峰无光"，具有间歇性和随机性，对于满足高峰负荷和保障电量供应的作用有限。根据电力和电量平衡，预计 2025 年电量缺口为 330 亿千瓦时、电力缺口超过 1600 万千瓦，电力保障形势严峻。

二是新能源消纳难度持续增加。河南水电装机（含抽蓄）仅为 408 万千瓦，占比仅 4%，而供热机组达 2760 万千瓦。受采暖季火电机组大开机方式及风电出力大发影响，省网调峰困难。"十四五"期间随着新能源进一步大规模并网，电力系统调节难度进一步增大，新能源弃电将成为常态。

3. 负荷发展方面，发用电一体"产消者"大量涌现，电气化进程进入新阶段，网荷互动能力和市场机制提升面临挑战

预计 2030 年，河南终端电气化率将提升至 35% 左右，工业、建筑、交通、居民等领域将实现电能对化石能源的深度替代，社会生产生活方式具备高度电气化特征，新兴多元负荷的柔性互动能力显著提高。在此形势下，面临以下主要问题。

一是网荷互动能力和需求侧响应能力不足。电能替代、电动汽车、屋顶光伏、家用储能及智能家居的广泛应用，使得用电负荷结构多元化、用电行为时空分布随机化、低压配电有源化，加剧了负荷的不可预见性，电网负荷峰谷差逐渐加大。如何利用新型技术和市场机制，增强负荷响应能力，引导其向可控柔性负荷转变，成为亟须解决的关键问题。

二是电力市场交易体系亟须重构。首先，当前我国促进新能源消纳、多能互补和灵活互动的市场机制尚不健全，无法保障新能源高效消纳和灵活调节，以及资源潜力充分挖掘。其次，分布式产销者大量涌现，需要构建适应大量分布式资源交互需要的市场模式，提升广大中小用户的负荷侧柔性调节能力和主动响应能力。最后，需要加强电力市场与碳交易市场、绿证市场、消纳责任权重市场的同向发力，做好多元市场体系的衔接。

4.调度运行方面，电网运行机理和平衡模式出现深刻变化，电力系统调度体系和调节能力亟须升级

新型电力系统中，发电设备、用能设施数量将呈爆发式增长趋势，大量异构终端接入电网，电力系统的可观、可测、可控和网络安全防御能力面临巨大挑战。随着新能源发电大量替代常规电源，以及储能等可调节负荷的广泛应用，平衡模式由源随荷动的实时平衡逐步向源网荷储协调互动的非完全实时平衡转变。在此形势下，面临以下主要问题。

一是传统电力调度体系亟须升级。大量新兴分布式电源目前仍"弱调度"或"无调度"，电力系统协调运行控制难度持续增大，贯通"发电—电网—用户"的调度体系基础还没有完全建立。为适应电力绿色低碳转型，需要构建全景观测、精准控制、主配协同的新型有源配电网调度模式，提高新能源预测精度，加强电网统一调度。

二是多元灵活调节能力亟须升级。随着新能源渗透率逐步加大，系统现有灵活性调节资源难以满足平衡要求，河南丰富的抽水蓄能选点资源亟须开发，华中地区最大规模煤电机组的调节能力亟须挖掘，新型储能、虚拟电厂、源网荷储一体化和多能互补等调节新手段亟须丰富，推动"源荷互动""源荷解耦、产消异步"的多元化、多时间尺度调节能力需要进一

步升级。

5. 技术创新方面，新型电力系统网源荷储各环节呈现新特征，亟须系统开展基础理论和核心技术等研究

新型电力系统的电源结构、电网形态、负荷特性、运行特性等在支撑碳达峰、碳中和实现过程中将呈现新的特征。在此形势下，面临以下主要问题。

一是源网荷储协同规划技术亟须突破。电网规划由原来的确定性规划转变为多场景概率性规划，传统规划理念、方法需要进行适应性调整。电力系统源网荷储各环节的演进趋势有待明确，源网荷储各环节协同规划有待加强。

二是先进技术手段有待试点应用。电力电子化趋势下，应研究论证新馈入直流采用柔性直流可行性和调相机配置原则；在大电网网络日益复杂的背景下，应研究潮流控制器应用场景和策略。

6. 行业发展方面，电网与产业链上下游、多能源系统、多市场主体的联系更加紧密

构建新型电力系统，涉及领域多、覆盖面广，需要在政府统筹下，凝聚全行业力量共同推动。在此形势下，面临以下主要问题。

一是单一电力系统逐步向综合能源系统演变。当前电能与其他能源系统之间尚未实现协同运行，转换利用环节的能效水平仍需持续提升，需求侧灵活调节资源时空分散、单体容量小，与电网大规模互动能力严重不足。建设能源互联网是推动能源革命的重要路径，现有的电力系统将形成与天然气、交通、建筑、氢能储备等多个领域互联互通的综合能源网络，发挥企业间的互利共生优势，构建产业链合作平台与新型能源电力生态日益重要。

二是行业合力有待进一步凝聚。新型电力系统下，电网与电源、负荷、储能等主体联系更加紧密，电力系统与交通、供热、供气等其他能源应用行业联系进一步拓展，有必要通过政策完善、价格机制等手段，形成行业合力，共同促进"双碳"目标实现。

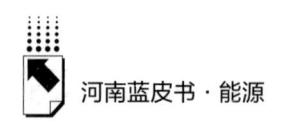

三 河南构建新型电力系统路径探讨

实现碳达峰刚性目标，2021~2030年将会是新型电力系统建设的关键时期，河南需积极应对新型电力系统建设所面临的"六大方面"形势与问题，把握好构建新型电力系统的基本原则，有序实施转变路径，高质量推动新型电力系统建设，为大河大山大平原保护、"两个确保"目标实现、"十大战略"推进实施提供绿色低碳安全高效的电力支撑。

（一）构建原则

构建新型电力系统是一场全方位变革，是极具挑战性、开创性的战略性工程，也是一个长期渐进、久久为功的过程。在推进过程中，需重点把握好以下原则。

一是系统谋划、统筹兼顾。坚持系统观念，将构建新型电力系统与推动实现"双碳"目标统筹起来，与锚定"两个确保"奋斗目标联系起来，与实施"十大战略"结合起来，推动发输配用各领域、源网荷储各环节协调联动。

二是安全第一、确保供电。始终把确保电力安全可靠供应摆在重要位置，严守大电网安全运行的底线。坚持"先立后破"，正确处理好清洁低碳、供应保障、安全运行三者的关系。

三是创新驱动、示范引领。坚持把创新作为第一动力，推进科技创新、管理创新和商业模式创新，注重发挥典型示范项目引领带动作用。

四是政策配套、机制保障。协同推进价格、财税、投资、金融等配套政策支持，注重市场机制建设，引导各类市场主体形成合理预期。

五是分步推进、有序实施。把握好近期和中长期的关系，结合省情网情企情分阶段推进，确保蹄疾步稳、务求实效。

（二）实施路径

构建新型电力系统，坚强的智能电网是基础，源网荷储协同是关键，推动科技创新是引领，发挥制度优势是保证。要积极针对河南所面临的"六大方面"形势与问题，把握重点领域和关键环节，大力实施"六个转变"，以赶考的使命担当奋力推进新型电力系统建设。

1. 转变电网发展方式

加强各级电网协调发展，提升清洁能源优化配置和消纳能力。加快陕北—河南外电入豫第三直流规划落地，持续谋划建设外电入豫第四直流，扩大省外清洁电力入豫消纳规模。加快华中"日"字形特高压交流环网建设，推动长治—南阳第二回线路工程纳入规划并开工建设，充分发挥天中直流、青豫直流输电能力。到 2025 年、2030 年外电入豫电量分别突破 1000 亿千瓦时、1400 亿千瓦时。增加配电网建设投入，满足分布式电源、微电网、多元负荷规模化发展需要。

加强电网数字化转型，提升能源互联网发展水平。打造电网数字化平台，应用数字孪生技术，建立覆盖新能源、储能、负荷的高速感知"神经系统"，实现信息全景感知、信息全向传递、资源全局共享、业务全面支撑、安全全域防护。推动河南省能源大数据中心提档升级，深化新能源云应用，构建能源互联网生态圈。2025 年基本建成安全可靠、绿色智能、灵活互动、经济高效的智慧配电网，基本建成国际领先的能源互联网。

2. 转变电源发展方式

加强调节能力建设，提升系统灵活性水平。加快推动在建抽水蓄能电站早日投产，积极配合推进辉县九峰山、林州弓上、嵩县龙潭沟等抽水蓄能电站前期工作。落实河南省储能设施建设指导意见，推动新能源分地区同步配置储能设施。积极推进煤电机组全部完成灵活性改造，最小出力降至额定容量的 30% 以下，探索推进退役煤电机组改为调相机。充分挖掘用户侧可调节资源，2025 年全省需求侧响应能力达到 500 万千瓦，2030 年达到 600 万千瓦。

加强源网协调发展，提升新能源开发利用水平。做好新能源接网服务工作，支持分布式新能源和微电网发展，消除配电网供电瓶颈，服务全省 66 个试点、1500 万千瓦整县屋顶分布式光伏消纳。不断扩大清洁能源交易规

模，2021~2030年新能源装机年均新增480万千瓦。

3. 转变负荷发展模式

加强全社会节能提效，提升终端消费电气化水平。推动低碳节能生产和改造，推广用户能效诊断，推动企业实施能效服务、节约电量。持续拓展和深化电能替代广度、深度，在农业生产、工业制造、电力供应与消费、交通运输、居民采暖、家庭电气化等领域推进电能替代，到2025年、2030年全省电能占终端能源消费比重分别提升至30%、35%。坚持不懈优化电力营商环境，持续提升"获得电力"水平，打造"阳光业扩"办电服务品牌，不断增强客户参与度、满意度、获得感。

4. 转变调度运行模式

加快电网调度转型升级，提升驾驭新型电力系统能力。构建新型电力系统安全稳定控制体系，建设适应电力绿色低碳转型的平衡控制和新能源调度体系，建设适应分布式电源发展的新型配电调度体系。构建适应源荷互动的全景感知调度技术支持系统，推进分布式电源"群控群调"，引导负荷资源参与运行调节，提升配电网运行状态评估和故障自愈能力，实现源网荷储"全面可观、精确可测、高度可控"。全面提升电网负荷、新能源、分布式日前预测准确率。

5. 转变技术创新模式

加强能源电力技术创新，提升运行安全和效率水平。实施新型电力系统科技攻关行动计划，开展多尺度电力电量平衡、源网荷储协调规划等理论研究，加快外电入豫柔性直流方案论证。加快新型电力系统县级示范区建设，选择3~5个新能源资源条件好、电网发展基础强、具有先行意愿及能力的县（市）作为新型电力系统培育试点，差异化、特色化建设新型电力系统县级示范区。

6. 转变行业发展方式

加强配套政策机制建设，提升支撑和保障能力。研究新型电力系统构建新增成本和疏导问题，推动健全价格形成机制。完善中长期、现货和辅助服务衔接机制，推动新能源参与分时段中长期交易，统筹新能源保障性收购与市场交易的合理衔接。

加强组织领导和交流合作，加强全行业发展凝聚力。加强政府机构、行业协会、科研院所、产业链上下游企业交流合作、形成合力。积极开发新业务，建设以电为中心，电、气、热、冷等多能融合互补的综合能源系统。打造能源+工业互联网、能源+市场等新业态，延伸产业链、价值链。

参考文献

吴宝英：《新型电力系统发展前景展望》，《中国电力报》2021年4月26日。

辛保安：《加快建设新型电力系统　助力实现"双碳"目标》，《经济日报》2021年7月23日。

B.11
碳达峰碳中和下河南省节能提效路径研究与建议

刘军会 张鸿雁 付涵 刘博 罗潘*

摘　要： 节能提效是加快推动能源革命、合理控制消费总量的重要举措，是推动高质量发展、助力碳达峰、碳中和实现的必然要求。河南作为传统能源大省，能源结构偏煤、能源效率偏低，要如期实现碳达峰目标，时间紧、任务重，必须加快推进全社会、各环节节能提效。本文详细阐述了加快推进节能提效的重要意义，站位河南视角，系统梳理了全省能源消费情况以及节能提效面临的形势，从优化终端用能结构、推进重点行业节能两方面，提出了河南大力实施节能提效的具体路径与典型模式，最后聚焦结构、服务、标准和文化四个方面提出了加快推进节能提效的相关对策建议。

关键词： 能源利用效率　电气化水平　电能替代　能源节约

2020年9月以来，习近平总书记多次在国内外公开重要场合就碳达峰、

---

* 刘军会，工学硕士，国网河南省电力公司经济技术研究院高级工程师，研究方向为能源经济与电力市场；张鸿雁，工学硕士，国网河南省电力公司市场营销部高级工程师，研究方向电力市场与运营服务；付涵，工学硕士，国网河南省电力公司市场营销部高级工程师，研究方向为电力市场与运营服务；刘博，工学硕士，国网河南省电力公司市场营销部高级工程师，研究方向为电力市场与运营服务；罗潘，工学博士，国网河南省电力公司经济技术研究院高级工程师，研究方向为电力市场与运营服务。

碳中和发表重要讲话，为我国能源事业发展指明了科学方向、提供了根本遵循。化石能源开发利用是二氧化碳排放的主要来源，以节能提效为抓手，贯彻落实能源安全新战略，坚决控制能源消费总量，加快调整能源消费结构，推动能源转型升级，是服务碳达峰、碳中和目标实现的关键举措。当前，河南产业结构偏重、能源结构偏煤、能源效率偏低，节能降耗空间和潜力较大，应当把节能提效摆在更加突出的位置，从终端用能结构优化和重点用能行业管理两方面着手，统筹结构节能、服务节能、标准节能、文化节能四个维度，大力提升终端电气化水平和能源综合利用效率，促进全省节能提效、减污降碳，实现能源高质量发展。

一　碳达峰、碳中和下大力推进节能提效的重要意义

（一）节能提效是实现碳达峰碳中和的必然要求

碳达峰、碳中和背景下，能源转型进程将进一步提速。习近平总书记在中央财经委员会第九次会议上明确指出，实现碳达峰、碳中和是一场广泛而深刻的经济社会系统性变革，要把碳达峰、碳中和纳入生态文明建设整体布局，拿出抓铁有痕的劲头，如期实现2030年前碳达峰、2060年前碳中和的目标，构建清洁低碳安全高效的能源体系，控制化石能源总量，着力提高利用效能，实施可再生能源替代行动。从世界各国能源转型实践看，节能提效是最重要的转型路径之一。节能提效能够实现实现能源消费总量与能源消费强度"双控"，不仅可以减少化石能源的消费，还能够为可再生能源的发展提供更大的市场空间，有效降低二氧化碳排放量，对于助力实现碳达峰、碳中和具有重要意义。

（二）节能提效是实现"两个确保"的应有之义

2021年9月，河南省委工作会议提出了"两个确保"明确要求，强调要以前瞻30年的眼光来想问题、做决策，紧抓构建新发展格局战略机遇、

新时代推动中部地区高质量发展政策机遇、黄河流域生态保护和高质量发展历史机遇，在拉高标杆中争先进位，在加压奋进中开创新局，确保高质量建设现代化河南，确保高水平实现现代化河南。当前，河南人均GDP、人均能源消费量、人均用电量分别仅为全国平均水平的80%、67%、65%左右，要实现"两个确保"，预计"十四五"期间，河南主要经济指标年均增速将高于全国平均水平，能源电力需求还将持续攀升，必须坚持节能优先的发展方针，大力提高能源利用效率，探索出一条在经济持续稳定增长情况下，以能源高质量发展保障经济社会高质量发展的务实路径。

（三）节能提效是加快产业转型升级的重要举措

近年来，国际环境更加错综复杂，地缘政治、新冠肺炎疫情、逆全球化等因素使得世界经济复苏步伐放缓，企业经营压力增大。我国以供给侧结构性改革为主线，扎实推进"三去一降一补"，有效优化了市场供需结构，降低了企业经营成本，促进了产业转型升级。从河南产业发展看，一方面，全省产业结构偏重，产业整体用能体量大，且对用能成本较为敏感，存在较强的降成本诉求；另一方面，省内原材料加工等基础工业用能较为粗放，用能管理水平偏低，通过节能提效降低能源消耗和用能成本的空间潜力巨大。节能提效有利于企业增强内生动力、激发活力，是降低企业用能成本的治本之策和增强企业竞争力的现实选择。同时，超高能效设备产品、低能耗建筑、节能和新能源汽车等节能环保产业发展前景广阔，有望在培育发展绿色动能、提升产业竞争力方面发挥关键作用。

二 河南省能源发展及节能提效现状与问题

"十三五"以来，河南坚持"节能优化、内源优化、外引多元、创新引领"能源发展方针，持续强化能源总量和强度"双控"，全省节能降耗工作取得了突出成效。但对照碳达峰、碳中和目标要求，对标国内先进地区，河南在节能提效方面仍需付出艰苦努力。

（一）能源利用效率稳步提高，但仍有较大的提升空间

"十三五"期间，河南大力推动节能提效，保持了能源消费总量的基本稳定，以能源消费总量年均0.3%的增长满足了经济年均6.3%的增长需要。全省能源利用效率大幅提升，超额完成国家下达的"十三五"累计下降16%的目标任务，年均降幅达到5.7%（见图1）。但从横向对比看，仍明显高于广东（0.29吨标准煤/万元）、江苏（0.33吨标准煤/万元）、浙江（0.36吨标准煤/万元）等发达省份。

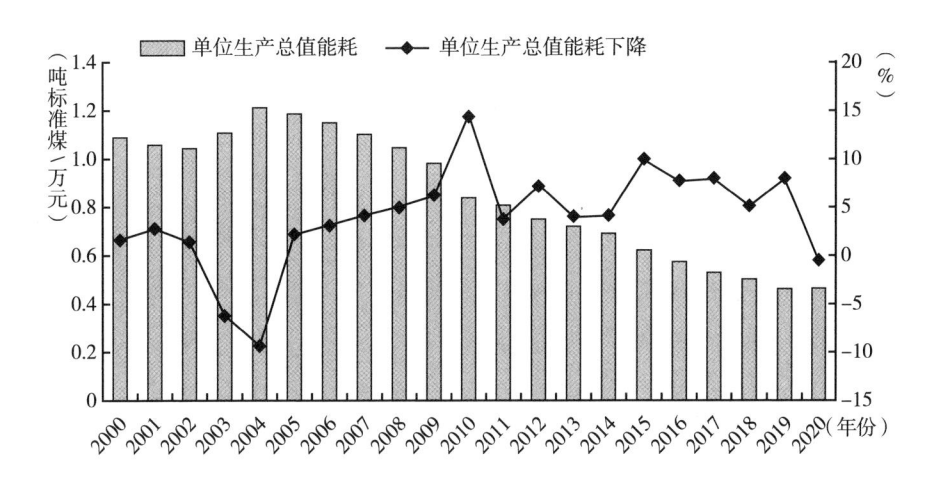

图1 2000~2020年河南单位生产总值能耗变化情况

资料来源：根据《河南统计年鉴》数据测算。

（二）终端用能结构持续优化，但电气化水平仍然偏低

"十三五"期间，河南主动转变能源发展方式，大力削减煤炭消费总量，加快发展可再生能源，着力推动终端消费电能替代，取得了显著成效。从一次能源消费结构看，煤炭消费占比降至67%左右、累计下降超过9个百分点，非化石能源消费占比提升至11%左右、累计提高近6个百分点。从终端用能情况看，"十三五"期间全省累计完成"煤改电"清洁取暖改造

510万户，占全国总量的64%，电能替代总体规模达到647亿千瓦时，电能占终端能源消费比重提升了约4个百分点。但从横向对比看，河南煤炭消费占比较全国平均水平高约10个百分点，电能占终端能源消费比重低约4个百分点，整体用能结构仍需进一步优化。

（三）重点产业能效大幅提升，但与先进水平仍有差距

"十三五"期间，河南深入推进供给侧结构性改革，大力淘汰落后低效产能，省内发电、建材、钢铁、化工等重点行业产能结构、用能效率显著提升，其中发电行业能耗已达到国内先进水平。但钢铁、化工行业的单位增加值能耗仍然偏高，明显高于全省平均水平。

发电行业。"十三五"以来，河南加快关停落后煤电机组，全面开展机组综合节能改造，实施节能低碳标杆引领行动，累计关停落后煤电机组588万千瓦，全面完成在运煤电机组超低排放改造，累计完成煤电机组综合节能改造近5000万千瓦，全省发电装机结构明显优化。截至2019年底，全省60万千瓦等级及以上的清洁高效煤电机组占比达到71.3%，推动火力发电煤耗由300.76克标准煤/千瓦时降至291.94克标准煤/千瓦时（见表1），达到国内先进水平。

表1 河南省火力发电、建材、钢铁、化工行业能耗情况

	2015年	2016年	2017年	2018年	2019年	年均增速(%)
火力发电行业煤耗 （克标准煤/千瓦时）	300.76	299.70	296.70	294.39	291.94	-0.7
建材行业单位增加值能耗 （吨标准煤/万元）	0.72	0.60	0.53	0.46	0.41	-13.1
钢铁行业单位增加值能耗 （吨标准煤/万元）	2.09	2.09	2.14	2.15	1.82	-3.4
化工行业单位增加值能耗 （吨标准煤/万元）	2.49	2.13	2.01	1.99	1.58	-10.8

资料来源：历年河南统计年鉴。

建材行业。建材行业是基础原材料工业，主要产品主要包括水泥及熟料、玻璃等。以水泥为代表，河南省生产水泥的企业有62家，其中特种水泥7家、电石渣水泥1家、普通水泥54家，熟料产量（除特种水泥）全部为新型干法生产线。"十三五"期间，在国家上大压小的政策推动下，河南已基本完成落后产能淘汰，并依法关停长期超标排放、污染严重的水泥粉磨站，以及达不到环保排放标准的水泥熟料生产线。经与《水泥单位产品能源消耗限额》（GB16780—2012）对比，河南水泥生产企业熟料能耗水平已全部处于中等及以上水平，大部分达到行业先进水平（见表2）。

表2 河南省水泥企业能效限额情况

	能效分段	能效对标（千克标煤/吨）	企业数量（家）	产量占比（%）
熟料可比综合能耗	落后区间	单耗>120	0	0
	中等区间	110<单耗≤120	22	43.2
	先进区间	单耗≤110	32	56.8
	平均值	109.3		
熟料可比综合煤耗	落后区间	单耗>112	0	0
	中等区间	103<单耗≤112	22	43.2
	先进区间	单耗≤103	32	56.8
	平均值	101.9		

资料来源：企业调研分析。

钢铁行业。"十三五"期间，河南钢铁企业与上游焦煤、燃气、电力企业实施战略合作，促进煤钢一体化，不符合安全生产要求和节能减排的独立炼铁企业（国家认定的铸造企业除外）、独立转炉炼钢企业被关停，450立方米以下高炉、40吨以下转炉被淘汰，持续化解钢铁过剩产能，行业整体能效有上升趋势。其中，电炉炼钢工序能耗已达到先进值，烧结工序能耗接近先进值，但球团工序、高炉炼铁工序存在优化空间，能耗水平高于准入值（见表3）。

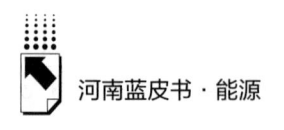

表3 河南钢铁行业单位产品能耗对标情况

单位：千克标准煤

来源文件	工序	准入值	先进值	河南省节能监察数据
国标	电炉炼钢工序	64	61	49.8
	烧结工序	50	45	47.8
	球团工序	24	15	28.7
	高炉炼铁工序	370	361	389.5

资料来源：企业调研分析。

化工行业。化工产品种类多，主要产品为氯碱和化肥。"十三五"期间，河南化工行业总体发展较快，企业规模化、集团化进展迅速，污染较重的企业逐步有序搬迁改造或依法关闭，清洁生产技术改造深入推进，产业园区循环化改造持续推动。化工行业单位增加值能耗快速下降，2015～2019年，化工行业单位增加值能耗年均下降速度为10.8%，但能耗水平仍高于全省平均，仍有提升的空间。

三 河南加快推进节能提效路径与典型案例

推动全社会节能提效，河南应找准抓手、重点突破，针对能源结构偏煤、终端电能占比偏低、重点行业用能粗放等突出问题，聚焦结构节能、技术节能两大关键点，围绕终端用能结构优化、重点行业节能改造两方面，加劲发力，力争"十四五"期间实现更大提升。

（一）聚焦终端用能结构优化，加快实施电能深度替代

电能具有清洁、高效的特点，是可再生能源开发利用的最主要载体，拓展电能使用范围、提高电能终端占比，有助于加快可再生能源发展、提高全社会综合能效。研究表明，现有条件下电能占终端能源消费比重每上升1个百分点，全社会能源利用效率可提升3～4个百分点。为服务河南终端用能结构优化，助力电能替代深入实施，本文梳理了全省电能替代实施情况，分

析了其存在问题，提出了实施路径建议。

1. 河南电能替代实施情况

"十三五"期间，河南坚持"统筹推进、便民惠民、因地制宜"原则，大力推进终端电能替代，取得了较好成效。一是加强顶层设计、率先出台电能替代实施方案。2016年河南省政府印发《电能替代工作实施方案（2016—2020年）》，并在全国率先推动市级政府出台承接落实方案，形成了贯通省市两级的一体化工作体系。二是开展政策创新、降低"煤改电"用户用能成本。针对居民冬季采暖电能替代经济性不足、成本偏高问题，出台一系列支持政策降低居民采暖用电成本，在全国首创电能替代"政府授权、分表计量、打包交易"实施模式，实现"电代煤"用户取暖电量度电成本降低0.15元以上，该模式自2017年实施以来累计降低用户用电成本超过15亿元。三是突出河南特色、打造电能替代典型示范基地。结合河南农业大省省情，加快推进农业生产领域电能替代，出台《烟叶烤房电代煤三年行动计划》和《食用菌企业"双改"工作的实施意见》等支持政策，打造了电烤烟、电制茶、食用菌加工、苹果保鲜等特色电能替代产业基地。

2. 河南电能替代面临问题和挑战

现阶段，制约电能替代进一步推广实施的主要问题是整体成本偏高、经济竞争性不足，项目推进实施较为依赖政策补贴和支持，主要体现在以下三个方面。一是电能替代项目初始投资、使用成本偏高。如果没有补贴，部分领域应用"煤改电"技术并不具备技术、经济优势，"返煤"可能性较大，对规模化推广产生不利影响。一般工商业电价的连续下降会提升电能替代的经济性，但程度毕竟有限。在新技术、新装备研发未实现突破的情况下，电能替代设备初始投资大、运营成本高等问题依然存在。二是补贴等指向性强的政策支持相对较弱。前期，河南出台的补贴类政策较少，规划指导类、环保约束类偏多。在政府缩减财政支出的背景下，针对电能替代的专项补贴类政策更难出台。三是部分地区配电网需要配套进行增容改造。电能替代可能带来部分老旧台区用电量激增，相应配网改造升级工作需同步开展。河南城乡配电网尤其是农村配电网底子薄、基础差，配电网投资改造难度较大。同时，由于电采暖负荷季节性特征突出，还存在电力设施经济性差、利用率低等问题。

3.河南深入实施电能替代路径思考

碳达峰、碳中和背景下，以电能替代为抓手，拓展电力使用范围，实现终端化石能源深度替代，是实现全社会节能提效、加快能源低碳转型的重要途径。河南应聚焦电能替代经济性问题，重点从技术创新、政策支持两个维度实现突破。

一是持续加强电能替代技术创新。工业领域，关注大规模高效电制氢、电转蒸汽、数字电热隧道窑、纳米膜电热水机组等技术，研发核心技术装备并推广应用。农业领域，围绕农业生产和农民生活，在农业种植方面，重点推广电排灌、大棚电保温、粮食电烘干等技术；在农副产品加工方面，进一步推广电烤烟、电制茶、酿酒蒸馏等技术；在农民生活方面，推广离子电火焰灶、全电卫浴、智能物联网家电等，提升乡村电气化水平。交通领域，聚焦电动汽车、城市轨道交通、机场桥载APU，加快新能源汽车充电桩、机场桥载APU替代等建设推广，打造典型方案。居民生活领域，坚持因地制宜，在有条件的地区，重点推广分布式电采暖，提高居民采暖效果、降低建设运营成本，确保项目可持续、居民可承受。

二是优化完善电能替代相关支持政策。加强引导性政策制定，将电能替代纳入经济社会、能源电力发展总体性规划，健全电能替代项目评价标准体系，完善技术标准和准入制度，解决不同领域市场标准不统一、改造过程不规范等问题，促进电能替代规范有序发展。丰富激励性政策内容，探索电能替代项目与绿电交易结合，建立电能替代项目信贷优惠机制，拓宽税收优惠政策覆盖范围，实现电能替代节能环保和能源安全等社会效益内部化，以税收优惠和财政补贴的形式补偿电能替代项目和产业投资者，降低用电成本。完善强制性政策，结合河南省电源结构和用电负荷特性变化，适时优化调整峰谷电价、居民阶梯电价机制，建立与碳达峰、碳中和目标衔接匹配的约束性政策体系，充分反映化石能源的环境成本，加快煤炭消费减量替代和终端电能的清洁替代。

(二)聚焦重点行业能效提升,加快实施节能技术改造

近年来,国内节能服务产业快速发展,在发电、建材、钢铁、化工等重点用能行业形成了诸多具有代表性的节能提效典型案例,本文在详细梳理相关技术方案的基础上,分行业提出了定制化节能方案和用能设备节能提效实施路径。

1. 发电行业

典型项目。华能海门电厂 3 号机组,容量为 1000 兆瓦。技改内容:加装真空泵、小汽轮机、润滑油供油泵、凝汽器、凝结水泵、汽封冷却器等装置。节能技改投资额 3350 万元,建设期 1 年。每年可减少 4829 吨标准煤,实现增收节支 935 万元。

节能潜力分析。利用小汽轮机驱动引风机来降低厂用电量,通过转速调节,引风机始终能够以高效率运行,实现电厂经济运行指标的提升,有较大的推广应用潜力。

节能提效实施路径。一是对于煤电机组,推广典型项目的技改举措,优化引风机的驱动方式,通过降低厂用电量来减少电煤消耗。二是优先通过加快大型抽水蓄能电站建设、提升用户侧可调节能力、动态调整外来电送电曲线等方式提升系统可调节能力,优化煤电机组运行方式,使燃煤锅炉尽量稳燃在额定功率附近,降低电煤损耗。三是考虑到化石能源并非取之不尽、用之不竭的,在节约利用化石能源的同时应大力开展清洁替代行动,要大幅提升可再生能源装机比重,加快大规模储能技术的研发和广泛应用,推动新能源发电由以集中式开发为主,向集中式与分布式开发并举转变,积极拓展"风电+储能"或"光伏发电+储能"等应用模式。

2. 建材行业

典型项目。合肥东华建材水泥粉磨生产线。主要技改内容:加装高压高效带筛分装置、骑辊式进料装置,并同步升级智能润滑、辊面在线监测等技术。该项目投资约 200 万元,改造后,平均单产电耗为 24.1 千瓦时/吨,较改造前下降 2.3 千瓦时/吨,年节电量 456 万千瓦时,折合约 1550 吨标准煤,

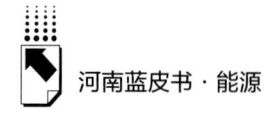

每年可节约煤炭费用 93 万元。

节能潜力分析。通过对辊压机装备和粉磨系统的智能化升级，每年可节能 40 万吨标准煤，减少二氧化碳排放约 2100 万吨。

节能提效实施路径。加强水泥行业用能分析，结合生产工艺，提供定制化能源服务。一是加强能源清洁替代，提高生物质能、氢能、电能对传统化石燃料的替代比重，加快推广窑炉电气化技术，加强能效管理，减少化石燃料消费量。二是还需加强碳捕集、封存和利用等新技术的推广应用，采用胺技术从水泥窑中捕集二氧化碳，通过工艺加工和精馏，得到高纯度二氧化碳液体，实现变废为宝。三是综合利用企业矿山、厂区、建筑屋顶等资源，大力发展风电、光伏发电及储能等清洁能源项目，提升绿电供给水平。

3. 钢铁行业

典型项目。邯郸钢铁集团数字化平台建设。改造内容：建立数据采集、实时调控、实时数据平台，建立实时数据再现、历史数据的分析、能源数据分类查询、能源量参数分类统计、优化分析等信息化平台。投资约 9000 万元，技改后，每年可节约 1 万~5 万吨标准煤，年经济效益约 4700 万元。

节能潜力分析。通过对钢铁企业生产全流程的数字化、信息化管理，每年可节能 270 万吨标准煤，年减少二氧化碳排放量约 713 万吨。

节能提效实施路径。一是加快钢铁企业数字化转型，加快信息采集、感知、处理、应用等环节建设，通过高度数字化、智慧化、网络化的管理，实现对钢铁企业能源、生产、物流的智能协调控制，实现生产各环节友好协同。二是加强能源清洁替代，逐步提升短流程电炉钢占比，利用电力、天然气、氢能等清洁能源完全或部分替代其他化石燃料，加强传统工艺路线的技术改造，提高能源使用效率，尽可能降低吨钢生产能耗。三是积极开展综合能源管理，因地制宜合理利用厂区屋顶或空地，构建"园区级风光储一体化"能源微网，提升厂区能源利用效率。

4. 化工行业

典型项目。广西信发清洁煤气化系统。主要技改内容，新建模块化梯级回热式清洁燃煤气化系统替代厂内原有固定床煤气站，包括备煤系统、流化床气化系统、脱硫系统、水处理系统、煤气加压系统、DCS控制系统等，并铺设煤气管网。主要设备为破碎机、气化炉、脱硫塔、仓泵、加压风机等。项目投资额为2.26亿元，每年可节能14万吨标准煤、减少二氧化碳排放量37万吨，每年可节省直接成本约2.4亿元。

节能潜力分析。化工行业煤炭消费量较大。2019年，河南化工行业综合能源消费量中，煤炭（原煤、焦炭）的消费占比达到76.8%。考虑到清洁燃煤气化系统已在国内陶瓷、氧化铝等行业成熟应用，可进一步拓展至化工行业，具有较好的发展前景。

节能提效实施路径。一是在化工行业推广模块化梯级回热式清洁燃煤气化系统，利用流态化反应器混合充分、温度均匀等优点，优化气化系统的换热环节，降低反映的不可逆损失。二是结合化工行业生产和用能特点，做好余热余压资源的利用，通过余热锅炉来收集并利用蒸汽发电，或者通过余热能源满足工厂冷暖供应需求，促进能源的循环利用。三是为实时匹配化工企业装置负荷率，采用电动机变频调速技术降低动力损耗，并匹配冷、热物流，优化能量利用。

四 河南加快推进节能提效的相关对策建议

"十四五"时期，是河南全面开启社会主义现代化建设新征程、加快由大到强转变、实现高质量发展的关键期、窗口期，河南应统筹结构节能、服务节能、标准节能、文化节能四个维度，大力提升终端电气化水平和能源综合利用效率，加快推动能源低碳转型，服务碳达峰、碳中和目标实现。

（一）突出结构节能，推广"节能+电能"模型

聚焦终端用能结构优化，以市场需求为导向，聚焦工业、建筑、交通、农业农村、生活消费等领域，加快推动电气化发展，助力清洁能源消纳，实现电能占终端能源消费比重快速提升。建立多种类的"节能+电能"模型，

产异化满足企业的用能需求，综合推进通流改造、变频改造、余热回收等节能技术。利用电能替代设备的推广带动电能消费，利用节能技术的推广带动能效提升，实现"节能+电能"双提升。

（二）突出服务节能，培育专业节能服务产业

节能服务产业涉及基础材料、核心器件、成套装备等上下游产业链。建议大力发展节能环保服务产业，由专业能源服务公司向客户提供电能替代、节能项目评估、设计、融资、施工、运行、管理等一揽子能源服务，利用"互联网+"平台，开展能源托管、共享电工等业务，不断深耕专业细分领域，持续增强节能提效技术创新能力，以专业化、集成化、规模化的服务打开节能提效新局面。

（三）突出标准节能，完善相关标准体系

电能替代与节能领域技术种类繁多，但相关标准规范体系分散，系统性、权威性有待提升，与电能替代与节能产业的发展的关联度有待加强，与设备选型和方案优化的指导有待更新。建议加强电力用户、负荷聚合商、设备厂商等市场主体的业务合作，形成节能"朋友圈"，共同研究探讨节能技术、电能替代技术、企业节能模式，同时发挥行业协会的引领作用，共同促进相关标准体系不断完善。

（四）突出文化节能，加强社会舆论宣传引导

文化是社会的意识形态以及与之相适应的制度和组织结构。从河南当前发展来看，关于节能方面的社会意识形态与制度安排，仍有较大的完善空间。应在全社会倡导节能文化，推动全体公民形成强烈的节能意识，确保节能工作持之以恒地开展下去，并取得实效。建议动员省市县乡各级相关政府部门、企事业单位，扎实开展一系列进企业、进社区、进学校活动，让提升终端电气化水平、推动节能提效的理念深入人心。

参考文献

李智等：《基于能源替代的煤电节能减排升级与改造》，《电子测试》2015年第21期。

杜希萌：《我国将深入开展二氧化碳排放达峰行动 加快推进清洁能源替代》，《新能源科技》2020年第12期。

熊焰：《经济能源替代昂贵能源的驱动力》，《能源》2017年第8期。

王学军、王赛：《节能减排：优化双重结构与提高能源效率——兼析"十四五"期间产业结构、能源消费结构与能源效率关系》，《价格理论与实践》2021年第2期。

孙建梅、邢柳：《基于改进模糊物元的火电机组节能减排评价》，《科技管理研究》2016年第11期。

陈诗一：《节能减排与中国工业的双赢发展：2009—2049》，《经济研究》2010年第3期。

王兵、刘光天：《节能减排与中国绿色经济增长——基于全要素生产率的视角》，《中国工业经济》2015年第5期。

邵帅、张可、豆建民：《经济集聚的节能减排效应：理论与中国经验》，《管理世界》2019年第1期。

中华人民共和国中央人民政府：《习近平主持召开中央财经委员会第九次会议》。

河南省人民政府办公厅：《关于印发河南省2016年度蓝天工程实施方案的通知》（豫政办〔2016〕27号）。

B.12
碳达峰碳中和下河南省屋顶光伏整县推进前景分析展望

于昊正 李科 许长清 毛玉宾*

摘 要： 碳达峰、碳中和事关中华民族永续发展和构建人类命运共同体。未来，以风电、光伏发电为代表的新能源将成为能源增量的主体。在河南省开展整县屋顶分布式光伏开发工作，是助力实现碳达峰、碳中和目标及乡村振兴的又一重要举措，对于推动光伏发电健康有序发展具有重要的意义。本文梳理了我国光伏产业发展的政策环境，介绍了河南省县域屋顶光伏的发展情况，并选取典型站点进行运营分析，探讨了屋顶光伏整县推进的机遇和挑战，对推动县域屋顶光伏与电网协调发展有一定的指导意义。

关键词： 屋顶光伏 整县推进 乡村振兴 电网承载力 河南省

在国家政策的合理引导下，中国光伏市场、光伏产业快速壮大，取得了世界领先的地位，并走向市场化模式。2021年6月，国家能源局下发相关通知开展整县（市、区）屋顶分布式光伏开发工作，河南省积极响应，推出"1+1+X"整县推进服务机制，聚焦66个开发试点，拟建设1500万千

---

* 于昊正，工学硕士，国网河南省电力公司经济技术研究院工程师，研究方向为配电网发展规划；李科，工学硕士，国网河南省电力公司经济技术研究院高级工程师，研究方向为配电网发展规划；许长清，工学硕士，国网河南省电力公司高级工程师，研究方向为智能电网与电力通信；毛玉宾，工学硕士，国网河南省电力公司高级工程师，研究方向为配电网发展规划。

瓦屋顶分布式光伏，这是落实国家"双碳"目标和乡村振兴战略的重要举措。

一　国内光伏产业发展政策环境分析

21世纪以来，生态环境恶化、全球气温升高、化石能源短缺等全球性环境能源问题突出，各国政府逐步正视环境及能源问题，大力发展可再生能源，光伏发电作为新能源的主力军，逐步发展成熟。在此背景下，国家在《可再生能源法》的基本框架下，积极制定并出台了一系列配套政策，形成了较为完整的政策体系，为光伏行业的健康发展提供了良好的政策环境。

（一）国内光伏政策环境

随着政策支持和技术进步，我国光伏应用市场持续稳居世界第一（见图1）。2020年，我国光伏新增和累计装机容量继续保持了全球第一，国内新增光伏装机规模达48.2吉瓦，累计并网装机量达254.4吉瓦，同比增长24%；全年光伏发电量为2605亿千瓦时，同比增长16%，占我国全年总发电量的3.5%。我国光伏产业全球领先，2020年全球光伏组件出货量前十的公司中国占据8家，并且前5家均为中国企业；截至2021年7月底，我国光伏行业市值过千亿元人民币的公司已突破10家，形成了一批世界级的龙头企业。

补贴持续退坡，全面平价上网政策即将实施。我国光伏发电从2013年起开始施行补贴政策（见表1），国家发展改革委《关于发挥价格杠杆作用促进光伏产业健康发展的通知》明确提出集中式光伏按照三类资源区分别补贴0.9、0.95、1元/度，分布式光伏补贴0.42元/度；2018~2020年加速了光伏发电补贴退坡。2021年，国家不再对集中式光伏、工商业分布式光伏进行补贴，户用光伏补贴调整为0.03元/度，到2022年户用光伏将不再实施补贴政策，届时光伏发电将真正进入"无补贴"时代。

```
— 全球  ◆ 中国  ■ 欧洲  ▲ 美国
```

发展初期	过渡期	成长期	市场期
装机容量增速达80%，主要发展地在欧洲。	中国取代欧洲，新增装机第一，成为全球最大的光伏市场。	光伏发电动力由政策驱动逐步转向市场驱动。	随着光伏成本下降和各国碳排放目标的制定，光伏市场蓬勃发展。

图1　全球及主要国家和地区光伏发电装机容量统计

资料来源：国际能源署。

表1　国家主要光伏补贴政策统计

政策名称	补贴内容	发布机构	时间
《关于发挥价格杠杆作用促进光伏产业健康发展的通知》	集中式光伏按照三类资源区分别补贴0.9、0.95、1元/度；分布式光伏补贴0.42元/度	国家发展改革委	2013年
《关于调整光伏发电陆上风电标杆上网电价的通知》	集中式光伏按照三类资源区分别补贴0.65、0.75、0.85元/度；分布式光伏补贴0.42元/度	国家发展改革委	2017年
《关于2018年光伏发电有关事项的通知》	集中式光伏按照三类资源区分别补贴0.5、0.6、0.7元/度；分布式光伏补贴0.32元/度	国家发展改革委 财政部 国家能源局	2018年
《关于完善光伏发电上网电价机制有关问题的通知》	集中式光伏按照三类资源区分别补贴0.4、0.45、0.55元/度；分布式光伏工商业参与竞价补贴＜0.1元/度，户用补贴0.18元/度	国家发展改革委	2019年

续表

政策名称	补贴内容	发布机构	时间
《关于2020年光伏发电上网电价政策有关事项的通知》	集中式光伏按照三类资源区分别补贴0.35、0.4、0.49元/度；分布式光伏工商业参与竞价补贴<0.05元/度，户用补贴0.08元/度	国家发展改革委	2020年
《关于2021年新能源上网电价政策有关事项的通知（征求意见稿）》	集中式光伏无补贴；分布式光伏工商业无补贴，户用补贴0.03元/度	国家发展改革委	2021年

资料来源：国家发展改革委网站。

分布式光伏蓬勃发展，产业规模实现跨越式发展。随着土地资源价值不断升高，集中式光伏电站的开发约束越来越多，分布式光伏应用场景逐步多样化。截至2020年，我国分布式光伏累计装机容量达到78吉瓦，约占光伏累计装机的31%。

（二）国内屋顶光伏整县推进的相关政策

2021年6月20日，国家能源局综合司正式下发《关于报送整县（市、区）屋顶分布式光伏开发试点方案的通知》，拟在全国组织开展整县（市、区）屋顶分布式光伏开发试点推进工作。

试点提出背景：我国建筑屋顶资源丰富，建筑往往意味着有用能需求，因此建设屋顶光伏发电是资源综合利用的一种途径，可开发潜力巨大。但屋顶资源分散、单体规模小、建设协调工作量大，在一定程度上制约了屋顶光伏更大规模发展。因此国家整县推进屋顶光伏开发试点工作，目的是引导地方政府协调整合屋顶资源实现规模化开发，助推碳达峰、碳中和与乡村振兴两大国家战略实施。

试点申报要求：项目申报试点党政机关建筑、学校医院等公共建筑、工商业厂房、农村居民屋顶可安装光伏发电面积占比分别不低于50%、40%、30%、20%，电力消纳能力较好，开发市场主体基本落实，能整合各种资源整县开发，并积极服务乡村振兴战略。

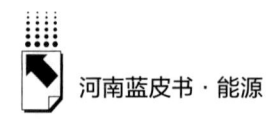

国家能源局"五不"准则：国家试点通知印发后，各地积极响应，试点文件密集下发，整县屋顶光伏开发工作以燎原之势迅速在全国各省铺开。随着申报工作如火如荼地推进，国企央企纷纷宣布加入屋顶光伏"抢夺战"，而各县级政府对此态度有冷有热，各相关方对国家试点开发看法不一。国家能源局在2021年7月对试点工作明确表态，提出了自愿不强制、试点不审批、到位不越位、竞争不垄断、工作不暂停五项准则。"五不"准则弱化了政府在试点中发挥的作用，强调了市场化开发，为前期火热的市场进行了降温，同时也令更多光伏建设运营企业燃起了希望。

二 河南省县域屋顶分布式光伏发展情况

河南太阳能资源处于Ⅲ类地区，年平均太阳总辐射为4300～5000兆焦/平方米，低于全国平均值5852兆焦/平方米，属于资源一般的省份，省内资源分布总体呈现北多南少，集中表现为豫中黄河沿岸为较多区，南阳盆地和大别山南部山区为较少区。"十三五"以来，县域屋顶光伏发电保持爆发增长，整县光伏推进背景下，河南省共上报66个示范县（市、区），拟建设规模约为1500万千瓦。

（一）河南省县域屋顶光伏发电现状

"十三五"以来，县域屋顶光伏发电装机呈集中爆发增长，已并网屋顶光伏发电装机在全省占比超八成，2017年以来，屋顶光伏发电已成为河南省光伏装机增长的绝对主力。数据显示，2020年光伏组件成本较2004年下降了90%，电池转换效率由13%提升至24%。光伏发电成本持续下降叠加国家可观的电价补贴政策共同推动屋顶分布式光伏项目自"十三五"以来呈现井喷式增长，户均装机容量快速增长（见图2）。截至2021年6月底，全省县域各类屋顶光伏发电项目共计16.7万个、装机383.9万千瓦（见图3）。相对而言，现有屋顶光伏发电开发程度仍较低，家庭屋顶光伏安装率仅为1.2%。

截至2021年6月，河南省各县屋顶分布式光伏发电平均装机3.6万千

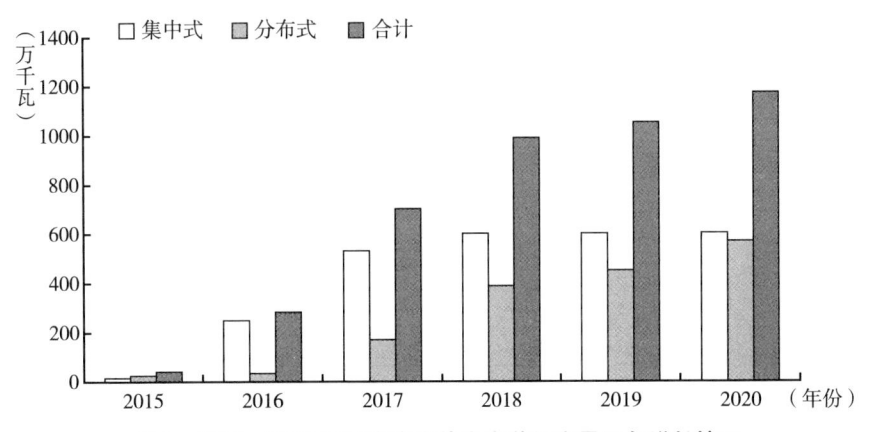

图2 2015~2020年河南省光伏发电装机容量逐年增长情况

资料来源：行业统计。

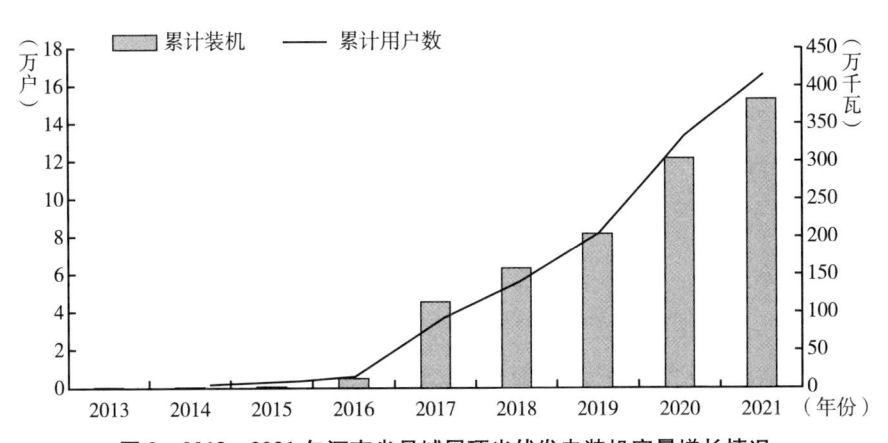

图3 2013~2021年河南省县域屋顶光伏发电装机容量增长情况

资料来源：行业统计。

瓦。其中，安阳林州屋顶光伏装机容量最多，规模已达13.2万千瓦，安阳内黄、新乡辉县、洛阳伊川装机也均超10万千瓦。全省各县装机量分布与太阳能资源分布"北多南少"的趋势一致。

河南省县域屋顶分布式光伏装机容量六成为居民屋顶，三成为工商业厂房；接入电压等级七成用户为380伏，近三成用户为220伏；运营模式超八成用户为全额上网，近两成用户为余电上网、自发自用模式（见表2）。每年自发自用的电量约5亿千瓦时。

表2 河南省县域四类屋顶光伏建设现状

屋顶类型	现状规模 户数（户）	现状规模 容量（万千瓦）	平均单体装机（千瓦）	接入电压等级	运营模式
党政机关	246	1.3	52.8	380伏、220伏、10千伏接入用户分别占比72.3%、27.4%、0.3%	全额上网、余电上网、自发自用用户占比分别为84.89%、15.07%、0.04%
公共建筑	5096	19.8	38.9		
工商业厂房	4177	123.1	294.7		
农村居民	157000	239.6	15.3		
合计	166519	383.8	23.0		

资料来源：行业统计。

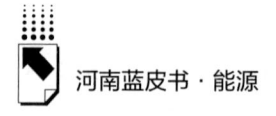

（二）河南省试点申报情况

2021年6月20日，河南发展改革委下发《关于申报整县（市、区）屋顶光伏开发试点的通知》，引导建立省属投融资平台或具备实力的大型能源企业+政策性银行+试点县投融资平台或战略合作企业"1+1+X"整县推进服务机制，为整县屋顶分布式光伏开发试点提供投资、融资、建设、运营、维护等综合托底服务。

7月20日，河南省发展改革委出台《关于河南省整县（市、区）屋顶光伏开发试点有关情况的报告》，文件显示河南省共上报66个示范县（市、区），拟建设规模约为1500万千瓦（见表3）。9月1日，河南省屋顶光伏发电开发行动启动会暨集中签约仪式在郑州举行，66个县（市、区）屋顶光伏整县开发试点建设正式启动。

表3 河南省66个屋顶光伏开发示范县（市、区）

单位：个

地市	试点个数	试点名单
信阳	8	光山县、罗山县、淮滨县、浉河区、上天梯管理区、高新技术产业开发区、商城县*、固始县
新乡	7	辉县市、原阳县、高新技术产业开发区、获嘉县、新乡县、封丘县、长垣市
安阳	6	内黄县、林州市、北关区、文峰区、安阳县、滑县

续表

地市	试点个数	试点名单
许昌	6	襄城县、鄢陵县、长葛市、魏都区、建安区、经济技术开发区
郑州	5	登封市、金水区、航空港区、高新技术产业开发区、新密市
漯河	5	召陵区、经济技术开发区、源汇区、郾城区、临颍县
三门峡	5	灵宝市、卢氏县、湖滨区、城乡一体化示范区、渑池县
商丘	5	睢县、柘城县、宁陵县*、民权县、夏邑县
洛阳	4	伊川县、孟津区、洛龙区、汝阳县
平顶山	4	卫东区、郏县、叶县、鲁山县
濮阳	3	台前县、濮阳县*、华龙区
焦作	2	修武县、博爱县
南阳	2	镇平县、邓州市
鹤壁	1	淇县
济源	1	全域
开封	1	兰考县*
驻马店	1	新蔡县

注：*为农村能源革命试点县。
资料来源：《关于河南省整县（市、区）屋顶光伏开发试点有关情况的报告》。

（三）河南省典型屋顶光伏运营分析

屋顶分布式光伏建设的投资类型主要分为用户自投、屋顶租用和合同能源三种：用户自投是建筑所有人作为投资主体，全额承担项目所需费用，项目所带来的收益全部为自己所有；屋顶租用是光伏企业租用建筑屋顶并投资建设项目，项目发电由企业支配获利，建筑所有人获得屋顶租金收益；合同能源是指光伏企业负责投资项目以及获取全部发电收益，建筑所有人获得项目中利润分红或优惠电价等多种形式的收益。

1. 用户自投项目

三门峡灵宝市阳平镇九营村用户刘某：九营村位于灵宝市西部，九营村居民屋顶光伏目前全部由"正泰"品牌提供，全部为发电全额上网，按月线上结算。刘某家屋顶安装光伏23千瓦共计花费8.5万元，成本为3.7元/瓦（380千伏接入，包含逆变器及控制元件），投资类型为用户自投（见图4）。

用户刘某屋顶光伏晴天最大出力为22.5千瓦，出力效率可达到98%。

(a)2021年7月3日，晴天典型日负荷

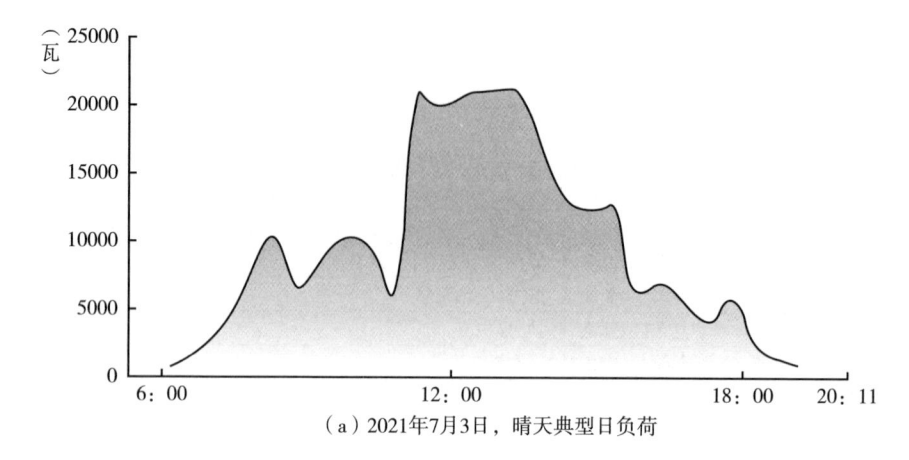

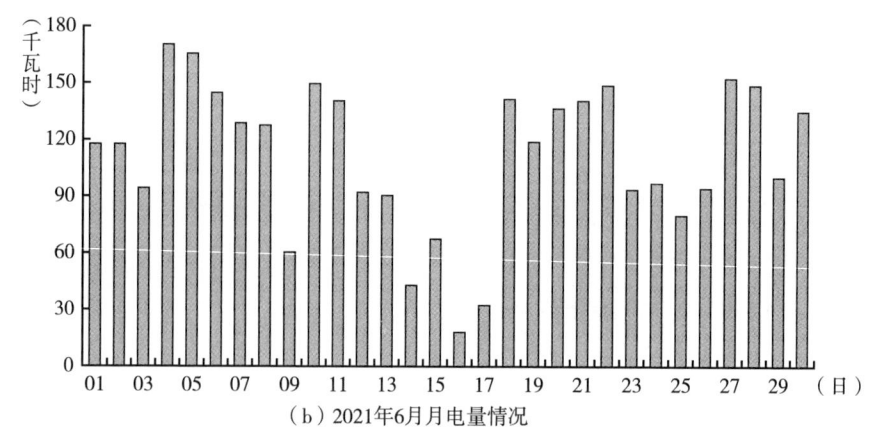

(b)2021年6月月电量情况

图4 三门峡灵宝市用户刘某屋顶光伏运行情况

资料来源：用户调研。

晴天最高日电量可达到170千瓦时，阴雨天日电量为30千瓦时，平均日电量为84千瓦时，年最大负荷利用小时数为1360小时。按照0.3779+0.03元的上网电价，年均收益为1.25万元，6.8年收回成本。

2. 屋顶租用项目

洛阳偃师区邙岭镇杨庄村用户刘某：杨庄村位于偃师区西部，居民屋顶光伏由多个品牌提供，全部为发电全额上网，按月线上结算。刘某家屋顶安装光伏45千瓦（380千伏接入），投资类型为屋顶租用，刘某每年获得租金2000元（见图5）。

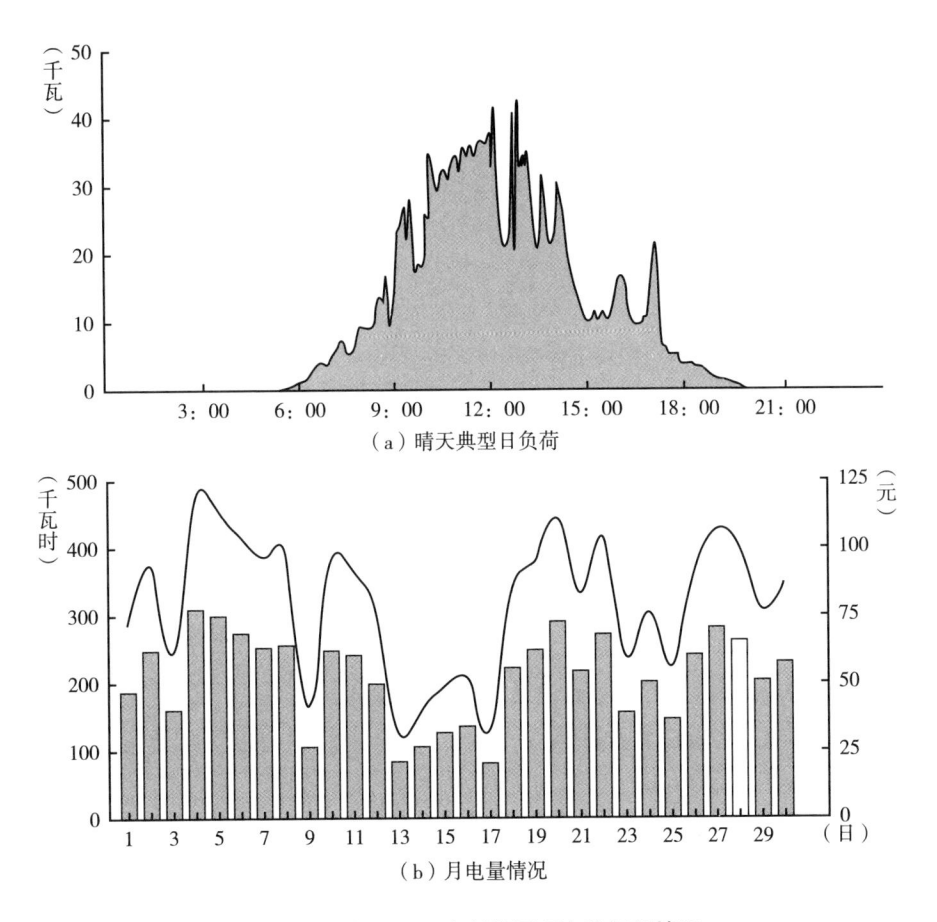

图 5 洛阳偃师区用户刘某屋顶光伏运行情况

资料来源：用户调研。

该用户晴天最大出力为43千瓦，出力效率可达到96%。晴天最高日电量为310千瓦时，阴雨天日电量为80千瓦时，平均日电量为171千瓦时，年最大负荷利用小时数为1310小时。项目采用全额上网，按照0.3779元的上网电价，年均收益为2.30万元。

3. 合同能源项目

洛阳某产业园区示范项目：该示范项目位于偃师产业聚集园区，总投资3.3亿元，投资类型为合同能源，装机30兆瓦，利用25个企业的厂房房顶空间建设，总面积为35万平方米，于2013年7月3日建成投运。

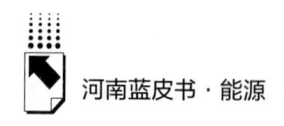

项目通过15个并网点，接入5条10千伏主干线，配备集控中心，可以全面检测设备电流、功率、谐波、温度、运行状态等信息，可以控制开关、逆变器等设施。并网点前装设有电能质量检测装置，可以检测并网点的有功、无功、电压、相角、电流等数据。

项目采用自发自用余电上网，已运行2910天，累计发电15249.8万千瓦时，年均发电量约为2900万千瓦时，年最大负荷利用小时数为760小时。自用电部分，以电网公司电费价格的85%卖给产业园用户，余电上网部分，收益的15%分红给产业园用户。

三 屋顶光伏整县推进面临的形势

在碳达峰、碳中和目标下，分布式屋顶光伏整县推进为分布式光伏发展带来了重大机遇，户用分布式光伏将蓬勃发展，分布式光伏在促进河南省能源转型、服务乡村振兴、助力新型电力系统建设、削减电力尖峰负荷方面将发挥积极作用。同时，分布式光伏在整县推进过程中，也会带来电能质量、电网消纳等方面的问题。

（一）面临机遇

1. 促进河南省能源转型

在"双碳"目标下，碳排放将成为发展质量的一项重要评判指标，全国碳排放权交易已在北京、上海等地试点开展，各省能源转型任务艰巨。而屋顶光伏整县推进，在不占用耕地等其他性质土地的前提下，充分利用农村屋顶空间资源，深度开发光伏发电资源，为全省能源结构转型提供了一剂绿色解药。以省发展改革委拟定的66个基本符合申报要求的县（市、区）约1500万千瓦装机总量，按照河南省光伏发电最大负荷利用小时数1100小时测算，年发电量可达150亿千瓦时，每年可减少摊销450万吨。

2. 服务乡村振兴战略

服务农民美好生活，提高农民收入。屋顶光伏整县推进为用户提供灵活的建设投资服务，主要包括用户自投和屋顶租用。以100平方米的屋顶为例，用户自投约8万元可建设约22千瓦光伏发电项目（设计寿命25年），年均收益为1.1万元（年化收益约14%），7年可收回成本，全寿命收益约为25万元；屋顶租用不需要用户出任何费用，假如每年屋顶收租约2000元，可基本满足家庭电费支出。服务农村产业发展，带动当地经济发展。屋顶光伏整县推进涉及光伏组件安装测量、运营检修服务、配套电网建设、银行金融服务等多项中下游工程及服务行业，对当地经济发展、农民就业有着积极影响。以省发展改革委拟定66个基本符合申报要求的县（市、区）约1500万千瓦装机总量测算，可拉动河南省县域GDP增长约30亿元，增加县域就业岗位约2万个。

3. 助力新型电力系统建设

河南省电力碳排放占全社会碳排放的45%，碳减排压力较大。随着"双碳"目标要求和全社会电气化水平的提升，更多碳排放从终端用能行业转移到电力行业，电力行业碳减排压力将进一步加大。在此背景下，加快构建以新能源为主体的新型电力系统，是电力工业促进自身碳减排、支撑全社会碳减排的必由之路，是实现电力工业高质量发展的必然选择。因此屋顶分布式光伏广泛有序的接入，对加快形成以新能源为主体的电力供应格局有着积极影响。

4. 削减电力尖峰负荷

河南省全社会用电负荷高峰时段与屋顶光伏出力高峰时段吻合。从宏观的时空角度来看，屋顶分布式光伏在一定程度上可以削减电力尖锋负荷。但仍需结合负荷及电源的空间位置，充分利用110千伏及以下电网的联通，更好地服务尖峰负荷的削减及光伏大发的消纳。

(二)困难挑战

1. 带来电压波动闪变、谐波、三相不平衡等电能质量问题

受光照资源影响，光伏发电输出功率具有随机性，易造成电网电压波动和闪变。通过逆变器并网的分布式电源，不可避免地会向电网注入谐波电

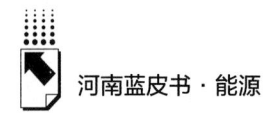

流，导致电压波形出现畸变。大量单相光伏发电系统接入可能导致三相电流不平衡，无隔离的逆变器并网易导致直流分量。

2. 增加配套电网建设改造需求和消纳难度

县域屋顶光伏资源与用电负荷空间分布呈现不平衡性，体量规模相差巨大。若屋顶光伏集中连片无序建设，远期势必带来局部地区中低压配电网再造式改造，甚至延伸至地区220千伏及以上主网也需加强，多数地区还将出现因电网消纳受限而引发的严重弃光问题。

四 屋顶光伏整县推进的前景展望及发展建议

以现阶段电网负荷水平测算分布式电源接入承载力，河南省县域屋顶分布式光伏新增装机总量为1966万千瓦，河南省县域电网总体上基本满足申报试点装机有序接入的承载力需求，但局部电网仍可能存在无法满足新增装机的问题。同时，以整县屋顶分布式光伏开发为代表的大规模分布式电源并网形式给电力供应、负荷特性、配电网稳定运行也将带来巨大挑战，亟须明确屋顶光伏整县推进发展路径，推动构建新型电力系统建设，保障电力系统的安全稳定运行。

（一）开发潜力测算

根据《河南统计年鉴》，2019年底农村人口共计4511万人，人均住房面积为50.16平方米。考虑房屋建筑类型、层高及设计寿命等因素，现有农村住宅屋顶面积可开发比例为29%~30%，按照当前光伏发电技术（即光伏组件单板容量为450瓦）计算，河南省农村住宅屋顶光伏发电技术可开发潜力[①]为6640万~7440万千瓦。采用单户光伏装机规模进行校核，该开发潜力折算的每户屋顶光伏装机为19.8~21.6千瓦，与2021年上半年居民

---

① 技术可开发潜力指在现有技术条件下能够开发利用的屋顶光伏装机规模。重点需要考虑可利用面积、单位面积平均开发容量等。

屋顶光伏21.3千瓦/户的报装情况相符。

敏感性分析：屋顶光伏发电技术可开发潜力会随着光伏发电技术迭代升级、建筑类型及规模的变化而动态变化。假设未来光伏组件容量可达到700~800瓦，较目前主流组件增加1.7~2倍，届时在不计建筑变化的情况下河南省县域屋顶光伏发电技术可开发潜力可进一步扩充到1.26亿~1.65亿千瓦。

（二）县域电网承载力分析

依据《分布式电源接入电网承载力评估导则》（DL/T 2041—2019），分布式电源的电网承载力即在设备持续不过载和短路电流、电压偏差、谐波不超标条件下，电网接纳电源的最大容量。该导则要求评估应基于电力系统现状和规划，从总体到局部、从高压到低压，按供电区域和电压等级开展热稳定计算，在此基础上进行电压偏差、短路电流、谐波等校核。当电网反送潮流超过设备限额的80%，短路电流、电压偏差、谐波含量校核不通过或分布式电源导致向220千伏及以上电网反送电的，评估等级应为红色，在电网承载力未得到有效改善前，将暂停新增分布式电源项目接入。

由于河南省各地配电网千差万别，且规模庞大，精细化计算河南省县域配电网的屋顶光伏承载力是不现实的。为简化计算，乐观考虑短路电流、谐波含量等校核通过且能源可在局部区域内消纳，重点分析反送潮流不超过设备限额的80%和不向220千伏及以上电网反送电作为约束条件的县域配电网分布式电源的电网承载力，评估对象包括220千伏及以下各级变压器和线路。

根据该导则规定，热稳定评估应根据电网运行方式、输变电设备限值、负荷情况、发电情况、分布式电源出力特性等因素计算反向负载率λ：式（1）中，P_D为分布式电源出力，P_L为同时刻等效用电负荷，P_M为下网负荷；S_e为变压器或线路实际运行限值。热稳定评估应采用评估周期内反向负载率λ的最大值λ_{max}作为评估指标。式（2）中，评估周期内法定节假日等引起电网负荷波动的特殊时期的λ可不考虑，评估区域内可新增分布式电源容量为P_m。式（3）中，K_r是设备运行裕度系数，一般取0.8。但此公

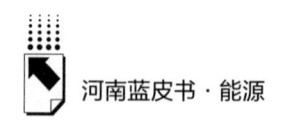

式适用于局部电网评估,用于全省层面时需考虑天气影响的同时率和光伏组件的运行效率,取出力系数 $K_p=80\%$。

$$\lambda = \frac{P_D - P_L}{S_e} \times 100\% = -\frac{P_M}{S_e} \times 100\% \tag{1}$$

$$P_m = (1 - \lambda_{\max}) \times S_e \times K_r \tag{2}$$

$$P_m = \frac{(1 - \lambda_{\max}) \times S_e \times K_r}{K_p} \tag{3}$$

经计算,以现阶段电网及负荷水平测算分布式电源接入承载力,220千伏电网承载力为1966万千瓦;110千伏公用线路承载力为6636万千瓦;110千伏公用主变为5178万千瓦;10千伏公用线路为5985万千瓦;10千伏公用配变为7170万千瓦;建议现阶段河南省县域屋顶分布式光伏新增装机总量控制在1966万千瓦。因此河南省县域电网总体上基本满足申报试点装机有序接入的承载力需求,但局部电网仍可能存在无法满足新增装机的问题,需进行局部电网的加强建设。

(三)发展建议

引导以电定装。充分衔接电网现状承载力、能源消纳能力以及发展规划,由电网测算,政府下达分区域、分设备、分线路、分电压等级的年度建议装机容量,合理引导屋顶光伏发电资源的开发节奏和布局,优化节约配电网建设与运营成本,力促屋顶光伏开发和电网发展的双赢。

分片集中开发。建议在充分考虑光伏建设条件和电网接纳能力后,划定规模化开发试点,以镇或村为单位按照市场化原则确定整体开发的光伏建设运营企业,由电网企业统一对接、集中汇流,避免多点无序接入导致电网报装业务量大、接网工程经济性差和电网缺乏衔接重复改造。

配置共享储能。建议配建或租赁共享储能设施,并纳入电网调度管理,以平抑光伏发电出力波动,改善并网点电能质量,提升消纳能力。

投资多方共担。鉴于屋顶光伏项目建设周期短,常规电网基建时限难以满足接网工程同步投运需要,建议规模化的接网工程前期由开发建设单位负责,后期择机由电网企业回购。

参考文献

国家能源局:《关于公布整县(市、区)屋顶分布式光伏开发试点名单的通知》(国能综通新能〔2021〕84号)。

河南省发展改革委:《河南省加快推进屋顶光伏发电开发行动方案》(豫发改能综〔2021〕721号)。

国家发展改革委:《关于进一步完善分时电价机制的通知》(发改价格〔2021〕1093号)。

国家发展改革委、国家能源局:《关于鼓励可再生能源发电企业自建或购买调峰能力增加并网规模的通知》(发改运行〔2021〕1138号)。

B.13 碳达峰碳中和下新型储能经济性与可持续发展模式研究

陈兴 尹硕[*]

摘 要： 在碳达峰、碳中和背景下，新型储能技术应用更加广泛。对于电力系统而言，储能可通过用电低谷时充电、高峰时放电提升新能源消纳水平，增强电网的灵活响应程度，在一定程度上提高了能源转化利用效率，对于全省构建绿色低碳的能源体系具有重要意义。为加快推动河南省储能设施高质量、规模化发展，本文在梳理储能技术发展和政策现状的基础上，分析了新型储能项目的成本构成和发展趋势，测算了新型储能项目投资收益情况。基于河南实际，从电源侧、电网侧和用户侧三个维度对新型储能可持续发展模式进行研究，提出完善电价机制调节、优化调度运行方式、逐步参与电力现货市场的发展建议，推动储能与新能源、常规能源协同发展，为河南构建多轮驱动的新型储能高质量发展良好局面、实施换道领跑战略提出前瞻布局未来产业、抢滩占先新兴产业等建议，助力河南在新的竞争格局中站稳脚跟。

关键词： 新型储能 经济性分析 灵活性分析

---

[*] 陈兴，经济学博士，国网河南省电力公司经济技术研究院经济师，研究方向为能源电力经济与企业发展战略；尹硕，经济学博士，国网河南省电力公司经济技术研究院高级经济师，研究方向为能源电力经济与企业发展战略。

今后一段时期是加快构建以新能源为主体的新型电力系统，推动实现碳达峰、碳中和任务目标的关键时期。新型储能是指除抽水蓄能以外的以输出电力为主要形式的储能项目，对电力系统灵活性、经济性和安全性的提升，风、光等可再生能源消纳水平的提高具有重要意义，同时对分布式电源、微网及智慧能源的发展提供了支撑，其作为一种关键技术也促进了主体能源由化石能源向可再生能源的更新替代，对于保障河南电力供应安全、构建全省绿色低碳的能源体系具有重要意义。

一 发展新型储能的背景

随着近两年全国多个省市陆续出台储能政策、"新能源+储能"模式逐步明确，河南也加快了储能产业发展步伐，2021年6月，河南省发展改革委、国家能源局河南监管办公室印发的《关于加快推动河南省储能设施建设的指导意见》明确，要扎实推进新型储能设施建设，支持各类市场主体灵活采用多种投融资方式，因地制宜选择电化学储能、压缩空气储能、电制氢等技术方式建设储能设施，促进电源侧、电网侧、用户侧储能协调发展，满足新型电力系统调峰调频需要。另一方面，河南新型储能业态示范应用起步较早，培育形成了一批储能产业链相关骨干企业，储能设施发展具备了一定基础，但仍面临储能设施建设成本较高、商业模式缺乏、市场化机制不完善等问题。

二 储能发展现状

（一）储能技术现状

1. 储能的分类

根据国际电工委员会的定义及分类，储能主要是指电能的储存，将电能转化为其他形式的能量储存起来，从而实现能量的跨时间转移。储能主要分为五大类（见表1），一是物理类，主要是将电能转化为机械能储存，典型应用为抽水蓄能；二是电气类，主要是将电能转化为电场中电容或磁场中超导储存；三是电化学类，主要是将电能通过化学电池储存，典型应用为锂离子电池等；四是热储能类，是将电能转化为热能储存，典型应用为冰蓄冷等；五是化学类，是将电能转化为化学燃料，典型应用为氢能。其中电化学类的所有储能、压缩空气储能、飞轮储能、超级电容器等是新型储能主要形式。

表1 储能的分类

分类	技术类型	特点
物理类	抽水蓄能	采用水、空气等作为储能介质,介质之间不发生化学变化
	压缩空气储能	
	飞轮储能	
电气类	超级电容器	响应速度快,短时间可释放大功率电能,循环次数多
	超导储能	
电化学类	铅蓄电池	储能介质为各种化学元素,充放电过程伴随储能介质的化学反应
	锂离子电池	
	钠离子电池	
	液流电池	
	钠硫电池	
	镍氢电池	
热储能类	高温熔融盐储热	使用热化学材料储能和相变材料
	冰蓄冷	
化学类	氢能	可作二次能源载体,把能量储存于化学燃料内

电化学类储能是近年来发展迅速的储能类型，主要包括锂离子电池、铅蓄电池、液流电池和钠硫电池等。其中，锂离子电池在近年来电动汽车产业快速发展的带动下，技术性能快速提升、规模化成本效应日益显现，如今锂离子电池被普遍用于电化学类储能，除了成本优势外，还具有响应速度和体积上的优势；钠离子电池的工作原理及结构与锂离子电池十分相似，发展钠离子电池技术的关键同样在于找到合适的正、负极材料以及电解液；铅蓄电

池被研发和应用得较早,具有性能稳定等特点,但在能量密度和环境保护方面的劣势较为明显;钠硫电池和液流电池是先进大容量电化学类储能技术的代表,由于储能时间长、储能容量大、循环寿命长等优势,备受大规模可再生能源并网示范项目的青睐。

2. 性能分析

在诸多新型储能形式中,磷酸铁锂电池、三元锂电池等可以广泛应用于电能质量调节、备用电源、削峰填谷、可再生能源消纳等场景。

从表2可以看出,磷酸铁锂电池较具有实用性和推广价值。传统铅酸电池与两种液流电池均有明显不足。传统铅酸电池虽然成本低,但是能量密度不高且循环次数较少;液流电池虽然循环次数较多,但是成本较高且能量密度较低。从目前发展前景较好的磷酸铁锂电池和三元锂电池来看,磷酸铁锂电池具有成本低、寿命长、安全性高等多重优势,未来,随着能量密度逐步提升其优势将更为明显。磷酸铁锂电池的价格不但相对三元锂电池低20%左右,且循环次数可以达到6500~8000次,而三元锂电池的循环次数为5000~6000次,磷酸铁锂电池使用寿命更长。磷酸铁锂电池正极材料本身的热稳定性比三元锂电池要好很多,在500℃以内都有着极高的稳定性,超过800℃时才有发生热失控风险,即便在热失控情况下磷酸铁锂电池的放热也非常缓慢,且分解时不会释放氧气,能够降低起火风险;相比之下,三元锂电池在300℃左右就开始融解了,新能源汽车自燃事件中三元锂电池的占比较大。同时,磷酸铁锂电池已经证明可以通过严酷的针刺测试,而三元锂电池则不能,磷酸铁锂电池比三元锂电池更安全。作为新型储能技术的钠离子电池,虽然钠储量丰富且价格低廉,具有成本低的优势,但是钠离子半径较大,嵌入和脱嵌阻力大,导致正极材料的充放电可逆性差,不可逆容量损失大,正极容量偏低,距离应用还存在一定距离。因此,从能量转换效率、持续放电时间、自放电率、服役年限、循环次数、响应速度、耐热性、系统建设成本等指标综合对比,磷酸铁锂电池较具有实用性和推广价值。

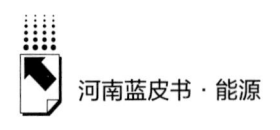

表 2 电化学储能技术性能参数

类别	系统建设成本（元/千瓦时）	循环次数（次）	能量转换效率（%）	耐热性（℃）	自放电率（%/月）	响应速度	优点	缺点
磷酸铁锂电池	1300~1600	6500~8000	>90	800	1.5	毫秒级	效率高、能量密度高、响应快、寿命长	成本与铅酸电池相比较高
三元锂电池	2300~2500	5000~6000	>90	300	2	毫秒级		
传统铅酸电池	500~1000	500~1000	70~90	>800	1	<10ms	成本低、可回收含量高、安全性好、响应时间快	能量密度低、寿命短、受放电深度影响大
铅碳电池	1000~1300	3700~4200	70~90	/	1	<10ms		
钠离子电池	300~600	1000~5000	/	良好	/	/	钠的取得较为容易，理论上成本较低	离实际应用距离较远
全钒液流电池	4500~5000	>10000	75~85	/	低	毫秒级	效率高、安全性能好、响应快	能量密度低、效率低
锌溴液流电池	2500~3000	5000~6000	75~85	/	10	毫秒级		

资料来源：文献调研。

（二）储能政策现状

1. 全国相关政策

从全国层面看，储能在能源电力系统和产业发展中的重要地位逐步确立，2021年7月国家发展改革委、国家能源局印发《关于加快推动新型储能发展的指导意见》，明确到2025年实现新型储能初期向规模化发展转变，产业体系越来越完善，市场环境和商业模式基本成熟，装机规模超过3000万千瓦。从省级层面看，地方性政策相继出台（见图1），在并网运行、辅助服务、需求侧响应和补贴机制等方面积极推动储能产业发展。

储能配置方式方面，一是开发模式普遍采用"新能源+储能"一体化

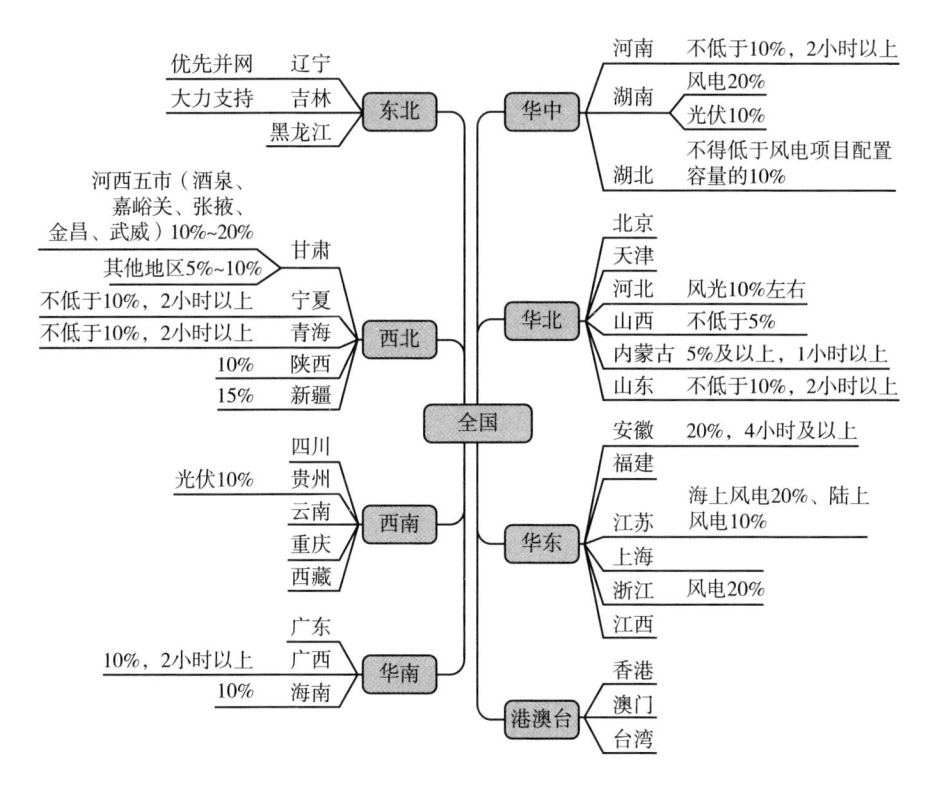

图1 全国新能源储能配比政策

资料来源：文献调研。

模式。青海、内蒙古、湖北、河北、江苏、新疆、河南、湖南、山东等省份鼓励支持新能源配置储能开发模式；贵州鼓励风光、火光、水光等新能源互补联合送出，且在送出消纳受限区域，计划项目需配备储能设施的开发模式；宁夏出台政策要求，新增及存量均需配置储能，存量项目限期完成配套。二是储能建设主体多元化。湖南要求，其他投资主体也可以建设独立储能、新能源企业有偿租用，储能由调度统一调度管理。

各地区对新能源配置储能容量和时长的要求主要体现在以下两个方面。一是大多采用"10%+2小时"配置。例如山东省《关于开展储能示范应用的实施意见（征求意见稿）》指出：新增加的集中式风电、光伏发电项目，原则上以不低于10%比例配建或租赁储能设施，连续充电时长不低于2小时。甘肃省《关于加快推进全省新能源存量项目建设工作的通知》指出：鼓励在建存量项目按河西5市配置10%~20%储能，其他地区按5%~10%配置配套储能设施，储能设施连续储能时长均不小于2小时。青海、宁夏等省份均有新能源项目储能配置比例不低于10%、连续储能时长2小时以上的原则性要求；内蒙古要求配置的储能容量在项目建设规模的5%及以上，储能时长为1小时及以上。二是鼓励、引导更高配比。江苏、湖南等省份均鼓励引导项目业主自行承诺配置一定比例储能。其中，江苏省引导新能源业主自行承诺配置海上风电20%、陆上风电10%的储能比例；新疆一度积极鼓励光伏电站合理配置储能系统，储能电站原则上以光伏电站装机容量的20%配置为标准。

2. 河南相关政策

2021年6月，河南省发展改革委、国家能源局河南能源监管办公室发布了《关于加快推动河南省储能设施建设的指导意见》（豫发改能综〔2021〕451号），其中对储能配置比例进行了明确，要求不低于10%、连续储能时长2小时以上的新能源项目，在同等条件下优先获得风光资源开发权，由电网企业优先并网、优先保障消纳。同时，河南省发展改革委发布了《关于2021年风电、光伏发电项目建设有关事项》的通知，在"10%+2小时"的配置要求的基础上，新增新能源项目应根据电力消纳指引配置储能，将全省分为Ⅰ、Ⅱ和Ⅲ类地区设定基础储能配置要求（见表3）。

河南针对新能源发展与电网实际，将全省18个地区按照消纳能力分为三类，基于消纳需求设置配置比例。通过三类地区等级的设立，因地制宜部署新能源储能配置，实现了科学发展和精细化管理。对风电和光伏消纳能力较强的郑州等地区，提出"10%+2小时"的储能配置要求；对风电和光伏消纳能力一般的焦作等地区，提出"15%+2小时"的储能配置要求；对消纳较为困难的安阳、鹤壁和豫西等地区提出"20%+2小时以上"的储能配置要求。2021年7月，河南能监办发布《关于进一步加强新能源并网运行管理的意见（试行）》，明确新并网风电项目和集中式光伏发电项目原则上在投运前应具备一次调频能力，已并网项目应分批于2022年底前完成一次调频功能改造。

表3 河南省新能源储能配置要求

指引类别	省辖市、省直管县(市)	基础储能配置要求
Ⅰ类地区	郑州(含巩义)	10%＋2小时
	许昌	
	漯河	
	周口(含鹿邑)	
	平顶山(含汝州)	
	南阳(含邓州)	
	信阳(含固始)	
	驻马店(含新蔡)	
Ⅱ类地区	焦作	15%＋2小时
	新乡(含长垣)	
	济源	
	开封(含兰考)	
	商丘(含永城)	
Ⅲ类地区	安阳(含滑县)	20%＋2小时以上
	鹤壁	
	濮阳	
	三门峡	
	洛阳	

与此同时，河南省发展改革委于2021年9月下达《2021年风电项目开发方案的通知》（豫发改新能源〔2021〕776号），明确各风电项目的配套储能设施规模，39个风电项目的储能配比在"10%＋2小时"与"50%＋2小时"之间，储能配比要求因地制宜，充分考虑当地的消纳能力，其中三分之一的项目储能配比超过30%，安阳市内黄县的华润电力200兆瓦风储一体化乡村振兴示范项目的储能配比最高，为"50%＋2小时"。此外，储能配置设施与风电主体工程同步设计和投运，充分发挥储能设施对提高新能源消纳能力的积极作用。

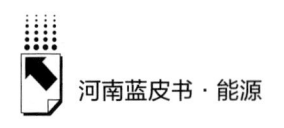

三 新型储能系统经济性分析

（一）新型储能系统成本分析

1.新型储能系统成本构成

新型储能系统建设成本差异较大，主要受功率能量比、项目规模、项目复杂程度、配置冗余度及当地政策的影响。成本主要由建设成本、运维成本和财务成本组成（见图2）。

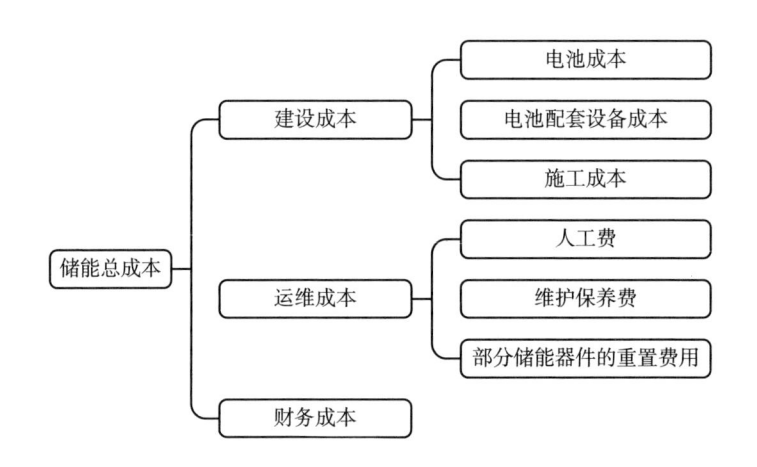

图2 储能技术成本分析

电池成本主要包括电池材料成本、人工制造成本、环保成本等。电池配套设备成本主要由电池、管理系统、储能逆变器、能量接入系统等采购成本组成。施工成本主要由设计、建筑、安装和调试等其他费用组成。根据彭博新能源财经数据，2020年酸铁锂电池成本占储能系统建设成本的55%，经折算，约占总成本的50%；2020年电池配套设备成本约占储能系统建设成本的22%，经折算，约占总成本的16%；施工成本约占储能系统建设成本的23%，经折算，约占总成本的17%。

在新型储能系统运维成本方面，运维成本的定义是投入以维持储能系统在使用寿命内安全平稳运行的资金，储能电站的运维成本主要包括保障储能电站在服役期间正常运行需要投入的人工费、维护保养费以及部分储能器件的重置费用。调研显示，运维成本占储能系统成本的比例为5.5%，经折算，约占总成本的5%。

在财务成本方面，财务成本是指企业在生产经营过程中为筹集资金而发生的筹资费用，财务成本一般包括银行贷款、发行债券等筹资措施产生的利息，财务成本主要考虑长期银行贷款所产生的利息。财务成本占储能系统成本的比例达到15%，经折算，约占总成本的12%。

2. 新型储能系统成本变化趋势预测

2010~2020年，全球锂离子电池组平均价格从7.1元/瓦时降至0.9元/瓦时，降幅达87%，使得电化学储能具备了商业化发展的可行性；与此同时，除电池成本外，电池配套设备成本也在不同程度地下降。未来，随着技术的进步，储能成本将继续下降。彭博社新能源财经预测，2021年安装完成一个2小时电站级储能系统成本将下降至1.3元/瓦时，2025年将下降至0.9元/瓦时（见图3）。此外，带动储能项目成本整体下行的因素除了储能电池成本继续降低外，还有系统设计优化、系统充放电时长标准化程度提高以及市场成熟度提高等。

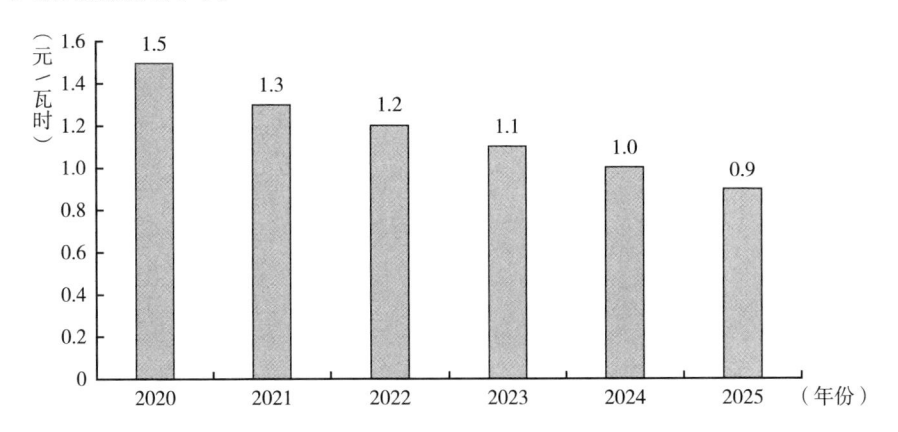

图3 完成安装2小时电站级储能系统的成本预测

资料来源：文献调研。

（二）新型储能项目投资收益测算

1. 储能项目投资收益测算

（1）测算边界

根据网上调研和实地调研，以 2020 年完成安装的一个 2 小时电站级储能系统为例进行测算，电池投资建设成本边界为 1.3~1.5 元/瓦时，循环次数为 6500~8000 次，年度运行天数取 300 天，电池报废残值取 15%~20%，充放电深度初始值为 95%，年均衰减率为 1.63%，贷款利率取 4.9%，分别设定高效情景和普通情景 2 个指标测算体系。

（2）经济测算

在储能投资全生命周期中，基于高效情形和普通情形分别测算，在不同的内部收益率情况下，满足投资盈亏平衡下充放电用户侧电价差区间如表 4 所示。

表 4 充放电用户侧电价差

单位：元/千瓦时

内部收益率	0	3%	5%	6.5%	8%
高效情景	0.12	0.23	0.35	0.44	0.53
普通情景	0.38	0.41	0.52	0.61	0.71

在内部收益率为 0 的情况下，用户侧价差为 0.12~0.38 元/千瓦时；随着内部收益率的提升，用户侧价差也会随之提升，在给定 8% 内部收益率情况下，用户侧价差为 0.53~0.71 元/千瓦时。由此可见，在销售电价峰谷价差（0.6 元/千瓦时）水平下，基本可以达到 8% 的内部收益率。当充放电价差为 0.6 元/千瓦时时，不同内部收益率情况下储能收回投资时充放电次数如表 5 所示。在内部收益率为 0 的情况下（与上文对照），储能收回投资时充放电次数为 3504~3872 次，占全生命周期充放电次数的比重为 53.9%~59.5%。充放电次数及其占全生命周期的比重两个指标随内部收益率的提升而增加，在内部收益率提升至 8% 的情况下，充放电次数为 4925~5443 次，占全生命周期充放电次数的比重为 75.8%~83.8%。

表5　储能收回投资时充放电次数和其占全生命周期的比重

单位：次，%

内部收益率	0	3%	5%	6.5%	8%
高效情形	3504	3859	4392	4659	4925
	53.9	59.4	67.6	71.6	75.8
普通情形	3872	4265	4854	5149	5443
	59.5	65.6	74.66	79.2	83.8

2. 新能源配置储能成本变动情况

2021年以来，风电、光伏项目中标价格连创新低，通过梳理明阳智能、上海电气、东方电气、运达股份、三一重能、金风科技、远景能源、国电联合等8家整机商报价信息，测算出典型项目的风电项目最新平均报价约为2500元/千瓦，相较于2020年下降35%左右，光伏项目最新平均报价约为3700元/千瓦，相较于2020年下降8%左右。

基于此中标成交均价，以储能单位建设成本1.3元/瓦时为核心边界条件，结合发电及储能成本测算方法，测算风电和光伏项目配置储能后成本变动情况。结果显示，风电配置10%和20%储能后，成本将分别增加7%和14%左右；发电成本将由376.48元/兆瓦时分别增加到396.55元/兆瓦时和416.65元/兆瓦时，均比现行煤电上网电价（377.9元/兆瓦时）高。光伏配置10%和20%储能后，成本将增加10%和19%左右；发电成本将由342.72元/兆瓦时分别增加到374.04元/兆瓦时和402.97元/兆瓦时，其中，配置10%储能的发电成本比现行煤电上网电价低，配置20%储能的发电成本将比现行煤电上网电价高。相比于风电，光伏配比提升对成本具有边际递减作用。

四 新型储能可持续发展实践

新型储能在电源侧、电网侧和用户侧功能各有不同。电源侧储能主要服务配套电源，优化电源上网供电曲线，支撑风电、光伏等非化石能源电源符合可控性要求，降低市场收入风险，增加发电收入；电网侧储能电站，可以独立运行，接受电网统一调度控制，具备调峰、调频、事故备用等功能，用以保障公共电力系统安全稳定运行或提升其整体经济性；用户侧储能主要服务配套的用户，通过优化负荷曲线、需量管理、支撑综合能源服务以及需求侧响应等作用，降低用户用能成本，提升用户供电可靠性。

（一）电源侧储能发展实践

1. 弃电增收模式

电源侧新型储能最为直接的增收模式，是低成本吸收弃风弃光电量。对于标杆电价较高且存在弃电的新能源电站，储能投资可减少自身弃电损失。随着新能源装机的快速增长，河南省于2020年开始出现弃风弃光现象。2020年11月，全省受采暖季火电机组大开机方式以及风电出力大的影响，省网调峰困难，11月17日23:20至18日6:07启动弃风运行，共持续6小时47分钟，其间弃风电量达764.65万千瓦时，间接损失289万元，若风电厂配备储能系统，则可以有效避免弃风造成的损失。

2. 辅助服务市场补偿模式

辅助服务市场是储能项目参与市场化交易的主要方式之一。2020年河南省电力调峰辅助服务市场正式启动运行，取得了显著成效。全年共启动交易300天，320家发电企业参与交易结算，市场参与交易电量达44.43亿千瓦时，合计补偿费用为6.9亿元，平均挖掘调峰容量在320万千瓦以上。全年全省58家发电厂参与辅助服务市场获得补偿收益，其中25家获得补偿收益超过1000万元；53家电厂因自身问题无法提供约定的调峰服务而产生考核罚金，被考核费用累计达到15854.2万元；在深度调峰交易时段负荷率大于等于50%调峰基准的火电、风电和光伏电站也付出了相应的分摊费用，其中发电企业分摊费用超过400万元的有30家。

3. 现货市场模式

伴随电力现货市场的深入推进，储能将逐步融入现货市场交易体系。以广东省火储联合调频项目为例，储能电站运行调度模式为：自动发电控制系统（AGC）下达指令至远程终端装置（RTU），RTU下达至分布式控制系统（DCS），DCS下达给机组和储能电站（EMS）；根据广东省调度要求，EMS预留省调直调的调度接口。同时广东省电力现货市场已经建立，且交易平台已经上线，基本可满足火储调频项目的全面推广。

（二）电网侧储能发展实践

1. 合约购电模式

示范工程通过天中直流通道购买新疆低价清洁电能。经过与大唐新疆公司协商，双方同意签订三年期合作协议，2019年采购电量2.4亿千瓦时，采取风火打捆交易，其中清洁能源电量占比为80%，火电电量占比为20%。弃风电力协议价格按0.03元/千瓦时（含税，新疆上网）执行，火电价格按0.17元/千瓦时（含税，新疆上网）执行，火电交易电量和电价由大唐新疆清洁能源有限公司负责组织落实。经测算，新疆风火打捆电价为0.058元/千瓦时，河南落地电价为0.1606元/千瓦时。

2. 低谷购电模式

在河南电网深度调峰情况下，要求燃煤机组低谷出力在其额定出力的50%及以下。经调研，对于供热机组和一些30万千瓦机组而言，其最小出力一般大于50%，为避免考核和提高机组的运行效率，可以通过和发电集团协商，将储能出力与特定发电机组出力进行绑定，经调度允许后联合运行。通过这种模式，可以低价购买超过机组出力50%的多发电量，每千瓦时优惠空间为0.1~0.15元，即每千瓦时购电电价约为0.23元。

3. 需求响应模式

2018年夏季期间，河南省电网整体没有备用容量，致使一些地区高峰时段供电存在缺口，为了给电力供应提供保障，依据《关于2018年开展电力需求侧响应试点工作的通知》（豫发改运行〔2018〕462号），在部分区域开展电力需求响应试点工作，参与并完成负荷消减的用户，每千瓦每次补贴18元。7月27日，信阳龙山储能电站（容量为9.6兆瓦时）应邀成功参与了需求侧响应，连续1小时提供了8兆瓦的出力，获得14.4万元收益补

贴。100兆瓦储能系统若全部且连续一小时以上参与需求侧响应，按照2019年最新补贴标准，每次可获得补贴120万元。

（三）用户侧储能发展实践

1. 峰谷价差模式

当前，在政府定价模式下，用户侧储能可以从单一制电价的峰谷价差以及两部制电价的需量管理和峰谷价差共同回收。单一制电价：单一制电价模式下主要通过峰谷分时电价回收投资，我国峰谷分时电价是考虑高峰和低谷时期用电成本差异来确定峰谷价差，目前大部分省市峰谷价差在2~3倍。随着用户侧储能的发展，负荷的时段转移特征会更加突出。

2. 电力市场模式

在电力市场模式下，用户侧储能盈利模式和盈利空间由市场交易结果和用户实际用能情况决定，同时还可从辅助服务市场中获利。在电能量批发市场中，安装储能的大用户，作为独立市场主体参与市场报价，在预测低电价时段充电、高电价时段放电，可利用不同时间点的价差获取收益。在辅助服务市场中，调峰、调频、调压、备用等不同类型辅助服务对储能的技术特性要求差异较大，用户侧储能参与的类型有限。现阶段仅在部分省份有调峰、调频辅助服务市场，参与储能主体全部为电源侧。对于用户侧储能，打包集成为"虚拟电厂"是未来储能参与辅助服务市场的主要模式。

五 加快储能设施建设的对策建议

在服务"双碳"目标、构建以新能源为主体的电力系统背景下，河南省应在确保安全的基础上稳步有序推动新型储能设施建设，推广储能运行新模式、完善储能发展机制、拓展储能应用市场，将发展新型储能作为提升能源电力系统调节能力、综合效率和安全保障能力，支撑新型电力系统发展的重要举措，以政策环境为有力保障，以市场机制为根本依托，因地制宜选择电化学类储能、压缩空气储能等技术方式，从价格机制设计、电力调度衔接、市场化推进等方面形成合力，促进电源侧、电网侧和用户侧储能协调发展，推动储能与新能源、常规能源协同发展，构建多轮驱动的良好局面，推动储能高质量发展。

（一）明确储能价格机制设计原则

坚持市场主导，多元发展原则，对各种新型储能技术同等对待，支持各种技术公平竞争，促进技术进步，推动产业发展。激励与约束共存，区别储能在电源侧、电网侧和用户侧等特性，结合源网荷不同需求，引导多元社会资源参与，多方共同加快储能设施建设。以市场机制为储能发展的根本依托，明确储能市场的主体地位，结合电力体制改革要求，基于储能电站或设施在电力系统中的位置及发挥的作用，按"谁受益、谁承担"原则分摊相关费用，完善市场化收益机制，发挥市场在资源配置中的决定性作用，通过市场价格信号引导各类储能项目灵活布局发展，充分发挥其在保障电力供应安全、削峰填谷、提升系统运行效率等方面的多重效益。

（二）建立峰谷电价动态调整机制

随着储能设备的增多，储能发展的规模效应将逐渐体现，促使负荷峰谷差缩小，与此同时，电价峰谷价差也将跟随调小，储能通过峰谷价差获利也将减少，因此，需要定期根据负荷的变化调整峰谷分时电价，以更准确的价格信号引导用户侧储能有序发展。结合实际情况，在峰谷电价的基础上推行尖峰电价机制，基于当地电力系统近几年的最高负荷与出现负荷的时段合理确定尖峰时段，并纳入当年的电力供需因素灵活调整，确定尖峰电价。

（三）完善新型储能电力调度衔接

电网侧、电源侧储能可以根据调度要求参与电网运行，储能电站需预留省调直调的调度接口。制定完善配电网调度安全管控规定及调度规程，出台电储能按照电力调度指令提供充电调峰服务的补偿机制和标准。完善储能调度运行机制，制定储能电站的调度运行规则，明确调度运行方式、功能定位和关系归属，建立调度运行监管机制，提高新型储能电站的利用效率，确保公平调度。同时，为适应以新能源为主体的新型电力系统发展需要，建议电网企业坚持合理布局、多元投资原则，独立或与社会资本合作投资建设电网侧储能项目，促进电力系统稳定运行。

（四）推进新型储能参与市场化交易

应统筹协调电力辅助服务市场和现货市场的衔接，在鼓励储能参与辅助服务市场的同时，配合电力现货交易实现调峰辅助服务市场化。推动跨领域融合发展，鼓励围绕分布式新能源、大数据中心、微电网、5G基站、工业园区、充电设施等用能终端用户的储能设施，探索储能融合发展的新场景，鼓励聚合利用不间断电源、电动汽车、用户侧储能等分散式储能设施，依托大数据、云计算等技术手段，结合体制机制综合创新，创新发展智慧能源等新型商业模式；鼓励各类市场主体共同合作，建设共享储能电站，发挥储能"一站多用"的共享作用。

参考文献

国家发展改革委、国家能源局：《关于加快推动新型储能发展的指导意见》（发改能源规〔2021〕1051号）。

南方监管局：《南方区域电化学储能电站并网运行管理及服务服务管理实施细则（试行）》。

江苏能源监管办：《关于进一步促进新能源并网消纳有关意见的通知》。

山东省能源局：《2021年全省能源工作指导意见》（鲁能源办〔2021〕1号）。

浙江省能源局：《浙江省能源发展"十四五"规划（征求意见稿）》。

青海省发展改革委、青海省科学技术厅、青海省工业和信息化厅、青海省能源局：《关于印发支持储能产业发展若干措施（试行）的通知》（青发改能源〔2021〕26号）。

内蒙古自治区能源局：《关于报送分布式新能源项目建设三年行动计划（2021—2023年）的通知》（内能新能字〔2021〕82号）。

山西能源监管办：《关于鼓励电储能参与山西省调峰调频辅助服务有关事项的通知》（晋监能市场〔2017〕156号）。

宁夏发展改革委：《关于加快促进自治区储能健康有序发展的指导意见（征求意见稿）》。

河南省发展改革委：《关于2020年风电、光伏发电项目建设有关事项的通知》（豫发改能源〔2020〕245号）。

河南省发展改革委、国家能源局河南监管办公室：《关于加快推动河南省储能设施建设的指导意见》（豫发改能综〔2021〕451号）。

河南省发展改革委：《2021年风电项目开发方案的通知》（豫发改新能源〔2021〕776号）。

调查分析篇

Investigation and Analysis

B.14
乡村振兴背景下河南省农村能源消费情况调查

王世谦　李慧璇*

摘　要： 全面构建现代能源体系，助力乡村振兴战略全面实施，最艰巨最繁重的任务在农村地区，最广泛最深厚的基础在农村地区，最大的潜力和后劲也在农村地区。本文以河南为样本，全面开展农村家庭能源消费情况入户式调查，厘清农村能源消费现状和存在的问题，提出针对性的措施建议，助力河南农村能源高质量发展。调查结果显示，河南农村家庭能源消费呈现消费品类多样化、能源选择品质化、生活用能电气化的趋势特征，以及"西高东低、北高南低""豫北、豫中、豫西地区商品化能源消费比例高"的地域差异；河南农村能源发展面临基础设施建设有待补强、居民

---

* 王世谦，工学硕士，国网河南省电力公司经济技术研究院高级工程师，研究方向为能源电力供需与电网规划；李慧璇，工学硕士，国网河南省电力公司经济技术研究院工程师，研究方向为农村能源与能源互联网。

收入水平限制能源消费能力、清洁用能意识有待增强等突出问题，亟待加快农村能源基础设施建设、加快经济性与清洁性兼顾的可再生能源开发、加强能源政策支持与保障、加大清洁用能宣传力度。

关键词： 农村能源　能源消费调查　能源转型　河南省

河南是农业农村大省，农村地域辽阔、人口众多，农村能源转型发展对全省能源转型战略以及乡村振兴战略实施意义重大。2018年7月，国家能源局批复兰考县农村能源革命试点总体方案，兰考成为全国首个能源革命试点。三年来，兰考县积极探索了一条以"资源能源化、用能低碳化、能源智慧化、发展普惠化"为核心的县域能源转型路径。2021年，河南省发展改革委印发《关于进一步推进农村能源革命试点示范的指导意见》，提出要在全省进一步扩大农村能源革命试点建设，探索构建清洁低碳、安全高效的现代农村能源体系。为推进农村能源高质量发展、服务乡村振兴战略实施，本文基于2020年河南省"千户百村"农村家庭能源消费情况调查结果，分析河南省农村家庭用能现状，发现农村用能问题，探索农村能源高质量发展方向，为河南乃至全国农村能源转型升级建言献策。

一　调查概述

（一）调查样本选择及主要内容

遵循全面性、差异性、代表性原则，本次调查共涉及86个县（市、区），实现河南省17个省辖市和济源示范区的全覆盖（见表1）；每个县选取两个及以上乡镇，采用线上线下相结合的方式开展调查，调查内容涵盖居

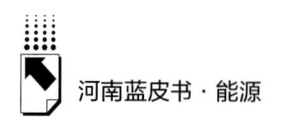

民家庭成员、住房、收入支出等基本情况和家庭能源消费品类、消费量、消费支出等能源消费情况。

表1 调查样本分布情况

区域	省辖市	县（市、区）
豫中	郑州市	中牟县、管城区、新密市、登封市、荥阳市、巩义市、新郑市
	平顶山市	叶县、郏县、汝州市
	漯河市	临颍县、郾城区、源汇区、召陵区
	许昌市	襄城县、建安区、鄢陵县、建安区、禹州市
豫东	商丘市	夏邑县、虞城县、柘城县、睢县、睢阳区、永城市
	开封市	祥符区、兰考县、杞县、通许县
	周口市	太康县、郸城县、扶沟县、鹿邑县、西华县、商水县、淮阳区、项城市
豫西	洛阳市	新安县、汝阳县、洛宁县、嵩县、宜阳县、伊川县、孟津县、洛龙区、偃师市
	三门峡市	渑池县、灵宝市
	济源示范区	—
豫南	南阳市	唐河县、西峡县、镇平县
	驻马店市	西平县、确山县、上蔡县、泌阳县、正阳县、汝南县
	信阳市	光山县、固始县、商城县、淮滨县、罗山县、息县、潢川县、平桥区、浉河区
豫北	焦作市	修武县、武陟县、马村区、山阳区、沁阳市、孟州市
	安阳市	内黄县、滑县、安阳县、殷都区
	鹤壁市	淇县、山城区
	新乡市	封丘县、原阳县、卫辉市、长垣市
	濮阳市	南乐县、濮阳县、清丰县

（二）调查样本基本情况

调查共收回有效问卷4049份，通过汇总分析得到受访者家庭成员、住房、收入支出等家庭基本情况。

1. 家庭成员构成

如图1所示，在所有受访家庭中，平均常住人口为4.07人/户。其中，常住人口数量为4人的家庭最多，达到1004户，占比24.80%；常住人口数量为5人或3人的家庭数量较为平衡，占比分别为18.25%、18.05%；常住人口数量为2人或6人的家庭占比分别为16.03%、13.53%；家庭常住人口为6人以上或1人的家庭较少，占比分别为5.95%、3.38%，合计不足受访总量的十分之一。

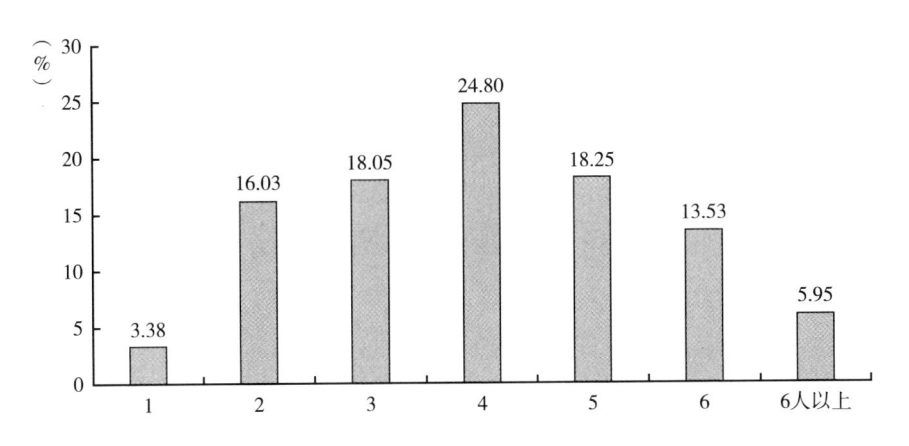

图1 调查样本家庭成员数量分布

2. 住房情况

如图2所示，在所有受访家庭中，考虑到造价的经济性、施工的便利性、寿命的耐久性，高达77.01%的家庭的房屋结构为砖混结构。除此之外，有少部分家庭选用钢混结构或砖木结构，占比分别为13.39%、8.20%。

受访家庭的住房面积普遍较大，多在100平方米以上。其中38.75%的家庭的居住面积在100~150平方米，居住面积在160~200平方米、200平方米以上的家庭占比分别为21.56%、17.88%。

3. 收入支出情况

收入方面，在所有受访家庭中，家庭平均年收入为5.84万元，人均年收入约为1.43万元，低于2020年河南农村人均可支配收入（1.6万元）。其中，年收入在6万~10万元的家庭最多，占比达21.26%；年收入在3万~4.5万元、4.5万~6万元的家庭数量相当，分别占受访总量的20.70%、20.28%；年收入在10万元以上和在1.5万元以下的家庭，占比分别为11.19%和10.08%（见图3）。此外，农业收入占家庭总收入的比重普遍较低，超过一半以上的家庭农业年收入不足5000元，仅5.52%的家庭农业年收入在2万元以上。

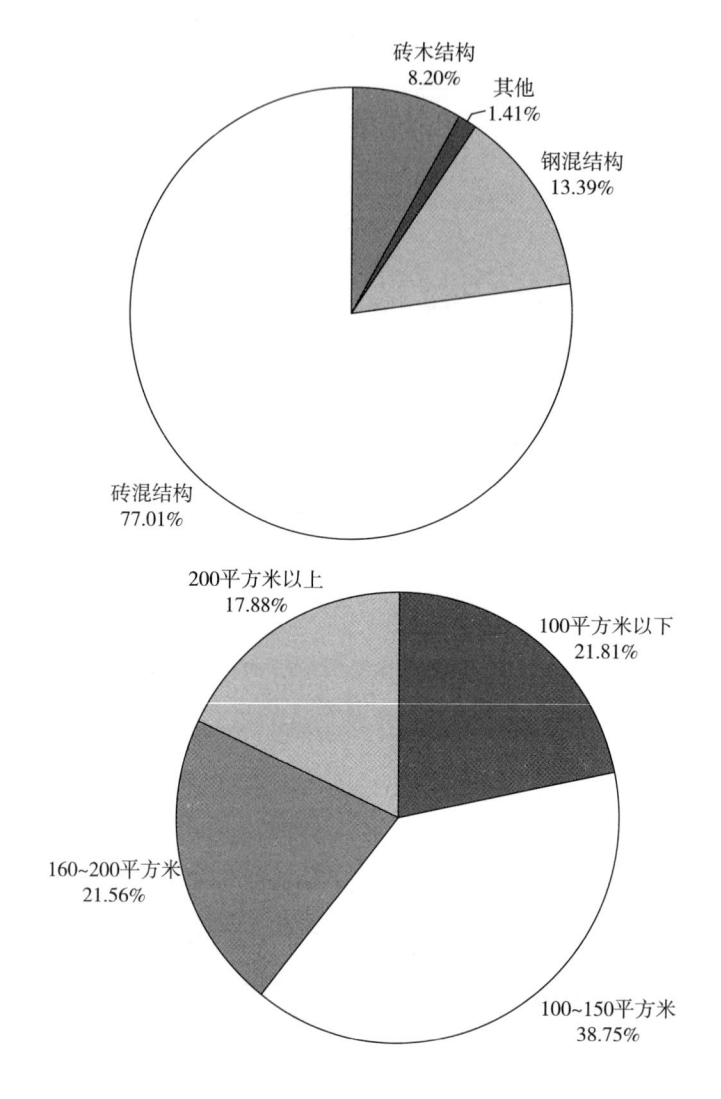

图2 调查样本房屋结构与房屋面积占比

支出方面，在所有受访家庭中，家庭平均年生活支出（包括衣食住行、教育、医疗等）约为3.29万元，人均年支出约为0.81万元。如图4所示，年生活支出在1.2万~2.5万元的家庭最多，占比达27.51%；年生活支出在2.5万~3.5万元的家庭次之，占比为24.55%；年生活支出在1.2万以下的家庭和在3.5万~4.5万元的家庭数量相当，占比分别为16.74%、

图3 调查样本家庭年收入分布

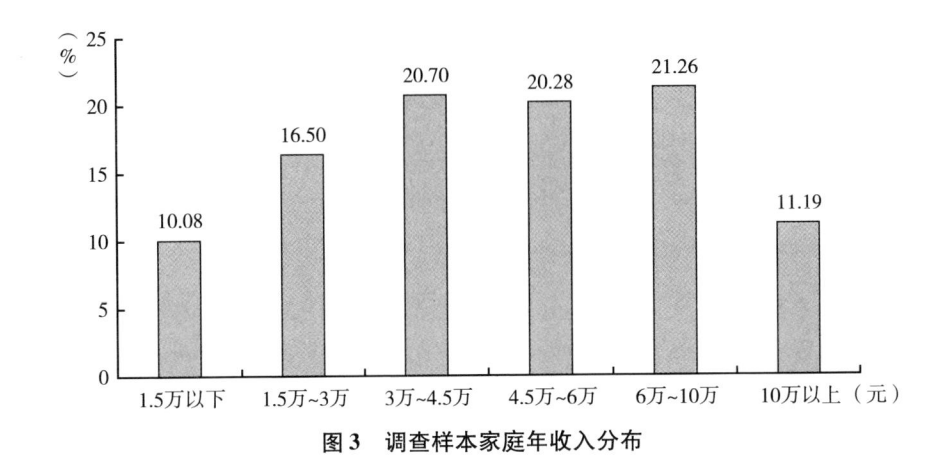

16.62%；年生活支出在4.5万~7.5万元的家庭约占11.06%，年生活支出在7.5万元以上的家庭占比仅为3.51%。

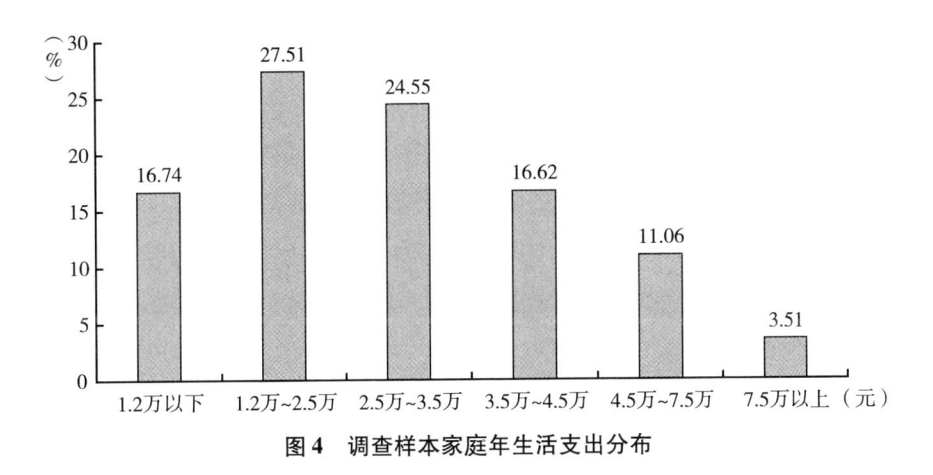

图4 调查样本家庭年生活支出分布

二 农村能源消费调查情况分析

（一）农村能源消费趋势特征分析

调查结果显示，河南农村家庭能源消费呈现消费品类多样化、能源选择品质化、生活用能电气化的总体趋势特征。

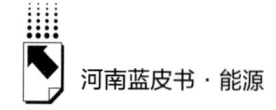

1. 消费品类多样化

目前，河南省农村家庭能源消费种类众多，具体包括：煤炭、汽油、柴油、天然气、液化石油气、沼气、电力、太阳能、薪柴等9种形式。

在能源类型划分方面，9种形式的能源从形成条件来分，可划分为一次能源（煤炭、太阳能、天然气）、二次能源（电力）；从能源属性来分，可划分为可再生能源（太阳能）和非可再生能源（煤炭、柴油、汽油）；从商品属性来分，可划分为商品性能源（电力、天然气、液化石油气、煤炭）和非商品性能源（太阳能、薪柴）；从使用品质来分，有高品质能源（电力、天然气），和低品质能源（薪柴）。

在能源普及情况方面，电力作为最为便捷的二次能源，普及率达到100%，在居民夏季降温、冬季取暖，炊事以及日常生活中得到普遍使用。由于天然气管网设施尚未在农村地区全面铺设，液化石油气作为主要的家庭炊事能源之一，在农村家庭的普及率达到68.41%。太阳能作为新能源的典型代表，被普遍应到热水沐浴，农村家庭普及率达到41.07%。汽油作为乘用车燃料，主要用于家庭出行，普及率达到31.54%。柴油作为大型农用机械设施燃料，普及率达到19.78%。薪柴作为农村普遍易得的零成本资源，仍有29.98%的家庭偶尔或短期使用。沼气设施原材料收集困难、运行维护要求高、废渣处理费时费力，加之有替代能源选择，沼气普及率仅为2.86%（见图5）。

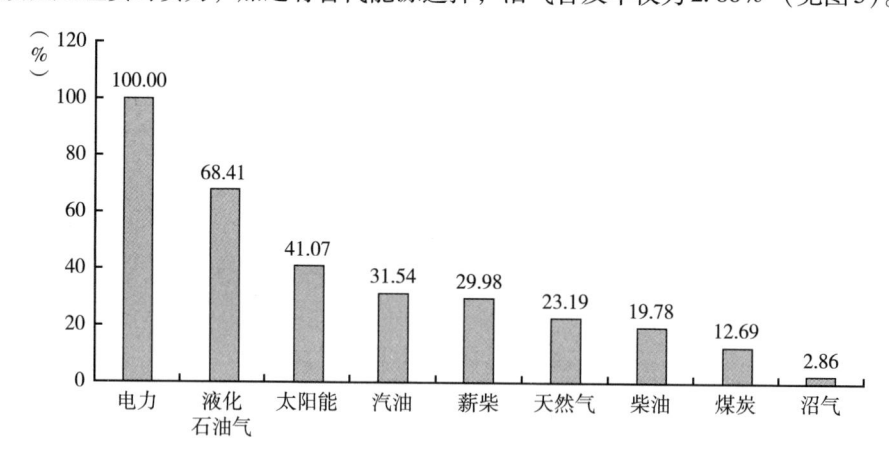

图5 调查样本家庭能源普及情况

2. 能源选择品质化

近年来，随着生活水平的逐步提升，清洁替代的深入推进，电力、液化石油气等品质化能源的有序普及，农村居民生活用能正在朝着清洁化、便捷化、低碳化方向发展。

调查数据整理分析结果如图6所示，电力、汽油、天然气（含液化石油气）为农村家庭消费的三大主力性能源，占比分别为30.81%、23.71%、20.06%；柴油、煤炭演变为辅助性能源，合计占比约10.11%。商品性能源（电力、汽油、液化石油气、天然气、柴油、煤炭）的消费占比合计高达84.69%，非商品性能源（太阳能、薪柴、沼气）占比仅为15.3%。

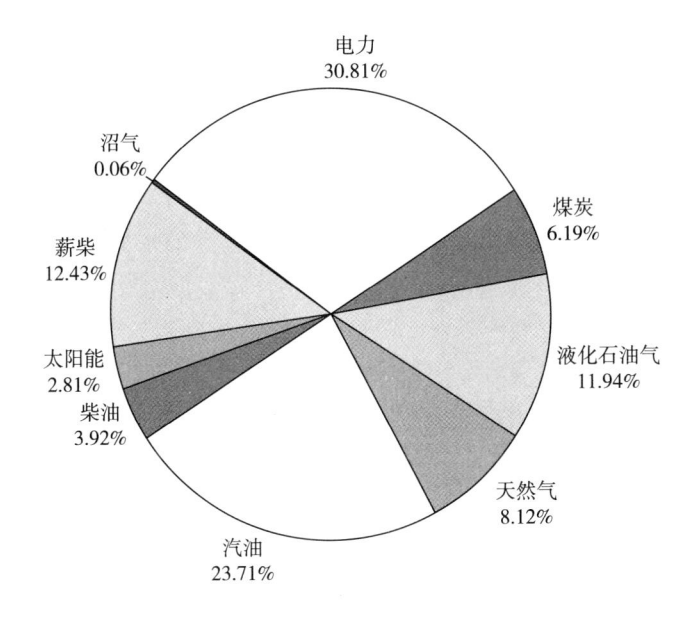

图6 调查样本家庭能源消费结构

参考农业农村部农业生态与资源保护总站出版的《农村能源典型模式》，与2015年河南农村地区家庭能源消费结构（见图7）相比，如今的能源消费中秸秆薪柴及煤消费的占比显著降低，由2015年的近50%下降到不足20%，说明家庭用能结构大幅改善，品质明显提升。

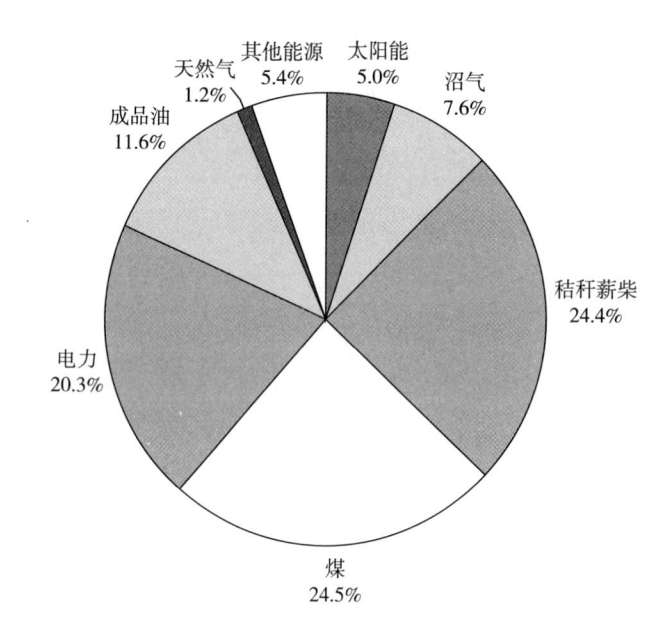

图 7　2015 年河南农村能源消费结构

资料来源：农业农村部农业生态与资源保护总站：《农村能源典型模式》，中国农业出版社，2019。

3. 生活用能电气化

（1）百户电器拥有量显著提升

调查过程中，67%的受访者表示家中的电器种类愈发丰富，超过20种，近两年家中的电费也有较为明显的增加。参考《河南统计年鉴》的2014年、2016年、2018年有关数据（见图8）可以发现，空调、微波炉等大功率电器已广泛进入农村家庭。特别是，空调百户拥有量由2014年的48.1台大幅提升至145.9台（累计增幅203%），抽油烟机由2014年的5.1台激增至52.8台（累计增幅935%），电脑由2014年的24.4台提升至59.2台（累计增幅142.6%），充分体现了农村家庭对更加舒适的美好生活的向往与追求。

（2）电力+液化石油气是家庭厨炊用能主要选择

调查结果显示，电力和液化石油气是河南农村家庭消费的主力能源，普

图8 农村家庭电器设备百户拥有量

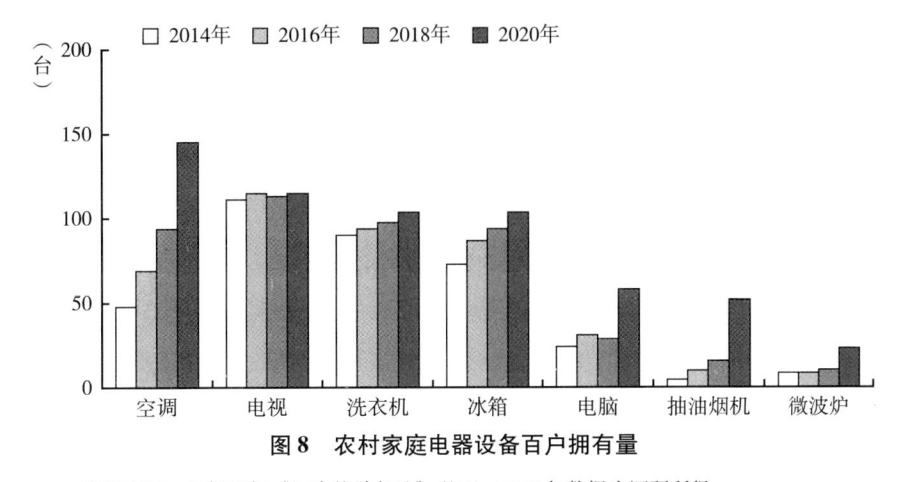

资料来源：根据历年《河南统计年鉴》整理，2020年数据为调研所得。

及率分别达到90.1%和69.9%，而且如图9所示，"电力+液化石油气"是农村家庭首选的炊事能源组合，占比高达35.8%。与此同时，"电力+薪柴""电力+液化石油气+薪柴""电力+液化石油气+煤炭"等组合形式，总计占比28.2%，意味着约30%的家庭在炊事方面已经逐步用上更为清洁的能源，但还未完全摒弃传统形式，这也是未来农村地区炊事领域清洁替代的重点领域。

（3）"煤改电"推动电采暖加快走进千家万户

调查结果显示，受价格、生活习惯等因素影响，尚有30%的家庭选择冬季不取暖。如图10所示，取暖家庭中，使用电采暖的家庭占比达到65.6%，主要取暖设备为空调和电暖气；少部分家庭采用分布式供暖或集中供暖（占比为7.2%）；剩余家庭中，或使用煤炉取暖（占比为12.8%），或使用薪柴取暖（占比为14.3%）。同时，调查中发现，受费用较高、房屋保温性能差、常住人员多为老弱妇孺等因素影响，有相当多家庭的空调设备只在最冷时节、亲友走访、外出务工人员返乡等期间短时使用，甚至还存在长期装而不用、选用传统取暖方式的现象。

（4）电动车是农村地区短途出行载物首选，电动汽车尚未普及

调查结果如图11所示，拥有电动自行车、电动三轮车的家庭占比分

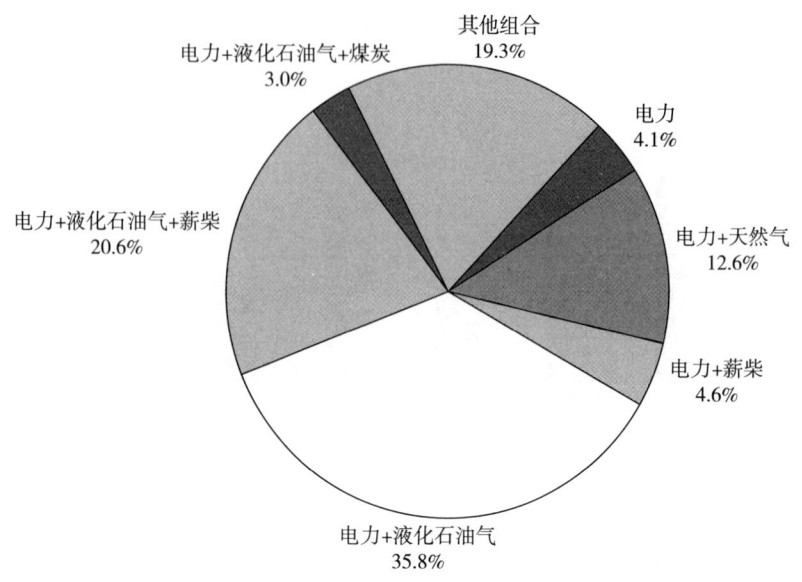

图9 调查样本家庭炊事能源组合形式分布

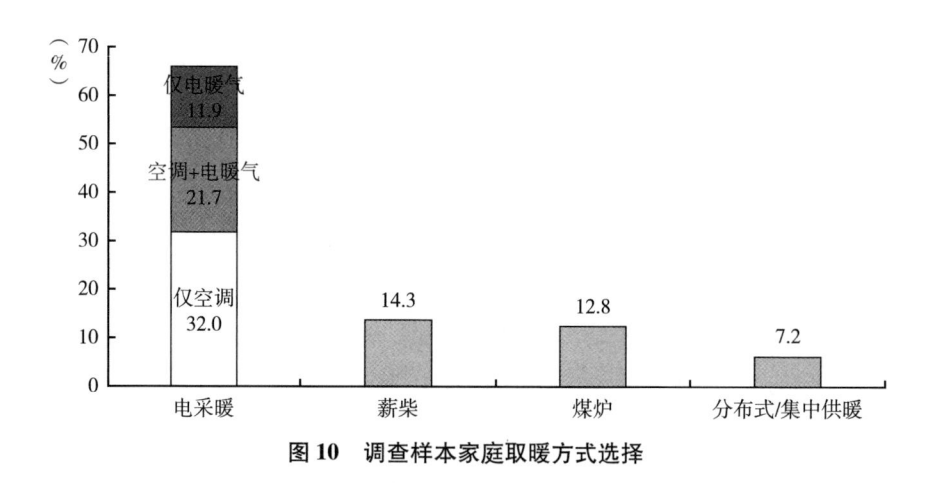

图10 调查样本家庭取暖方式选择

别高达58.7%、51.3%,特别是在地势平坦的平原地区,由于载人储物功能适宜、使用方便快捷,受访家庭几乎家家拥有电动自行车,超过四分之三的家庭拥有电动三轮车。同时,调查发现,随着农村居民生活水平的提升、美好生活需求的释放,38.5%的家庭拥有燃油汽车,整车价格集中在10万元左右,且主要用于长途出行。相比而言,受价格偏高、续航里程较短、耐用性较差、人文认知等因素影响，电动汽车在农村地区尚未普及。

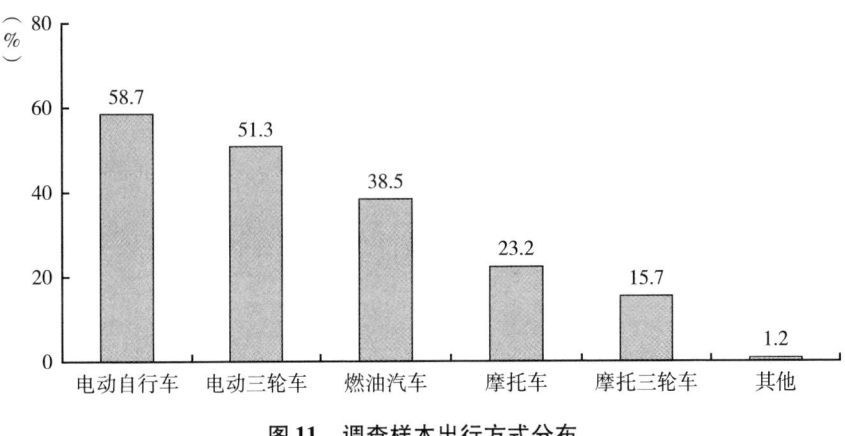

图11 调查样本出行方式分布

电动自行车 58.7
电动三轮车 51.3
燃油汽车 38.5
摩托车 23.2
摩托三轮车 15.7
其他 1.2

（二）农村能源消费区域特征分析

能源消费与地理环境、资源禀赋、经济水平、生活习惯等因素密切相关。基于调查数据，将河南省分为豫中、豫北、豫南、豫西、豫东，按照空间维度视角开展农村能源消费综合评述，发现河南省农村能源消费呈现能源消费总量"西高东低、北高南低"，能源消费结构电力相对均衡、豫东南区域非商品能源比重高的区域特征。

1. 能源消费总量"西高东低、北高南低"

从户均能源消费总量来看，调查结果如图12所示，豫西地区消费总量最高，约为全省平均水平的1.24倍，豫东地区消费总量最低，仅约为全省平均水平的83%，从高到低排列依次为豫西、豫中、豫北、豫南、豫东。

进一步分析农村家庭能源消费总量与户均常住人口、住房面积以及家庭收入的关联关系（见图13）可以发现，区域家庭能源消费与三项影响因素均呈现较强的正相关性，即常住人口越多、住房面积越大、家庭年收入越高，能源消费量越大。

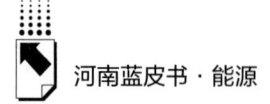

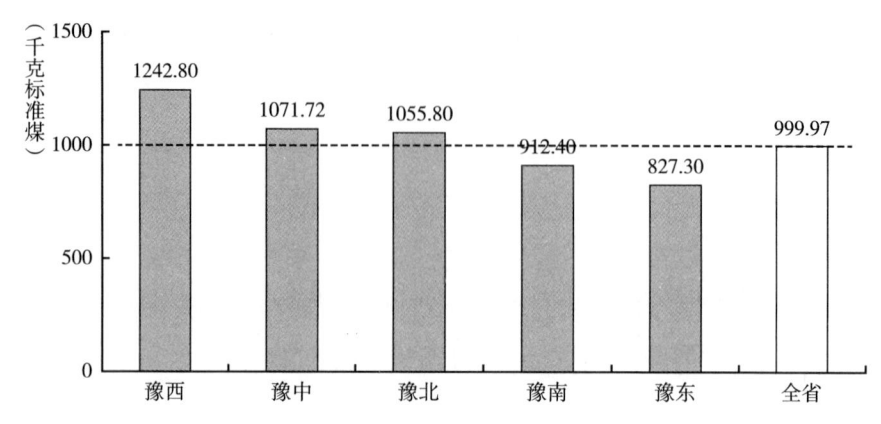

图12 调查样本户均能源消费总量对比

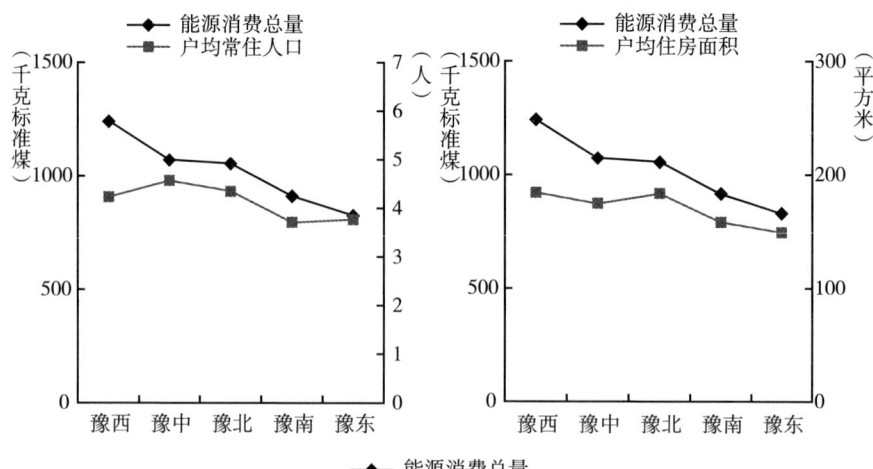

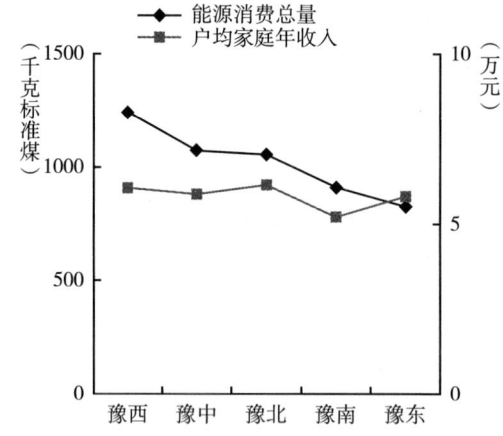

图13 调查样本家庭能源消费影响因素分析

2.能源消费结构电力和太阳能相对均衡、豫东南区域非商品能源比重高

从区域能源消费结构来看，调查结果如图14所示，各区域的电力消费占比均位于27.6%～32.7%区间，太阳能消费消费占比集中在1.94%～4.01%区间，呈现相对均衡态势；豫西地区成品油消费占比领跑全省，汽油和柴油消费占比合计达到35.7%，较最少的豫南地区高14个百分点；豫中地区天然气消费占比全省最高，液化石油气和天然气合计达到21%，较最低的豫西地区高7个百分点。

此外，调查结果显示，豫东、豫南地区非商品能源（薪柴、太阳能、沼气）消费占比较高，分别达到24.93%、20.76%，较占比最低的豫北地区分别高近20个百分点、15.5个百分点。调查发现，豫北5个地市、19个县区的受访家庭均没有使用沼气，且使用薪柴的家庭比例也是全省最低，仅为2.77%。

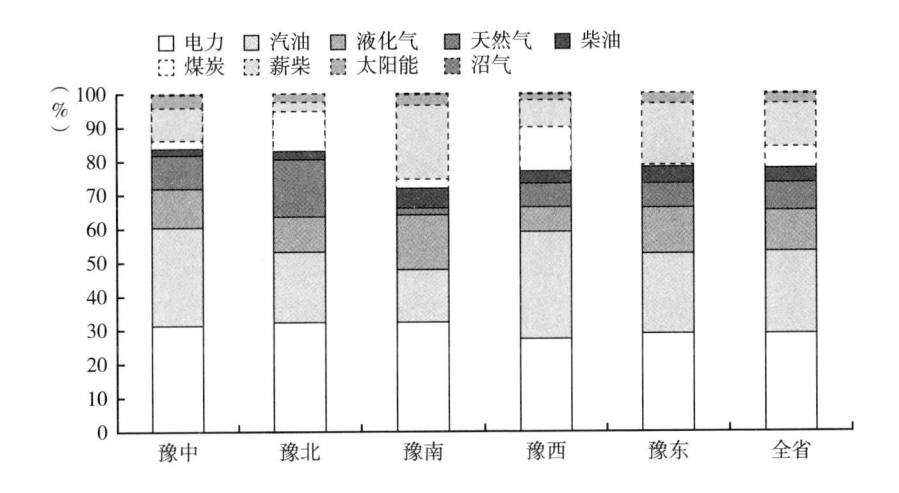

图14 调查样本家庭能源消费结构对比

（三）农村能源消费存在问题

1.能源消费结构有待进一步优化

随着新一轮农村电网升级改造的完成，农村地区供电能力得到长足提高，电力消费需求得到有效释放，如，空调百户拥有量由2014年的48.1台

提升至145.9台，抽油烟机由2014年的5.1台激增至52.8台，有力推动农村地区电力、天然气（含液化石油气）消费占比合计突破50%，基本完成商品性能源占绝对优势、非商品性能源零星辅助的转型过渡。但必须看到，仍有30%的家庭偶尔或短期使用薪柴用以炊事或冬季取暖，电动汽车在农村地区鲜有见到（老年代步电动四轮车除外），柴油、煤炭消费占比约为10%，用能结构还存在较大的优化空间。进入新时代，如何坚持目标导向、结果导向，精准改善落后用能方式、优化能源消费结构、塑造绿色能源消费体系，任重道远。

2. 冬季采暖问题有待进一步解决

随着大气污染防治工作的深入开展，"煤改电""煤改气"工程的广泛实施，农村地区空调普及率大幅提升，在一定程度上优化改善了冬季取暖状况。但调查结果显示，受家庭收入、取暖成本等经济因素影响，尚有30%的家庭选择冬季不取暖，近20%的家庭使用煤炉取暖或薪柴取暖。随着乡村振兴战略的加快推进，农村居民对生活舒适性的需求将快速释放。因此，在坚持清洁化取暖的基本前提下，如何统筹考虑农村地区人口集中度偏低、集中管网设施投资收益率偏低，农村住宅面积偏大、保温性能较差，农民对成本因素敏感性高、经济承受能力差的多重因素制约，因地制宜、高效满足农村居民对美好生活的向往，是摆在当下的一个突出难题。

3. 能源基础设施有待进一步加强

电力设施方面，作为唯一实现城乡全覆盖的能源基础设施，在农村居民夏季降温、冬季取暖，炊事以及日常生活中得到普遍使用，有力满足农村美好生活的同时，也承载着较大的升级改造压力。以空调为例，按照空调百户拥有量146台、全省农村居民3200万户、农村空心化率20%、使用同时率40%测算，全省农村家庭空调拥有量超过3700万台、空调负荷功率超过4000万千瓦。天然气设施方面，农村地区气化率不足5%，部分平原地区虽然管网设施已经实现"村村通"，但考虑到较高的初装费用（2000~3500元）、常住人口多为老幼妇孺，家庭实际使用率大打折扣。此外，受收储运体系不健全影响，农村地区生物质资源处理设施建设相对不足，资源化利用率严重偏低。

4. 清洁用能意识有待进一步增强

调查走访期间发现，农村居民对于清洁能源的认知较为缺乏，在开展能源选择时主要从经济性、便捷性考虑，较少顾及清洁性因素，甚至还存在没有听说过清洁能源、绿色能源、可再生能源概念的极端情况，直接催生"清洁高效的用能设备购而不用、束之高阁，秸秆薪柴、散煤等传统能源继续使用"的现象在多个地方频频发生。特别是在农林废弃物丰富地区，秸秆薪柴获取容易且零成本，在家庭能源使用中占有较高的份额。因此，加快推动农村能源体系转型升级，还需要一手抓供给、消费、技术、体制革命，一手抓宣传教育、知识普及、理念普及，两手同时抓、两手都要硬，提高农村居民对清洁能源的认知水平，推动形成全民参与、共建共创的良好氛围。

三 乡村振兴背景下推动河南农村能源发展的对策建议

（一）加快农村能源基础设施建设

电力方面，做好脱贫攻坚与乡村振兴有效衔接，积极适应农业生产、农村生活能源消费的新趋势、新要求、新特点，适度提升电网建设标准、装备配置水平，巩固村村通动力电成果，加快普通行政村电网改造速度，理顺并优化网络结构，合理增加一批110千伏变电站布点，有序提升户均配变容量，加快建成结构合理、技术先进、安全可靠、智能友好的现代农村电网，加快实现城乡供电服务均等化。

燃气方面，推进燃气下乡，加快实施"气化乡村"工程，支持建设安全可靠的乡村储气罐站和微管网供气系统。对于城市周边农村地区，以城区天然气主管网为依托，加快城市燃气管网向农村社区延伸建设；对于天然气管网不能覆盖的农村地区，推广小型LNG储罐，健全液化天然气配送体系。在条件适宜地区积极推进生物质天然气工程，建设村级燃气供气站及小规模管网，保障清洁燃气供应能力，提升农村燃气普遍服务水平。

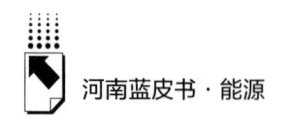

（二）加快可再生能源就地开发利用水平

风电、光伏方面，紧抓屋顶分布式光伏整县开发政策机遇，坚持集中式开发、分散式开发并举，就地消纳利用为主、外送输出为辅，统筹考虑建设土地性质、电网接入条件、储能设施配套建设等，鼓励具备条件的农村居民家庭在住宅屋顶建设户用光伏，因地制宜开发一批10兆瓦及以下的分散式风电场、光伏电站，一批50兆瓦及以上的集中式风电场、光伏电站。探索建立专业化的新能源发电项目运维代理商，增加发电利用小时数。适时布局一批用户侧储能、独立式储能设施，创新共享体制机制，努力实现新能源发电就地利用的最大化。

生物质能方面，深挖农村地区薪柴、秸秆、畜禽粪便等丰富的资源潜力，在加快建立"1+X+N"（1个乡镇级收储中心、X个村级收储点、N个个体收储户）生物质原料收储运供应体系的基础上，积极推动成型燃料等生物质能利用技术的优化完善，合理布局一批生物质热电联产项目，建设一批日产生物质天然气2万~4万立方米的生物质天然气厂，推广一批户用生物质燃料炉。

（三）加快农村能源消费清洁替代步伐

炊事领域。借鉴四类典型模式（政府引导、超前谋划的兰考模式，财政参股、统筹推进的民权模式，择优选强、强力推进的台前模式，公开招标、分区建设的郏县模式）的经验路径，创新燃气入户和收费模式，加快实施平原地区"气化乡村"工程，推动清洁燃气在农村地区炊事领域加快普及。

取暖领域。结合乡村建设行动和新型农村社区建设，加快推动农村住宅节能改造，示范生物质成型燃料取暖，健全清洁取暖补贴机制，切实降低清洁采暖的成本负担，释放农村居民美好生活需求。

交通领域。着力完善充电基础设施，提升充电站/充电桩布局密度，鼓励个人自建充电桩，解决充电设施不充足难题。以公共交通、公务用车、企事业单位用车为重点，率先推广使用电动汽车，加快实现公共交通用车的全电化，发挥示范引领作用。丰富新能源汽车下乡产品名录，提升售后服务能力，提高新能源汽车在农村地区的普及率。

农业生产领域。加强大功率电动技术研发，加快电动拖拉机、电动收割机、电动插秧机、电动炒茶机、谷物烘干机等电动农用机械的示范推广，减少柴油消费、生物质直接燃烧。

（四）加强农村地区清洁用能政策宣传

以落实中央决策部署，推动碳达峰、碳中和和乡村振兴战略走深走实为契机，充分利用广播、电视、微博、微信等宣传载体，以农村居民喜闻乐见、易于接受的方式，广泛开展国家能源绿色转型政策、清洁用能的比较优势、新能源汽车的优惠补贴等宣传，引导农村居民建立绿色能源概念、清洁用能理念，改变落后的用能习惯，积极参与能源转型升级行动，进而形成共建共享共赢、广泛参与的生动局面。

参考文献

河南省统计局、国家统计局河南调查总队编《河南统计年鉴2020》，中国统计出版社，2020。
国家统计局能源统计司编《中国能源统计年鉴2019》，中国统计出版社，2020。
农业农村部农业生态与资源保护总站：《农村能源典型模式》，中国农业出版社，2019。
中共中央国务院：《关于全面推进乡村振兴加快农业农村现代化的意见》，2021。
河南省发展改革委办公室：《关于印发2019年大气污染防治攻坚战推进方案的通知》（豫发改办环资〔2019〕28号）。
倪维斗等：《农村能源技术领域的若干重大问题分析》，科学出版社，2019。

B.15 河南省电力负荷可调节能力调查与市场化机制研究

刘军会 邓振立*

摘　要： 构建以新能源为主体的新型电力系统，是党中央以新发展理念为引领，对新发展阶段我国能源电力事业发展做出的重大战略部署。提升电力负荷可调节能力，加强供需两侧协同互动，是加快构建以新能源为主体的新型电力系统的必然要求。本文选取河南省21个重点行业129家企业，深入开展了行业用电特性和可调节能力的调查分析，并基于电力大数据，分季节、分时段，系统研究了全省重点行业电力负荷可调节能力现状以及2025年规模潜力，梳理了负荷侧资源参与电力系统调节的现状及有关政策情况，提出了市场化实施路径及有关政策建议。研究结论对于促进全省负荷侧资源参与电力市场运行、提升整体灵活调节能力，推动新型电力系统构建，服务碳达峰、碳中和目标实现具有积极意义。

关键词： 重点行业　可调节负荷　市场机制　河南省

电力可调节负荷是指用户能够根据价格信号、激励措施或交易信息，改

---

* 刘军会，工学硕士，国网河南省电力公司经济技术研究院高级工程师，研究方向为能源经济与电力市场；邓振立，工学硕士，国网河南省电力公司经济技术研究院工程师，研究方向为能源电力供需与电力市场。

变其用电行为和用电模式，实现启停、调整运行状态或调整运行时段的需求侧用电设备、储能设施等。在新的时代背景下，提升电力负荷可调节能力，实现供需两侧协同互动，是保障电力系统安全可靠运行、促进能源绿色低碳转型、加快构建新型电力系统的重要手段，对于提升电力系统整体运行效率、节约电力设施投资、降低全社会用电成本具有重要意义。河南作为典型中部内陆省份和传统用电大省，气电、水电、抽蓄等灵活性调节电源较为缺乏，近年来随着省内新能源发电的快速发展，电力系统灵活调节能力不足的问题日益突出，亟须从电力需求侧着手，坚持"节约的能源是最清洁的能源、节省的投资是最高效的投资、唤醒的资源是最优质的资源"理念，充分发挥市场在资源配置中的决定性作用，唤醒仍在沉睡的可调节负荷资源，推动电力可调节负荷主动参与和高效利用，实现电力系统运行由"源随荷动"模式向"源荷互动"模式转变。

一 提升电力负荷可调节能力的重要意义

传统电力系统下，煤电、燃机及水电机组在发电的同时，也扮演着灵活性资源的角色，可以跟随广大用户的负荷波动及时调节自身出力，实现"源随荷动"。新能源发电出力无法按需控制，具有"天热无风""天冷结冰""云来无光"的特性，随着新能源发电的快速发展，电力系统将面临供需两侧"源荷随机波动"的更大挑战，保障安全稳定运行压力将持续加大。电力可调节负荷能够经济高效地平抑尖峰负荷、缓解供需矛盾、填补用电低谷、促进新能源消纳，越来越受到各方的关注和重视。近年来，河南省电源结构、负荷特性和供需形势的变化，对电力系统资源配置和灵活调节能力提出了更高要求，亟须深入开展电力负荷可调节负荷能力调查分析，探索可调节负荷参与系统调节的市场化机制，加快实现可调节负荷资源的优化整合，充分挖掘并释放电力可调节负荷潜力，服务新型电力系统构建和能源绿色转型发展。

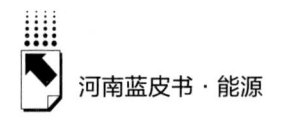

（一）构建新型电力系统的内在要求

2021年3月，习近平总书记在中央财经委第九次会议上强调，实现碳达峰、碳中和是一场广泛而深刻的经济社会系统性变革。"十四五"是碳达峰的关键期、窗口期，要加快实施可再生能源替代行动，构建清洁低碳、安全高效的能源体系，构建以新能源为主体的新型电力系统。这是党中央以新发展理念为引领，对新发展阶段我国能源电力事业发展做出的重大战略部署，为能源电力发展指明了科学方向，提供了根本遵循。落实党中央决策部署，要求河南必须统筹好保障能源安全、推动低碳发展与降低用能成本"三者"之间的关系，从供需两侧共同发力，坚持"节约的能源是最清洁的能源、节省的投资是最高效的投资、唤醒的资源是最优质的资源"的理念，着力提升电力需求侧负荷可调节能力，平衡模式由源随荷动的实时平衡，逐步向源网荷储协调互动的非完全实时平衡转变，服务以新能源为主体的新型电力系统建设。

（二）保障电力系统稳定运行的重要手段

河南省"十四五"规划和2035年远景目标纲要明确了打造"四个强省、一个高地、一个家园"的宏伟蓝图，2021年9月省委工作会议提出要"确保高质量建设现代化河南，确保高水平实现现代化河南"。当前，河南人均GDP、人均能源消费量、人均用电量分别仅为全国平均水平的80%、67%、65%左右，预计"十四五"期间，全省主要经济指标年均增速将高于全国平均水平，生产总值年均增速在6.0%~6.5%，全省能源电力需求还将持续攀升。另一方面，"十四五"期间除当前在建机组外，全省尚无其他煤电机组开展前期工作，且由于能源价格承受能力弱，河南在外引电力方面不具备竞争优势。初步判断，"十四五"期间全省电力供需形势日趋紧张，至2025年电力供应缺口将达到1600万千瓦。充分挖掘用户侧可调节能力，平移、削减电力尖峰负荷，是保障河南电力系统安全可靠供应的重要手段。

（三）促进能源绿色低碳转型的关键举措

河南电源装机以煤电为主，气电、水电、抽蓄等灵活性调节电源严重不足，近年来省内新能源井喷式快速发展，电力系统灵活调节能力不足已经成为制约新能源消纳和能源低碳转型的关键因素。从负荷侧看，随着全省产业结构调整和居民生产水平持续提高，较为稳定的工业用电负荷占比持续下降，波动性较为显著的居民、温控负荷占比快速上升，用电负荷峰谷特性愈加突出，全省最大负荷利用小时数由 2010 年的 6122 小时降至 2020 年的 5182 小时，年最大峰谷差率由 30.5% 上升至 42.9%，2020 年全省尖峰负荷（95% 以上最大负荷）持续时间仅为 8 小时。供给侧调节能力不足叠加需求侧尖峰负荷特性突出，使得河南于 2020 年首次出现弃风弃光情况，"十四五"期间将面临新能源弃电率上升的风险。提升电力负荷可调节能力，推动供需两侧协调互动，是促进新能源消纳、服务能源绿色发展的关键之举。

（四）发挥市场配置资源作用的有益实践

党的十九届五中全会明确提出充分发挥市场在资源配置中的决定性作用，国家发展改革委、国家能源局发布的《关于进一步做好电力现货市场建设试点工作的通知》明确河南、上海、江苏等 6 省市为第二批现货交易市场试点地区。目前，调控负荷的主要手段是有序用电，通过刚性执行的行政措施、经济手段，依法控制部分用电需求，缺乏有效激励和补偿机制，无法调动用户节能降耗和参与系统调节的积极性，亟须建立电力可调节负荷参与系统调节（以下简称"需求响应"）市场化机制，通过反映电能供需平衡下可调节负荷资源稀缺度，真实还原电能的商品属性，激活海量可调节负荷主动响应电力系统需求的潜力，及时调整用电行为和用电模式，提升全社会智慧用能水平。

二 河南省重点行业电力可调节负荷调查分析

为提升河南电力负荷调节能力，摸清省内重点行业用电特性，以更经济、更高效的方式促进供需两侧协同互动，推动构建新型电力系统，开展了本次调查研究工作。

（一）调研情况概述

本次调研采取重点企业抽样的方式，通过资料调研与实地走访相结合的方式，调研企业涵盖全省21个重点行业129家重点企业，实现了"三个全覆盖"，即覆盖全省18个地市，覆盖传统产业、主导产业、战略新兴产业、服务业等重点行业，覆盖相关龙头企业（见表1）。

表1 调研行业汇总

单位：个

行业名称	企业个数	所在地市
1. 黑色金属冶炼和压延加工业	5	安阳、济源
2. 金属制品业	2	南阳
3. 橡胶和塑料制品业	13	鹤壁、南阳、焦作、濮阳、驻马店
4. 非金属矿物制品业	6	鹤壁、洛阳、新乡
5. 通用设备制造业	9	鹤壁、洛阳、南阳、开封、许昌、郑州
6. 计算机、通信和其他电子设备制造业	3	鹤壁、济源、许昌
7. 化学原料和化学制品制造业	16	新乡、开封、平顶山、濮阳
8. 医药制造业	7	周口、焦作、开封、平顶山、驻马店
9. 汽车制造业	12	安阳、洛阳、南阳、焦作、许昌、郑州
10. 造纸和纸制品业	5	南阳、新乡
11. 专用设备制造业	5	洛阳、南阳、平顶山、许昌、郑州
12. 电气机械和器材制造业	4	洛阳、南阳、郑州
13. 批发和零售业	10	商丘、信阳、开封、平顶山、驻马店、郑州
14. 公共服务及管理组织	4	商丘、信阳
15. 木材加工和木、竹、藤、棕、草制品业	4	商丘
16. 皮革、毛皮、羽毛及其制品和制鞋业	1	商丘
17. 有色金属冶炼和压延加工业	8	济源、洛阳、三门峡
18. 食品制造业	4	济源、漯河
19. 农副食品加工业	4	漯河、信阳
20. 酒、饮料及精制茶制造业	3	漯河
21. 纺织业	4	周口、许昌、驻马店

重点围绕负荷调节能力和响应速度两个维度开展调研。一是电力负荷调节能力方面，根据电力系统实际运行需要，将负荷可调节特性分为削峰、填谷两类。调研重点行业、重点企业在夏、冬季用电高峰时段（午高峰为8:00~12:00、晚高峰为18:00~22:00）削减尖峰的能力（向下调减负荷），以及春、秋季节用电低谷时段（0:00~8:00）填补低谷的能力（向上调增负荷）。二是电力负荷响应速度方面，考虑用户用电负荷调节方式以"自控"为主，负荷响应速度与电力需求响应执行通知时间密切相关，设置提前1天、2~24小时、2小时三个时间段开展调研。经对重点行业、重点企业调研反馈情况梳理分析，电力负荷可调节能力如表2至表4所示。

表2 根据可调节负荷规模对调研企业的分类统计（提前1天通知）

单位：家，千瓦

响应速度	电力负荷调节能力				
提前1天	0	(0,1000)	(1000,5000)	(5000,10000)	(10000,+∞)
夏季午高峰	78	17	24	7	3
夏季晚高峰	88	11	23	6	1
冬季午高峰	82	19	22	5	1
冬季晚高峰	90	14	18	6	1
春季用电低谷	100	8	18	2	1
秋季用电低谷	98	6	20	3	2

表3 根据可调节负荷规模对调研企业的分类统计（提前2~24小时通知）

单位：家，千瓦

响应速度	电力负荷调节能力				
提前2~24小时	0	(0,1000)	(1000,5000)	(5000,10000)	(10000,+∞)
夏季午高峰	99	8	21	1	0
夏季晚高峰	104	6	17	2	0
冬冬午高峰	98	9	22	0	0
冬季晚高峰	105	8	15	1	0
春季用电低谷	109	4	15	1	0
秋季用电低谷	110	5	13	1	0

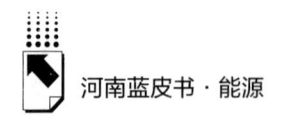

表4　根据可调节负荷规模对调研企业的分类统计（提前2小时通知）

单位：家，千瓦

响应速度 提前2小时	电力负荷调节能力				
	0	(0, 1000)	(1000, 5000)	(5000, 10000)	(10000, +∞)
夏季午高峰	104	13	11	1	0
夏季晚高峰	107	11	10	1	0
冬季午高峰	105	14	9	1	0
冬季晚高峰	109	12	7	1	0
春季用电低谷	111	10	7	1	0
秋季用电低谷	111	10	7	1	0

基于河南重点行业、重点企业电力负荷可调节能力调研分析，可得出如下结论。一是企业用电负荷可调节能力与响应时间要求密切相关。总的来看，通知的时间越早，给企业的预留时间越充分，能够参与调节的企业数量就越多。以夏季午高峰为例，提前2小时、提前2~24小时、提前1天通知，分别有25家、30家、51家企业具有移峰能力。二是企业电力负荷具备可调节能力的比例偏低，尤其缺乏填谷潜力。以提前1天通知为例，夏季午间用电高峰时段，调研样本企业中有78家不具备移峰能力，占样本总数的60.5%；春季用电低谷时段，调研样本企业中有100家企业不具备填谷能力，占样本总数的77.5%。同时，调研样本企业电力负荷可调节能力、能够参与电力需求侧响应的负荷规模较为有限，绝大多数企业的负荷可调节能力在1000~5000千瓦。

（二）重点行业电力可调节负荷特性分析

基于调研企业样本数据，采用电力大数据，开展河南省21个重点行业负荷可调节特性分析，为更直观地体现行业负荷特性，以行业可削减（或增加）负荷规模与当前时段各自电力负荷的比值来体现电力负荷可调节能力。

1. 分析思路与步骤

以调研企业为抽样样本，基于电力大数据，研究对应行业负荷可调节特性，按照"典型分析、概率校正"的思路测算不同时段行业负荷可调节能力的范围。利用重点行业全年8760小时（每天24小时）用电数据反映可调节负荷的季节性差异和动态变化。同时，为剔除春节、国庆等长假期间实际用电负荷偏低影响，采用概率统计方法对测算数据进行校正。

步骤1：基于电力大数据，开展重点行业典型日用电负荷特性调研分析。为全面、准确反映重点行业用电负荷特性，抽取河南18个地市107个县用电量排名前10的重点企业典型日用电负荷曲线，进行行业归类后，得到全省21个重点行业重点企业典型日用电数据，并以典型日最大负荷为基准进行标幺处理，形成全省 m 个重点行业日用电特性 L_m，$L_m = (L_{m0}, L_{m1} \cdots L_{m23})$，$m = 21$。

步骤2：基于调研样本企业全年逐日用电量和重点行业典型日负荷曲线，还原重点行业8760小时用电负荷数据。抽取 n 家调研企业最近1年[①]逐日用电量数据 $E_{n,k}$（其中，$n = 129$，$k = 365$），进行行业归类处理后，得到调研样本重点行业近1年逐日用电量数据 $E_{m,k}$，进而结合步骤1得到重点行业日用电特性，还原第 k 日行业用电负荷曲线 $P_{m,k}$，形成重点行业全年8760小时用电负荷数据。

$$P_{m,k} = \frac{E_{m,k}}{\sum_{l=0}^{l=23} L_{m,l}} \times L_m$$

步骤3：开展全省重点行业电力负荷可调节特性分析。分季节、分时段（夏、冬季用电高峰时段为8:00~12:00、18:00~22:00；春、秋季用电低谷时段为0:00~8:00），对比调研样本中第 m 个重点行业可调节负荷规模与对应时段用电负荷情况，即可得到该行业的负荷可调节特性，其中削峰能力用 P_m 表征、填谷能力用 Q_m 表征。

步骤4：采用概率统计方法剔除样本数据中的极端值。得到重点行业电力负荷可调节能力的可信范围，即 P_m、Q_m 均为区间值，本次研究将可信概率设置为85%以上，得到校正后河南省重点行业电力负荷可调节特性 $\widehat{P_m}$、$\widehat{Q_m}$。

[①] 2020年5月1日至2021年4月30日。

2. 典型行业分析结果

以通用设备制造业作为典型行业代表进行分析，其他20个行业负荷可调节特性分析方法类似。按照步骤1至步骤4，经对全省分布于6个地市的9个典型企业数据的分析处理，通用设备制造业电力负荷可调节特性如下：春季用电低谷时段（0：00~8：00），通用设备制造业填谷潜力为此时段用电负荷的7%~10%；夏季午间用电高峰时段（8：00~12：00），削峰潜力为此时段用电负荷的55.8%~60.4%；夏季晚间用电高峰时段（18：00~22：00），削峰潜力为此时段用电负荷的61%~62.9%；秋季用电低谷时段（0：00~8：00），填谷潜力为此时段用电负荷的7%~10%；冬季午高峰时段（8：00~12：00），削峰潜力为此时段用电负荷的55.0%~59.5%；冬季晚高峰时段（18：00~22：00），削峰潜力为此时段用电负荷的60%~62%（见图1）。

3. 行业负荷可调节特性

对21个行业的负荷可调节特性进行汇总，详见表5。

夏季午间用电高峰削峰能力。对21个行业在夏季午高峰时段的可调节特性进行排序（见图2），调节特性较好的是农副食品加工业、通用设备制造业，调节能力在50%以上；其次是医药制造业、批发和零售业、专用设备制造业和汽车制造业，调节能力在20%左右。其中，批发和零售业、农副食品加工业、汽车制造业和专用设备制造业在此时段的用电负荷波动大，可调节特性波动较大。

夏季晚间用电高峰削峰能力。对21个行业在夏季晚高峰时段的可调节特性进行排序（见图3），调节特性较好的是农副食品加工业、通用设备制造业，调节能力在50%以上；其次是汽车制造业、公共服务及管理组织，调节能力在20%左右。其中，批发和零售业在此时段的用电负荷波动大，可调节特性波动较大。

冬季午间用电高峰削峰能力。对21个行业在冬季午高峰时段的可调节特性进行排序（见图4），调节特性较好的是通用设备制造业，农副食品加工业，非金属矿物制品业，木材加工和木、竹、藤、棕、草制品业，调节能力在50%左右；其次是医药制造业、批发和零售业、汽车制造业，调节能

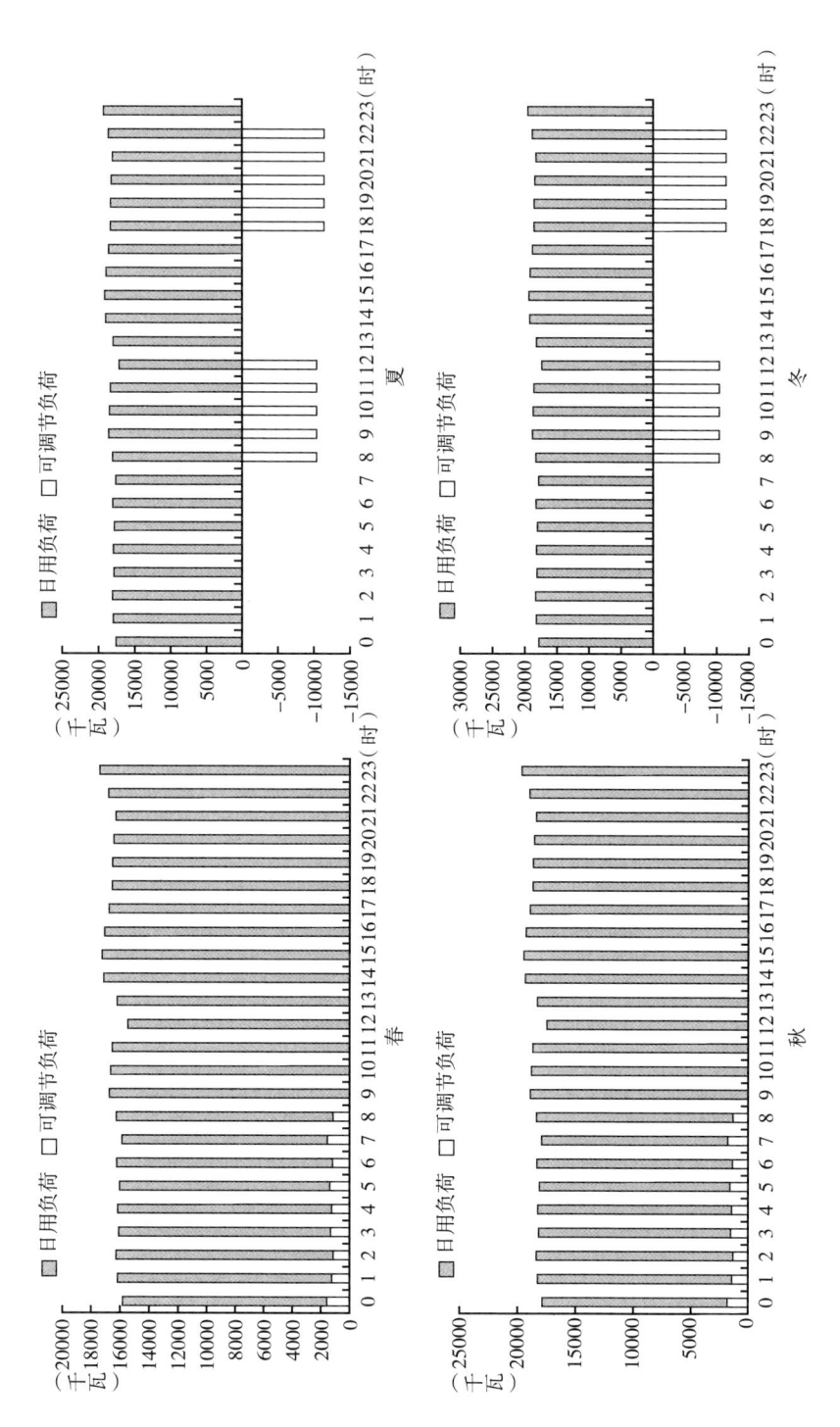

河南省电力负荷可调节能力调查与市场化机制研究

图 1 通用设备制造业四季典型日用电负荷与可调节负荷走势

表5　21个行业负荷可调节特性汇总

单位：%

行业	夏季移峰潜力 (8:00~12:00)	夏季移峰潜力 (18:00~22:00)	冬季移峰潜力 (8:00~12:00)	冬季移峰潜力 (18:00~22:00)	春季填谷潜力 (0:00~8:00)	秋季填谷潜力 (0:00~8:00)
专用设备制造业	14.8~22.0	0	12.0~17.8	3.7~4.1	2.5~3.9	2.5~3.4
造纸和纸制品业	8.6~9.0	9.3~10.7	4.9~5.2	2.3~2.6	0	0
有色金属冶炼和压延加工业	5.9~6.3	0.7~0.8	22.0~23.9	0.6~0.7	0.3~0.4	0.3~0.4
医药制造业	22.6~24.6	8.0~9.2	22.0~23.9	3.6~4.2	1.4~1.5	1.6~1.8
橡胶和塑料制品业	7.4~7.8	6.8~7.1	8.2~8.7	3.8~4.0	5.9~6.6	5.8~6.5
通用设备制造业	55.8~60.4	61.0~62.9	55.0~59.5	60.0~62.0	7.0~10.0	7.0~10.0
食品制造业	0	0	0	0	0	10.0~38.3
汽车制造业	14.9~21.7	16.7~20.0	15.4~22.4	16.5~19.9	5.9~7.4	6.2~8.1
皮革、毛皮、羽毛及其制品和制鞋业	6.9~7.6	2.1~2.3	0	0	0	0
批发和零售业	7.3~22.4	5.2~13.2	7.0~23.5	5.0~12.7	0	0
黑色金属冶炼和压延加工业	1.6~1.9	1.5~1.7	1.6~1.8	1.6~1.8	1.1~1.7	1.8~2.7
电气机械和器材制造业	6.1~6.9	6.1~6.5	7.0~7.8	6.9~7.4	4.8~5.2	4.4~4.7
纺织业	0	0	0	0	0	0
非金属矿物制品业	9.0~12.0	10.7~11.9	36.5~48.3	43.1~47.8	16.8~22.6	15.7~21.1
公共服务及管理组织	7.1~9.4	16.9~19.4	8.5~11.2	20.2~23.2	0	0
化学原料和化学制品制造业	14.2~15.3	3.0~3.1	0.9~1.0	0.3~0.4	0.35~0.37	0.1~0.2
计算机,通信和其他电子设备制造业	1.7~1.9	1.7~1.8	1.2~1.3	1.2~1.3	1.6~1.8	1.7~1.9
金属制品业	0	0	0	0	0	0
酒、饮料及精茶制造业	15.3~17.5	14.1~16.7	41.7~47.7	40.1~56.0	0~11.4	39.3~57.4
木材加工和木、竹、藤、棕、草制品业	64.8~73.9	90.2~91.1	44.5~50.7	70.9~79.1	0~7.5	0~11.4
农副食品加工业						0~7.5

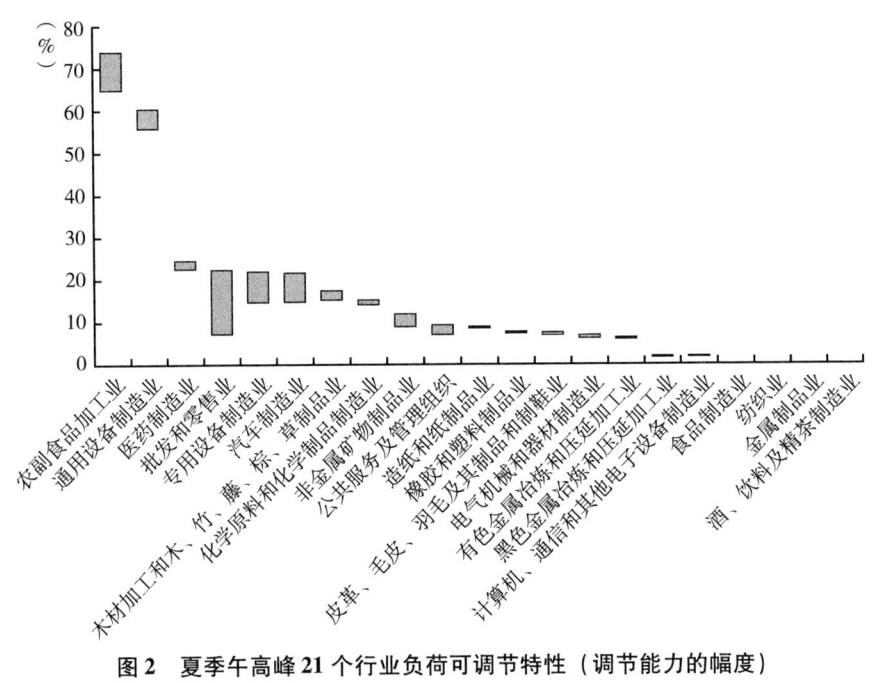

图2 夏季午高峰21个行业负荷可调节特性（调节能力的幅度）

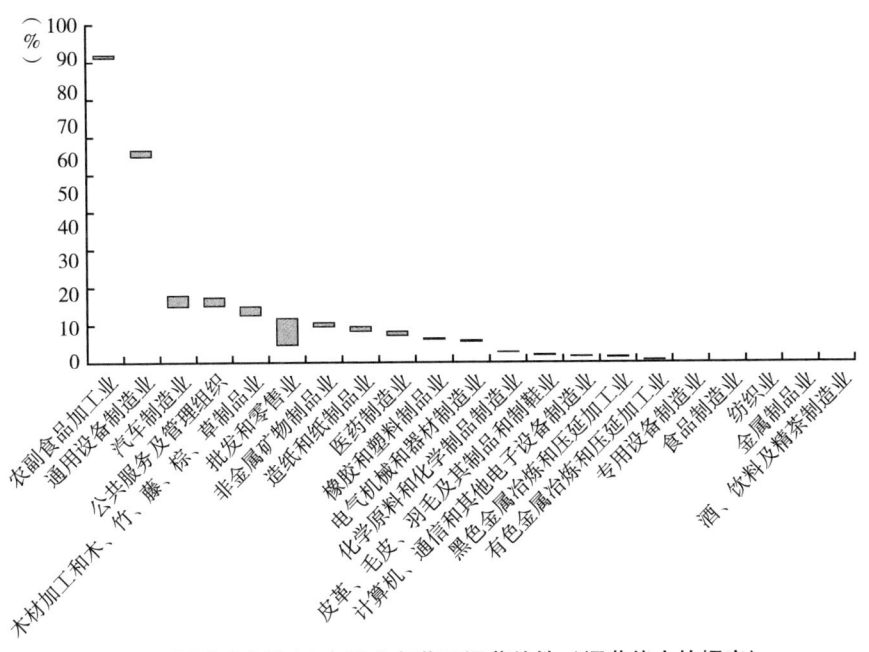

图3 夏季晚高峰21个行业负荷可调节特性（调节能力的幅度）

力在20%左右。其中，批发和零售业、非金属矿物制品业、汽车制造业、专用设备制造业在此时段的用电负荷波动大，可调节特性波动较大。

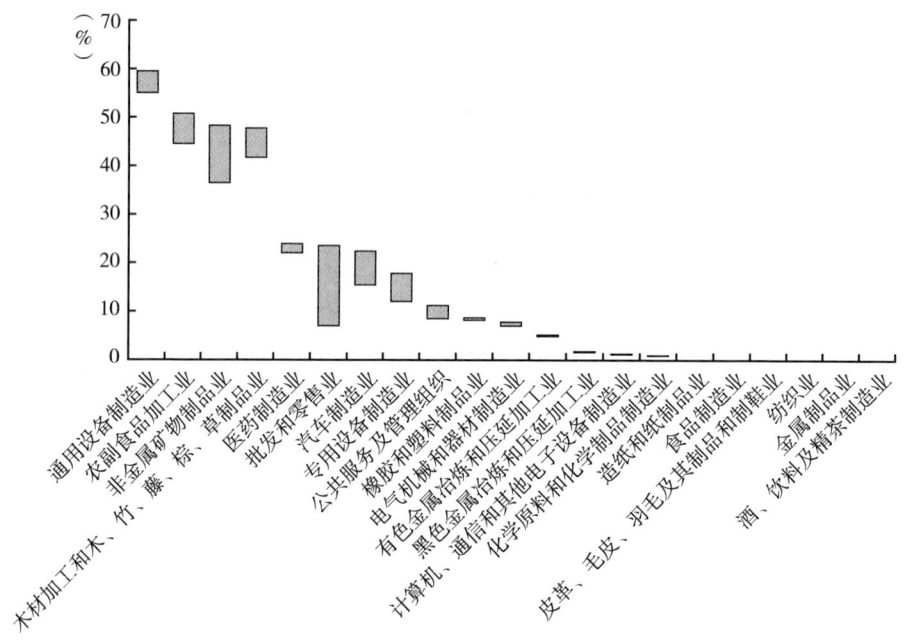

图4　冬季午高峰21个行业负荷可调节特性（调节能力的幅度）

冬季晚间用电高峰削峰能力。对21个行业在冬季晚高峰时段的可调节特性进行排序（见图5），调节特性较好的是农副食品加工业、通用设备制造业、木材加工和木、竹、藤、棕、草制品业、非金属矿物制品业，调节能力在50%左右；其次是公共服务及管理组织、汽车制造业，调节能力在20%左右。其中，木材加工和木、竹、藤、棕、草制品业，农副食品加工业，批发和零售业在此时段的用电负荷波动大，可调节特性波动较大。

春季用电低谷填谷能力。对21个行业在春季用电低谷时段的可调节特性进行排序（见图6），填谷特性较好的是非金属矿物制品业，调节能力在20%以上；其次是木材加工和木、竹、藤、棕、草制品业，通用设备制造业，调节能力在10%左右。其中，木材加工和木、竹、藤、棕、草制品业，农副食品加工业，非金属矿物制品业，通用设备制造业在此时段的用电负荷波动大，可调节特性波动较大。

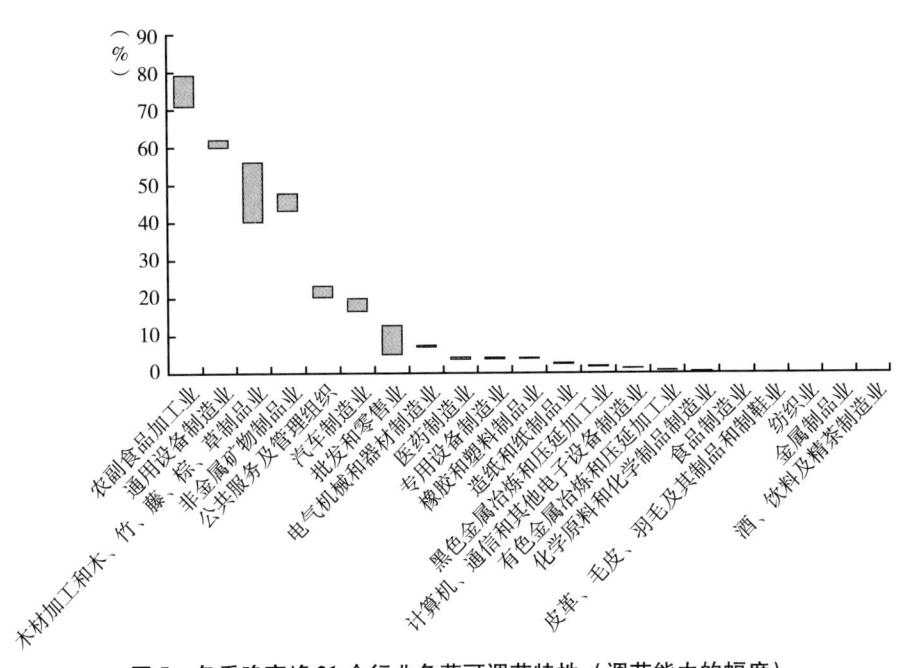

图5 冬季晚高峰21个行业负荷可调节特性（调节能力的幅度）

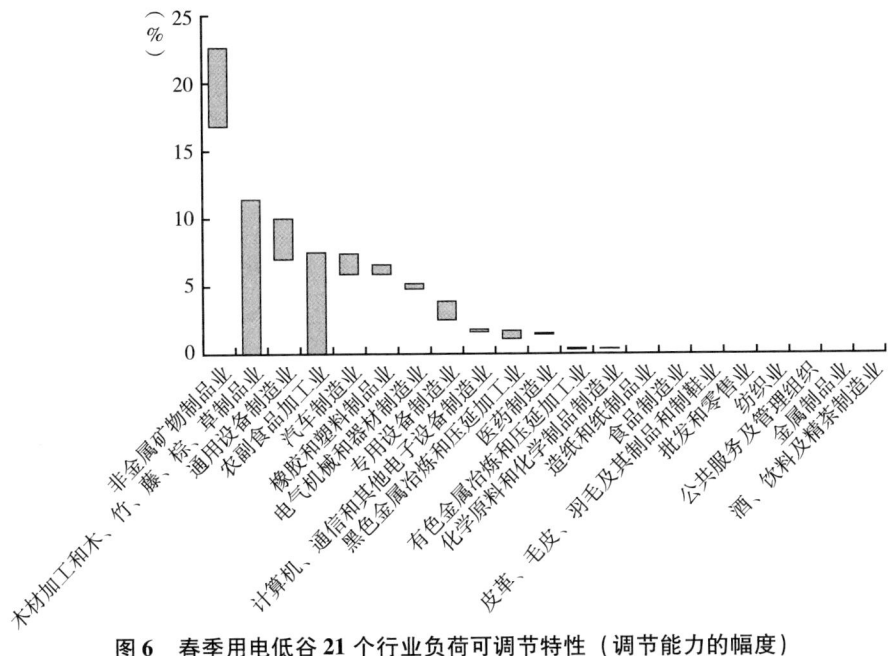

图6 春季用电低谷21个行业负荷可调节特性（调节能力的幅度）

秋季用电低谷填谷能力。对21个行业在秋季用电低谷时段的可调节特性进行排序（见图7），填谷特性较好的是酒、饮料及精茶制造业，调节能力在50%以上；其次是食品制造业，调节能力接近40%；非金属矿物制品业、化学原料和化学制品制造业调节能力在20%左右。其中，化学原料和化学制品制造业，木材加工和木、竹、藤、棕、草制品业，农副食品加工业，食品制造业，酒、饮料及精茶制造业在此时段的用电负荷波动大，可调节特性波动较大。

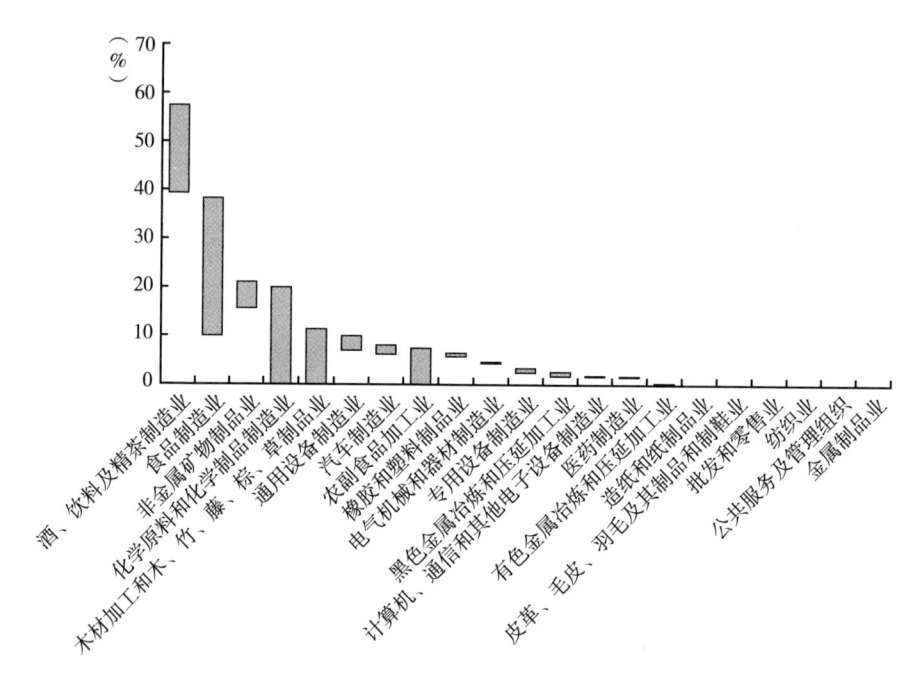

图7 秋季用电低谷21个行业负荷可调节特性（调节能力的幅度）

（三）重点行业可调节负荷能力展望

1. 重点行业用电量预测

根据河南省重点行业"十三五"期间用电量情况，结合"十四五"期间政府相关产业规划及行业发展态势，综合采用趋势分析、专家预测等方法，研判21个重点行业"十四五"期间用电量情况（见表6）。

表6 2025年河南省重点行业用电量展望

单位：亿千瓦时，%

行业名称	2020年	2025年	"十四五"增速
1. 黑色金属冶炼和压延加工业	145	183	4.72
2. 金属制品业	69	101	7.76
3. 橡胶和塑料制品业	40	52	5.29
4. 非金属矿物制品业	202	280	6.72
5. 通用设备制造业	40	51	5.30
6. 计算机、通信和其他电子设备制造业	31	40	5.30
7. 化学原料和化学制品制造业	194	191	~0.33
8. 医药制造业	17	21	4.04
9. 汽车制造业	23	30	5.30
10. 造纸和纸制品业	30	34	2.29
11. 专用设备制造业	11	14	5.30
12. 电气机械和器材制造业	25	32	5.30
13. 批发和零售业	193	694	29.18
14. 公共服务及管理组织	140	337	19.27
15. 木材加工和木、竹、藤、棕、草制品业	14	18	5.30
16. 皮革、毛皮、羽毛及其制品和制鞋业	8	10	5.30
17. 有色金属冶炼和压延加工业	375	368	~0.40
18. 食品制造业	28	36	5.30
19. 农副食品加工业	42	63	8.46
20. 酒、饮料及精制茶制造业	9	11	5.30
21. 纺织业	50	51	0.22

2. 重点行业可调节负荷规模展望

基于2025年重点行业用电量、现状8760小时用电数据，采用对比法，将2025年重点行业用电量分解到每日，结合前述对应时段行业负荷可调节特性，测算全省21个重点行业2025年可调节负荷，进而得到全省2025年重点行业可调节负荷规模。经测算分析，2025年河南省夏、冬两季用电高峰时段重点行业电力负荷削峰潜力在300万~400万千瓦；春、秋两季用电低谷时段填谷潜力在100万~200万千瓦，具体时段的电力可调节负荷情况如图8所示。

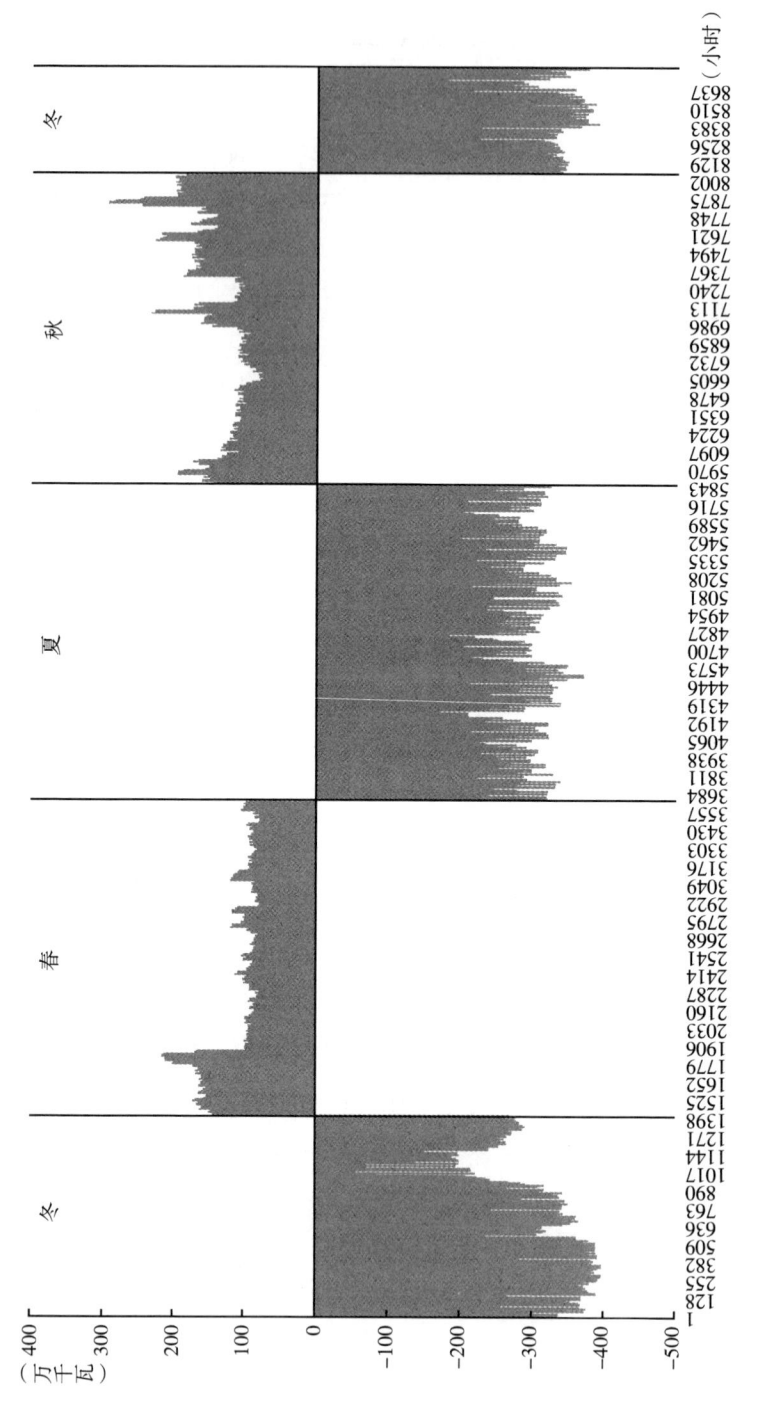

图 8　2025 年河南省可调节负荷

三 河南省电力可调节负荷参与系统调节的市场化机制探索

（一）全省电力需求侧响应实施现状和政策支持情况

2018年，河南省首次开展了电力需求侧响应试点工作，实现了电力可调节负荷参与系统调节零的突破。随后全省陆续出台相关支持政策，完善工作机制，积极培育用户侧可调节负荷响应能力，签约用户和负荷集成商数目稳步增加，可调节负荷资源不断增长。

需求侧响应实施情况。2018年，河南首次开展电力需求侧响应工作，于夏季用电负荷高峰时刻先后执行了3次需求响应（两次午间、一次晚间，均为削峰响应），单次最高响应负荷约为13.7万千瓦。其中，工业用户负荷响应量为9万千瓦，非工业用户响应量为4.7万千瓦，储能电站作为市场主体参与需求响应，削减高峰负荷为0.8万千瓦。2019年，河南首次启动季节性需求响应，参与响应负荷为52.8万千瓦。2020年，全省启动1次季节性需求响应，响应负荷约为37.6万千瓦，均为工业负荷；启动局部需求响应1次，响应负荷约为10.4万千瓦。截至2021年9月底，河南开展电力需求侧响应均为削峰响应，参与用户负荷类型包括约定响应和实时响应两类。

河南已出台相关支持政策情况。2018年6月，河南省发展改革委印发了《关于2018年开展电力需求响应试点工作的通知》，明确了用户参与电力需求响应的条件以及补偿标准，鼓励负荷集成商参与电力需求响应。2019年3月，河南省发展改革委印发了《关于2019年开展电力需求响应工作的通知》，进一步细化了补贴标准，对参与的空调负荷给予了更大支持，并特别明确开展需求响应相关合理费用可计入供电成本，为需求响应执行提供了稳定充足的激励资金来源。2020年4月，河南省发展改革委印发了《关于印发河南省2020年有序用电方案的通知》，提出"电网企业发放的需求响

应补贴成本纳入输配电价核定",明确实施电力需求响应的补贴资金计入运行维护费纳入准许成本。

(二)存在的困难和问题

市场机制和规则体系有待完善。2021年,河南省启动了电力现货交易市场筹备工作,在现货交易市场条件下,需求侧响应资源参与辅助服务的实施细则尚未出台。在现行电力辅助辅助市场规则下,需求侧可调节资源参与辅助服务的主体地位仍不明晰,相关主体积极性不高,负荷侧调节能力未充分激发。

电力需求响应参与主体仍需进一步扩展。经过近年来的电力需求响应试点实施,河南在政策支持、平台建设和用户挖潜方面积累了相关经验,但也存在参与主体不足、响应规模小等问题。当前响应对象主要是工业用户,充电站(桩)、冷库、居民用户侧储能等新兴用户参与度不够,调节潜力有待进一步挖掘和释放。

(三)可调节负荷参与系统调节的市场化机制探索

电力需求侧资源参与系统调节的市场机制建设是一项涉及经济、社会和技术等各个层面的系统工程,在建设过程中应充分考虑电力商品的特殊性,实现电网运行物理规律与市场运行经济规律的有机结合。按照统筹有序、因地制宜的原则,结合国内外需求响应市场化实施相关经验,充分考虑河南省电力需求响应工作实施进展、政策支持、平台建设以及电源结构现实情况,提出初级、中级和高级三个阶段需求响应市场化实施机制(见图9)。

初级阶段:成熟的市场机制和良好的市场氛围能够为需求响应资源提供价值实现渠道,是需求响应参与市场交易的基础。该阶段,电力需求响应资源以参与电力辅助服务市场为主。电力辅助服务市场的建立是为了维护系统安全稳定运行、保证电能质量,考虑到参与者响应速度和响应意愿的不确定性,应着力扩大需求响应的实施范围,提高需求响应资源的调度能力和辅助服务能力,初步建立需求响应和电力市场的耦合关系,具备需求响应市场化

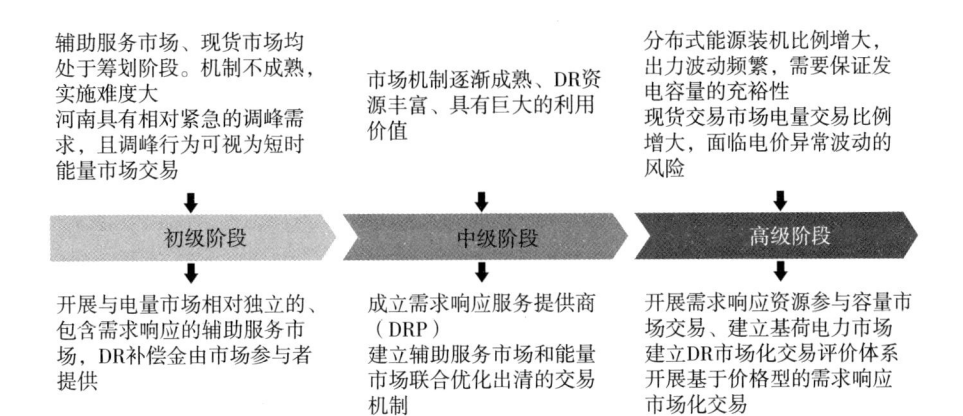

```
辅助服务市场、现货市场均           分布式能源装机比例增大，
处于筹划阶段。机制不成熟，  市场机制逐渐成熟、DR资   出力波动频繁，需要保证发
实施难度大                 源丰富、具有巨大的利用   电容量的充裕性
河南具有相对紧急的调峰需   价值                     现货交易市场电量交易比例
求，且调峰行为可视为短时                           增大，面临电价异常波动的
能量市场交易                                       风险
```

```
         初级阶段              中级阶段              高级阶段
```

```
开展与电量市场相对独立的、  成立需求响应服务提供商   开展需求响应资源参与容量市
包含需求响应的辅助服务市   （DRP）                场交易、建立基荷电力市场
场，DR补偿金由市场参与者   建立辅助服务市场和能量   建立DR市场化交易评价体系
提供                      市场联合优化出清的交易   开展基于价格型的需求响应
                          机制                     市场化交易
```

图9　河南省需求响应市场化交易分阶段建设规划

实施的条件，培育市场主体，开展与电力交易市场相对独立的、包含需求响应的辅助服务市场。辅助服务类型包含AGC调频辅助服务、有偿调峰和备用容量三大类。辅助服务的主要交易机制包括中长期的双边交易和集中竞价及现货交易中的集中竞价，实际运营中根据各类辅助服务特性及市场发展阶段选择相应的交易机制。

中级阶段：随着电力市场改革的深入，充分考虑需求响应的资源特性，完善市场交易主体，进一步扩大需求响应资源参与市场交易的范围，需求响应资源以DRP的形式主动参与电力交易市场和辅助服务市场交易，提供多元化的市场交易品种。同时，探索需求响应参与电力辅助服务与和能量市场的联合优化出清交易机制。明确电力交易市场参与主体的责任与义务，合理界定需求响应的补偿费用承担者和受益群体，以解决需求响应补偿资金的来源问题。该阶段，需求响应和电力市场进一步耦合，需求响应成本逐渐降低。

高级阶段：电力市场交易机制已经成熟，为了回收固定资产、吸引有效投资、提供引导信号，应当配套建设容量市场，允许需求响应资源参与容量市场竞价，无论是否被调用，需求响应用户都会获得一个确定的容量收益，以保证容量的充裕性，提高电网可靠性。开展需求响应资源参与容量市场交易，制定合理的需求响应容量需求，同时开展基于价格的零售侧需求响应市场化交易。采用合理的方式对需求响应交易进行预测、出清、评估和结算，提高用户的用电满意度和社会整体经济效益。随着电力系统中可再生能源发电比例持续增长，将需求响应与虚拟电厂技术进行融合，需求响应的运行控制更加智能化，进一步满足电力市场交易与电力系统调度的多样化需求。该阶段，需求响应和电力市场实现完全耦合，需求响应资源可以参与全类型的电力市场交易，发挥促进新能源消纳、促进全社会节能提效、降低发电成本等更为广泛的作用。

四 河南省电力可调节负荷市场化机制建设工作建议

（一）重视可调节负荷在电力保障体系中的作用

河南正处于工业化中期向后期过渡阶段，能源电力需求还将持续增加，夏冬季用电"双峰"特征日益突出、峰谷差不断扩大，电力保障供应的难度随之逐年加大。河南必须更加重视需求侧资源，在统筹省内各类电源发展、积极开拓外电入豫新通道的基础上，将可调节负荷资源纳入电力保障体系。一是根据河南负荷增长和产业结构调整情况，定期开展可调节负荷资源普查，建立可信可靠的可调节负荷资源库，并进行动态调整。二是不断完善负荷分类管理，进一步拓展工商业用户、负荷集成商、售电公司等主体作用，形成占年度最大用电负荷5%左右的需求响应能力。通过供需两侧协同发力，促进电网可调节能力和清洁能源消纳能力的提升，保障电力系统安全稳定运行、服务全省能源绿色低碳转型。

（二）重视可调节负荷激励政策和市场机制建设

电力需求侧响应实施模式与市场环境紧密相关。在不同的市场环境下，电力需求响应的具体实施对象、市场手段和执行方式都不相同。因而全省可调节负荷参与系统调节的市场化进程，应有序衔接省内市场交易机制建设情况、电力系统发展情况、参与主体的市场意识培养和专业知识普及情况等，设计合理的惩罚和费用分摊机制，择时将可调节负荷资源纳入辅助服务市场、电力现货交易市场。同时，应注重创新实施模式和业务领域，积极推动电动汽车、通信基站等多元新兴负荷作为新兴市场主体参与市场化调节。

（三）重视节约用能和相关政策的社会宣传工作

用户侧主体的市场意识、专业知识与需求响应市场化进程、实施效果密切相关，建议通过"线上＋线下"方式，向全社会广泛宣传需求响应、用能优化对保障电力安全运行、全社会节能提效的重要意义，提供电改政策解读、电费咨询指导、用能咨询、节能优化等服务，不断扩大居民和商业用户参与需求响应的规模，引导全社会增强科学用能、节约用能、错峰用能意识，加强与电力用户、负荷聚合运营商、设备厂商等市场主体的业务合作，共同促进电力负荷参与系统调节市场良性发展，带动全产业链共同发展，打造共建共治共赢的能源互联网生态圈。

（四）重视电力需求响应实施平台智能化的支撑

坚持系统观念和平台思维，加快建设开放、高效、智能的一体化服务平台。一是依托服务平台，加强与用户的深度灵活互动，及时掌握用户的用能需求、用能舒适度范围、参与需求响应的意愿以及用户参与需求响应的执行效果，满足个性化、智慧化用能需求，提高响应效率和准确性，并通过结算实时化，有效提升用户的满意度和参与响应的积极性。二是充分挖掘用户侧资源参与系统调节的海量数据价值，精准实现对"负荷资源池"响应能力与响应置信水平的动态评估。

参考文献

国家发展改革委：《关于做好 2021 年能源迎峰度夏工作的通知》（豫发改运行〔2021〕1058 号）。

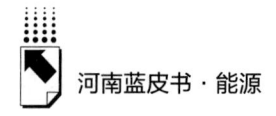

国家发展改革委、国家能源局：《关于深化电力现货市场建设试点工作的意见》（发改办能源规〔2019〕828号）。

河南省发展改革委：《关于印发河南省2020年有序用电方案的通知》（豫发改运行〔2020〕312号）。

国家发展改革委：《关于做好2021年能源迎峰度夏工作的通知》（豫发改运行〔2021〕1058号）。

宋永华等：《新电改下我国电力现货市场建设关键要点综述及相关建议》，《中国电机工程学报》2020年第10期。

樊宇琦等：《国内外促进可再生能源消纳的电力现货市场发展综述与思考》，《中国电机工程学报》2021年第5期。

B.16
河南省乡村振兴电力指数研究与应用

乡村振兴电力指数课题组*

摘 要： 乡村振兴关键在"兴"，电力是乡村经济兴盛、产业兴旺、生活改善的重要动力基础，对巩固脱贫攻坚成果、接续推进乡村振兴影响重大。本文立足于河南农村农业大省定位，围绕产业兴旺、生活富裕、农业发展三大方面，科学构建"一总三分"乡村振兴电力指数体系，完成河南省县域级乡村振兴电力指数测算分析，遴选典型县域代表开展乡村振兴电力指数应用拓展，深挖电力大数据价值，为乡村产业布局、电气化水平、农村空心化程度提供量化分析模型和工具，辅助政府确定投资导向和产业扶持靶向。研究成果有助于农村地区补短板、强产业、促发展、惠民生，为河南"在乡村振兴上实现更大突破、走在全国前列"助力赋能。

关键词： 乡村振兴 电力指数 产业兴旺 农业发展 河南省

民族要复兴，乡村必振兴。党的十八大以来，以习近平同志为核心的党中央始终坚持把解决好"三农"问题作为全党工作的重中之重。河南省作为全国农业农村大省，始终深入贯彻落实习近平总书记关于"三农"工作

---

* 课题组组长：孙合法。课题组成员：卢兴国、邵永刚、李鹏、张艺涵、李慧璇、祖文静、张泓楷。执笔：李鹏，管理学博士，国网河南省电力公司经济技术研究院高级经济师，研究方向为农村能源转型；李慧璇，工学硕士，国网河南省电力公司经济技术研究院工程师，研究方向为农村能源与能源互联网。

的重要讲话和指示批示精神。"十三五"时期，全省脱贫攻坚目标任务如期完成，农业供给侧结构性改革扎实推进，农村基础设施和公共服务不断完善，农业农村发展取得新的历史性成就，乡村振兴实现良好开局。"十四五"时期是开启全面建设社会主义现代化国家新征程的第一个五年，也是全面推进乡村振兴、加快农业农村现代化的关键时期。2021年4月，河南印发《关于全面推进乡村振兴加快农业农村现代化的实施意见》，对全面推进乡村振兴加快农业农村现代化做出重大部署，提出要促进农业高质高效、乡村宜居宜业、农民富裕富足，推动乡村振兴实现更大突破、走在全国前列。电力数据能够全面感知居民活动状态、透视产业经营活动，是量化分析乡村振兴发展水平的良好切入点，基于电力大数据描绘河南乡村振兴发展图景，可为乡村振兴战略实施提供决策支撑，助力河南探索走出具有区域特色的乡村振兴之路。

一 研究意义

（一）发挥电力数据优势，提供乡村振兴成效量化工具

电力作为农村覆盖最广、服务体系最全的能源，与农业生产、农村产业、农民生活紧密相关。电力大数据能全面感知居民活动状态、全面穿透产业经营活动，具有实时客观的天然属性，可以按天提取数据，可以细化到村、到户、到企业，是量化乡村振兴发展水平的切入点。深化乡村133个类别用电数据与农业、产业、农民生活关联度分析，可以构建农业发展、产业兴旺、生活富裕"三位一体"河南乡村振兴电力指数，聚焦乡村用电大数据深化应用，为科学度量河南乡村振兴纵向发展成效和横向差异评估提供新工具。

（二）挖掘电力数据价值，提升乡村振兴综合施策水平

通过乡村振兴电力指数分时、分项的变化对比，精准把握乡村振兴推进步伐、薄弱环节，因势利导农村地区发展，助力补短板、强产业、促发展、

惠民生。农业发展电力指数通过亩均种养殖电量表征农业现代化水平，得分较低的地区，应提高农业装备水平，出台政策支持，推动农业高质高效发展。产业兴旺电力指数直观表征了该地区产业发展情况，为合理配置资源、优化产业布局提供了决策辅助。生活富裕电力指数通过户均用电量表征了农民共享社会发展成果的水平，为科学有序统筹安排农村、城镇等功能空间，分步提升乡村基础设施提供了导向，推动了城镇和乡村贯通发展。

二 河南乡村振兴电力指数体系设计

电力作为经济社会发展的"风向标"，以电力数据为基础构建乡村振兴电力指数，可充分发挥电力数据即时、准确的特点，服务于乡村振兴数字化治理，对于推动乡村振兴战略落地实施具有重要意义。目前，甘肃、山东、福建、浙江等一些省份在乡村振兴电力指数研究与实践方面已开展了相关工作（见表1）。

表1 乡村振兴电力指数研究情况一览

序号	发布单位	指数体系	试点应用
1	甘肃省电力公司	围绕乡村产业兴旺、生态宜居、生活富裕3方面	在陇南、甘南等地试运行
2	山东省电力公司	围绕产业兴旺、生态宜居、乡风文明、治理有效、生活富裕5个维度	已在潍坊上线
3	福建省电力公司	融合地理、财政等多源数据，围绕区位条件、外力支持、生活富裕、产业兴旺、生态宜居5个维度	在全省各地市的300余个乡村振兴试点村实现落地应用
4	丽水供电公司	设计乡村产业、乡村宜居、乡村文教、乡村管理和乡村居民5个电力指数	采集分析全市2018~2020年10个县、86个乡镇（街道）和547个行政村
5	绍兴供电公司	由乡村幸福用电指数、乡村产业发展指数、乡村绿色用能指数3个板块组成	在新昌县展开试点评价
6	宁波供电公司	设计主变负载均衡率、带电作业能力、负荷转供能力、供电可靠性、故障修复能力5个维度	—

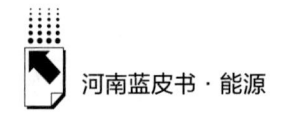

（一）设计思路

河南乡村振兴电力指数按照"基础调研—体系构建—实证测算—优化调整—态势研判"主线开展设计（见图1）。前期，对河南各县基本情况进行调研，了解乡村产业发展、居民生活、农业生产相关特征。在此基础上，深刻领会国家乡村振兴战略内涵，结合河南实际省情，构建河南乡村振兴电力指数体系。中期，利用各县用电大数据，开展河南乡村振兴电力指数实证测算，得到河南各县乡村振兴电力指数测算值。其间，针对指数体系模型构建方法与实证测算结果，多次组织有关专家召开研讨论证会议，经过不断调整，形成最终河南乡村振兴电力指数体系，得到河南107县（市、区）2018年至2020年乡村振兴电力指数测算结果。最后，依据测算结果，对河南乡村振兴总体态势以及各县乡村振兴发展情况进行评估分析，为河南乡村振兴战略实施提供有力支撑。

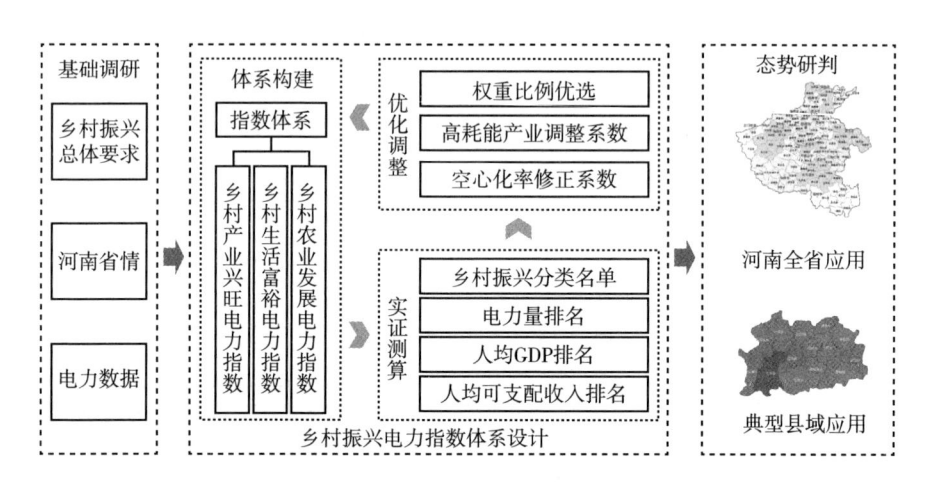

图1 河南乡村振兴电力指数总体研究思路

（二）指数设计

立足河南实际，遵循"农业高质高效、乡村宜居宜业、农民富裕富足"乡村振兴总体要求，结合河南是"中国粮仓""国人厨房"的基本省情，考虑乡村发展相关用电量的可获取性与可靠性，构建产业兴旺、生活富裕、农业发展"三位一体"的河南乡村振兴电力指数（Rural Revitalization Power Index，RRPI）体系。

1. 乡村产业兴旺电力指数（RRPI-A）

产业兴旺是乡村振兴的重点。紧抓产业兴旺这个"牛鼻子"，解决好产业链的问题，带动乡村一二三产业融合发展，是乡村产业发展的必然选择。产业兴旺电力指数直观反映了该地区产业发展情况，利用乡村产业发展相关用电量占全社会用电量比重来表征某地区乡村产业的发展规模，为合理配置资源、优化产业布局提供了决策辅助。

在指数设计时，考虑到高耗能产业用电量大，对产业兴旺指数影响也大，为兼顾县域产业结构差异，确保县域之间对比的公平性，本文引入高耗能产业调整系数，对乡村产业发展用电量进行修正。

$$RRPI-A_i = \frac{ration_{A-i}}{base_A} \tag{1}$$

式（1）中，$RRPI-A_i$ 代表某县 i 的乡村产业兴旺电力指数，$ration_{A-i}$ 代表某县 i 的乡村产业用电量占比，$base_A$ 代表乡村产业用电量占比标杆值。[①]

$$ration_{A-i} = \frac{E_{A-i} - E_{HECI-i} \times AC_{HECI}}{E_{total-i}} \tag{2}$$

式（2）中，E_{A-i} 代表某县 i 的乡村产业发展相关用电量，包括采矿业用电量、制造业用电量和乡村旅游相关用电量（见表2），E_{HECI-i} 代表某县 i 的高耗能产业用电量，包括石油、煤炭及其他燃料加工用电量，非金属矿物制品业用电量，化学原料和化学制品制造业用电量，黑色金属冶炼和压延加工业用电量，有色金属冶炼和压延加工业用电量和采矿业用电量，$E_{total-i}$ 代表某县 i 的全社会用电量，AC_{HECI} 代表高耗能产业调整系数。

---

① 乡村产业用电量占比标杆值=国民经济和社会发展五年规划期间全省各县中"乡村产业用电量占比"的最大值（选取"十三五"最大值作为"十四五"计算标杆值，跟随国民经济和社会发展五年规划进行滚动修正，下文中户均居民生活用电量标杆值、亩均农业用电量标杆值同理）。

表2　乡村产业兴旺电力指数（RRPI-A）计算数据来源

类别	行业名称	类别	行业名称
采矿业	煤炭开采和洗选业	制造业	医药制造业
	石油和天然气开采业		化学纤维制造业
	黑色金属矿采选业		橡胶和塑料制品业
	有色金属矿采选业		非金属矿物制品业
	非金属矿采选业		黑色金属冶炼和压延加工业
	其他采矿活动		有色金属冶炼和压延加工业
制造业	农副食品加工业		金属制品业
	食品制造业		通用设备制造业
	酒、饮料及精制茶制造业		专用设备制造业
	烟草制品业		汽车制造业
	纺织业		铁路、船舶、航空航天和其他运输设备制造业
	纺织服装、服饰业		电气机械和器材制造业
	皮革、毛皮、羽毛及其制品和制鞋业		计算机、通信和其他电子设备制造业
	木材加工和木、竹、藤、棕、草制品业		仪器仪表制造业
	家具制造业		其他制造业
	造纸和纸制品业		废弃资源综合利用业
	印刷和记录媒介复制业		金属制品、机械和设备修理业
	文教、工美、体育和娱乐用品制造业	乡村旅游业	批发和零售业（除充换电服务业）
	石油、煤炭及其他燃料加工业		住宿和餐饮业
	化学原料和化学制品制造业		

针对高耗能产业调整系数取值问题，本文计算了不同调整系数下 RRPI 排名与人均 GDP 排名及人均可支配收入排名间的欧拉距离①（见图2）。可知，当高耗能产业调整系数为 0.250 时，欧拉距离有极小值；当高耗能产业调整系数小于 0.250 时，欧拉距离随调整系数减小不断增加；当高耗能产业

① 欧拉距离：$D = \sqrt{\sum_{i=1}^{n}(r_i - a_i)^2 + \sum_{i=1}^{n}(r_i - b_i)^2}$。式中，$r_i$ 为第 i 个测算县在 n 个测算县中的乡村振兴电力指数排名，a_i 为第 i 个县人均 GDP 排名，b_i 为第 i 个县人均可支配收入排名。测算不同方案下各县的乡村振兴电力指数排名，并计算欧拉距离。欧拉距离 D 数值越大，则说明指数排名与人均 GDP、人均可支配收入一致性越差；反之则越好。

调整系数大于 0.250 时,欧拉距离随调整系数增加呈指数级增长。因此选择高耗能产业调整系数为 0.250。

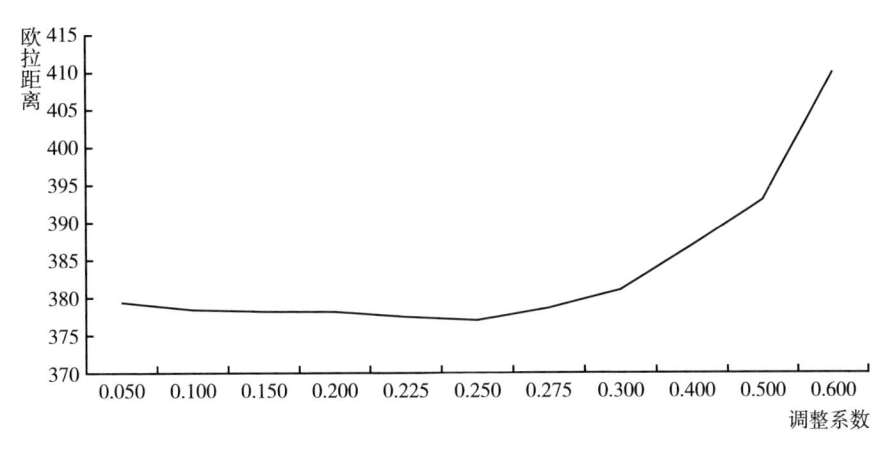

图 2 不同高耗能产业调整系数下的欧拉距离

2. 乡村生活富裕电力指数(RRPI-B)

生活富裕是乡村振兴的根本。针对农村广大群众对美好生活的向往和需求,利用乡村生活电气化水平来反映人民生活水平提高和生活质量改善的程度。乡村生活富裕电力指数利用城乡居民户均生活用电量来表征,为科学有序统筹安排农村、城镇等功能空间,分步提升乡村基础设施提供了导向。

考虑到当前随着城镇化的提速,农村进城务工人口不断增多,农村空心化趋势日益明显,农村空心化水平直接影响居民户均用电量,从而影响生活富裕指数。为提高指数的合理性,本文基于居民用电大数据,以农村住宅为单位,提出农村"空心化率"来测度农村空心化程度,并对居民户数进行修正。

$$\text{RRPI} - B_i = \frac{E_{avgB-i}}{base_B} \tag{3}$$

式(3)中,$\text{RRPI}-B_i$ 代表某县 i 的乡村生活富裕电力指数,E_{avgB-i} 代表某县 i 的户均居民生活用电量,$base_B$ 代表户均居民生活用电量标杆值。

$$E_{avg-i} = \frac{E_{B-i}}{N_i(1-R_i)} \tag{4}$$

式（4）中，E_{B-i}代表某县i的居民生活总用电量（见表3），N_i代表某县i的居民总用电户数，R_i代表某县i的空心化率。

表3 乡村生活富裕电力指数（RRPI-B）计算数据来源

类别	分项
居民生活总用电量	城镇居民生活用电量
	乡村居民生活用电量

$$R_i = \frac{N_{vacant-i}}{N_i} \tag{5}$$

式中，$N_{vacant-i}$代表某县i的总空置户数。本文基于户用电量数据，以年为周期，提出三种空置户判别条件（见表4），满足任意一种即认为该户居民为空置户。

表4 空置户判别条件

空置户类型	判别条件
绝对空置户	年累计用电量=0千瓦时
疑似空置户Ⅰ型	"0千瓦时<年累计用电量≤36千瓦时"且"有月度用电量为0千瓦时"
疑似空置户Ⅱ型	"年度用电量>36千瓦时"且"不小于6个月度用电量为0千瓦时"

3. 乡村农业发展电力指数（RRPI-C）

习近平总书记参加河南代表团审议时强调，"确保重要农产品特别是粮食供给，是实施乡村振兴战略的首要任务"。① 对河南来讲，在全面推进乡村振兴背景下，推动农业高质高效发展，扛稳粮食安全保障重任意义重大。乡村农业发展电力指数通过乡村农业发展电气化水平来反映农业现代化进程，利用亩均农业用电量来表征。

$$RRPI-C_i = \frac{E_{avgC-i}}{base_C} \tag{6}$$

---

① 《习近平李克强王沪宁韩正分别参加全国人大会议一些代表团审议》，新华社，2019年3月8日，https://baijiahao.baidu.com/s?id=1627443093355603746&wfr=spider&for=pc。

式（6）中，RRPI－C_i代表某县i的乡村农业发展电力指数，E_{avgC-i}代表某县i的亩均农业用电量，$base_C$代表亩均农业用电量标杆值。

$$E_{avgC-i} = \frac{E_{c-i}}{S_i} \tag{7}$$

式（7）中，E_{C-i}代表某县i的农业总用电量（见表5），S_i代表某县i的耕地面积。

表5 乡村农业发展电力指数（RRPI－C）计算数据来源

类别	分项
种植	农业
	林业
	排灌
养殖	畜牧业
	渔业
	农、林、牧、渔专业及辅助性活动（除排灌）

4.河南乡村振兴电力指数（RRPI）

河南乡村振兴电力指数通过发掘用电大数据与乡村产业、农民生活、农业发展关联关系，构建乡村产业兴旺电力子指数、乡村生活富裕电力子指数、乡村农业发展电力子指数，支撑动态监测、直观研判乡村振兴发展态势。

$$RRPI = \alpha \times (RRPI-A) + \beta \times (RRPI-B) + \gamma \times (RRPI-C) \tag{8}$$

式（8）中，α、β、γ分别为乡村产业兴旺电力子指数、乡村生活富裕电力子指数、乡村农业发展电力子指数权重值。利用乡村振兴电力指数，可开展县域级、乡（镇）级指数计算，以月度、季度、年度为周期进行指数评价。

（三）权重优化

为确保"乡村振兴电力指数"设计的科学性、合理性，本文提出基于欧拉距离的权重优选方法，确定分项指数合成最优方案。根据《乡村振兴战略规划（2018—2022年）》相关要求，乡村振兴电力指数初始设置权重考虑产业兴旺/生活富裕/农业发展＝5∶3∶2（即方案一）。在此基础上，以2019年107个县（市、区）的电力数据为基础，提出4种不同方案设置产业兴旺、生活富裕、农业发展三项子指数权重值，比较不同方案下107个县（市、区）的RRPI排名与人均GDP排名、人均可支配收入排名离散程度，并通过计算欧拉距离进行比选（见表6）。

表6　不同权重方案比选

权重方案	权重设置	欧拉距离
方案一	产业兴旺∶生活富裕∶农业发展＝50%∶30%∶20%	391
方案二	产业兴旺∶生活富裕∶农业发展＝50%∶40%∶10%	411
方案三（最优）	产业兴旺∶生活富裕∶农业发展＝40%∶40%∶20%	313
方案四	产业兴旺∶生活富裕∶农业发展＝45%∶45%∶10%	353

经计算可知，方案三（即产业兴旺∶生活富裕∶农业发展＝40%∶40%∶20%）离散程度最低及欧拉距离最小，为最优方案。

三　河南省县域乡村振兴电力指数测算与分析

根据《中共河南省委农村工作领导小组关于分类推进乡村振兴的通知》（豫农领文〔2021〕1号），河南省107个县（市、区）划分为示范引领县、整体推进县、巩固提升县等三类（见表7）。以党的十九大提出乡村振兴战略以来（2018~2021年）河南各县域用电大数据为基础数据，采用本文提出的河南乡村振兴电力指数计算方法，开展全省县域指数测算及分析。

表7　河南省分类推进乡村振兴县域名单

乡村振兴类型	划分方式	县域名单
示范引领县（30个）	区位条件优越、县域经济发展水平较高、农业农村基础较好	新郑市、新密市、巩义市、兰考县、孟津县、新安县、舞钢市、林州市、浚县、淇县、新乡县、长垣市、孟州市、温县、修武县、濮阳县、清丰县、长葛市、许昌市建安区、临颍县、灵宝市、邓州市、西峡县、永城市、固始县、新县、鹿邑县、沈丘县、遂平县、济源市

续表

乡村振兴类型	划分方式	县域名单
整体推进县（43个）	示范引领县以外的非贫困县和原省定贫困县	中牟县、荥阳市、登封市、杞县、通许县、尉氏县、偃师市、伊川县、宝丰县、郏县、叶县、汝州市、安阳县、内黄县、汤阴县、卫辉市、辉县、获嘉县、原阳县、延津县、沁阳市、博爱县、武陟县、南乐县、禹州市、鄢陵县、襄城县、舞阳县、义马市、渑池县、新野县、唐河县、方城县、夏邑县、罗山县、息县、项城市、西华县、扶沟县、西平县、汝南县、正阳县、泌阳县
巩固提升县（34个）	原国定贫困县（市、区），不含兰考县、新县、固始县、沈丘县	宜阳县、汝阳县、洛宁县、栾川县、嵩县、鲁山县、滑县、封丘县、范县、台前县、卢氏县、镇平县、内乡县、淅川县、桐柏县、社旗县、南召县、虞城县、柘城县、宁陵县、睢县、民权县、潢川县、淮滨县、光山县、商城县、郸城县、太康县、周口市淮阳区、商水县、上蔡县、平舆县、确山县、新蔡县

（一）乡村振兴电力指数测算情况

1. 从总体来看，乡村振兴战略实施以来，河南整体平稳起步，发展动能持续释放

乡村振兴稳中有进。2018~2020年全省乡村振兴电力指数均值分别为50.1、51.6、51.9。全省107个县（市、区）中，87县（市、区）的2020年指数数值较2018年的有所增长，占总县域数量的81.3%。动能尚未充分释放。2018~2020年全省乡村振兴电力指数年均增速仅为2.1%，较河南GDP年均增速（4.1%）低2个百分点，较河南农村人均可支配收入年均增速（7.9%）低5.8个百分点。县域指数离散度高。107个县（市、区）中，48个县（市、区）的指数三年均值超过平均水平（51.08），其中指数最大的新郑市（77.73）比指数最小的县域高出46.84。新冠肺炎疫情影响较大。2020年受疫情影响，乡村振兴速度阶段性放缓。64个县（市、区）经受住疫情冲击，2020年电力指数数值较前一年实现正增长，占总县域数量的59.81%。

2. 从类型来看，示范引领型县域综合振兴实力强，巩固提升型县域综合振兴活力好

从指数数值来看（见图3），示范引领县指数三年均值为56.5，明显高于整体推进县的52.9、巩固提升县的44.3。在30个示范引领县中，指数三年均值高于全省平均水平（51.08）的县域有19个，占该类县域数量的63.33%；43个整体推进县中，指数三年均值高于全省平均水平的县域有24个，占该类县域数量的55.81%；34个巩固提升县中，指数三年均值高于全省平均水平的县域有5个，仅占该类县域数量的14.71%。可以看出，示范引领县乡村整体发展水平更高，示范带动效应明显。

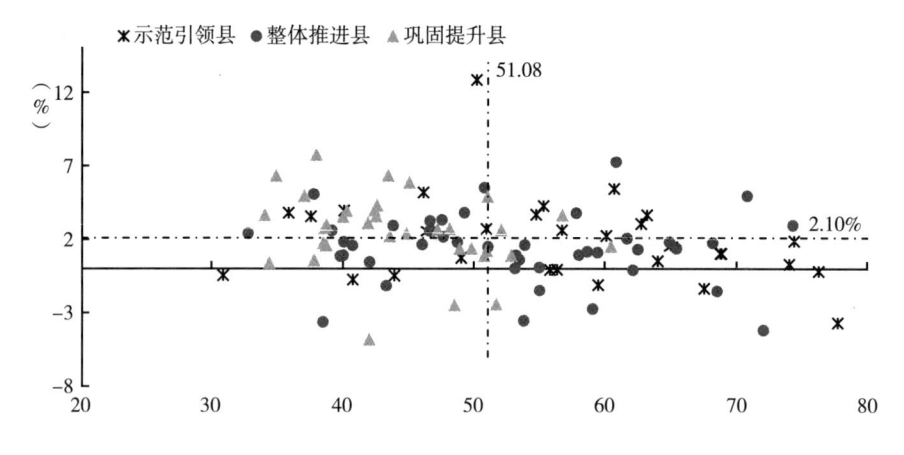

图3 分类型县域电力指数数值增速分布

从指数增速来看，巩固提升县指数增幅约是示范引领县和整体推进县的1.5倍。在30个示范引领县中，指数三年年均增速高于全省平均水平（2.1%）的县域有14个，占该类县域数量的46.67%；43个整体推进县中，指数三年年均增速高于全省平均水平的县域有14个，占该类县域数量的32.56%；34个巩固提升县中，指数三年年均增速高于全省水平的县域有21个，占该类县域数量的61.76%。可以看出，巩固提升县乡村整体发展速度更快，尾部追赶效应明显，农村落后地区发展驶入加速道。

3. 从区域来看，豫中、豫北、豫西地区县域振兴水平高，郑州中心辐射带动效应强

以省辖市为单位来看，电力指数三年均值排名前五位的分别为郑州市、济源市、焦作市、新乡市和许昌市，均位于豫中、豫北、豫西地区；而位于豫南的南阳市、信阳市、驻马店市以及位于豫东的开封市、商丘市、周口市电力指数三年均值相对偏低，反映了豫南、豫东地区县域乡村振兴发展水平与豫中、豫北、豫西地区相比，还存在一定差距，需要加快发展方式，迎头赶上。

从县域层面来看，电力指数三年均值排名前十位的县域分别为新郑市、新乡县、长葛市、荥阳市、孟州市、偃师市、沁阳市、孟津县、巩义市和中牟县，全部位于郑州或周边（见图4）；电力指数三年年均增速排名前十位的县域分别为濮阳县、卢氏县、卫辉市、宁陵县、新蔡县、封丘县、叶县、长垣市、浚县和西华县，有一半位于郑州或周边，反映了郑州的辐射效应凸显，对周边县域乡村发展起到较强带动作用（见图5）。

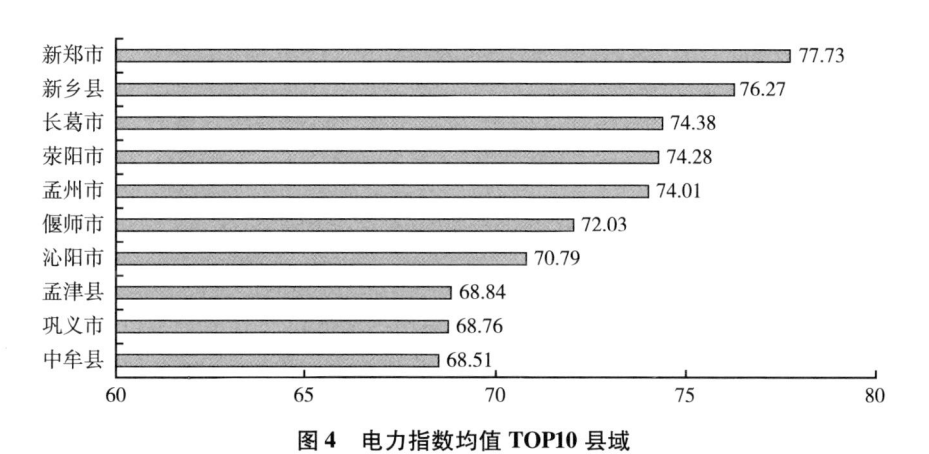

县域	数值
新郑市	77.73
新乡县	76.27
长葛市	74.38
荥阳市	74.28
孟州市	74.01
偃师市	72.03
沁阳市	70.79
孟津县	68.84
巩义市	68.76
中牟县	68.51

图4 电力指数均值TOP10县域

（二）乡村振兴分项电力指数测算情况

1. 从产业兴旺电力指数看，产业发展与疫情、产业结构关系密切，地区发展水平差异明显

2018~2020年全省产业兴旺电力指数均值分别为61.6、62、61.4，整

251

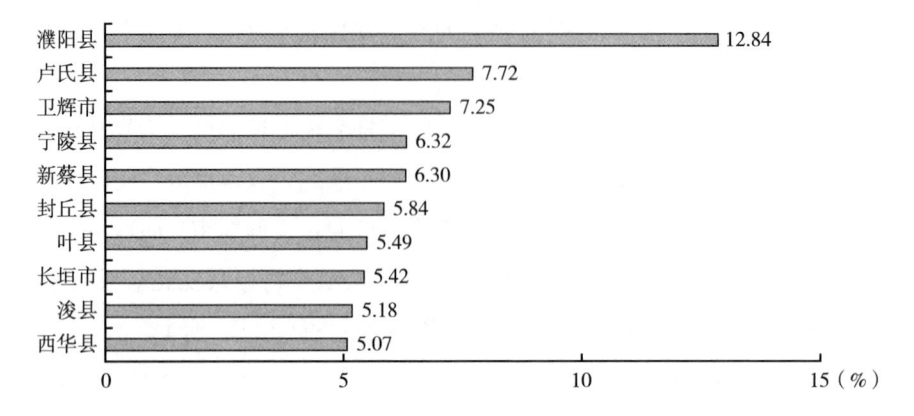

县域	数值
濮阳县	12.84
卢氏县	7.72
卫辉市	7.25
宁陵县	6.32
新蔡县	6.30
封丘县	5.84
叶县	5.49
长垣市	5.42
浚县	5.18
西华县	5.07

图5 电力指数增速TOP10县域

体发展较为平稳，2020年指数数值有所下降。一方面，近年来县域产业发展正处在转型调整时期，落后产能面临淘汰，新产能还未发展起来，产业兴旺指数整体涨势较缓，全省107个县（市、区）中，仅52个县（市、区）的2020年指数数值较2018年的有所增长，占总县域数量的48.6%。另一方面，乡村产业发展受疫情影响较大，全省107个县（市、区）中，58个县（市、区）的2020年指数数值较上一年负增长，占总县域数量的54.21%。

乡村产业发展整体呈现"北高南低、西高东低"的格局。以省辖市为单位来看，产业兴旺电力指数三年均值排名前五位的分别为济源市、焦作市、漯河市、许昌市和洛阳市，信阳市、周口市和驻马店市排名末尾。从县域层面来看，产业兴旺电力指数三年均值排名前五位的分别为孟州市、济源市、舞钢市、西峡县和新乡县（见图6）；三年年均增速排名前五位的分别为卫辉市、叶县、许昌建安区、中牟县和新蔡县（见图7）。

2. 从生活富裕电力指数看，人民生活水平普遍改善，地区贫富差距逐步缩小

2018~2020年全省生活富裕电力指数均值分别为54.04、56.83、57.56，指数数值持续增长。在全省107个县（市、区）中，97个县（市、区）的2020年指数数值较2018年的有所增长，占总县域数量的90.65%。在指数年均增速最高的10个县域中，6个县域的指数均值排名后30位；而在指数负增

图6 产业兴旺电力指数均值TOP5县域

县域	数值
孟州市	98.16
济源市	93.12
舞钢市	90.59
西峡县	90.46
新乡县	90.17

图7 产业兴旺电力指数增速TOP5县域

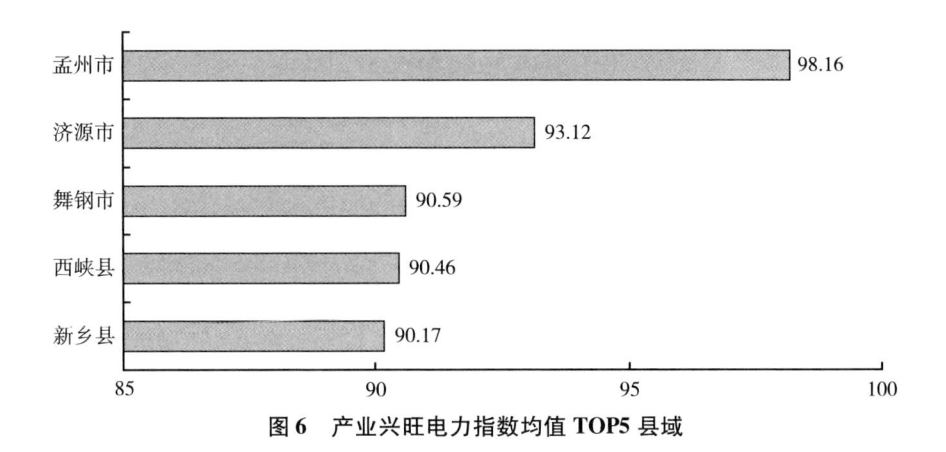

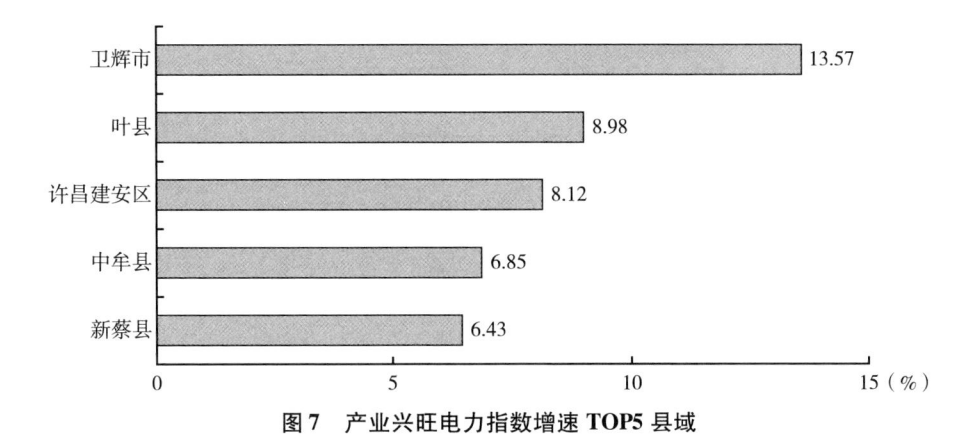

县域	数值(%)
卫辉市	13.57
叶县	8.98
许昌建安区	8.12
中牟县	6.85
新蔡县	6.43

长的10个县域中，7个县域的指数均值排名前30位。可以看出，全省乡村生活富裕指数发展态势良好，各县域之间指数差距呈现持续缩小的趋势。

以省辖市为单位来看，生活富裕电力指数三年均值排名前五位的分别为郑州市、焦作市、新乡市、许昌市和洛阳市，周口市、商丘市和濮阳市排名末尾。从县域层面来看，生活富裕电力指数三年均值排名前五位的分别为新郑市、中牟县、荥阳市、长葛市和长垣市（见图8）；三年年均增速排名前五位的分别为泌阳县、平舆县、原阳县、宁陵县和安阳县（见图9）。可以看出，生活富裕水平较高的县域地区主要集中在郑州周边，整体呈现"中间高、边缘低"的空间分布特点。

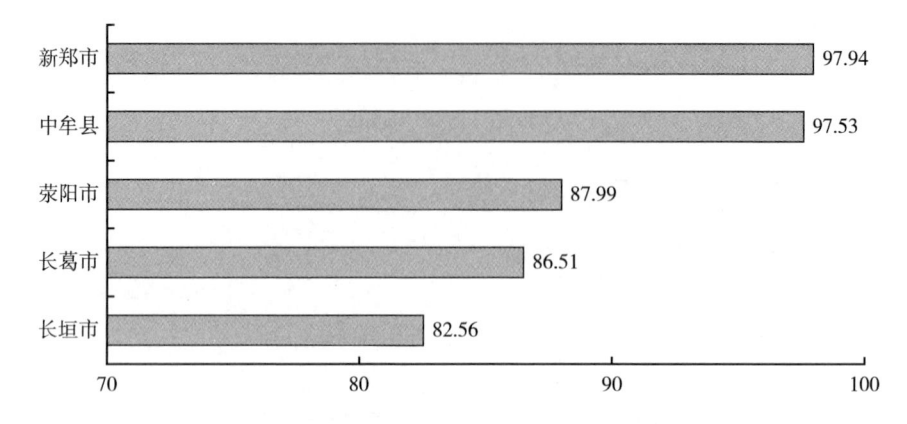

图8 生活富裕电力指数均值TOP5县域

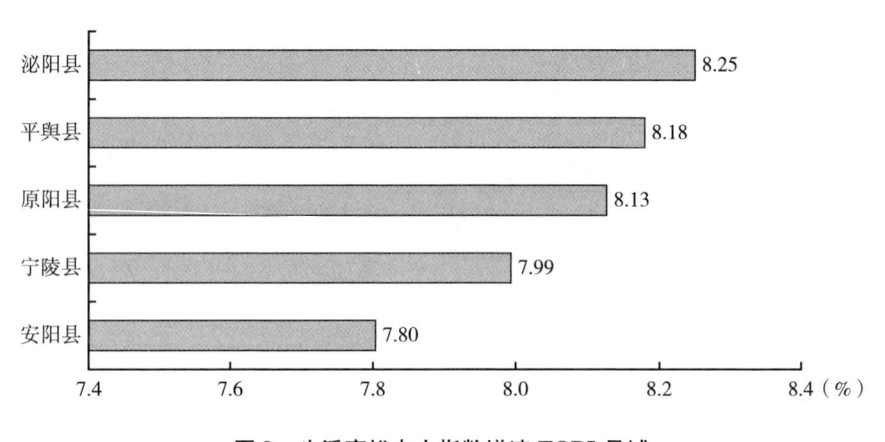

图9 生活富裕电力指数增速TOP5县域

3. 从农业发展电力指数看，农业现代化水平仍旧偏低，豫南、豫东农业电气化水平有待提升

2018~2020年全省农业发展电力指数均值分别为19.27、20.26、21.37，虽指数数值上稳步提升，对比其他分项指数，发展水平仍旧偏低，与河南农业大省定位不相匹配。全省107个县（市、区）中，指数数值最大的为淇县（80.9），较指数数值最小的县域高出78.62，农业电气化地区发展不均衡现象显著。

以省辖市为单位来看，农业发展电力指数三年均值排名前五位的分别为鹤壁市、郑州市、济源市、三门峡市和焦作市，驻马店市、周口市和信阳市相对靠后。从县域层面来看，农业发展电力指数三年均值排名前五位的分别为淇县、新郑市、中牟县、荥阳市和濮阳县（见图10）；三年年均增速排名前五位的分别为宁陵县、鹿邑县、柘城县、卢氏县和息县（见图11）。在农业发展指数低于10的县域中，有70%以上来自豫东、豫南的周口、驻马店、信阳、南阳等地。可以看出，豫北、豫中地区农业发展指数较大，农业电气化水平较高；豫东、豫南地区农业现代化、电气化水平仍有待进一步提高。

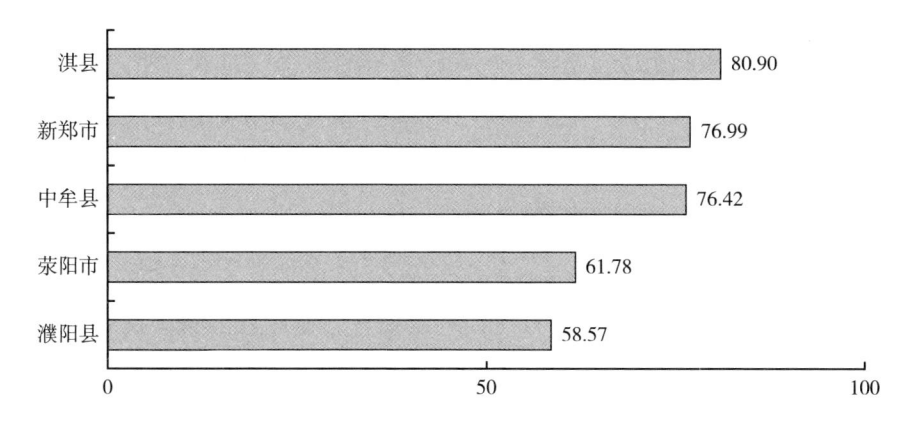

县域	指数
淇县	80.90
新郑市	76.99
中牟县	76.42
荥阳市	61.78
濮阳县	58.57

图10 农业发展电力指数均值TOP5县域

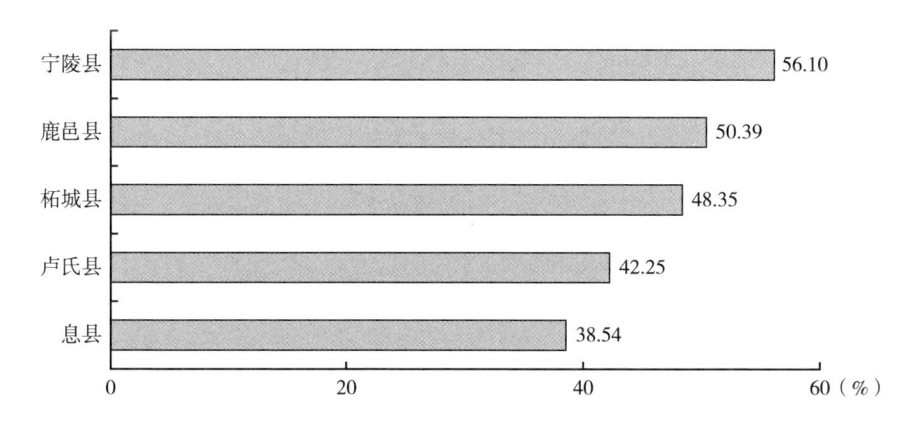

县域	增速(%)
宁陵县	56.10
鹿邑县	50.39
柘城县	48.35
卢氏县	42.25
息县	38.54

图11 农业发展电力指数增速TOP5县域

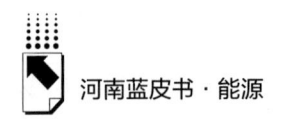

四 典型县域乡村振兴电力指数深化应用

在完成全省107个县（市、区）指数测算的基础上，为进一步深化乡村振兴电力指数在典型县域的应用，本研究分别从示范引领型、整县推进型、巩固提升型三类中，遴选豫北C市、豫中Y县、豫西L县，开展典型县域乡村振兴电力指数分析。

（一）示范引领型县域乡村振兴电力指数应用——以豫北C市为例

C市地处豫东北地区，是第一批践行县域治理"三起来"的县域之一，享有"中国起重机械名城""中国医疗耗材之都""中国防腐蚀之都"等美誉。县域面积为1051平方公里，常住人口为90.5万人，城镇化率为57.62%。2020年，C市地区生产总值为490.2亿元，同比增长4.9%，三次产业结构之比为10.61∶53.38∶36.01。

三年来，C市乡村振兴电力指数持续提升，乡村发展势头良好。2020年综合电力指数为63.81，较2018年提升11.1%。三项子指数中，产业兴旺电力指数、生活富裕电力指数均快速增长，三年累计增幅超过10%，反映了当地县域经济已经走上了高质量发展之路，乡村振兴动力充盈，民生保障持续改善，人民生活水平不断提高（见图12）。

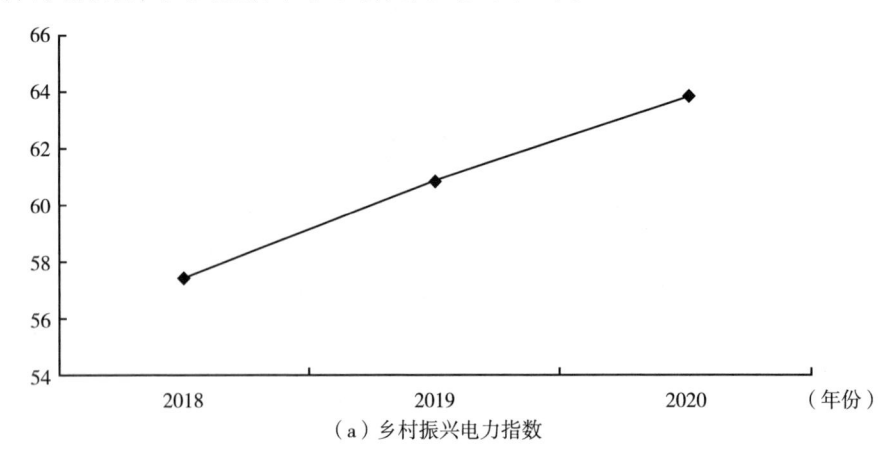

(a) 乡村振兴电力指数

（b）子指数

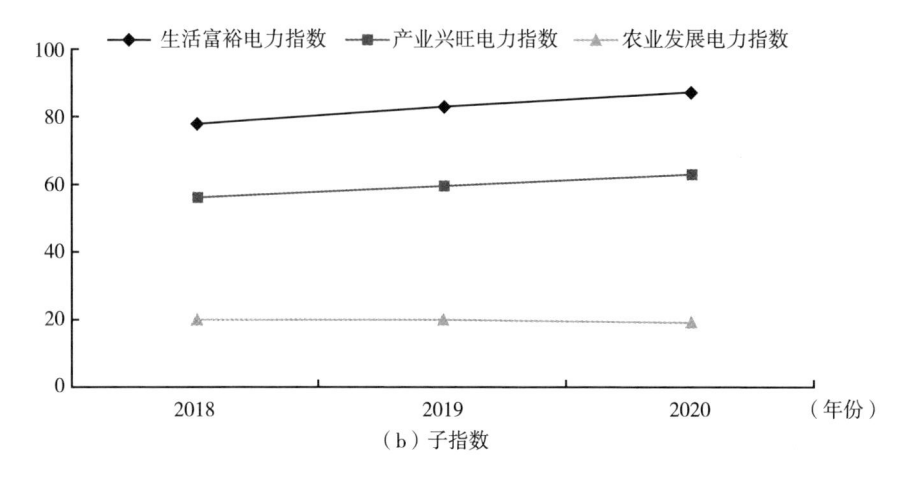

图12　C市乡村振兴电力指数变化趋势

从产业发展情况来看（见图13），C市主导产业对乡村产业发展起到拉动作用，2020年整体产业发展经受住疫情冲击，产业兴旺电力指数持续增长。C市经济发展以第二产业为主，主导产业为医药及医疗器械制造业、通用设备制造业（主要是起重机械制造）。2020年主导产业用电户数较2018年增加8.0%，用电量提升56.2%。其中，医药及医疗器械制造业在疫情期间扩大产能，支援全国口罩、防护服等医疗用品供应，2020年用户数量增幅达71%，企业生产用电量增幅达100%，产业规模明显扩大，市场竞争力不断提升；通用设备制造业三年间用户数累计增加1.4%，用电量提升20.8%，2020年受疫情影响，行业发展受到一定冲击，用电量涨幅回落。

从人民生活情况来看，C市居民用电量快速增加，生活富裕电力指数不断提升。2020年城乡居民用电量较2018年增长14%，户均用电量较2018年增长12.6%，居民电力保障水平提高，人民用电需求得到释放。

从农业生产情况来看，受产业结构调整等因素影响，C市农业发展整体有所萎缩，农业发展电力指数小幅下降。当前C市正处于农业结构调整时期，农业发展以优质为主线，部分农户由传统粮食作物种植转向果木等经济作物种植，同时在畜牧业向标准化规模化转变的趋势下，部分规模较小的养

图 13 C 市主导产业发展情况

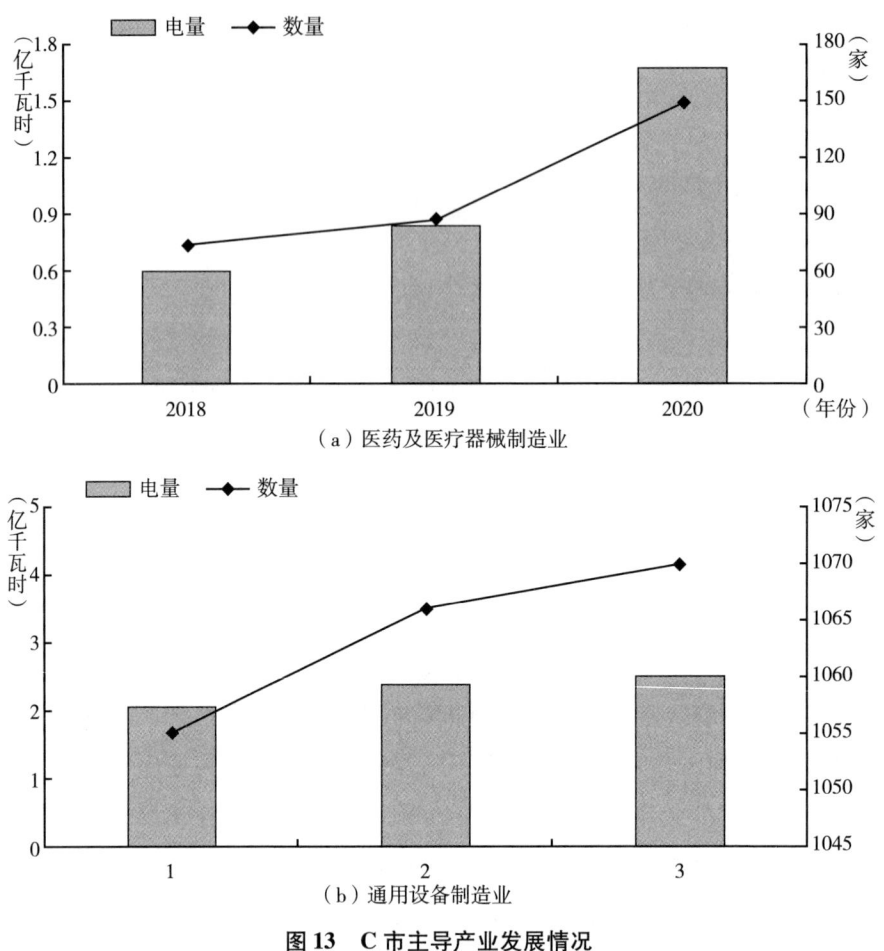

殖户退出市场，造成农业种植、畜牧业养殖用电量有所减少。经过农业种植、畜牧业养殖模式优化升级，C 市农业现代化水平将进一步提高，电气化潜力将进一步释放。

（二）整县推进型县域乡村振兴电力指数应用——以豫中 Y 县为例

Y 县地处河南省中部偏西南地区，历史悠久，矿产丰富，有"中国岩盐之都"美誉。县域面积为 1335 平方公里，总人口为 90.5 万人，城镇化率为 38.6%。2020 年，Y 县地区生产总值为 224.1 亿元，同比增长 3.2%，三次产业结构之比为 26.5∶27.6∶45.8。

三年来，Y县乡村振兴电力指数逐年递增，发展态势持续向好（见图14）。2020年电力指数为52.63，较2018年提升11.3%，指数年均增速为5.49%，是全省年均增速最快的十个县域之一。三项子指数中，产业兴旺电力指数稳中有进，基本盘守稳抓牢；生活富裕电力指数呈微"∧"形变化趋势，2020年比2019年略有下降；农业发展电力指数先降后升，整体趋势平稳。

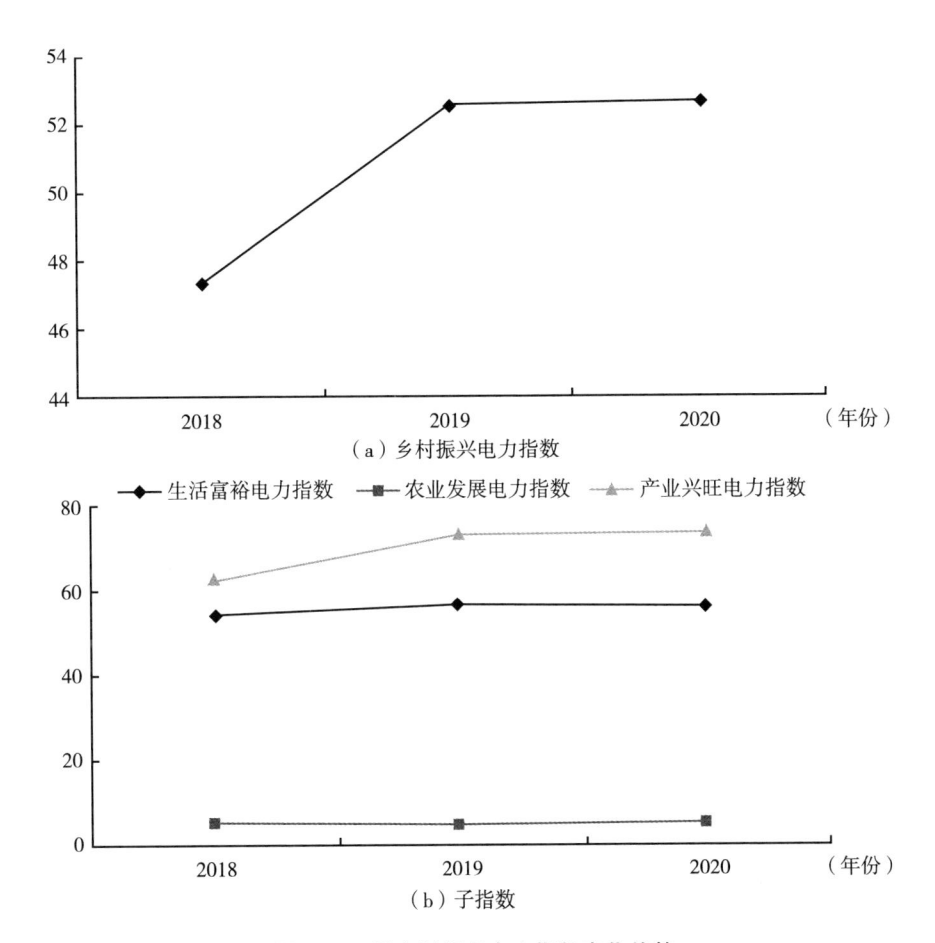

（a）乡村振兴电力指数

（b）子指数

图14 Y县乡村振兴电力指数变化趋势

从产业发展情况来看（见图15），Y县产业兴旺电力指数增速较快，产业发展势头较好。Y县主导产业为农副食品加工业，非金属矿物制品业，木材加工和木、竹、藤、棕、草制品业和化学原料与化学制品制造业。2020年主导产业用电户数较2018年增加1.1%，用电量提升207.32%，实现双翻倍增长。其中，农副食品加工业用户数减少，而用电量稳步增长，呈现规模化发展趋势；包括盐化工制造、尼龙产业、装备制造等在内的非金属矿物制品业，木材加工和木、竹、藤、棕、草制品业和化学原料与化学制品制造业用户数量由2018年的57家增加到2020年的89家，用电量在2018~2019年增幅达到250.38%，发展态势迅猛。

（a）农副食品加工业

（b）非金属矿物制品业，木材加工和木、竹、藤、棕、草制品业，化学原料与化学制品制造业

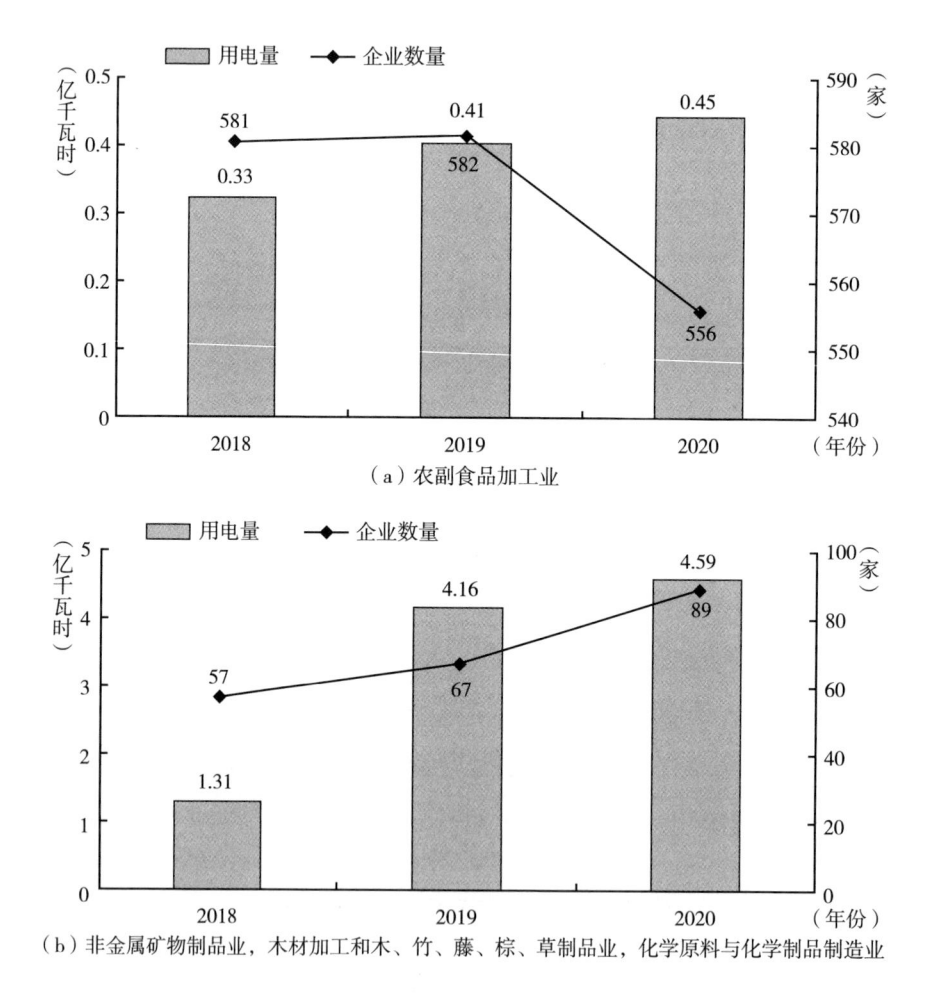

图15 Y县主导产业发展情况

从人民生活情况来看，Y县生活富裕电力指数整体呈上升趋势，人民生活电气化水平提升，2020年受疫情影响，指数小幅下降。2020年城乡居民用电量较2018年增长8.6%，户均用电量较2018年增长3.1%，用电量增速较缓。

从农业生产情况来看，Y县农业发展电力指数变化趋势平稳，农业电气化水平有待进一步提升。2020年Y县农业发展用电量较2018年仅增加1%，其中排灌电量、渔业养殖电量大幅增加，畜牧业养殖电量大幅减少，农业种植用电量小幅减少，需进一步加强农业现代化发展，寻找新的农业发展增长点。

（三）巩固提升型县域乡村振兴电力指数应用——以豫西L县为例

L县地处豫西伏牛山腹地，是中国旅游强县，拥有老君山、鸡冠洞等7个4A级以上旅游景区，同时也是我国著名的多金属矿集区，拥有钼、钨、铅、锌、金、铁等50多种矿产资源，其中已探明钼金属储量为220万吨，被称为"中国钼都"。县域面积为2477平方公里，人口为35万人，城镇化率为59.89%。L县2020年全县地区生产总值为273.28亿元，同比增长2.1%，三次产业结构之比为5.5∶51.4∶43.1。

三年来，L县乡村振兴电力指数先升后降，呈现缓慢上升趋势（见图16），反映了L县乡村振兴基础较好，但动能略显不足。2020年电力指数为60.76，较2018年提升3%。三项子指数中，农业发展电力指数稳步提升，三年累计增幅超过50%，产业兴旺电力指数与生活富裕电力指数呈"Λ"形变化趋势，2020年受新冠肺炎疫情影响指数水平回落。

从产业发展情况来看（见图17），L县产业发展受疫情冲击较大，2020年产业兴旺电力指数有所下降。L县主导产业为采矿业，其用电量占到全县全行业用电量的70%以上。2020年采矿业用电户数较2018年增加1.82%，采矿业用电量增加20.63%。2020年受疫情影响，采矿业用电量较2019年减少1.8%。同时，疫情也对L县乡村旅游业造成冲击，2020年旅游人次和旅游收入大幅下降。

从人民生活情况来看，L县居民生活水平整体向好，2020年在产业发

(a) 乡村振兴电力指数

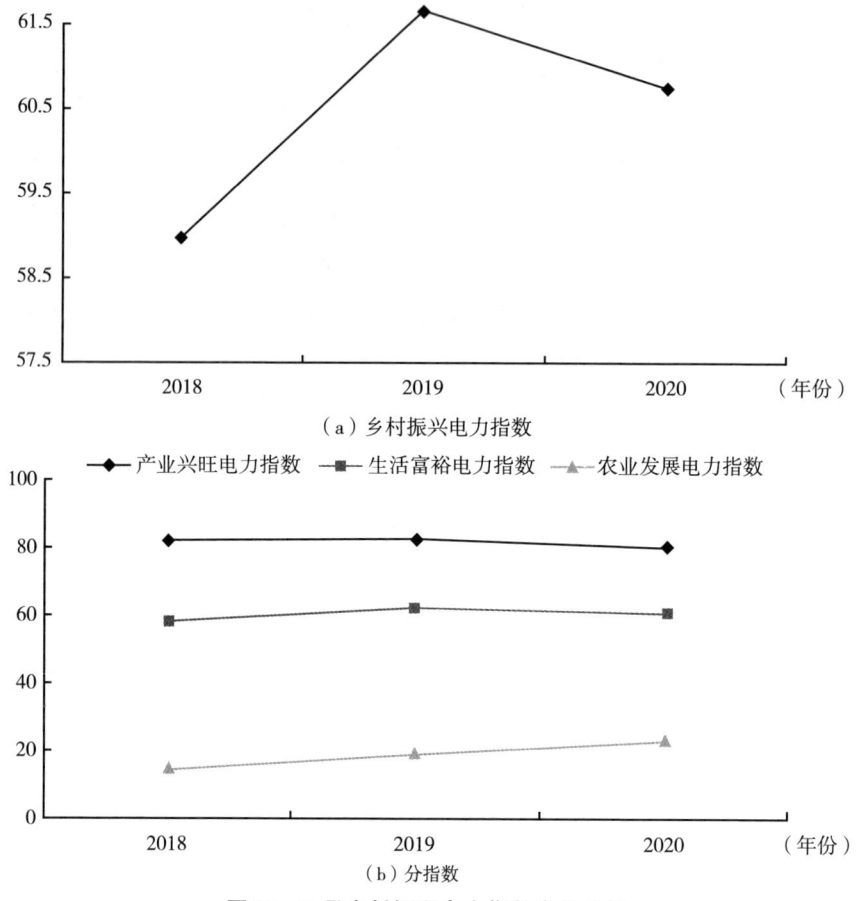

(b) 分指数

图 16　L 县乡村振兴电力指数变化趋势

展受到疫情冲击的情况下，人民生活也受到一定影响，生活富裕电力指数较 2019 年有所下降。2020 年城乡居民用电量较 2018 年增加 12%，户均用电量较 2018 年增加 4.2%，用电量呈现逐年增加趋势，但增速较缓。

从农业生产情况来看，L 县农业高质高效发展态势崭露头角，农业发展电力指数快速增长。2020 年 L 县农业发展用电量较 2018 年增加 36.35%，其中，畜牧业用电量大幅增加，农业用电量与农林牧渔业及辅助性活动用电量小幅增加，全县农业发展势头良好，种植养殖电气化水平不断提高，现代农用机械、智慧养殖设备数量大幅增加。

(a) 采矿业

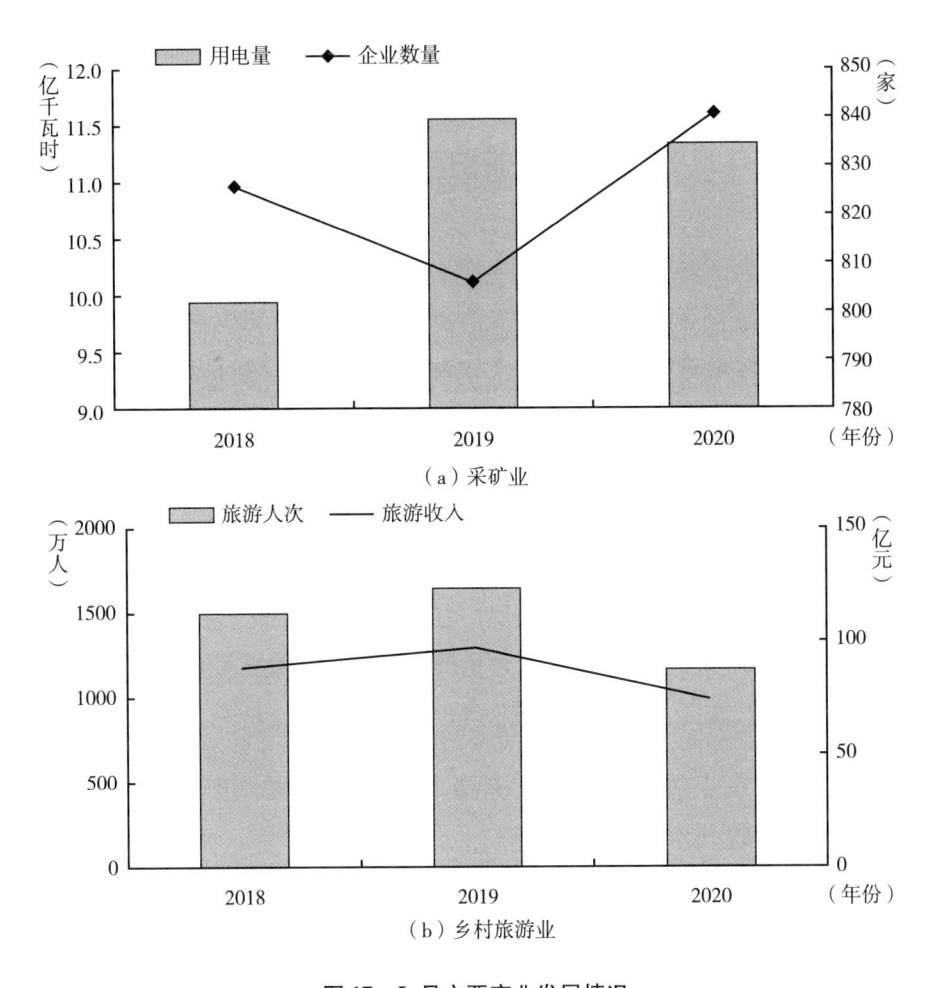

(b) 乡村旅游业

图 17 L 县主要产业发展情况

五 提升河南省乡村振兴发展质量的建议

本文依据国家乡村振兴战略要求，立足河南实际省情，充分考虑电力数据可获取性与准确性，构建了"一总三分"的河南乡村振兴电力指数体系，并对全省 107 个县（区、市）2018～2020 年的乡村振兴电力指数进行了测算。从指数测算结果可以看出，全省乡村振兴整体发展态势良好，但在乡村

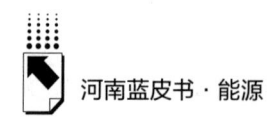

振兴全面推进的大背景下，仍存在产业转型升级有待加速、民生保障有待加强、农业现代化水平有待提升等问题。

（一）聚焦乡村特色产业，推动产业融合发展，持续优化产业结构，加快产业转型升级

结合不同地区资源禀赋和产业发展基础，找准乡村特色产业发力点，推进一二三产业融合发展；抓住数字经济带来的新机遇，释放农村电子商务潜力，培育产业发展新业态、新模式。如兰考县、新县等地可通过发展红色旅游，带动食品制造业、住宿和餐饮业、批发和零售业等上下游产业发展；滑县、唐河县等地可依托粮食生产优势，拓展农副食品加工产业链条，借助电商平台，做大做强特色品牌，提升产业链价值。对于主导产业以重工业为主的县域地区，一方面，要推动产业供给侧结构性改革，淘汰中低端产能，培育发展高端产能，优化乡村产业结构；另一方面，要强化创新引领，大力引进先进人才、技术，加大核心技术自主研发力度，依托技术创新推动产业转型升级，提升产业竞争力，促进产业向智慧化、高端化发展。

（二）聚焦乡村服务保障，提高人民生活品质，推动城乡协同发展，提升人民收入水平

对于生活富裕电力指数较低的地区，优先加强乡村水电路信等生活性基础设施建设，满足人民物质生活需要，提升人民生活便利度；对于生活富裕电力指数较高的地区，进一步强化乡村科教文卫服务，满足人民精神文明需要，增强人民生活幸福感。积极推动城乡融合发展，加快城乡产业融合体制机制建设，为乡村经济高质量发展提供有利环境，为乡村居民创造更多优质就业机会；加大对农民的技术帮扶和金融扶持力度，强化农民收入增长内生动力，增强人民生活获得感。

（三）聚焦农村高效发展，提高农业生产效率，加强农业技术创新，推动农业现代化发展

大力培育新型农业经营主体，建设现代农业园区，鼓励新型农业经营主

体进入现代农业园区发展，提升种植业、养殖业规模化水平，提高农业生产效率。坚持科技兴农，推动绿色高效生产模式、智能农机装备、智慧加工等领域技术进步，提高设施农业、畜牧业、渔业和农产品初加工的装备水平，引入高效率、低排放的新型农业设备，提升农业机械化、科学化、电气化水平，推动农业现代化发展。

参考文献

中共中央国务院：《乡村振兴战略规划（2018—2022年）》。
中央农村工作会议，北京，2020年12月。
河南省人民政府新闻办"开局十四五，奋进新征程"系列新闻发布会第四场。
中共河南省委、河南省人民政府：《关于全面推进乡村振兴加快农业农村现代化的实施意见》。
河南省人民政府发展研究中心"乡村振兴战略研究"课题组：《河南省乡村振兴指标体系研究》，《农村·农业·农民》2018年第4期。
毛锦凰、王林涛：《乡村振兴评价指标体系的构建——基于省域层面的实证》，《统计与决策》2020年第19期。
上海市乡村振兴指数研究课题组：《上海市乡村振兴指数指标体系构建与评价》，《科学发展》2020年第9期。

B.17
河南省数字产业发展指数研究与应用

韩丁 华远鹏 刘保枝 肖刚*

摘　要： 近年来，数字经济发展速度之快、辐射范围之广、影响程度之深前所未有，日渐成为当前最具活力、最具创新力、辐射最广泛的经济形态，正在成为重组全球要素资源、重塑全球经济结构、改变全球竞争格局的关键力量。作为数字经济和数字城市发展的基础产业，数字产业持续快速发展，已成为新发展阶段下推动经济新旧动能转换的重要引擎。本文基于河南省能源大数据，构建了反映数字产业发展态势的经济指标和电力指标体系，研发了数字产业发展指数模型，从月度发展指数和周频电力指数两个维度对河南省及各地市数字产业发展态势进行分析。总体来看，河南省数字产业稳步快速发展，郑州数字产业规模"一枝独秀"，辐射带动作用显著，许昌、三门峡产业发展势头强劲，数字产业正在成为拉动全省经济发展的新引擎。

关键词： 数字经济　数字产业　发展指数　电力指数　大数据

2021年10月，习近平总书记在中共中央政治局第三十四次集体学习时强调，近年来，互联网、大数据、云计算、人工智能、区块链等技术加速创

---

* 韩丁，工学硕士，国网河南省电力公司经济技术研究院工程师，研究方向为能源大数据分析应用；华远鹏，工学硕士，国网河南省电力公司经济技术研究院工程师，研究方向为能源大数据分析应用；刘保枝，经济学硕士，北京经世万方信息技术有限公司经济师，研究方向为能源经济；肖刚，北京经世万方信息技术有限公司高级工程师，研究方向为能源经济。

新，日益融入经济社会发展各领域全过程，数字经济发展速度之快、辐射范围之广、影响程度之深前所未有，正在成为重组全球要素资源、重塑全球经济结构、改变全球竞争格局的关键力量，要把握数字经济发展趋势和规律，推动我国数字经济健康发展。[①] 我国高度重视数字经济发展，2021年《政府工作报告》和"十四五"规划均提出，要推进数字产业化和产业数字化，推动数字经济与实体经济深度融合。数字产业作为数字经济的基础产业和重要组成部分，赋能传统产业进行全方位、全过程改造升级，持续发挥对经济发展的放大、叠加、倍增作用，日益成为新发展阶段下推动经济新旧动能转换的重要引擎。

一 数字经济发展现状

（一）数字经济内涵特征

数字经济是以数字化的知识和信息为生产要素，以数字技术为驱动力，通过数字化与实体经济深度融合，加速重构经济发展与治理模式的新兴经济形态。数字经济主要体现为"四化"内涵，即数字产业化、产业数字化、数字化治理、数据价值化。数字产业化即信息通信产业，为数字经济发展提供技术、产品和服务；产业数字化是指采用数字技术赋能传统产业，实现生产运行、经营管理等效率提升；数字化治理是指利用数字技术促进治理模式变革，提升治理能力，创新治理模式；数据价值化主要包括数据采集、数据传输、数据交易等数据市场全过程。

数字产业是指信息通信产业，是数字经济发展的基础产业，主要是指"大云物移智链"及5G通信等相关技术、产品及服务。数字产业包括数字产业制造业和数字产业服务业，数字产业制造业主要是指电子信息制造业，

[①] 《习近平在中共中央政治局第三十四次集体学习时强调 把握数字经济发展趋势和规律 推动我国数字经济健康发展》，新华网，2021年10月19日，https：//baijiahao.baidu.com/s？id=1714041805429709099&wfr=spider&for=pc。

数字产业服务业是指基础电信业、软件和信息技术服务业、互联网行业等行业。

（二）数字经济发展现状

2020年全球主要国家数字经济规模接近33万亿美元，较上年增长3%，增速高于GDP增速约5.8个百分点，数字经济已经成为全球应对经济下行压力的稳定器。其中，美国及欧洲诸国等发达国家数字经济规模明显更大，占GDP比重超过50%。2020年我国数字经济持续发力，规模居世界第二，增速居全球第一。

2005年以来，我国数字经济持续快速发展，产业规模由2005年的2.6万亿元增长到2020年的39.2万亿元；占GDP的比重由2005年的14.2%提升至2020年的38.6%。2020年新冠肺炎疫情对经济增长产生较大冲击，数字经济仍保持了约9.7%的增长，增速高于GDP增速约6.7个百分点（见图1），数字经济作为最具活力、创新力，辐射最广泛的经济形态，已经成为我国经济发展的核心增长极之一。2020年我国数字产业化占数字经济比重为19.1%，产业数字化进一步巩固了数字经济的主导地位，为数字经济持续健康发展输出强劲动力。

图1　全国数字经济增速与GDP增速对比

资料来源：中国信息通信研究院《中国数字经济发展白皮书（2021年）》。

（三）河南省数字产业发展基础

2020年河南省数字经济规模接近1.6万亿元，同比增长约8.1%，逐步成为全省经济高质量发展的强劲引擎。河南省高度重视数字产业在支撑数字经济发展、数字城市建设中的基础性作用，稳步有序推动数字产业发展。2021年，国家（河南）大数据发展试验区竞争优势进一步提升，第五代移动通信（5G）、物联网、新一代人工智能、网络安全、软件等数字产业规模不断壮大。中原鲲鹏生态创新中心加快建设，许昌鲲鹏硬件生产基地持续推进建设，鲲鹏软件小镇一期建成；中国长城（郑州）自主创新基地、紫光智慧计算终端全球总部基地等重大项目加快推进；中国移动5G联合创新中心（河南）开放实验室、中国铁塔河南5G技术创新中心、华为垂天5G边缘计算实验室持续推进；河南讯飞、寒武纪、中原动力等企业研发一批人工智能项目；北斗、区块链、量子通信等前沿产业取得阶段性进展。

二　数字产业发展指数体系构建

数字产业作为数字经济发展和数字城市建设的基础，迎来了快速发展机遇。当前反映数字产业运行态势的个体指标较多，但较为分散和片面，尚不能全面反映数字产业的发展态势，需要构建一套发展性指标体系，形成综合性指数，以便全面及时地监测掌握数字产业发展态势。

（一）指数研究现状

数字产业作为新兴产业，相关发展指数体系的研究刚刚起步，且大多针对数字经济开展指数构建，对数字产业的专题分析相对匮乏。对国内数字经济发展指数构建方法进行调研分析，可为数字产业发展指数体系的构建提供借鉴。

赛迪顾问公司选取了基础、产业、融合、环境四个维度的典型指标，共设定4个一级指标、10个二级指标、41个三级指标，采用专家打分法确定各类指标权重，加权得到中国数字经济发展指数（DEDI），并对全国31个省（自治区、直辖市）的数字经济发展情况进行评估。上海社会科学院从数字基础设施、数字产业、数字创新、数字治理等4个方面，构建发展性及多维度的评价指标体系，采用对比法构建全球数字经济竞争力分析模型，并对全国主要城市数字经济发展指数进行了测算。新华三集团数字经济研究院选取数据及信息化基础设施、城市服务、城市治理、产业融合4个维度，共12个二级指标、46个三级指标，建立针对中国城市数字经济发展水平的评估体系，评估范围覆盖全国30个区域城市群242个城市，同时下沉到100个县市、100个城区、30个高新区与经开区，构建"重点区域—核心城市—优势区县—头部高新区/经开区"四位一体的研究体系。阿里研究院通过数字基础设施、数字消费者、数字产业生态、数字公共服务、数字科研五大维度构建数字经济发展指数，以此衡量数字经济发展水平。数字基础设施的数量、质量和价格反映数字经济发展的速度和高度，数字消费者反映数字技术对消费者生活的渗透程度，数字产业生态衡量发展的可持续性，数字公共服务反映数字技术提升公共服务的程度。

国内各研究机构对数字经济和数字产业内涵的理解角度不同，对数据指标的选取各有侧重，发展指数体系的构建方法各有特色。总体来看，数据指标选取的多是年度经济相关指标，指标数据通常有一定的滞后性且数据来源渠道不太稳定；数据指标体系均未计入实时性较强的电力大数据，指数只能反映年度大概趋势，很难及时反映当前运行形势。电力大数据具有实时性强、覆盖面广、精确度高的特征，是经济运行态势晴雨表和风向标，将电力指标纳入指标体系后，可为及时全面地反映数字产业发展态势提供支撑。

（二）指标体系构建

河南省能源大数据中心已接入涵盖全省及各地市、各类产业近2万家规上工业企业、4000余万用电客户等电力大数据，接入覆盖行业增加值、主要产品产量、固定资产投资等经济统计数据，可以为数字产业指标体系构建提供坚实数据基础。基于数字产业的发展内涵，本文将电力大数据指标纳入指标体系，形成"一总两分"数字产业发展指数体系，即数字产业发展指数由数字产业经济指数和数字产业电力指数构成（见图2）。

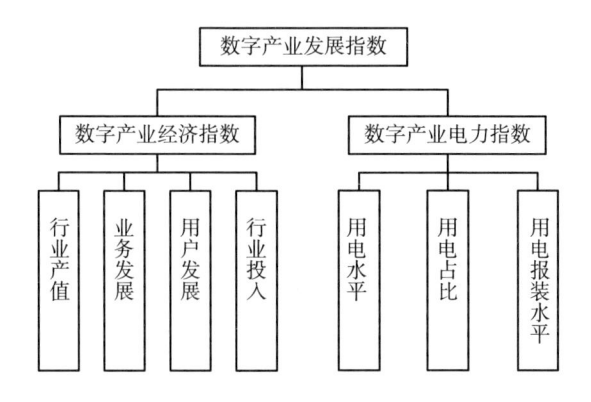

图 2 数字产业发展指数整体架构

考虑数据指标的实用性、及时性、可获得性，从经济指数和电力指数两个维度，构建"2+7+30"三级指标体系，设置行业产值、业务发展、用户发展、行业投入、用电水平、用电占比、用电报装水平7个二级指标，设置电子信息制造业增加值增速、电子信息制造业用电量等30个三级指标。

1. 经济指数指标体系构建

能够反映数字产业经济发展态势的指标较多，主要包括行业产值、业务发展、用户发展、行业投入等相关指标。行业产值反映相关行业生产运营过程中新增加的价值；业务发展反映相关行业业务量收入及主要产品生产情况；用户发展反映终端用户数量和普及率等；行业投入反映相关行业扩大再生产的情况。从行业产值、业务发展、用户发展、行业投入4个方面，选取18个三级指标，综合考虑各指标重要程度，采用专家打分法给各数据指标赋权，构建数字产业经济指数指标体系（见表1）。

表1 数字产业经济指数指标体系及权重情况

二级指标	权重	三级指标	指标权重
行业产值	25%	电子信息制造业增加值	40%
		电信业增加值	20%
		软件和信息技术服务业增加值	20%
		互联网行业增加值	20%

续表

二级指标	权重	三级指标	指标权重
业务发展	25%	移动通信手机产量	20%
		电子元器件产量	20%
		电信业务总量和收入	20%
		软件和信息技术服务业收入	20%
		互联网行业业务收入	20%
用户发展	25%	5G终端用户数量	20%
		固定宽带家庭普及率	20%
		移动宽带用户普及率	20%
		物联网终端用户	20%
		IPTV（网络电视）用户	20%
行业投入	25%	电子信息制造业固定资产投资	40%
		电信业固定资产投资	20%
		软件和信息技术服务业固定资产投资	20%
		互联网行业固定资产投资	20%

2. 电力指数指标体系构建

电力数据具有实时性强、覆盖面广、精确度高的特点，能够较及时地反映数字产业运行态势。根据数字产业内涵定义，数字产业可划分为4类行业，分别对应《国民经济行业分类（2017）》中的计算机、通信和其他电子设备制造业（电子信息制造业），电信、广播电视和卫星传输服务业（电信业），软件和信息技术服务业（软件和信息技术服务业），互联网和相关服务业（互联网行业）。对以上4个行业，从用电水平、用电占比、用电报装水平三个方面，选取12个三级指标，综合考虑各指标重要程度，采用专家打分法给各数据指标赋权，构建数字产业电力指数指标体系（见表2）。

表2 数字产业电力指数指标体系及权重情况

二级指标	指标权重	三级指标	行业权重
用电水平	40%	电子信息制造业用电量	40%
		电信业用电量	20%
		软件和信息技术服务业用电量	20%
		互联网行业用电量	20%

续表

二级指标	指标权重	三级指标	行业权重
用电占比	30%	电子信息制造业用电量占全社会用电量比重	40%
		电信业用电量占全社会用电量比重	20%
		软件和信息技术服务业用电量占全社会用电量比重	20%
		互联网行业用电量占全社会用电量比重	20%
用电报装水平	30%	电子信息制造业报装容量	40%
		电信业报装容量	20%
		软件和信息技术服务业报装容量	20%
		互联网行业报装容量	20%

其中，用电水平是指本期用电量，体现的是行业规模相比上年同期的变化态势；用电占比是指行业用电量占全行业用电量的比重，体现了行业规模占总体经济规模比重的变化；用电报装水平是指本期用电报装容量，用电报装水平属于电力先行指标，能够反映行业未来一段时间发展趋势。

（三）指数模型构建

数字产业发展指数由经济指数和电力指数构成，二者平均加权合成数字产业发展指数，旨在从不同维度反映数字产业相比上年同期的整体运行态势。为了使指数更加具有直观物理意义，及时全面反映数字产业发展速度，本文采用同比指数法，滚动以上年同期值为基准。数字产业发展指数计算公式如下：

$$D_i = 0.5 \times E_c + 0.5 \times E_l \tag{1}$$

其中，D_i是数字产业发展指数，E_c是数字产业经济指数，E_l是数字产业电力指数，两个指数权重均为0.5。

数字产业经济指数计算模型如下：

$$E_c = \sum_{i \leq 4, j \leq 5} A_{ij} \times \frac{B_{ij}}{C_{ij}} \tag{2}$$

其中，A_{ij}（$i \leq 4, j \leq 5$）表示第i个类型第j个具体经济指标的权重，B_{ij}（$i \leq 4, j \leq 5$）表示第i个类型第j个具体经济指标的本期值，C_{ij}（$i \leq 4$,

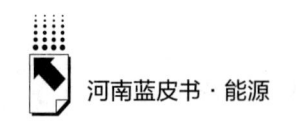

$j \leq 5$）表示第 i 个类型第 j 个具体经济指标的上年同期值。

数字产业电力指数计算模型如下：

$$E_l = \sum_{i \leq 4, j \leq 3} D_{ij} \times \frac{E_{ij}}{F_{ij}} \tag{3}$$

其中，D_{ij}（$i \leq 4$，$j \leq 3$）表示第 i 个行业第 j 个电力指标的权重，E_{ij}（$i \leq 4$，$j \leq 3$）表示第 i 个行业第 j 个电力指标的本期值，F_{ij}（$i \leq 4$，$j \leq 3$）表示第 i 个行业第 j 个电力指标的上年同期值。

三 河南省数字产业发展情况分析

基于河南省能源大数据中心经济和电力数据，考虑相关数据的可获得性和发布频率，从月度发展指数和周频电力指数两个维度进行实证分析。月度发展指数选取月度累计值数据，旨在反映当年累计整体走势；基于实时性更强的电力大数据，周频电力指数选取周频当期值数据，旨在反映每周运行特征。

（一）月度数字产业发展指数分析

1. 河南省月度数字产业发展指数整体保持平稳

2019年以来河南省数字产业发展指数整体保持平稳，保持在120左右的指数水平，表明河南省数字产业每年基本保持20%左右的增速。随着国家大数据战略的实施，数字新基建产业发展动能不断释放，2021年初数字产业发展明显提速，随后进入稳步运行轨道。截至2021年8月，数字产业发展指数达到123，表明2021年1~8月数字产业较上年同期增长约23%（见图3）。

2. 河南省月度数字产业经济指数波动性增长

2019年至2020年初数字产业经济指数从高位持续回落，叠加年初新冠肺炎疫情影响，2020年初经济指数降至110左右。2020年第一季度以来，数字产业经济指数复苏并快速增长，2021年3月达到峰值后逐渐回归稳步运行轨道，截至2021年8月，数字产业经济指数为115。从主要经济指标

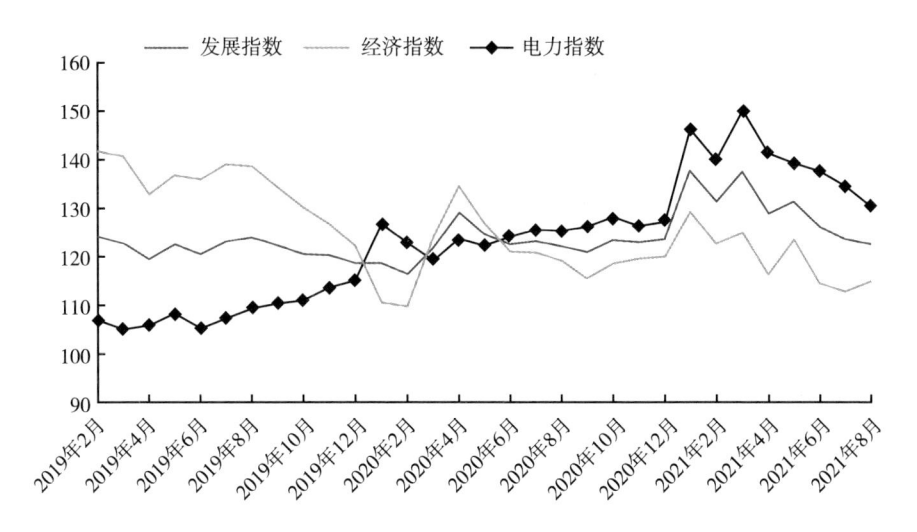

图3 2019年以来河南省数字产业发展指数走势

来看，2019年以来电子信息制造业增加值基本保持10%左右稳步增长，2020年初受新冠肺炎疫情影响阶段性回落，随后电子信息制造业进入快速复苏轨道，2021年以来行业增加值基本保持30%左右增长。2019年以来电信业务发展热度回归理性，业务总量增幅由100%左右逐渐回落至2020年的30%左右，随后基本保持在30%水平（见图4）。

图4 2019年以来河南省数字产业主要经济指标走势

275

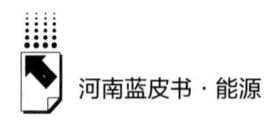

3.河南省月度数字产业电力指数爬坡式上行

2019年以来数字产业电力指数持续爬坡上升，由2019年初的107持续增长至2021年初的150，随后缓慢下降，截至2021年8月数字产业电力指数为131。从主要指标来看，随着全省数字产业的快速发展，数字产业用电需求愈加旺盛，2019年、2020年、2021年1~8月用电量分别增长9.5%、23.2%、40%。数字产业用电量占全社会用电量比重由2019年的1.7%上升到2021年的2.4%，制造业占数字产业用电量比重高达58%。数字产业用电报装容量增速基本保持在20%左右，未来发展动力较足。

（二）周频数字产业电力指数分析

1.河南省周频电力指数整体平稳、局部波动

2021年以来河南省周频数字产业电力指数整体运行平稳，仅春节期间波动较大。受春节不同期及2020年初新冠肺炎疫情因素影响，2021年第4~8周数字产业电力指数最大达到371。由于2020年3月用电量基数逐步回归常态，2021年周频数字产业电力指数也逐渐回落至正常运行水平，基本维持在120左右（见图5）。截至2021年第35周（8月27日~9月2日），数字产业电力指数为125。从用电结构来看，数字产业制造业用电量略高于服务业用电量，2021年运行基本平稳。数字产业制造业受春节、"五一"等节假日及新冠肺炎疫情影响较大，用电量出现较大波动；数字产业服务业用电量保持稳定，基本不受节假日及新冠肺炎疫情影响（见图6）。

2.河南省各区域数字产业发展规模分析

从用电量及用电报装容量占全省比重来看数字产业发展格局与分布，郑州市数字产业规模"一枝独秀"，总体规模占全省的40%左右，辐射带动周边集聚发展。洛阳、开封、三门峡数字产业规模位于第二梯队，占全省的比重分别为7.0%、5.0%、4.6%（见图7）。从产业发展结构来看，各地市数字产业发展侧重点有所不同，郑州、商丘、许昌等地市数字产业制造业和服务业用电量规模基本相当；三门峡、济源等地市数字产业偏制造业，制造业用电量是服务业用电量的4倍以上；洛阳、信阳等地市数字

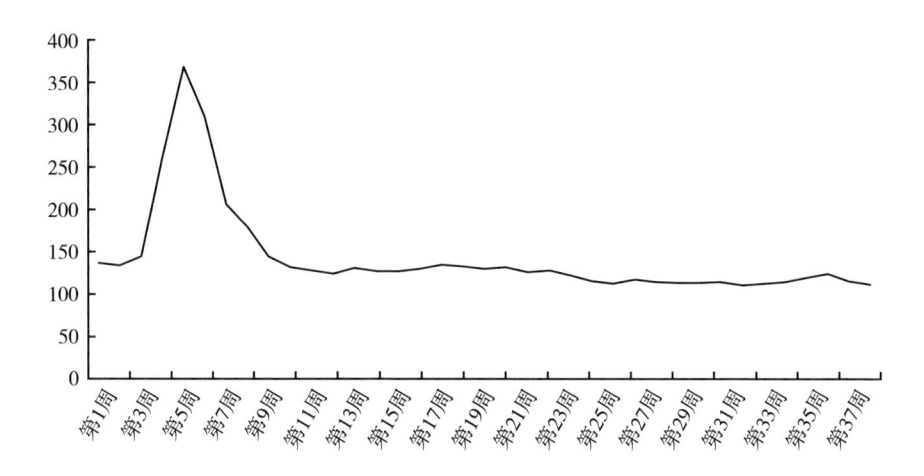

图5　2021年河南省周频数字产业电力指数走势

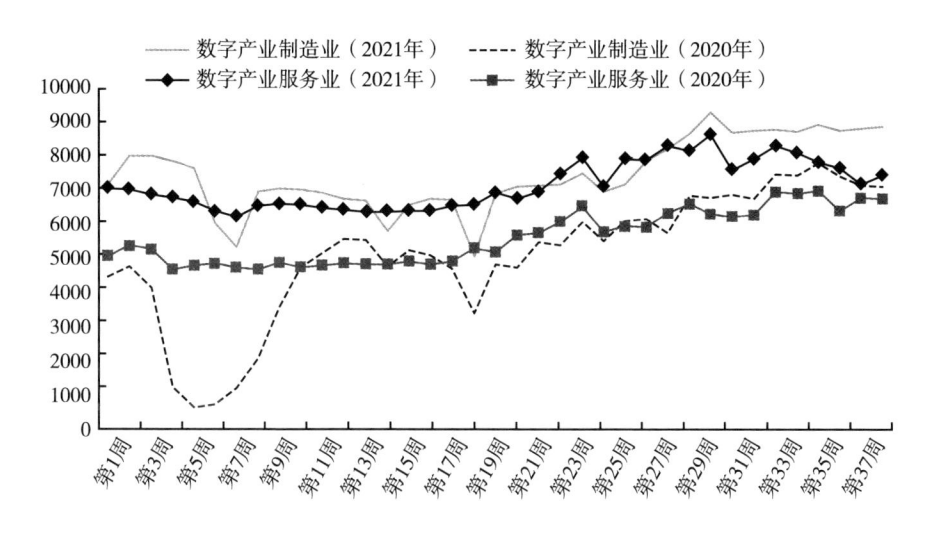

图6　2020年及2021年河南省周频数字产业用电量对比

产业发展偏服务业，数字产业服务业用电量所占比重明显高于制造业用电量比重（见图8）。

3. 河南省各区域数字产业发展速度分析

从用电量及用电报装容量增速来看全省各地市数字产业发展速度，许昌、三门峡发展速度位于全省第一梯队。截至2021年8月底，数字产业周

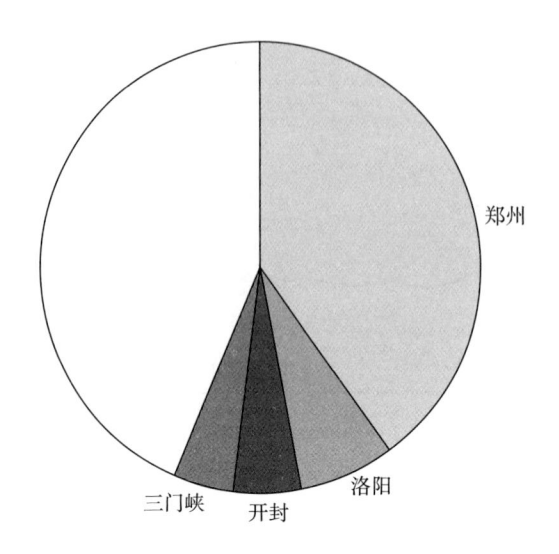

图7 2021年河南省各地市数字产业规模对比

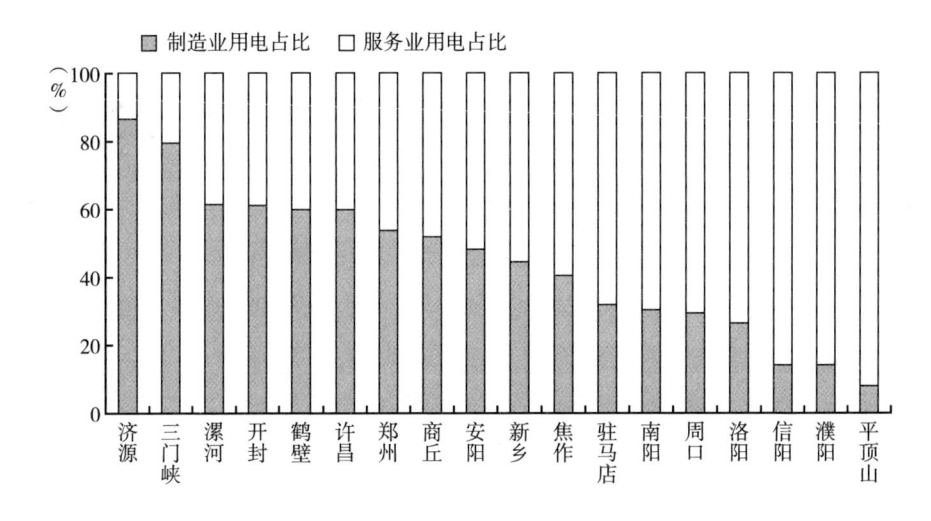

图8 2021年河南省各地市数字产业用电结构对比

频电力指数分别达到176、175，产业发展势头强劲。郑州、商丘等地市保持稳步快速发展，数字产业电力指数基本在120~130。豫北的安阳、鹤壁、濮阳等地市发展速度相对较慢，数字产业电力指数在100~120的范围内波动（见图9）。

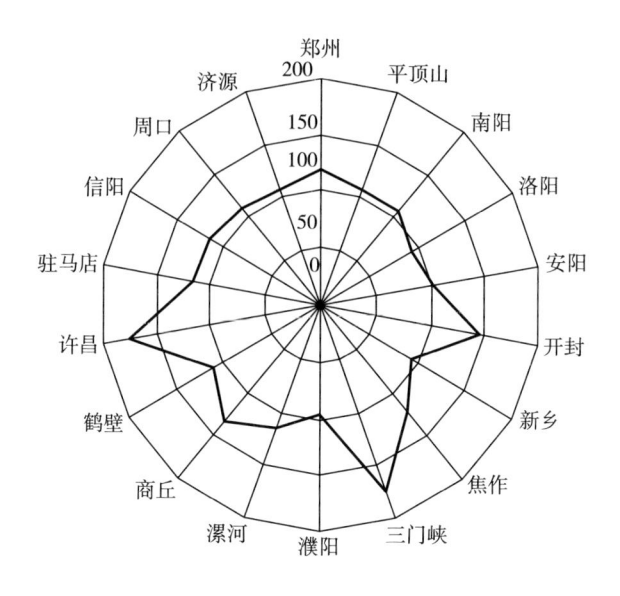

图9　2021年河南省各地市数字产业发展电力指数对比

四　主要结论

基于河南省能源大数据，本文构建了反映数字产业发展态势的经济指数和电力指数指标体系，研发了数字产业发展指数模型，从月度发展指数和周频电力指数两个维度对河南省及各地市数字产业发展态势进行分析。总体来看，河南省数字产业总体稳步快速发展，郑州数字产业规模"一枝独秀"，辐射带动作用显著，许昌、三门峡产业发展势头强劲，数字产业正在成为拉动全省经济发展的新引擎。

（一）电力大数据可以更及时反映数字产业运行态势

经济指标发布时间有一定的滞后性，不能及时反映数字产业运行态势；电力大数据具有实时性强、覆盖面广、精确度高的特征，能够及时客观地反映数字产业运行态势。考虑数据指标的实用性、及时性和可获得性，数字产业发展指数将电力大数据指标纳入体系，构建了"1+2"指数体系，从经

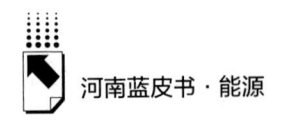

济指数和电力指数两个维度设置"2+7+30"三级指标体系，可更加及时全面地监测全省数字产业运行态势。

（二）河南省数字产业呈现总体平稳、局部波动的运行特征

月度发展指数显示，2019~2020年河南省数字产业整体运行平稳，基本保持20%左右的增长态势。随着数字新基建发展动能不断释放，2021年初数字产业发展明显提速，随后进入稳步运行轨道。周频电力指数显示，受春节不同期及2020年初新冠肺炎疫情叠加因素影响，数字产业阶段性出现显著波动，随着生产生活秩序恢复正常，数字产业恢复至稳定运行态势。

（三）各地市数字产业发展呈现不均衡态势

对全省各地市数字产业电力数据进行分析，郑州市数字产业发展规模遥遥领先，约占全省数字产业规模的40%，且数字产业制造业和服务业均衡协调发展，辐射带动周边地市集聚快速发展。从产业规模来看，洛阳、开封、三门峡的数字产业规模位于第二梯队，占全省的比重分别达到7.0%、5.0%、4.6%。从发展速度来看，许昌、三门峡位于全省第一梯队，数字产业发展势头强劲；郑州、商丘、开封等位于第二梯队，保持稳步快速发展。

（四）河南省数字产业发展的对策和建议

河南省数字产业具有较好的发展基础、较强的发展动能，但仍存在区域发展不够均衡、产业链价值链不够高端、与实体经济融合不够深入等问题，提出相关建议如下。一是在充分发挥豫中地区龙头企业辐射带动作用基础上，激活豫南、豫北地区发展潜力，夯实"主副引领、多点发力"的发展格局。二是加快培育一批"专精特新"企业和制造业单项冠军企业，聚焦战略前沿和制高点领域，打造数字产业中高端、关键环。三是推动互联网、大数据、人工智能等同产业深度融合，打造数字产业与传统产业融合互动标杆，引领带动传统产业进行全方位、全链条改造升级，充分发挥数字技术对经济发展的放大、叠加、倍增作用。

参考文献

习近平:《在中共中央政治局第三十四次集中学习会议上的讲话》,2021。

国务院:《中华人民共和国国民经济和社会发展第十四个五年规划和2035年远景目标纲要》,人民出版社,2021。

国务院:《2021年政府工作报告》,2021。

中国信息通信研究院:《全球数字经济白皮书——疫情冲击下的复苏新曙光》,2021。

中国信息通信研究院:《中国数字经济发展白皮书(2021)》,2021。

河南省发展改革委:《2021年河南省数字经济发展工作方案》,2021。

中华人民共和国国家质量监督检验检疫总局:《国民经济行业分类(2017)》。

赛迪顾问股份有限公司:《2020中国数字经济发展指数(DEDI)》,2020。

上海社会科学院:《全球数字经济竞争力发展报告》,2021。

新华三集团:《中国城市数字经济指数蓝皮书(2021)》,2021。

阿里研究院:《2018全球数字经济发展指数》,2018。

B.18
河南省绿色能源发展指数研究与应用

王圆圆　卜飞飞　李倩倩*

摘　要： 推动绿色发展已经成为社会共识，开展能源绿色转型进程的客观、高频、量化评估，及时准确发现存在的问题和痛点，对于促进可再生能源发展，服务碳达峰、碳中和目标实现具有重要意义。本文聚焦绿色能源发展指数的研究与构建，依托河南省能源大数据中心，统筹绿能开发、绿能消费、绿能生活三大维度，设计了"三级三类"的评价指标，形成了绿色能源发展指数体系，并以河南省为样本开展了实证分析。研究结果表明，"十三五"期间，河南省"绿能指数"稳步提升，在全国排位累计提升了9位，其中绿能开发指数、绿能消费指数、绿能生活指数年均分别增长76.7%、29.7%、5.4%，体现出"十三五"期间能源供给引领了全省绿色转型，能源需求的绿色发展水平仍需进一步提升。

关键词： 绿色能源　指数体系　能源发展　能源消费

习近平总书记在中央财经委第九次会议上明确指出，"十四五"是碳达峰的关键期、窗口期，要构建清洁低碳安全高效的能源体系，控制化石能源总量，实施可再生能源替代行动，加快构建以新能源为主体的新型电力，为能源绿色发展指明了方向。电力作为可再生能源开发利用的最主要载体，是

---

* 王圆圆，工学博士，国网河南省电力公司经济技术研究院高级工程师，研究方向为能源大数据分析应用；卜飞飞，工学硕士，国网河南省电力公司经济技术研究院工程师，研究方向为能源大数据分析应用；李倩倩，经济学硕士，北京经世万方信息技术有限公司经济师，研究方向为能源经济。

落实低碳转型要求、践行绿色发展理念的主力军，充分发挥电力大数据及时准确、覆盖广泛的优势，研究构建绿色能源发展指数体系，客观量化评估能源低碳转型进程，以数字化手段赋能绿色发展，对于提升政府现代化治理能力、助力碳达峰碳中和目标实现具有积极意义。

一 河南省绿色能源发展情况

可再生能源具有清洁、低碳的特征，是典型的绿色能源。2020年底，全国并网风电2.8亿千瓦、太阳能发电2.5亿千瓦，分别连续11年和6年稳居全球首位，二者占全国发电装机容量的比重达24.3%。2020年，全国新增风电装机7167万千瓦，同比增长187.4%，新增太阳能发电4820万千瓦，同比增长60.1%；风光新增装机合计约1.2亿千瓦，占全国电源总新增装机容量的比重达62.8%，风电和太阳能发电量占全国发电量的比重达9.5%。

"十三五"期间，河南大力推动能源绿色转型，以风能、太阳能为代表的可再生能源实现了跃升式发展。截至2020年底，河南省风电、光伏总装机达到2693万千瓦，占全口径发电总装机比重达到26.5%，"十三五"期间风电、光伏装机年均增速超过80%，远高于全国平均水平，其中2020年全省新增风电装机658万千瓦（见图1）。

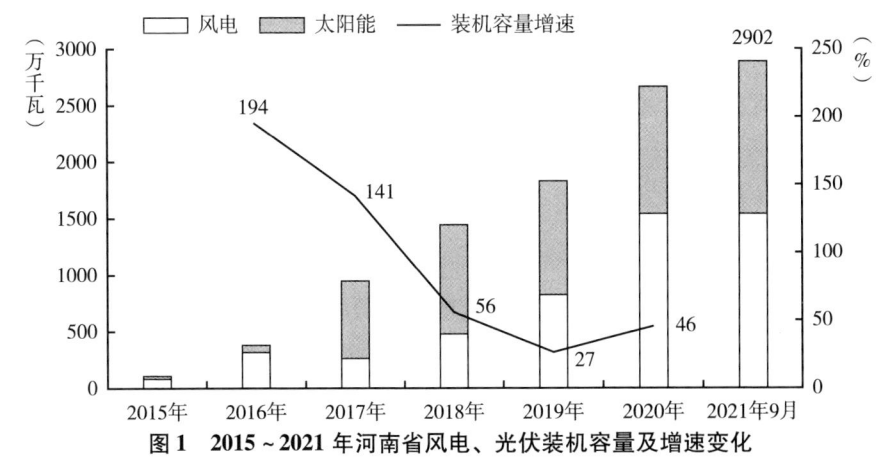

图1 2015~2021年河南省风电、光伏装机容量及增速变化

资料来源：国家能源局河南监管办公室。

2021年，河南可再生能源保持了快速发展的态势。截至9月底，全省风电装机容量为1529万千瓦，居全国第7位，太阳能装机容量为1374万千瓦，居全国第6位，风电、光伏装机容量、发电量占比分别提升至27.5%、15.5%，均高于全国平均水平（见图2）。

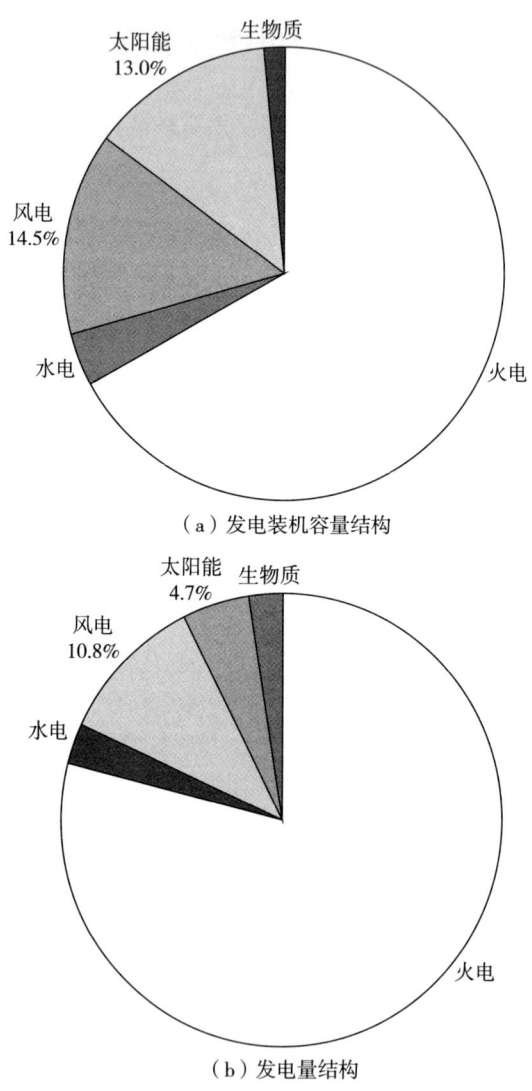

（a）发电装机容量结构

（b）发电量结构

图2　2021年9月河南省发电装机及发电量结构

资料来源：国家能源局河南监管办公室。

为落实碳达峰、碳中和,习近平总书记在2020年气候雄心峰会上明确提出,到2030年我国风电、太阳能发电总装机容量将在12亿千瓦以上,非化石能源占一次能源消费比重将达到25%。风能、太阳能作为能源绿色发展、实现低碳转型的有力抓手,将迎来重大的发展机遇期,随着以新能源为主体的新型电力系统加快构建,预计远期风能、太阳能发电装机占比合计将超过50%。国内部分省份已制定了相关发展目标,并纳入地方"十四五"规划。2021年8月底,河南省印发《加快推进屋顶光伏发电开发行动方案》,明确将在66个试点县(市、区)推进整县(市、区)分布式光伏开发工作,预计2025年分布式光伏发电装机1500万千瓦以上。从电网侧看,伴随着新型电力系统建设,以及能源行业数字化转型的推进,电网枢纽平台的作用将进一步凸显。从用户侧看,随着分布式光伏发电整县推进,多元负荷和新型储能设施快速发展,居民绿色低碳生活方式将逐渐形成,终端能源消费的清洁化特征进一步凸显。

二 绿色能源发展指数体系研究与构建

绿色能源发展指数体系(以下简称"绿能指数"),是在能源革命与数字革命深度融合背景下,以数字化、指数化的方式研究建立量化评估体系,衡量能源绿色转型进程的尝试探索。"绿能指数"以河南省能源大数据中心为依托,以风电、光伏等新能源发电数据为核心,涵盖绿能开发、绿能消费、绿能生活三大维度,涵盖资源禀赋、发电装机、政策要求、利用水平、产业发展、节能减排、交通出行7个方面,构建了"3+7+28"指标体系,实现了省内329座统调新能源场站、"规划—运行—消纳"全环节、"源—网—荷—储"全链条的全覆盖,每日数据量约19.7万条,能够实现准确、高频反映全省新能源发展和运行态势,较为及时、客观地评价能源绿色转型发展情况。

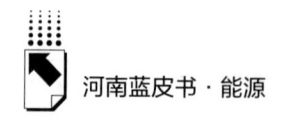

（一）指数构建方法

指数构建的常见方法包括定基指数法、环比指数法、基准分析法、熵值法、因子分析法、层次分析法等。定基指数法常用于反映社会经济现象的长期动态及发展变化的过程，例如国家统计局用于年度监测评价的京津冀区域发展指数等，该指数围绕创新、协调、绿色、开放、共享五大发展理念构建，包括5个一级指标、18个二级指标和48个三级指标。环比指数法与定基指数法采用的基期不同，侧重于反映现象逐期发展变化的速度，例如环比价格指数等。基准分析法通过与标杆的比较，分析自身的优劣势。例如国际能源署发布的能源发展指数，该指数涉及三方面指标，利用区间标杆衡量不同国家的能源发展水平。熵值法通过计算熵值来判断指标的离散程度，进而计算指标权重，为综合评价提供依据。例如以区域为研究对象，利用熵值法构建碳排放绩效指标体系。因子分析法将多个实测变量归类为少数相互独立的因子，常用于分析指标变化的关键影响因素。层次分析法将定性和定量分析相结合，常用于多目标、多准则的分析决策。例如利用因子分析、层次分析等方法，综合能源消费结构合成中国能源经济指数；利用层次分析法，结合专家经验确定指标权重，构建能源综合利用效率评估指标体系。

参照国际能源署、国家统计局等权威机构的指标体系构建方法，"绿能指数"基于层次分析法的理念，采用定基发展指数法纵向分析河南省新能源的发展态势，采用标杆法横向进行河南省与其他省份的对比。

（二）指标选取原则

为建立一套客观、全面的省域新能源发展评估体系，"绿能指数"构建原则如下。

针对性。 以河南省为分析对象，构建全省域新能源领域年度指标池，纵向分析河南省"十三五"以来新能源的发展态势，横向进行河南与国内其他省份的对比。

实用性。根据能源行业生产、转换、消费统计体系的实际情况，考虑构建方法的可操作性和指标数据的可得性，依托河南省能源大数据应用中心，实现指数的自定义计算和滚动监测分析。

系统性。从新能源产业链视角出发，考虑河南省地域因素，涵盖资源禀赋、政策激励、行业发展、节能减排成效等。另外，结合新能源行业特点及新能源生产、转换、消费流程，还应涵盖电源侧、电网侧、用户侧等相关指标。

（三）"绿能指数"研究构建

"绿能指数"体系的设计以风电、光伏的发展为核心，统筹能源生产侧和消费侧，按照"绿色发展、电力先行"理念，构建了"3+7+28"指标体系。其中，一级指标包括绿能开发、绿能消费、绿能生活3个维度；二级指标包括资源禀赋、发电装机、政策要求、利用水平、产业发展、节能减排、交通出行7个方面；三级指标包括陆上风电资源潜力、风电利用小时数等28项细分指标（见表1）。

表1 "绿能指数"指标体系

一级指标	二级指标	三级指标
绿能开发	资源禀赋	陆上风电资源开发潜力
		集中式光伏电站开发潜力
	发电装机	风电装机容量占比
		太阳能装机容量占比
		风电发电量占比
		太阳能发电量占比
		风电上网标杆电价
		光伏上网标杆电价
绿能消费	政策要求	最低非水可再生能源消纳权重
		激励性非水可再生能源消纳权重

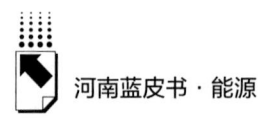

续表

一级指标	二级指标	三级指标
绿能消费	利用水平	非水可再生能源电力消纳占比
		峰谷差率
		风电利用小时数
		太阳能利用小时数
		生物质能利用小时数
		弃风率
		弃光率
绿能生活	产业发展	风能原动设备制造用电量
		光伏设备及元器件制造用电量
		新能源车整车制造用电量
		充换电服务业用电量
	节能减排	单位GDP能耗
		化学需氧量排放量
		氨氮排放量
		二氧化硫排放量
		氮氧化物排放量
	交通出行	公共汽电车客运密度
		公共交通客运密度

"绿能指数"体系数据主要依托河南省能源大数据中心，其中经济类数据源自国家统计局、中国统计年鉴、河南省统计局、河南统计年鉴等；能源类数据源自国家能源局、中电联、中国能源统计年鉴、中国电力统计年鉴、河南统计年鉴、河南电力年鉴；环境类数据源自国家统计局、生态环境部及各省生态环境厅、中国能源统计年鉴、河南省生态环境厅等。

从指标内涵看，"绿能开发"侧重于生产侧评估，包括资源开发潜力、装机容量、发电量、上网标杆电价等；"绿能消费"侧重于消纳侧评估，包括可再生能源消纳权重、利用小时数、弃风弃光情况等；"绿色生活"侧重于综合性评估，包括产业发展、节能减排、交通出行等，涉及经济社会发展、人民生产生活相关领域。

（1）指标类型方面。设置正向指标和反向指标，例如：陆上风电资源潜力等属于正向指标，单位GDP能耗则属于反向指标。

（2）分析维度方面。纵向分析河南省新能源的发展态势时，剔除对时间因素不敏感的指标，例如陆上风电资源潜力。横向进行河南省与国内其他省份对比时，为规避不同指标间离散程度的差异对分析结果的影响，将量值类指标转换为占比类指标，例如选用风电装机容量与总装机容量的比值，而非风电装机容量的绝对值。

（3）数据标准化方面。纵向分析时，指标均以2015年为基期进行指数化，不再进行无量纲化处理；横向分析时，采用min-max标准化方法。

（4）权重设置方面。复合类指标权重高于单独的新能源品类指标，例如：峰谷差率的权重高于风电利用小时数的权重。

指标权重选取采取德尔菲法，按照指标类型和分析需求设置不同的数据预处理流程。以"绿能指数"—绿能开发—资源禀赋为例，以式（1）~（6）说明指数的计算方式，其余类似。

$$F_{绿能指数} = \alpha_1 \cdot F_{绿能开发} + \alpha_2 \cdot F_{绿能消费} + \alpha_3 \cdot F_{绿能生活} \tag{1}$$

$$\sum_{i=1}^{3} \alpha_i = 1 \tag{2}$$

$$F_{绿能开发} = \beta_1 \cdot F_{资源禀赋} + \beta_2 \cdot F_{新能源电源侧} \tag{3}$$

$$\sum_{i=1}^{2} \beta_i = 1 \tag{4}$$

$$F_{资源禀赋} = \gamma_1 \cdot F_{陆上风电资源潜力} + \gamma_2 \cdot F_{集中式光伏电站开发潜力} \tag{5}$$

$$\sum_{i=1}^{2} \gamma_i = 1 \tag{6}$$

三 绿色能源发展指数实证应用与分析

选取河南省为样本，基于"十三五"历史数据，应用"绿能指数"，测算分析河南省指数变化情况，量化评估能源绿色转型成效。

（一）从纵向看，河南省"绿能指数"稳步提升

2016~2020年，河南省"绿能指数"分别为164、281、405、520、

654，年均增长46.7%。整体上看，"十三五"时期，是风电、光伏、新能源汽车等产业的蓬勃发展期，河南主动转变能源发展方式，加快调整能源结构，大力发展节能环保、循环经济等绿色产业，加快构建绿色生产方式和低碳生活方式，绿色能源发展成效显著。"十三五"末期，随着省内风能、太阳能资源逐步开发，风电、光伏装机规模持续快速扩大，全省局部地区消纳风险逐步显现，同时受新能源政策补贴的退坡影响，全省"绿能指数"增速有所放缓（见图3）。

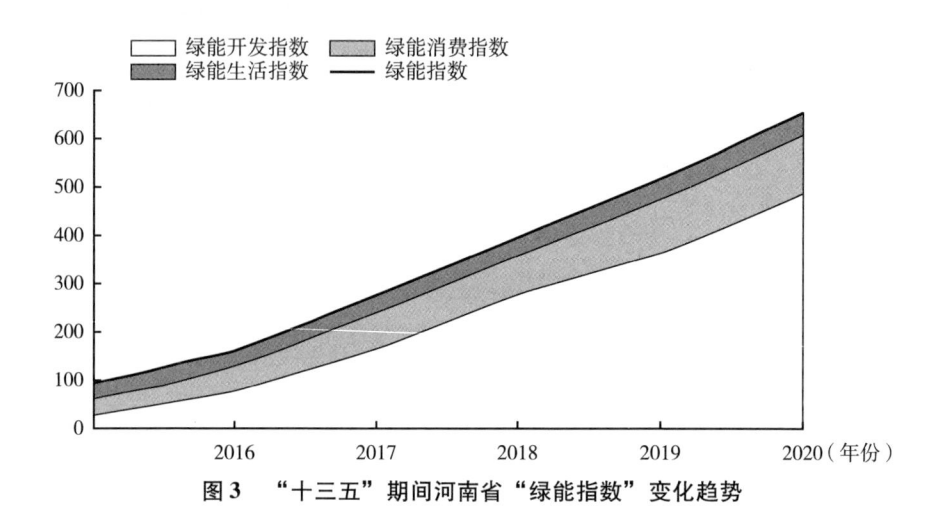

图3 "十三五"期间河南省"绿能指数"变化趋势

从子指数情况看：绿能开发指数领跑河南能源绿色发展。"十三五"期间，全省绿能开发指数年均增速达76.7%。2016~2020年，河南省绿能开发指数分别为243、510、843、1098、1485，指数增速分别为142.7%、109.9%、65.4%、30.3%、35.2%。这得益于全省新能源的迅猛发展，河南省2016年度风电开发规模居全国首位，光伏扶贫项目覆盖全省110个县（市、区），扶贫电站总体规模居全国第一，超过全国总量的十分之一。绿能消费指数保持波动上升。"十三五"期间，年均增速达到29.7%。2016~2020年，河南省绿能消费指数分别为147、224、256、337、347，指数增速分别为46.8%、52.7%、14.1%、31.7%、3.1%。绿能生活指数保持平稳上升，"十三五"期间，年均增速达到5.4%。2016~2020年，河南省绿能生活指数分别为104、109、116、124、130（预估值），指数增速分别为3.5%、5.5%、6.4%、6.3%、5.2%（预估值）。

从增长贡献率看，"绿能指数"提升主要由绿能开发指数的增长拉动，绿能开发指数对综合指数增长的贡献率达到83.3%，绿能消费指数和绿能生活指数的贡献率分别为14.9%、1.8%。所以，需要提升绿色能源开发与绿能消费、绿能生活的协调性，科学有序发展新能源。

（二）从横向看，河南省"绿能指数"排位前移

利用标杆法评估"十三五"期间全国31省绿色能源发展指数体系的排位变化情况。"十三五"期间，河南省"绿能指数"增速高于全国平均水平。河南省"绿能指数"在全国排位逐年稳步提升，累计上升了9位，由2015年的第24位上升至2020年的第15位（见图4）。

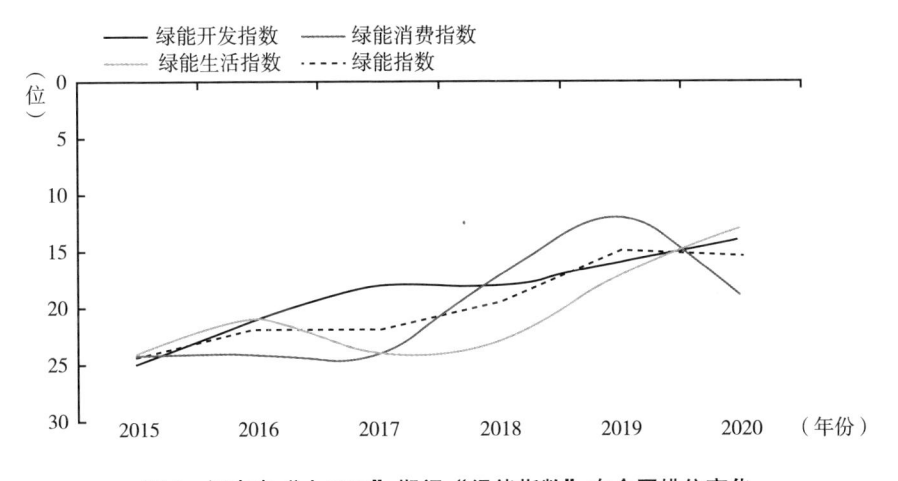

图4 河南省"十三五"期间"绿能指数"在全国排位变化

从子指数看，绿能开发指数排位稳步上升，上升了10位，由2015年的第25位上升至2020年的第14位。绿能开发指数排名靠前的省份包括内蒙古、青海、新疆等。河南省属于风能资源可利用IV类地区、太阳能资源III类地区，风电可开发资源总体条件一般，集中式电站发展空间有限。受资源禀赋因素影响，河南绿能开发指数的起始排位中等偏后，伴随着平原低速风

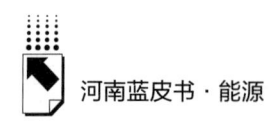

电、分布式光伏等新能源技术的应用，河南省绿色能源开发提速明显。

绿能消费指数呈现波动上升趋势，上升了5位，由2015年的第24位上升至2020年的第19位。"绿能消费指数"排名靠前的省份包括青海、辽宁、黑龙江等。"十三五"期间，河南省非水可再生能源消费占比从2015年的2.3%上升至2020年的13.7%，带动了绿能消费指数排位的提升。河南省新能源发展存在的单体项目规模偏小、布局分散、利用小时数偏少等问题，将影响绿能消费指数的上升速度。

"十三五"期间，河南省绿能生活指数排名稳步上升，上升了10位，由2015年的第24位上升至2020年的第13位。绿能生活指数排名靠前的省份包括北京、上海、重庆、广东等，均呈现城市公共交通网络发达、单位GDP能耗低等特征。绿能生活指数排名的提升受益于绿色交通运输行业的快速发展和大气污染物排放总量的降低。2019年，河南省化学需氧量、氨氮、二氧化硫和氮氧化物的排放总量较2015年分别下降16.7%、15.5%、26.4%、22.4%。2020年河南省空气质量优良天数达到245天，增幅居全国第一。

四　主要结论与建议

依托河南省能源大数据中心的海量数据，本次研究采用层次分析法、定基发展指数法、标杆法，构建了"绿能指数"体系，针对河南省"十三五"期间的绿色能源发展情况开展了横向、纵向的综合评价分析。为加快河南能源绿色低碳转型，建议继续加大新能源开发力度，同时更加注重提升绿色能源开发与绿能消费、绿能生活的协调性。

（一）研究构建了"绿能指数"指标体系

在充分调研国内外指标体系构建方法的基础上，按照针对性、实用性、系统性的原则，基于国家能源局、国家统计局、河南统计局等公布的经济类、能源类、环境类数据以及河南省新能源开发运行数据，提出了"绿能指数"体系的构建方法。设置"3 + 7 + 28"三级指标，构建"绿能开发、绿能消费、绿能生活"三位一体的"绿能指数"指标体系；基于层次分析法的理念，采用定基发展指数法纵向分析河南省新能源的发展态势，采用标杆法横向进行河南省与其他省份的对比，量化评价河南省新能源发展水平。

（二）河南省绿色能源发展水平稳步提升

"十三五"期间，河南省绿色能源发展指数平稳上升，增速呈现逐步减缓趋势。2016~2020年河南省"绿能指数"分别为164、281、405、520、654，年均增速为46.7%。"十三五"是风电、光伏、新能源汽车等产业的蓬勃发展期，随着资源开发规模增大、政策补贴的逐步退坡，全省"绿能指数"增速有所放缓。从子指数看，绿能开发指数、绿能消费指数、绿能生活指数的年均增速分别为76.7%、29.7%、5.4%。绿能开发指数领跑"绿能指数"，这得益于河南省新能源开发的迅猛发展。

"十三五"期间，"绿能指数"在全国的排位逐年稳步提升，上升了9位，由2015年的第24位上涨至2020年的第15位。从子指数看，受资源禀赋因素影响，绿能开发指数的起始排位中等偏后，伴随着平原风电等新能源技术的快速应用，河南省绿色能源开发提速明显。绿能消费指数呈现波动上升的趋势，新能源利用小时数偏少等影响了绿能消费指数的提升速度。绿能生活指数排名稳步上升，主要受益于全省交通运输体系的快速发展和主要污染物排放总量的减少。

（三）建议积极践行绿色发展方式

"绿能指数"的增长主要由绿能开发指数拉动，需要继续提升绿色能源开发与绿能消费、绿能生活的协调性，科学有序发展新能源。建议积极践行绿色发展方式，构建多种能源形态灵活转换、智能协同的新能源供应体系。一方面，推动能源结构优化，合理控制煤电建设规模和发展节奏，积极发展新能源，以能源结构调整倒逼产业结构调整。另一方面，提升能源存储消纳能力，健全新能源消纳保障机制，因地制宜推动新能源与储能、微电网等融

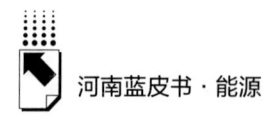

合发展。另外，全链条布局绿色能源产业。坚持园区化、规模化发展方向，围绕风能、光能、氢能等新能源产业，高标准建设新能源综合示范区。加快发展光伏制造、风电制造和绿色能源生产性服务业，积极培育储能及新能源汽车产业。

参考文献

国家发展改革委、国家能源局：《关于鼓励可再生能源发电企业自建或购买调峰能力增加并网规模的通知》（发改运行〔2021〕1138号）。

河南省人民政府：《关于加快建立健全绿色低碳循环发展经济体系的实施意见》（豫政〔2021〕22号）。

河南省发展改革委：《关于进一步推动风电光伏发电项目高质量发展的指导意见》（豫发改能源〔2021〕319号）。

河南省发展改革委、国家能源局河南监管办公室：《关于加快推动河南省储能设施建设的指导意见》（豫发改能综〔2021〕451号）。

国家发展改革委、国家能源局：《关于印发〈清洁能源消纳行动计划（2018—2020年）〉的通知》（发改能源规〔2018〕1575号）。

国家统计局等：《京津冀区域发展指数》，2016。

唐葆君等：《中国能源经济指数研究——基于行业视角》，《北京理工大学学报》（社会科学版）2021年第2期。

郭艳飞等：《基于层次分析法的综合能源系统能效评估方法研究及应用》，《电力科学与技术学报》2018年第4期。

鲍超等：《中国省会城市低碳发展水平的综合测度及分析》，《中国科学院大学学报》2013年第4期。

王媛等：《影响中国碳排放绩效的区域特征研究——基于熵值法的聚类分析》，《自然资源学报》2013年第7期。

专题研究篇

Monographic Studies

B.19
河南省碳排放监测分析平台构建与应用

白宏坤 王涵 贾一博[*]

摘 要： 碳排放监测分析是落实碳达峰、碳中和工作部署的重要基础性工作，有助于摸清排放底数、明确减排重点，对于提升政府治理现代化能力、推动清洁低碳转型具有重要意义。本文简要梳理了碳排放监测分析平台的建设背景，依托河南省能源大数据中心，开展了河南省碳排放监测分析平台的功能体系设计工作，建立了涵盖区域、行业、企业的碳排放模型库，构建了"省—市—县—企业"碳排放监测体系，为构建双碳数字生态，激活能源数据价值，助推河南能源清洁低碳转型和绿色发展，实现碳达峰、碳中和目标提供现代化技术辅助手段。

---

[*] 白宏坤，工学博士，国网河南省电力公司经济技术研究院教授级高级工程师，研究方向为能源电力经济与能源大数据分析；王涵，工学硕士，国网河南省电力公司经济技术研究院工程师，研究方向为能源互联网分析应用；贾一博，工学硕士，国网河南省电力公司经济技术研究院工程师，研究方向为能源大数据与能源互联网。

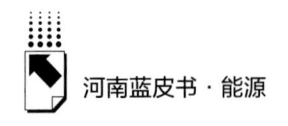

关键词： 碳排放　监测分析　平台建设　河南省

能源是社会发展的重要物质基础。河南作为我国能源生产和消费大省，以煤为主的能源特征较为突出，碳排放体量较大、碳排放强度偏高。为加快推动能源绿色低碳转型，河南深入贯彻落实国家碳达峰、碳中和目标，以河南省能源大数据中心建设为依托，统筹全省经济社会、能源行业、重点企业相关数据，开展了碳排放监测分析平台的建设工作，构建了涵盖区域、行业、企业的碳排放统计分析模型库，打造了"省—市—县—企业"四级贯通的碳排放监测体系，形成了碳排放监测分析平台，为实现数据赋能发展、推动绿色低碳转型提供了有力支撑。

一　河南省碳排放监测平台建设背景及意义

2020年9月，习总书记在第七十五届联合国大会上庄严承诺，中国将采取更加有力的政策和措施，二氧化碳排放量力争于2030年前达到峰值，努力争取2060年前实现碳中和，并在气候雄心峰会上进一步提出了具体目标。2021年4月，习总书记在主持中共中央政治局第二十九次集体学习时强调，实现碳达峰、碳中和是我国向世界做出的庄严承诺，也是一场广泛而深刻的经济社会变革，绝不是轻轻松松就能实现的。各级党委和政府要拿出抓铁有痕、踏石留印的劲头，明确时间表、路线图、施工图，推动经济社会发展建立在资源高效利用和绿色低碳发展的基础之上。碳达峰、碳中和已成为我国经济社会发展的重要战略目标。河南省委省政府明确提出要坚决贯彻党中央决策部署，力争如期实现碳达峰、碳中和刚性目标，着力推进能源体系清洁低碳发展，抓实高耗能产业转型升级，抓好国土绿化和生态保护修复，走好生态优先、绿色低碳高质量发展之路。

实现碳达峰、碳中和目标远景，首先要做到摸清底数，让碳排放"看得见、看得清、可分析"，从而支撑"时间表、路线图、施工图"的科学制定，服务政府科学决策和实施管控。我国是全球碳排放体量最大的国家，减排时间紧、任务重，亟须以数字化、信息化手段，促进碳监测、碳核查工作开展，提升工作质效，建设碳排放监测分析平台是落实国家"双碳"战略目标的有力抓手。河南省碳排放监测分析平台可充分发挥河南省能源大数据中心的数据资源优势和基础支撑作用，基于能源统计数据和实时采集数据，建立碳核算、碳监测模型，科学测度得到高频碳排放相关数据，服务于政府、行业、企业、公众，从时域和地域等多维度构建起对碳源、排放路径、排放量等关键因素的系统认知，为政府提供碳监测分析工具，为企业提供碳排放分析服务，为公众提供碳减排行动引导，推动构建全社会共建共治的绿色行动体系。

二 国内碳排放监测分析平台建设情况

为了更好地落实中央"双碳"战略，为"双碳"行动的科学决策部署提供技术支撑，国内各省积极探索省级碳排放监测分析平台的建设工作。相关研究总体上还处于起步阶段，在构建涵盖"省—市—县—企业"多维度碳排放监测、碳排放计算模型等功能方面，部分省份已开展先行先试，如浙江、甘肃、青海等省份在碳排放数据接入、测算、监测、分析等方面取得初步成效，为开展相关工作提供了有益的借鉴。

（一）浙江湖州市碳排放监测平台

湖州市碳排放监测平台由湖州市生态环境局和国网湖州供电公司联合研发，依托湖州市能源大数据中心，与当地生态环境部门合作开展了碳排放测算模型、碳排放监测、碳排放分析与预测等方面的研究，以实现对各行业和重点用能企业的碳排放监测。平台已接入当地300余家重点用能企业的煤、油、气、电、水等各能源品种的数据，实现分地区的月度碳排放监测、清洁能源碳减排监测、碳排放分析与预测等功能，促进当地绿色低碳发展。通过平台监测的碳排放、碳减排等数据，当地政府主管部门可动态掌握本地区碳排放的基本情况以及未来的趋势，为制定"双碳"相关工作方案提供决策支撑；当地重点用能企业可以对标行业内碳效水平高的企业，平台可根据企业的碳排放特征生成相应的减碳分析报告，助力企业节能降耗。

（二）甘肃智慧观碳决策分析平台

为服务碳达峰、碳中和目标实现，国网甘肃省电力公司联合甘肃省环保厅、兰州市大数据中心建成投运智慧观碳决策分析平台，创新构建"双碳"大数据监测体系。该体系实现了对甘肃省碳排放、碳减排实时全景画像。智慧观碳决策分析平台已接入省内60余座火电厂、700余座新能源场站的发电量数据及各品类能源消耗数据。该平台依托甘肃电力能源大数据，归集省内人口、产业、能源、环保、林业、金融等数据，实现多领域数据协同及价值增值。平台包含发电企业、工业企业碳排放与能耗监测预警、重点行业碳排放分析、新能源产业、森林碳汇等功能模块，具备工业企业碳排放与生态系统碳汇实时监测能力，用数据驱动决策，助推甘肃绿色发展。

（三）青海电力高频数据碳排放智能监测分析平台

青海省电力高频数据碳排放智能监测分析平台由国网青海省电力公司研发。该平台依托电力大数据，通过构建碳排放与用电量之间的相关性模型，实现对全省重点行业、企业、居民等的日度碳排放监测分析，大大增强了碳排放监测的及时性，助力早日实现碳达峰、碳中和目标。平台应用"大云物移智链"等信息通信技术，以IPCC指南提供的碳排放计算方法为基础，以省内高频度用电数据为核心构建碳排放监测分析模型，实现对全省区域、重点行业、企业、居民客户四个维度的碳排放日频度监测分析，并可根据监测结果提供"碳画像"，为碳排放监测提供了新的抓手。

三 河南碳排放监测分析平台总体设计

为高效服务河南省碳达峰、碳中和行动方案制定和管理，服务行业、企业绿色低碳发展，国网河南电力依托河南省能源大数据中心，开展了碳排放监测分析平台的总体设计及建设工作，促进碳排放相关数据资源的集聚共享，构建"区域—行业—企业"一体化碳排放、碳减排测算模型库和监测体系，助力能源低碳转型发展。

（一）目标定位

依托河南省能源大数据中心的数据资源优势，通过"能源+双碳"数据汇聚管理，碳排放、碳减排监测和预测分析模型体系系统构建，加快突破碳排放量化分析技术，创新开展基于能源大数据的碳排放、碳减排预测，构建碳交易市场等业务应用，为全省"双碳"战略的科学决策和绿色低碳、安全高效的河南省现代能源体系建设提供基础支撑。

（二）整体架构

河南省碳排放监测分析平台整体架构主要包含底层构建的碳数据库及碳测算模型库，在此基础之上设计碳排放概况、碳排放监测、碳目标预测及碳市场辅助等四大功能模块（见图1）。运用数字化技术打造能源碳地图、碳效码，实现面向区域、行业、企业、居民等各维度的碳排放概况分析；搭建发电侧、用户侧、重点用能、试点市/县等碳排放监测体系，实现对发电企业、规模以上工业企业、重点用能单位等碳排放监测；基于碳排放预测分析模型，实现对区域、行业、企业碳排放的预测；核算碳资产、碳积分，服务企业、个人参与碳交易市场。

（三）主要功能设计

1. 构建"世界—全国—省—市—县"碳排放分析体系

依据"能源+双碳"数据中心，初步构建"世界—全国—省—市—县"

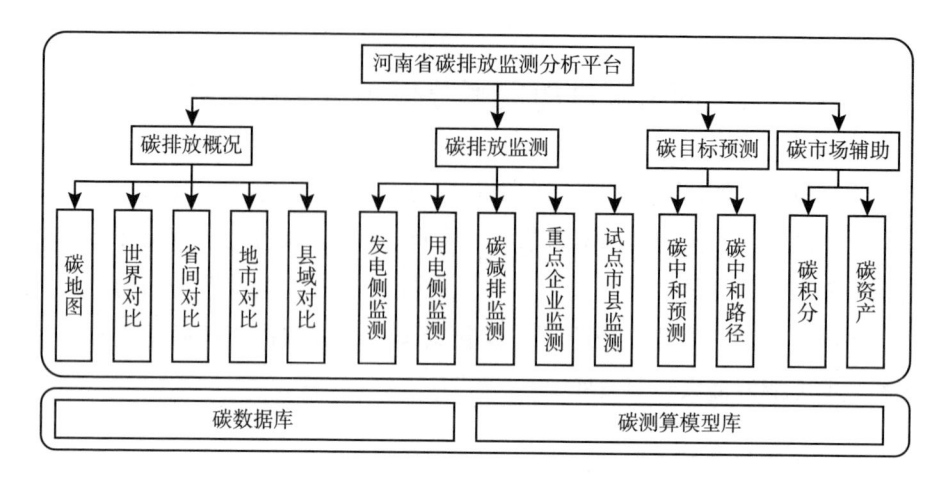

图1 河南省碳排放监测分析平台整体架构

多维度碳排放分析体系，实现世界主要国家和地区、全国各个省份、河南省18个地市及104个县（市、区）等分区域、分品类、分行业的碳排放地图绘制和趋势洞察，服务政府掌握全省及各地市碳排放及标杆对比情况，分析研判碳排放发展趋势，规划制定碳达峰、碳中和路径，实现"双碳"目标有效推进。

2. 构建"1+N+X"的省—市县—企业碳排放、碳减排监测体系

基于"能源+双碳"数据库，从区域、行业、企业三个维度构建全方位的碳排放监测体系，建立能源电力碳排放核算模型，细化各能源品类碳排放因子，分析能源电力在碳排放链中的关键环节和占比情况。在碳减排方面，建立碳减排核算模型，实现清洁能源、电能替代、绿色出行等碳减排监测，辅助风、光、水等清洁能源优化配置和交易，促进能源生产、消费向清洁能源转型升级，助力构建以清洁能源为主体的新型电力系统。

创新构建"1+N+X"的省—市县—企业监测体系，以许昌市、新乡市、兰考县等为市县试点，实现重点用能单位、规模以上工业企业、发电企业、特色产业企业等对象的碳排放监测，精准挖掘行业企业能效提升潜力，辅助政府节能降碳工作开展，提供"碳+能效服务"，加快行业、企业低碳转型，助力全社会节能降碳。

3. 构建多维碳排放预测分析体系

基于能源大数据中心已汇聚的煤、油、气、电等各类能源生产、消费、碳排放总量及强度等数据，依托大数据 AI 技术构建区域、行业、企业碳排放预测模型库及预测模型体系，进行区域、行业及企业排放量等指标的预测分析，辅助碳达峰、碳中和时间表、路线图、施工图方案的制定和实施过程监督。

依据平台碳排放监测结果，通过横向和纵向对比，从时域、地域、成分等多个维度分析碳排放变化的影响因素和贡献率，分析碳减排、低碳绿色转型和区域高质量发展态势，形成碳排放分析报告等数据产品，探索绿色低碳新模式、新业态。

4. 构建碳资产管理和碳交易市场辅助服务能力

对接国家碳交易市场需求，基于能源大数据开展碳配额、碳资产核算、碳效码核算，辅助服务重点用能企业参与碳交易，助力绿色低碳普惠金融业务发展；核算绿色出行、电能替代等相关行为所减少的二氧化碳排放量，形成"碳积分"，通过对接碳交易市场及商业消费平台，引导社会公众更自觉地践行绿色低碳生活方式。

（四）碳数据库

构建碳数据库，打造"能源+双碳"数据中心。汇集国际能源署、世界能源统计年鉴、中国碳核算数据库等公开数据，多措并举推进煤、油、气、电、水、热、新能源等多种能源数据汇聚融合，接入重点企业用能数据，打造"能源+双碳"数据中心。目前已涵盖河南省60余座燃煤电厂、329座新能源场站、511家大型重点用能单位、1.7万家规模以上工业企业、3.3万个充电桩及4300余万用电客户的实时数据。

（五）碳测算模型库

构建多维立体碳测算模型库，建立区域、行业、企业的一体化碳排放测算模型体系，建立电力行业发电侧、用户侧、减排成效三个维度碳排放测算模型体系，利用能源、电力等数据进行碳排放数据的核算，尤其是基于实时电力数据的发电、用电等数据来进行碳排放的核算，实现对相关区域、行业、企业碳排放的实时/日度/月度/年度监测和智能分析，动态监控"双碳"行动推进过程及出现的问题（见图2）。

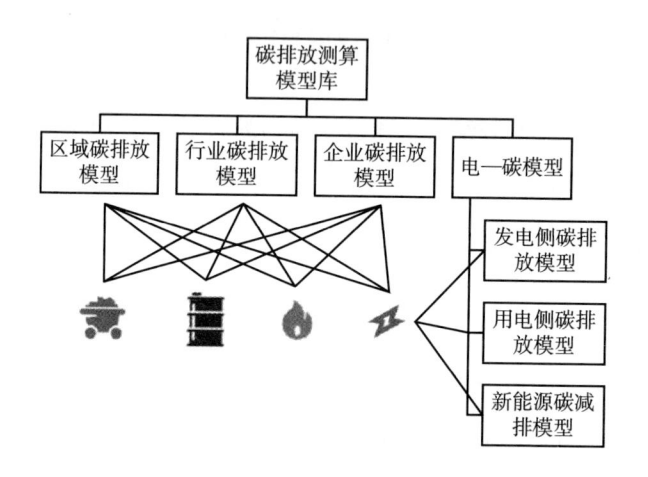

图2 碳排放测算模型库体系架构

1. 区域碳排放测算模型

区域二氧化碳排放量主要包含化石燃料消费产生的排放量以及电力调入调出所蕴含的排放量，其碳排放量按公式（1）计算。单位化石燃料燃烧产生的二氧化碳排放量理论上随着燃料质量、燃烧技术以及控制技术等因素变化，不同地区、不同年份会有所差异。

$$E_{区域} = E_{燃煤} + E_{燃油} + E_{燃气} + \sum_{j=1}^{n} E_{j省电力调入} - E_{本省电力调出} \tag{1}$$

式（1）中：$E_{区域}$——区域二氧化碳排放量（吨）；$E_{燃煤}$——燃煤碳排放量，可用煤炭消费量×燃煤综合排放因子得到；$E_{燃油}$——燃油碳排放量，可用油品消费量×燃油综合排放因子得到；$E_{燃气}$——燃气碳排放量，可用天然气消费量×燃气综合排放因子得到；$E_{j省电力调入}$——从第j个省级电网调入电力所蕴含的二氧化碳排放量，可用本地区从第j个省级电网调入电量×第

j 个省级电网平均二氧化碳排放因子得出；$E_{本省电力调出}$——本地区电力调出所蕴含的二氧化碳排放量，可用本地区调出电量×本地区省级电网平均二氧化碳排放因子得出。

2. 重点用能单位碳排放测算模型

重点用能单位一般是年综合能源消费总量 1 万吨标准煤以上的用能单位。重点用能单位的二氧化碳排放量计算边界和方法，参考国家出台的各行业《温室气体排放核算方法与报告指南》，包括直接排放和间接排放两部分。直接排放是指煤、油、气等化石燃料使用和生产过程中含碳物质含碳量变化而产生的温室气体排放；间接排放是指因外购的电力、热力等使用所产生的温室气体排放。排放主体的温室气体排放总量按式（2）计算。

$$E = E_{直接} + E_{间接} \tag{2}$$

式（2）中：E——二氧化碳排放量（吨）；$E_{直接}$——直接排放；$E_{间接}$——间接排放。

其中，直接排放主要基于分化石燃料品种的消耗量、折标系数、排放因子计算得到，具体计算公式为：

$$E_{直接} = \sum (消耗量_i \times 折标系数_i \times 排放因子_i) \tag{3}$$

式（3）中：i——不同燃料类型；消耗量——吨（t）或立方米（m³），是指煤、油、气等化石燃料的实物消耗量；折标系数——吨标煤/吨（tce/t）或吨标煤/立方米（tce/m³）；排放因子——千克二氧化碳/吨标煤（kgCO$_2$/tce），各类燃料对应的折标系数和排放因子相关缺省值可参考相关文件。

间接排放主要基于电力和热力等的活动水平数据及排放因子计算得到，具体计算公式为：

$$E_{间接} = \sum (活动水平数据_j \times 排放因子_j) \tag{4}$$

式（4）中：j——主要是电力和热力等；活动水平数据——千瓦时（kWh）或焦（J），是指电力和热力等的消耗量；排放因子——千克二氧化

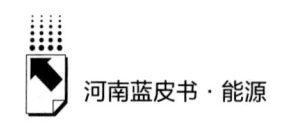

碳/千瓦时（kgCO₂/kWh）或吨二氧化碳/百万千焦（tCO₂/GJ），相关缺省值可参考《省级二氧化碳排放达峰行动方案编制指南》等相关文件（见表1）。

表1　直接和间接排放因子参考值

序号	对应能源品类	单位	排放因子
1	煤炭	kgCO₂/tce	2.66
2	石油	kgCO₂/tce	1.73
3	天然气	kgCO₂/tce	1.56
4	热力	tCO₂/GJ	0.11
5	电力	kgCO₂/kWh	参考省级或区域电网排放因子

3. 发电企业碳排放测算模型

发电企业二氧化碳排放量可采用测量法或基于计算的方法得到。测量法是通过终端监测设备对二氧化碳排放的浓度或体积等进行连续测量从而得到碳排放量；基于计算的方法是通过企业消耗的各化石燃料数据和对应排放因子之间的计算得到碳排放量。

（1）测量法

针对有排口二氧化碳浓度连续监测装置的发电设施，其碳排放量按公式（5）计算。

$$E = \rho \cdot Y \cdot t \cdot 10^{-9} \tag{5}$$

式（5）中：E——二氧化碳排放量（吨）；ρ——实测二氧化碳排放浓度（mg/m³）；Y——实测烟气流量（m³/s）；t——连续监测装置采样周期（s）。

（2）基于计算的方法

针对无排口二氧化碳浓度连续监测装置的发电设施，其碳排放量按公式（6）计算。

$$E = \sum_{i=1}^{n} AD_i \cdot EF_i \tag{6}$$

式（6）中：AD_i——第i种化石燃料消耗量（吨），对于燃煤机组而言，化石燃料消耗量可使用发电量×供电煤耗来进行近似测算。EF_i——第i

种化石燃料的二氧化碳排放因子（t/t）。

4. 新能源等碳减排测算模型

（1）新能源碳减排测算

新能源发电的碳减排量，为其发电量所避免的区域化石能源发同样电量所产生的二氧化碳排放，其碳减排量按公式（7）计算。

$$M = E_n \cdot EF_{CM} \tag{7}$$

式（7）中：M——二氧化碳减排量（t）；E_n——新能源发电电量（kWh）；EF_{CM}——基准线排放因子（t/kWh）。

基准线排放因子是指新能源电力设施发1度电时，对应减少的温室气体排放量，主要分为电量边际排放因子（EF_{OM}）和容量边际排放因子（EF_{BM}）。EF_{OM}因子是根据电力系统中全部电厂的总净上网电量、燃料类型及燃料总消耗量等计算得出的单位电量碳排放量，而EF_{BM}因子主要是通过计算各类型发电的新增装机权重，利用各类型发电的最优效率水平计算得到的单位电量碳排放量。在计算过程中一般根据实际情况使用组合边际排放因子EF_{CM}即EF_{OM}和EF_{BM}两种排放因子的加权平均。根据基准线排放情景并结合河南省实际发展情况，取电量边际排放因子EF_{OM}权重为0.75，容量边际排放因子EF_{BM}权重为0.25，即$EF_{CM} = 0.75 EF_{OM} + 0.25 EF_{BM}$。相关区域电网基准线排放因子可参考生态环境部发布的数值，最新发布的2019年度减排项目中国区域电网基准线排放因子如表2所示。

表2 2019年度减排项目中国区域电网基准线排放因子

电网名称	EF_{OM} (tCO$_2$/MWh)	EF_{BM} (tCO$_2$/MWh)
华北区域电网	0.9419	0.4819
东北区域电网	1.0826	0.2399
华东区域电网	0.7921	0.3870
华中区域电网	0.8587	0.2854
西北区域电网	0.8922	0.4407
南方区域电网	0.8042	0.2135

(2) 电能替代碳减排测算

根据"煤改电"、电动汽车等电能替代用电情况，测算清洁能源在电能替代领域碳排放减排方面的成效。在实行电能替代之前，用户能源利用主要使用煤炭，导致碳排放较多。在实施"电能替代"工程后，由于电能利用效率较高，直接改为电能利用有效降低了碳排放，但会导致用电量的增加。"煤改电"的碳减排计算公式如式（8）所示，电动汽车碳减排计算同理，只是将煤炭变为燃油。

$$\Delta E = C_C \cdot a - C_G \cdot b \tag{8}$$

式（8）中：ΔE 为碳减排量；C_C 为散烧煤碳排放因子；C_G 为发电用煤炭排放因子；a 为"电能替代"减少的用于煤炭消费量；b 为用电增量造成的多燃烧发电用煤量。

四 碳排放测算应用案例分析

（一）区域碳排放测算应用案例

基于构建的区域碳排放测算模型，计算了河南省2010~2020年的碳排放数据（见图3）。河南省碳排放总量近十年来一直基本稳定在5亿吨左右，自2014年起一直在缓慢下降，约占全国碳排放总量的5%。河南省单位GDP碳排放量略低于全国平均水平，与国内发达省份相比偏高。河南省人均碳排放量仅为全国平均水平的七成，处于较低水平。分能源品类来看，河南煤炭利用产生的碳排放量占比超过了80%，高于全国平均水平。分行业来看，河南电力行业产生的二氧化碳排放量占比超过40%，是典型的"碳排放大户"。

（二）重点用能单位碳排放测算应用案例

基于构建的重点用能单位碳排放测算模型对河南省某钢铁企业和某建材

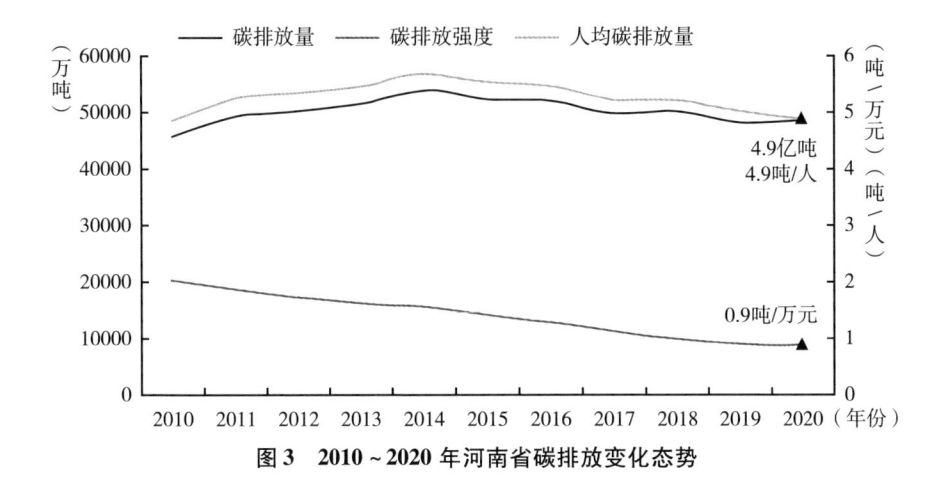

图3 2010~2020年河南省碳排放变化态势

企业的2021年前7个月的碳排放数据进行计算，受行业生产和市场影响，两个企业的月碳排放趋势各异如图4所示。

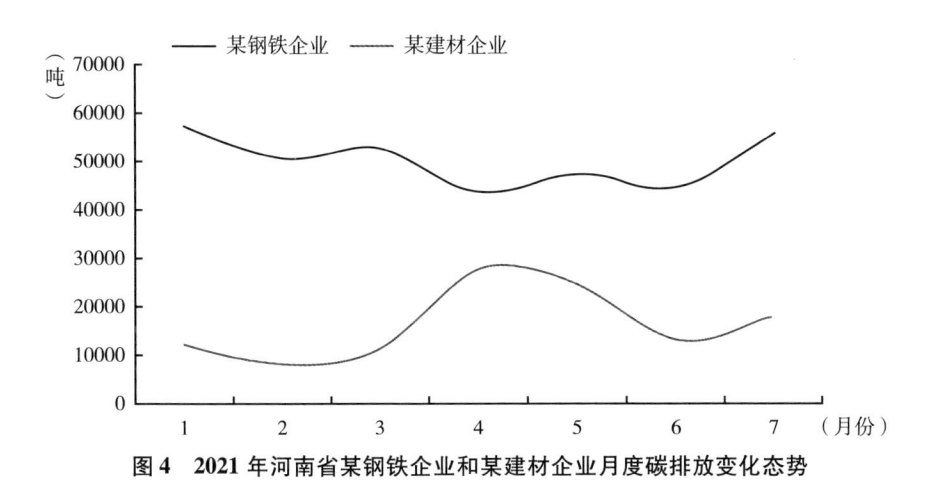

图4 2021年河南省某钢铁企业和某建材企业月度碳排放变化态势

（三）发电企业碳排放测算应用案例

基于构建的发电侧碳排放测算模型，计算了河南省某燃煤电厂近两年的碳排放量，碳排放量月度变化情况如图5所示。可以看出，该电厂碳排放量的变化趋势跟全省各月用电量的变化态势基本一致，呈现冬夏"双高峰"

形态。2021年第一季度由于电厂发电量的增长，电厂碳排放量较上年同期增长较多；近期受电煤供应紧张等因素影响，电厂发电量有所下降，相应碳排放量较上年同期有所回落。

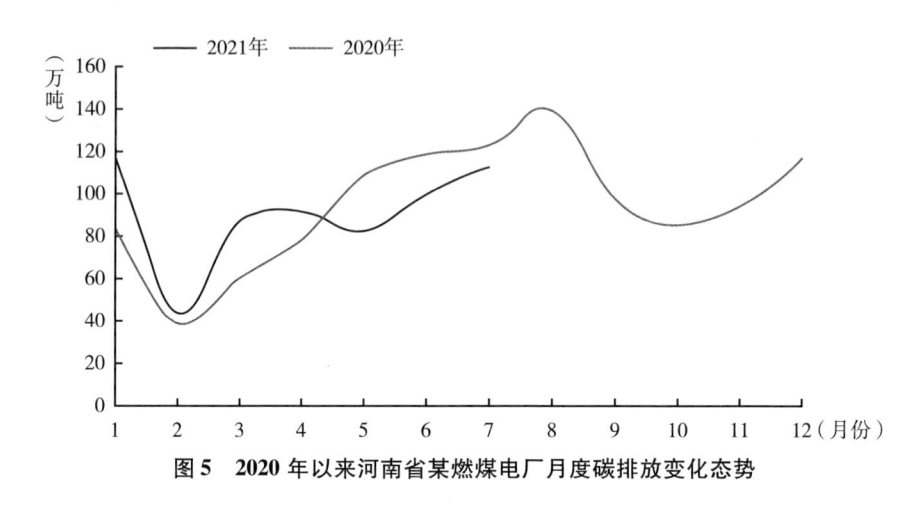

图5 2020年以来河南省某燃煤电厂月度碳排放变化态势

（四）碳减排测算应用案例

基于构建的新能源碳减排测算模型，计算了河南省2021年以来的等效碳减排数据，如图6所示。水电、风电和光伏都是清洁能源，从发电

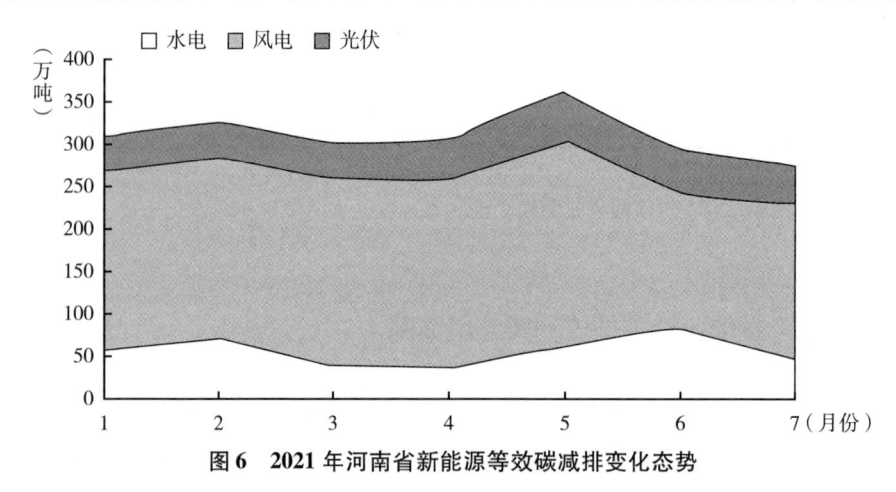

图6 2021年河南省新能源等效碳减排变化态势

种类来看,风电的等效碳减排量最多,占比超过60%,光伏的等效碳减排量较低。随着风电和光伏装机规模的不断扩大,其碳减排量也将越来越大,新能源将逐渐成为实现碳达峰碳中和目标的主力军、新型电力系统的主体。

五 对策建议

河南省碳排放监测分析平台利用大数据技术,可实现河南省碳排放"有迹可循""心中有数",为碳减排实施路径精准"导航"。平台从省级维度延伸至地市级、县级,时间轴贯穿"双碳"目标任务实现的全过程周期,可服务落实"双碳"目标任务的综合管理和行业、企业级的能源消费与碳排放运行监测核查。

(一)继续丰富完善平台监测维度和产品服务

目前平台已经接入河南省60余座燃煤电厂、329座新能源场站、511家大型重点用能单位、1.7万家规模以上工业企业、3.3万根充电桩及4300余万用电客户等实时数据,具备对区域、行业、企业等多维度的监测分析能力,大大提升了碳排放监测分析效率。建议加快河南省碳排放监测平台的推广和应用,继续不断丰富接入的数据种类、范围和频度,尤其是跨行业间数据贯通,提升监测分析的深度和广度,并形成碳排放监测分析报告等智库产品,为政府、企业等提供更深入的服务,服务企业的碳资产高效管理,促进企业节能减排,产生广泛的社会与环境效益。

(二)推进"1+N+X"省—市县—企业碳排放、碳减排监测体系联动运转

以新乡市、许昌市能源大数据中心("双碳"平台)的建设为契机,省市联动丰富和细化能源生产消费数据颗粒度,开展"双碳"相关模型的验证和优化,探索形成地市级能源大数据中心建设和上下联动运行经验,打造

"双碳"数字化立体监测体系，服务"1＋N＋X"省—市县—企业因地制宜地制定和实施碳达峰、碳中和方案，保障河南省"双碳"目标任务的有效落实。

（三）继续拓展"双碳"生态服务平台建设

河南省碳排放监测平台可进一步多维度拓展服务，搭建河南省"双碳"生态服务平台，开拓新产业、新业态，形成多维度、多类别服务模式，进一步挖掘衍生多样化商业模式，服务用户碳资产核算和碳交易，并增加更多的社会性服务功能模块。围绕"双碳"政策宣传、知识情报、统计核算、碳排分析、行业知识图谱、行业咨询、技术推广、低碳项目示范、碳金融等功能，积极对接全国碳交易市场，探索"碳普惠""碳金融"等创新碳产品，发挥碳资产减碳价值、经济价值和金融价值，推动区域碳普惠市场发展，为"双碳"目标实现提供全方位支撑服务。

参考文献

国务院：《中华人民共和国国民经济和社会发展第十四个五年规划和2035年远景目标纲要》，人民出版社，2021。

河南省人民政府：《河南省国民经济和社会发展第十四个五年规划和二〇三五年远景目标纲要》，2021。

国家发展改革委：《省级温室气体清单编制指南（试行）》，2011。

政府间气候变化专门委员会：《IPCC2006年国家温室气体清单指南》（修订版），2019。

张希良：《2060年碳中和目标下的低碳能源转型情景分析》，2020年中国电机工程学会年会，北京，2020。

国网能源研究院有限公司：《中国能源电力发展展望2020》，2020。

辛保安：《为实现"碳达峰、碳中和"目标贡献智慧和力量》，《人民日报》2021年2月23日。

蔡博峰等：《〈IPCC 2006年国家温室气体清单指南2019修订版〉解读》，《环境工程》2019年第8期。

李继峰等：《国家碳排放核算工作的现状、问题及挑战》，《发展研究》2020年第6期。

清华大学气候变化与可持续发展研究院项目综合报告研究组：《〈中国长期低碳发展战略与转型路径研究〉综合报告》，《中国人口·资源与环境》2020年第11期。

于海波等：《电能替代行业现状分析与建议》，《电力需求侧管理》，2020年第3期。

余碧莹等：《碳中和目标下中国碳排放路径研究》，《北京理工大学学报》（社会科学版）2021年第2期。

B.20
河南省地热资源监测平台的构建与发展建议

陈 莹 王攀科 卢 玮 马青坡*

摘　要： 近年来，河南省地热资源开发态势强劲，地热供暖面积已经超过1亿平方米。地热资源动态监测是保障地热资源科学统筹规划、可持续发展的基础，按照河南省促进地热能供暖的指导意见要求，先供暖领域、后其他领域的工作部署，开展了河南省地热资源监测平台的建设。河南省地热资源监测平台的建设将充分利用地热资源这种清洁环保的可再生新型能源，分别面向政府、社会、市场提供决策建议、科普科研、技术咨询等服务，为河南省地热资源科学统筹规划、健康有序发展提供保障，提高清洁能源占比，减少二氧化碳排放量，为高质量完成"双碳"目标、促进生态文明和经济可持续发展做出贡献。

关键词： 地热资源　动态监测　大数据　物联网　河南省

地热能是赋存于地球内部岩土体、流体和岩浆体中，能够为人类开发利用的热能，是一种清洁低碳、广泛分布、储量丰富、安全优质的清洁可再生

---

* 陈莹，工学博士，河南省深部探矿工程技术研究中心高级工程师，研究方向为地热资源勘查、深部探测工程；王攀科，河南省地质矿产勘查开发局第二地质环境调查院工程师，研究方向为地热地质、地热能开发利用；卢玮，河南省深部探矿工程技术研究中心工程师，研究方向为资源调查、地热能开发利用；马青坡，河南省地质职工学校中级讲师，研究方向为地质工程。

能源，具有低成本、可持续利用和绿色低碳等其他能源所不可比拟的独特优势。习近平总书记在2021年4月的中央政治局第二十九次集体学习时强调，保持生态文明建设战略定力，努力建设人与自然和谐共生的现代化。[①] 近年来，在国家生态文明建设的指引下，河南省先后出台一系列文件大力鼓励地热能产业发展，如在郑州、开封、安阳、新乡、濮阳、三门峡、周口、兰考、永城、鹿邑、新蔡等市县进行地热能清洁供暖规模化利用，发布促进地热能供暖的指导意见等。目前，河南省地热能供暖面积已经超过1亿平方米，地热能供暖工作取得了较好的成绩。地热能以其资源稳定、经济高效、无污染等优势，为河南省能源结构调整、冬季供暖燃煤减量替代、大气污染防治做出了突出贡献。通过河南省地热资源动态监测平台的建设，实时动态掌握不同类型的地热资源在开发利用过程中的关键数据，是地热资源评价、管理和地质环境影响评价的基础，对动态监测数据进行分析和总结，将为地热资源科学可持续发展提供依据和建议。

一 地热资源监测平台建设的背景及意义

（一）建设背景

实现碳达峰、碳中和是习近平总书记和党中央站在构建人类命运共同体的高度，着眼推进国家现代化建设和可持续发展，做出的重大战略部署。地热能作为蕴藏在地球内部的天然可再生能源，可用于发电、供暖、温泉度假、医疗养生、农业种植养殖等领域，其利用基本上不受昼夜和季节变化的限制，大力发展地热产业对促进能源绿色低碳转型、改善大气环境具有积极促进作用，是加快构建清洁低碳、安全高效的现代能源体系，稳步推动全省碳达峰、碳中和工作的内在要求和关键举措。

[①] 《习近平在中共中央政治局第二十九次集体学习时强调 保持生态文明建设战略定力 努力建设人与自然和谐共生的现代化》，新华网，2021年5月1日，https：//baijiahao. baidu. com/s？id＝1698534931156931263&wfr＝spider&for＝pc。

为了实现地热资源开发与保护并重，保障地热资源的科学、合理开采和可持续利用，亟须开展地热的监测工作。2017年1月，国家发展改革委、国家能源局、国土资源部联合发布《地热能开发利用"十三五"规划》，明确坚持清洁高效、持续可靠的基本原则，严格地热能利用环境监管，保证取热不取水、不污染水资源，有效保障地热能的清洁开发和永续利用，将加强信息监测统计体系建设作为重点任务之一，建立全国地热能开发利用监测信息系统，利用现代信息技术，对地热能勘查、开发利用情况进行系统的监测和动态评价。2019年4月，中共中央办公厅、国务院办公厅印发《关于统筹推进自然资源资产产权制度改革的指导意见》指出，建立自然资源动态监测制度，及时跟踪掌握各类自然资源变化情况。2021年4月，国家能源局发布的《关于促进地热能开发利用的若干意见（征求意见稿）》也指出，省级自然资源主管部门应结合地热资源勘查工作，建立地热资源动态监测体系，开展地下热水温度、流量等动态物理信息的综合监测。河南省坚决贯彻落实国家相继出台的地热开发利用政策，高度重视河南省地热资源保护与开发利用工作。2019年7月，河南省发展改革委、财政厅、自然资源厅联合印发《河南省促进地热能供暖的指导意见》，指出加强对地热能开发和环境影响的监测和评价，建立覆盖全省的地热资源监测系统，并明确由河南省地矿局牵头负责全省地热能供暖监测平台的建设。通过调查研究，吸收借鉴国内先进经验，出台了针对河南省地热资源赋存条件、地热开发利用情况和供暖分布情况的全省地热供暖监测措施。

（二）建设意义

赋存于地下流体的地热能资源，其地下流体的赋存环境是变化的、流动的，在不超过强度界线时具有自行再生特性。水热型地热资源的载体是地下水，地下水是经过漫长地质作用形成的宝贵资源，在地热能开发利用过程中，地下的地热能赋存条件是一个动态变化的过程，一旦超越了地下补给和自然恢复的界线，就会出现地下水位下降、可利用资源量下降的情况，引发地面沉降、资源枯竭等问题。浅层地热能在开发利用过程中，需要前期精准设计，尽量保持地下环境的热平衡，热失衡的产生会造成地下岩土的热交换能力降低而造成空调系统能耗升高，同时地下土壤中微生物依存的生态环境也可能会被破坏；此外，使用水源热泵系统若回灌率不达标，也会造成地下水位下降、地面沉降等地质环境问题。

地热资源与其他传统资源相比有经济和环境方面的优势，但过度的开发利用也会对环境造成影响。同时，地热产业准入门槛低，滥采、不回灌等现象频发，造成了监管的困难，建立地热资源监测系统，及时掌握其天然动态和开采动态的变化趋势，是解决地质环境问题和实现地热资源管理的重要手段之一。

河南省地热资源监测平台是利用互联网、物联网、大数据等现代信息技术和手段，通过汇集全省地热资源开发利用过程中的动态数据，开展地下热水温度、流量等动态物理信息的综合监测，建立全省地热能开发利用监测信息系统。通过地热资源监测平台跟踪掌握各类自然资源变化情况，及时掌握地热资源开发利用过程的地质环境，可实现地热资源开发利用全过程的动态监管，满足对地热资源的监测和动态评价的需要，为地热资源勘探和开发利用企事业单位提供技术支撑，为全省地热资源开发利用科学管理和规划提供依据，保证地热资源开发的可持续性。

二 国内外地热资源监测工作开展情况

国内外对地热的监测由来已久，冰岛、日本等地热资源丰富的国家，已经形成了一套成熟的监测技术和体系，监测指标也逐渐丰富，为资源评价和开发管理提供服务。我国北京、天津等地区在20世纪50年代左右就开展了地热监测工作，当时地热开发项目较少，且受技术限制，监测工作以人工监测为主。随着互联网技术的发展，监测技术和自动化程度不断发展，地热监测的实时性和有效性不断提升，自动监测逐渐成为主要工作手段，监测的覆盖面逐渐扩展，信息共享和辅助决策逐渐实现。北京、天津的地热监测工作在地热资源管理、地热开发利用规划等工作中发挥了积极作用。

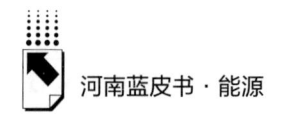

（一）国内情况

目前，北京、天津、上海已经开展了不同程度的地热能供暖监测工作，其中北京、天津对浅层地热能、中深层水热型地热能进行了动态监测，上海对浅层地热能进行了监测。而雄安新区的地热资源动态监测工作也已经提上日程；湖南省在地热能规划中明确提出要开展监测工作；河南、云南、山东在相关文件中提及了要开展地热能供暖监测工作；重庆、四川、海南等地的一些公开报道中，也有专家呼吁要开展地热监测工作。

（1）天津市。天津市地热动态监测始于1985年，当时主要用于地热田的勘探。1992年随着地热井逐渐增多，动态监测开始单独立项，以人工为主，每年提交动态监测报告。2002年至今，监测手段逐渐转化为以自动化监测为主，人工监测为辅，工作精度大大提高。目前天津市的地热动态监测体系已比较完善，积累的海量数据及相关研究成果为科学开发地热资源提供了重要依据，随着动态监测技术手段不断进步，监测成果亦逐渐丰富，主要有动态年报、各区县行政简报、应用成果报告数据库等。其中，天津市地热勘查开发设计研究院（前身为天津市第一地质勘探大队）承担了天津市地热监测的主要工作。

（2）北京市。北京市地热动态监测工作起步于20世纪五六十年代，目前，北京市已建立了包括地热开采量监测网、地热压力监测网、地热流体化学监测网、地热出水温度监测网和地热回灌监测网五个监测网的相对完善的地热动态监测体系，基于监测数据，分析地热开发过程中热储的变化规律和出现的问题，为政府部门进行资源管理和制定政策提供科学依据。其中，监测网覆盖北京市所有的10个地热田，监测内容涉及地热开采量、回灌量、热储压力、流体化学和热储温度及一些主要开采热田的水位、温度和水质。北京市地质矿产勘查开发局下属单位承担了北京市地热资源动态监测工作，其中，北京地热研究院负责北京市地热与浅层地温能开发利用监测预警系统的建设和维护、北京市地质工程勘察院承担了北京市地热资源动态监测项目的建设工作。

(3) 上海市。上海市的地热监测工作已开展了十多年，其地热监测工作主要集中在浅层地热能。上海市浅层地热能监测内容覆盖了地热资源条件、开发利用项目管理、资源开发利用监测等方面，主要包括浅层地热能地质基础数据、浅层地热能开发利用工程数据及监测网实时监测数据。目前，上海已经建成覆盖全市的浅层地热能开发利用监测网络，并能实现实时监测；同时，在国内建成了集数据集成化、成果可视化和决策智能化于一体的信息共享服务平台——浅层地热能资源开发利用信息平台，并及时共享了浅层地热能开发利用监测成果，使之成为政府决策依据、行业应用的科学参考，产生了良好的社会效益。

（二）国外情况

国际上，以美国、冰岛等高—中温地热资源开发利用发达的国家，无论是从监测要求，还是从自动化程度，均已形成一套较系统的动态监测方法。监测内容不仅有热储压力、温度、流体化学场，而且细致到微量元素、气体含量、地热田地球物理场的动态变化等，从而可以更加全面地了解地热开发动态，为地热资源评价、开发管理服务。

俄罗斯、日本、美国的井网布设分别以撒网式大间距布设、重点地震监测区内集中布设、沿断裂条带状高密度布设为特点，但是三个国家的井网布设的共同特点为开展地下热水的压力、温度、流量、混浊度等物理动态综合监测，在有条件的井孔中同时布设包含水压、水位、水温、水氡、测震、应变等多种手段的监测仪器。同时，目前这些国家的地热资源动态监测仍在坚持定期手测（一般是每月2~4次）与仪器连续自动记录同时并举的方式，但在重点监测与研究地区多已实现了数字化监测，并在此基础上实现了监测数据有线、无线、卫星等自动传输与计算机集中储存与处理。

三 监测平台建设思路与框架

河南省地热资源监测平台的建设是在地热资源领域积极践行"尊重自

然、顺应自然、保护自然"生态文明理念的具体体现,助力实现地热资源"在开发中保护、在保护中开发"。现代化技术的发展为地热监测平台的建设提供了良好的技术支撑,充分利用现代的互联网和信息化技术加强对地热能监测的信息化管理,有利于提升地热资源的管理水平、服务能力和可持续发展能力。

(一)建设目标

河南省地热资源监测平台依托现有的地质技术优势,在分析河南省地热资源特征的基础上,进行河南省地热资源监测平台的设计和建设。根据地热能开发利用规划和社会需求,按照公益性、开放式、专业化的准则,以地热资源动态监测、数据集成、精准服务、科学预警为目标,遵循统一规划、统一标准、统一平台的建设方式,按照先供暖领域、后其他领域的次序,分阶段逐步建成覆盖全省的河南省地热资源监测平台。

河南省地热能供暖监测平台旨在汇总全省地热能开发利用过程中的动态数据资源,在地热地质理论和地质模型的支撑下,进行地热资源可持续开发利用的深度分析,搭建地热资源智慧监管大数据平台,为保障河南省地热能开发利用科学监管提供依据,为地热能有序规划、科学开发提供支撑,打造省级地热资源监测平台的典范。

(二)建设原则

根据河南省实际地热资源开发利用现状,按照由易到难、由简到繁、由粗到精,逐步完善监测网络、优化平台结构进行建设。

在平台建设过程中,将遵循以下原则:统一性,统筹规划和统一设计系统结构,尤其是应用系统数据模型结构、数据存储结构以及系统扩展规划等内容;可扩展性和先进性,在设计过程中充分依照相关的规范、标准,为后期监测内容扩充预留空间;实用性,系统坚持人性化设计,在满足应用需求和系统各项性能指标的情况下,实现软件操作简单、界面友好;安全性,满足国家信息的安全和保密要求,并及时进行数据备份。

（三）平台框架

河南省地热资源动态监测系统建设总体规划布局为"1+1+3+N"（见图1），意为一个总平台、一个地热资源数据库、三大核心目标、N个支撑系统的应用，实现地热资源动态监测、数据集成、科学预警、精准服务。以物联网、云计算等技术为支撑，集成、管理多源异构的地热资源数据，实现数据采集与传输、集中分类存储、数据挖掘、数据加工、数据管理维护、信息聚合等。

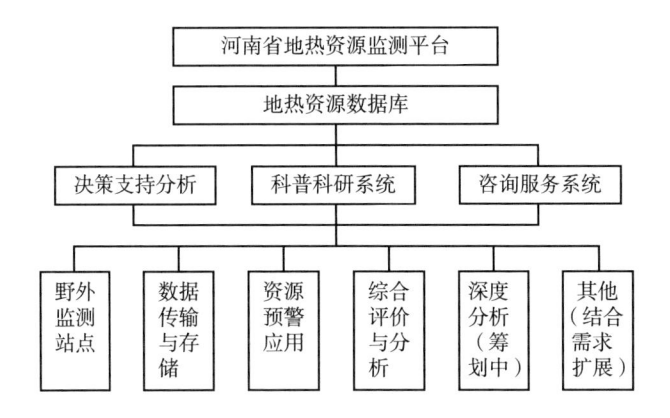

图1 河南省地热资源动态监测平台框架

（四）预期成果

动态监测平台可以即时感知地下在地热的开发利用过程中周边地质环境的变化，将为地热管理与规划提供科学依据，为社会提供科普教育，为地热开发的选址与决策提供可行性建议。

1. 政府管理与决策

通过监测平台收集到的动态监测数据，以及综合分析和评估，依托平台在监测数据和地质理论基础上编制的《河南省地热资源开发利用公报》《河南省地热资源开发利用地质环境评估报告》，可为全省地热资源可采储量建议以及科学规划提供依据，科学评估地下资源水位、水质、水温、

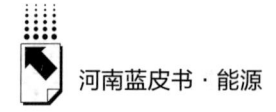

周边地质环境变化趋势等，为地热的可持续开发提供建议。同时，全省地热开发利用项目全部纳入管理后，可实现河南省年度地热能清洁能源数据统计的功能，包括全省地热能开发利用量、节能减排量、地热供暖面积等统计数据。

2. 社会公众科普

目前社会公众对地热应用领域的认知度还有待提高。河南省地热监测平台的建设将充分发挥其在地热能开发利用方面的专业优势，为社会公众提供科普资料，包括编制通俗易懂的地热简介（用途、开发利用原理和方式）、科普图册等供社会大众阅读或下载。通过宣传不断提高地热这种清洁能源的社会认知度，加快地热资源丰富地区的地热开发利用进程。同时，将逐步构建河南省地热标准体系，形式集名词术语、技术、管理等各领域完善的标准体系，规范河南省地热产业的发展。

3. 服务市场方面

地热能开发利用是一项地质技术和经验需求较高的工作，在掌握地下地热赋存条件的前提下进行地热开发，具有事半功倍的效果。就目前河南地热开发利用企业需求来说，缺乏熟练掌握地下地质条件以及地热赋存规律的技术人员。河南省地热监测平台可在监测数据和地质技术分析的基础上，为从事地热能开发利用的企业、地勘单位提供分析研究后的技术咨询服务，包括前期项目选址、方案建议等。区域性的三维热储模型、地热水位曲面模拟，并根据监测到的数据逐步细化优化的模型，也可为资源评估提供依据，亦可为科研单位提供技术研究工作参考，全面助力全省地热资源科学可持续开发利用。

四 地热监测平台建设内容

2019年7月，河南省启动地热资源监测平台建设工作，经过近两年的努力，于2021年3月实现正式运行。平台建设旨在全省范围内逐步实现对浅层地热能供暖项目和中深层水热型地热能供暖、其他开发利用项目的动态监测。主要监测参数包括：水位、水温、中深层水热型地热资源的开采量与回灌量、地热开发利用过程对地质环境影响的参数等。主要工作内容包括：系统及数据库建设、野外监测站点建设、数据分析与处理等。

（一）平台系统的建设

平台系统基于 B/S 模式开发，界面采用响应式框架，能自动适应台式机、平板电脑、手机等各种分辨率设备，地热监测平台已经基本建立，并投入运行。平台系统建设内容主要包括：前端展示部分、数据库建设部分、图表展示功能部分、预警功能等。

地热监测平台最主要的数据来源为地热资源数据库，通过对地热资源的现状资料（包括地热开发企业对接平台数据、自行安装的监测站点数据、后续野外监测站点数据等）进行收集和梳理，进一步对这些数据统一评价并建立完善的地热资源数据库，并以河南省区域内的地热资源量为主要内容，形成省内地热资源开发利用量分布图、节能减排量以及地热供暖面积统计图表。

数据挖掘、数据分析是平台通过地热资源数据进行评价和分析其对地质环境影响的重要组成，需要建立数学模型和数值模拟场等有效预测地热资源开发量和有效控制地热资源开发对区域地质环境造成不良影响。主要建模包括区域性的三维热储模型、地热水位曲面模拟、地储层热水流场模型等。

决策支持、科普科研以及咨询服务是平台建设后通过数据应用达到的最终目标。需要综合地热资源各个监测指标、水文地质参数等构成的数据库，通过数据分析对地热资源综合开发利用、河南省地热资源管理、地热资源勘探、地热资源动态监测等提出各方面的咨询意见。

（二）监测指标的确定

现阶段，平台建设中监测指标的确定是在北京、天津等地热监测工作调研的基础上，按照《地热资源地质勘查规范》（GB/T 11615—2010）、《浅层地热能监测系统技术规范》（NB/T 10278—2019）、《浅层地热能开发地质环境影响监测评价规范》（NB/T 10274—2019）等标准中提及的监测内容、监测方法等，结合河南省地热能开发利用实际情况确定的。

中深层水热型地热资源项目监测指标如下：水位、水温、瞬时流量（开采量或回灌率）、累计开采量或累计回灌量、水质（按每年采集2次，人工取样，送检，监测结果导入平台）。通过监测动态掌握水位、水温、流量变化情况，一旦出现资源量急剧下降的情况，平台将发出预警，掌握回灌情况，保证资源的可持续开发。在水质分析方面，平台通过多年累积的水质化验结果，掌握监测点的地热水质变化情况，依据水质变化情况对地下地热赋存环境的变化做出预判。此外，国内外均有以地热水质变化作为地震预测的依据之一的研究。

浅层地热能项目（地埋管）监测指标如下：换热孔内土壤温度、换热孔间土壤温度、背景值土壤温度（非换热区），周边地下水水质变化情况，热泵机组的进、回水温度，机组能耗等。通过监测换热孔以及非换热孔的地下地温的变化，判断地源热泵系统工作期间取热排热的过程是否平衡，确保系统能够最大限度利用浅层地热能。

浅层地热能项目（水源热泵）监测指标如下：抽水水温、抽水量，回灌水温、回灌量，水质，岩土体地温变化，建筑物变形监测，机组能耗等。通过监测地下水位了解地下水位是否出现大幅下降的情况，避免出现因过度抽取地下水影响地表建筑物等情况。

上述监测指标中，除介绍到的关键地质环境影响指标外，通过数据监测还能够测算到具体的地热能开发利用总量、节能减排数据等。

（三）野外监测点的建设

野外监测是平台实现基础数据采集、全过程动态监测的基础。在自动监测仪器的优选方面，本研究对市场上可采购到的地热监测仪器进行了对比与优选，主要包括：电磁流量计、温度计、水位计、地埋管温度自动监测设备，上述设备在其适用的温度、深度条件下基本可以满足平台所需的水温、水量、水位、地温变化等数据的自动监测，数据可以直接传输至平台。

监测方案根据不同项目实行单独制定的模式进行。中深层水热型地热项目和浅层地热能（水源热泵）项目的监测要根据地热井的位置、地热井井口规格、水温、水量范围选择流量计和水位计，根据场地电力情况，确定监测仪器的供电是采用太阳能、蓄电池还是直接供电的形式。浅层地热能地埋管监测系统需要考虑换热区、非换热区的监测孔位的确定。地埋管的地温监测按照每10米一个监测点的标准进行监测。

（四）筹划中的深度分析系统

随着平台建设的推进、覆盖面的不断完善，后期平台拟依托地热监测大数据和历史地热勘探资料，分析区域内可能的地热资源分布，通过三维建模的形式，在现有该地区地热开发利用资料的基础上，结合地热资源成因类型，进行资源分布和中长期资源量预测，为地热勘探工作提供参考。通过基础数据和早期技术资料进行重点靶区预测，为未勘探过的中深层水热型地热的地区提供地热靶区选择建议，根据能够有效使用的数据的丰盈程度，用可靠度来表示预测的可信程度。结合以往的地热钻井地层资料（钻井工艺、井身结构设计、泥浆材料、成井管材选择、钻井成本预测、供暖面积预测等）为地热钻井提供地层预测。

五 对策建议

地热监测是保障地热科学统筹规划、可持续发展的基础性工作，地热监测平台的建设，能够及时掌握各类地热资源的变化情况，为政府规划和决策提供科学依据和技术支撑，为公众提供科普资料。地热监测平台的建设与利用是一项长期性、持续性工作，其运行和管理更是一项需要长期坚持不懈的工作。河南地热监测工作尚处于起步阶段，相较于北京、天津等先进省份还有较大的差距和提升空间，河南省应高质量推进省级地热资源监测平台的建设。

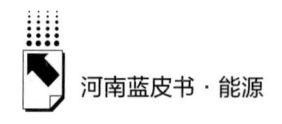

完善监测站点，实现重点区域全覆盖。相较于北京、天津，河南地域面积大，不同地区地热资源成因不同，平台的采集建设也更为复杂，从河南省地热资源分布特点、成因类型出发，结合重点地热田分布、浅层地热能开发利用集中片区具体分析，逐步实现平台监测的重点区域全覆盖。

坚持创新引领，打造高质量智慧监测平台。充分应用大数据、人工智能、云计算等现代化高新技术，实现对数据的有效管理，实现多维度数据分析、数据可视化显示等功能，为管理人员实时监控数据提供高效工具，打造高质量智慧监测平台。以地质理论、地质环境影响评价为主要技术手段，辅助以大数据分析、深度挖掘等技术，提升数据的分析和建模水平，平台才能够进行更为精准的分析评价。强化对地热开发利用项目全生命周期进行监测、监控和监管，提高地热精细化管理水平，更好地服务于地热监管。

严守安全底线，增强平台管理与运营维护。平台建成后，将是河南省内唯一一个集地热资源数据、地热勘探开发、地热资源分析模拟于一体的大平台，需要构建完善的地热资源勘查开发及利用管理及维护运营体系，并建立运营维护团队，统一保障平台数据的可靠性，保障地热开发的科学性，为地热资源勘查和利用提供帮助。

加强宣传引导，为企业提供基础数据服务。近年来，地热能开发利用的投资与建设项目逐年增加，大型央企、国企也逐步进驻河南地热市场，民企在地热市场中也占据一定的比例。一方面，平台立足公共服务的基本定位，面向政府、使用者、社会公众做好信息发布和科普，为社会公众了解地热及监测信息提供便捷的服务；另一方面，也需要地热开发利用企业理解科学的监管是地热资源可持续发展的保障，形成各方积极配合的良好态势。同时，为企业提供一些必要的基础数据服务，如评估地下资源水位、水质、水温、周边地质环境变化趋势等，为合理、科学、环保开发省内地热资源量提供技术支撑。

坚持平台导向，助力河南地热保护与利用。平台的建立对地热资源勘探和开发利用技术的标准统一以及科学提高相关技术具有不可低估的作用，今后河南省内地热资源和地热能供暖合理规划和布局将重点依靠省级地热资源监测平台，整体提升省内地热开发利用技术水平，切实为河南省地热发展提供助力。

参考文献

中共中央办公厅、国务院办公厅：《关于统筹推进自然资源资产产权制度改革的指导意见》。

河南省发展改革委：《关于印发河南省促进地热能供暖的指导意见的通知》（豫发改能源〔2019〕451号）。

蔡子昭、张礼中、王乾等：《全国主要城市浅层地温能调查评价信息系统建设》，《中国地质学会水文地质专委会2013年年会暨地下水与环境学术研讨会论文集》，2013。

王远明、尹恒、贾宏刚：《北京市地热井远程监控系统试验与开发》，《北京地热国际研讨会论文集》，2002。

张像源：《基于GIS技术的天津市地热资源实时监测与信息管理系统研究》，《城市地质》2012年第1期。

李秀芬、王健、孙君：《冰岛地热资源管理对我国地热发展的启示》，《矿产保护与利用》2014年第1期。

何潇楠：《浅层地温能开发利用动态监测网建设》，《科技创新与应用》2015年第15期。

B.21
新时代农村能源转型变革典型模式与对策建议

郑永乐　李　鹏　谢安邦*

摘　要： 加快推动农村能源转型变革，是贯彻"四个革命、一个合作"能源安全新战略、构建清洁低碳安全高效现代能源体系、助力乡村振兴战略全面推进的关键性举措。本文遵循"因地制宜、综合利用、经济适用"原则，在系统总结国内农村能源变革典型经验的基础上，立足于河南农村地区经济社会、资源禀赋，将河南农村划分为资源驱动型、经济引领型、农业主导型、生态保护型四类，分类提出了推动能源转型变革的发展目标及转型路径，以期为新时代农村能源高质量发展提供决策参考。

关键词： 农村能源　能源转型　变革模式

民族要复兴、乡村必振兴，乡村要振兴、能源需先行。当前，随着脱贫攻坚战取得全面胜利，"三农"工作重心已历史性转向全面推进乡村振兴。作为农业大省、农村人口大省，深入贯彻习近平总书记关于河南工作的重要讲话重要指示精神，始终牢记"奋勇争先、更加出彩"的殷殷嘱托，践行"四个革命、一个合作"能源安全新战略，顺应碳达峰、碳中和目标下的能

---

* 郑永乐，工学硕士，国网河南省电力公司经济技术研究院工程师，研究方向为能源互联网与农村能源转型；李鹏，管理学博士，国网河南省电力公司经济技术研究院高级经济师，研究方向为农村能源转型；谢安邦，工学硕士，国网河南省电力公司经济技术研究院工程师，研究方向为农村能源与能源互联网。

源发展新形势、新要求，立足自身能源资源禀赋，强化先进经验学习借鉴，遵循"因地制宜、综合利用、经济适用"原则，加快推进农村能源转型变革，构建农村现代能源体系，为乡村振兴战略实施提供坚强能源保障，助力全域农业高质高效、乡村宜居宜业、农民富裕富足，是关系全省经济社会发展的全局性、长期性、战略性问题。

一 国内农村能源转型变革典型经验

近年来，国内各地区包括河南省，都在认真落实能源供给革命、消费革命、技术革命、体制革命等各项决策部署，聚焦"生物质资源能源化利用、风光资源规模化开发、清洁取暖"三大关键问题，坚持因地制宜、先行先试，取得了积极成效，为其他农村地区学习借鉴、复制推广积累了经验、探索了路子。

（一）生物质能源化利用

1. 农村沼气开发利用——四川省

四川省大力探索以沼气为纽带的"庭院经济微循环、家庭农场小循环、产业园区中循环、一二三产业融合大循环"四类循环农业发展模式，形成了户用沼气、村级集中供气工程、大型沼气工程多元化发展路径。

户用沼气方面。在德阳等贫困县，推行户用沼气池"专业化管理、市场化运行、政府补贴服务"的"保姆式"管护模式，每年可为贫困家庭增收节支800～1000元。在巴中等贫困县，积极探索沼气工程"服务网点连锁经营+超市化服务+公司化管理"的体系化管理模式，在有效保障长时间稳定供气的同时，每年可为贫困家庭增收节支400元左右。

村级集中供气工程方面。以江油市雁门镇西坝村为试点，总投资78万元建设集中供气站，每年可产沼气5.1万立方米，满足120户农户生活燃料需求，每立方米沼气售价1元，折合节约燃料费约100元、农药化肥支出100元，封育3.5亩山林。

特大型沼气工程方面。以富顺县、荣县为试点，总投资1.76亿元，建设特大型沼气工程。其中，富顺县试点项目年产生物天然气1000万立方米，荣县试点项目年产生物天然气450万立方米。两个项目每年可处理58万头猪约27万吨粪污，减少10多万吨二氧化碳排放，同时可年产12万吨固体有机肥、56万吨沼液，为周边10万亩农田提供优质有机肥料。仅生物天然气和有机肥生产，每年可带来1.36亿元的直接收益。

2. 生物质固化成型燃料——山东省泗水县

泗水县作为山东省生物质能源取暖推广应用试点县，积极探索推广"生物质成型燃料+生物质专用炉具"利用模式，有效破解了气源不足、群众负担重、使用不习惯等三大难题，走出一条"群众认可、政府推动、环境改善"的生物质清洁利用新路子。

试点措施方面。在供给侧，每个示范乡镇建设1个年产2万吨成型燃料的生物质燃料加工中心，折合年处理4万亩玉米秸秆；在消费侧，组织开展生物质炉具认购，每台补贴80%，生物质成型燃料补贴70%，每户最高补助1.5吨。

实施成效方面。每吨生物质成型燃料的价格仅为清洁煤的一半。一个采暖季，总花费约1200元，较散煤取暖、电取暖或气取暖节省1000元以上。

3. 生物质热电联产——东北地区

东北地区为破解秸秆焚烧产生的一系列问题，改善并保持区域大气环境，积极布局和加快实施生物质热电联产项目，着力构建以秸秆为原材料，集发电、供暖、供气于一体的综合能源系统。

试点措施方面。以黑龙江省齐齐哈尔市甘南县兴十四村生物质热电联产项目为例，该项目总投资10.56亿元，于2018年8月开工、2020年底并网发电，共建设2台3万千瓦的高温高压抽凝式汽轮机发电机组，以及2台150吨/时的高温高压循环流化床蒸汽锅炉，年发电量为4.32亿千瓦时，供暖能力为150万平方米。

实施成效方面。项目年均营业收入2.33亿元，带动就业人数近千人。电厂所需秸秆辐射周围半径30公里，每年可消耗秸秆等生物质约70万吨，相当于甘南县全年的秸秆产量。此外，对废弃的秸秆进行收购，可有效增加农民收入，经济效益和社会效益显著。

4. 生活垃圾焚烧发电——湖南省

为破解"垃圾围城、垃圾围村"，县级独立建设焚烧发电厂规模不足、经济性差，以及建设"邻避效应"的难题，湖南省以市州为单位，采取城乡统筹、区域统筹的方式，运用政府和社会资本合作模式，积极新建、扩建一批生活垃圾焚烧发电处理设施，加快实现生活垃圾焚烧发电处理设施市州全覆盖，生活垃圾处理焚烧占比超过50%。

试点措施方面。以湖南省湘潭市为例，该市统筹雨湖区、岳塘区和湘潭县所产生的生活垃圾，选址湘潭县河口镇宏兴村牛厂坳，引入中国光大环境有限公司作为社会资本方，投资8亿元，按照BOT（建设—运营—移交）方式，于2019年11月开工建设、2021年6月投入运营湘潭生活垃圾焚烧发电项目。

实施成效方面。该项目一期日处理垃圾1200吨、年处理垃圾43.8万吨，可全部消纳湘潭两区一县的生活垃圾，年发电量为1.31亿千瓦时，实现了湘潭生活垃圾处理从卫生填埋到无害化焚烧处理、集废为宝的华丽转变。

（二）可再生能源开发

1. 屋顶光伏自发自用——山东省青岛市

山东青岛特钢厂23兆瓦屋顶分布式光伏发电项目，是"531"新政后全国最大的"全额自发自用"屋顶分布式光伏平价上网项目。该项目依托青岛特钢厂区25万平方米彩钢瓦屋顶，采用"全额自发自用、零上网"模式，光伏所发电量以低于山东省电网电价的协议价出售给青岛特钢。该项目在25年有效运营期内，预计总发电量超6亿千瓦时（年均发电量为2440万千瓦时），可节约标准煤约24万吨，减排碳粉尘约17万吨，减排二氧化碳约61万吨，减排二氧化硫约1.8万吨。该项目对于在高耗能、高电价的企业中推广建设分布式光伏、带动光伏行业绿色发展极具借鉴意义。

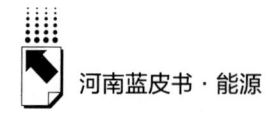

2. 屋顶分布式光伏整县推进——百花齐放

2021年9月，国家能源局公布整县（市、区）屋顶分布式光伏开发试点名单，全国共有676个县（市、区）入选，其中河南省有66个县（市、区）。考虑到整县开发设计建筑物类型较多、建筑质量参差不齐、产权归属较为复杂等特点，为保障试点建设顺利开展，全国各省份涌现"因地制宜"的多种建设模式。如福建、甘肃、宁夏、湖北、山西、辽宁明确"一企包一县"的建设模式，江苏、浙江、江西鼓励选择央企、国企等有实力企业参与，青海采用能源合同管理模式，河南选用"1+1+X"模式（1家大型能源企业作为牵头企业，1家政策性银行负责提供绿色信贷支持，N家属地平台公司根据产业链分工协同参与）。

3. 平原风电——河南省清丰县

润清风电场位于河南省濮阳市清丰县，由北京天润新能投资有限公司投资建设，于2016年2月开工建设，是国内首个整装的平原风电场，也是河南省第一个平原风电场、第一个高塔架风电场、第一个低风速风电场。该项目一期总投资8.6亿元，共安装50台单机容量为2兆瓦、风机轮毂高度为100米的风力发电机，风机在风速达到2.5米/秒时就能起机，4.5米/秒时就能正常运行，9米/秒时就能满负荷运行，年平均发电量为2.1亿千瓦时，每年可实现节约标煤6.04万吨，减排二氧化碳15万吨，减排二氧化硫683吨。该项目对于在低风速的平原地区推广建设规模化风电场极具借鉴意义。

4. 千万千瓦级多能互补综合能源基地——甘肃省庆阳市

2021年7月，华能陇东多能互补综合能源基地在甘肃省庆阳市启动建设，这是我国首个单一主体规划建设的清洁主导、多能互补、千万千瓦级绿色智慧综合能源基地。该基地将充分利用陇原大地丰富的风、光和煤炭资源，按照基地型、清洁型、互补型和集约化、数字化、标准化开发模式，采用风光同场、风机混排的方式布置，规划建设800万千瓦风光综合新能源示范项目，并配套建设20%的调峰电源及储能装置。基地建成后，年发电量超280亿千瓦时，每年可减少二氧化碳排放4300万吨，年产生税收46亿元，创造就业岗位2.8万个。该基地为大型多能互补基地建设提供了借鉴。

（三）清洁取暖

1.清洁取暖综合试点——河南省鹤壁市

鹤壁市作为全国北方地区冬季清洁取暖试点城市，统筹农村家庭的生活习惯、房屋性能、经济可承受能力，以及政府部门的财政能力，积极探索"政府推动、企业为主""补贴初装、不补运行""热源侧、用户侧协同发力""六个一"建设推广标准等一系列工作举措，形成了"清洁供、节约用、投资优、可持续"的建管模式。

试点措施方面。在热源侧，在城郊村、普通行政村推广使用低温空气源热泵风机，在偏远山区、生物质资源较丰富的村庄推广应用生物质炉、生物质成型燃料取暖。在用户侧，以公益性建筑、新型农村社区为试点，积极推进农村家庭住房保温性能改造，大幅降低能耗水平。在管理侧，深化"六个一"模式，即一个村庄明确一个技术路径和品牌产品；同类型农房采用一套技术标准开展能效提升改造，按照能效提升不低于30%共设计七种农房基础模型；热源侧和用户侧能效提升户均改造费用分别控制在一万元，居民承担费用小于1/4；户均取暖季运行成本控制在一千元；设备操作一键化；管理平台一体化。

实施成效方面。农村热源清洁化改造惠及农户15万余户，其中推广安装低温空气源热风机13.13万户，安装成型生物质取暖炉2.13万户。城乡建筑能效提升改造662万平方米。575个村庄（社区）实现电网改造，"煤改电"用户户均配变容量提升至4.36千伏安，有效保障了冬季居民取暖安全和可靠用电。

2.地热取暖——河北省雄县

从2009年开始，河北保定雄县大规模使用地热能集中供暖，如今地热能供暖已覆盖县城95%以上的建筑，堪称一座"无烟城"，探索形成了热能供暖"雄县模式"。

试点措施方面。"雄县模式"可总结为"政企合作，市场化运作；整体规划，科学开发；技术先进，保障地热产业可持续发展；央企提供优质高效服务"。技术核心是"取热不取水"，从开采井将地热水抽出后，通过换热器取热，然后由回灌井将冷水重新注回地下水层。与此同时，另一套自来水循环系统将经过加热的水通过供暖管道送入千家万户，由此实现"采灌平衡"。

实施成效方面。雄县11个自然村5000余户村民已实现干净清洁的地热供暖。按一个采暖季每户用散煤2~3吨测算，每年可替代标煤万余吨，减排二氧化碳3万余吨。

3. 生物质清洁取暖——山东省阳信县

山东省阳信县立足生物质资源丰富优势，坚持"分散式、分布式、集中式"多种模式并举，探索出一条低碳环保、生态循环、惠民利民的生物质清洁取暖新路子，为其他农村地区提供了有益借鉴。

试点措施方面。结合县域特征提出建设"一核二区七基地三模式"，推进生物质清洁取暖落实落地。一核，即规划在阳信经济开发区建设生物质成型燃料中心加工厂、生物天然气工程等。二区，即规划在温店镇建设集中供热区，年供热面积为50万平方米，为温店镇周边村庄、学校和商铺2300户集中供暖；在阳信经济开发区建设集中供热区，满足园区内企业工业用热以及河流镇等周边乡镇农村冬季取暖需求。七基地，即规划在金阳街道、商店镇、翟王镇、劳店镇、流坡坞镇、水落坡镇、洋湖乡等七个乡镇，建设生物质成型燃料加工基地，并同步完善秸秆收储运体系、建设服务网点，年产规模在1.5万~3万吨。三模式，即针对人口居住分散、不宜铺设燃气管网的农村地区，实行分散式取暖模式；针对中小学校、卫生所等公共建筑，采取合同能源管理（EPC）等方式，由专业企业投资建设生物质锅炉供热项目，实行分布式取暖模式；发展生物质热电联产，构建生物质集中供热示范区，探索实行集中供暖模式。

实施成效方面。阳信县已建成生物质颗粒燃料企业6家、年生产能力5万吨的牛粪成型燃料资源循环利用项目1个、两炉二机30兆瓦热电联产项目1个，完成生物质清洁取暖改造7.6万余户。

二 河南农村能源转型变革实施路径探讨

结合国内农村能源转型变革的典型经验，立足河南农村地区经济社会、资源禀赋及地形地貌等特征，突出差异化发展思路，将河南农村划分为资源驱动型、经济引领型、农业主导型、生态保护型四类，分类拟定能源转型变革目标及实施转型路径。

（一）资源驱动型农村能源转型变革路径

1. 模式特征

风能、太阳能等可再生能源丰富，空间资源充足，人口密度较低，支持可再生能源规模化开发。经济水平较低，城镇化水平较低，经济增长动力偏弱。

2. 发展目标

以新能源规模化开发为重点，以100%清洁能源利用为目标，以科技创新为支撑，以智能电网建设为保障，充分发挥可再生能源富集的资源优势，合理利用适宜大规模开发可再生能源的空间资源，推进集中式与分布式并举的能源网络，建设大规模风、光、储融合的多能互补能源基地，全面推进农村资源能源化，构建多元驱动、清洁低碳、经济可持续的农村能源供给体系。

3. 转型路径

着力推进可再生能源规模化开发。借鉴华能陇东多能互补综合能源基地开发模式，将基地型、多能互补型作为新能源开发利用的重点方式，统筹协调常规能源与可再生能源的关系，电源、电网、负荷、储能的关系，科学规划电源基地，充分利用输电通道，有效匹配用电负荷，合理配置一定规模新型储能设施，加快向清洁能源为主、化石能源为辅转变。鼓励通过市场化竞争方式，优选出综合实力雄厚的大型企业，集中开发建设，避免分散、无序、低水平开发，真正体现出规模化优势。优化新能源运行管理，延伸

"新能源云"部署，为发电企业提供新能源项目并网、运维、交易、结算等业务一站式线上服务；探索虚拟电厂在农村能源协调优化中的整体解决方案，扩大源网荷储一体化运行试点范围；提升新能源出力预测准确率，嵌入微气象预测功能，支撑能源生产企业运行科学决策，提升新能源智能化运行水平。

着力推进能源优势向产业优势转化。统筹规划建设循环产业园区，完善园区基础设施，提升园区服务品质，按照空间上集聚、上下游协同、供应链集约的思路，精准实施高载能工业、现代装备制造等精准招商，培育优质用电需求。逐步推进电气化设备在生产、加工、制造行业应用，大力实施粮食及农副产品电烘干改造。推动现代农业生产设施电气化，推广自动采光、自动喷淋、恒温恒湿控制等技术。加快推进农业灌溉以电代油，积极推进新建机井同步通电，确保灌溉区域全覆盖。围绕农村居民冬季清洁取暖痛点、难点，紧抓新型农村社区建设等契机，以行政村为最小单元，因地制宜、有节奏地推进集中式、分散式电采暖，助力农村居民生活向全电气化迈进。

（二）经济引领型农村能源转型变革路径

1. 模式特征

农村产业集聚，化石能源依赖性强，对能源保障的可靠性、能源服务的品质化要求较高。农业种植规模化程度高，农用设备机械化、电气化水平较高。城镇化水平较高，居民生活水平较高，电气化程度较高。

2. 发展目标

创新体制机制，因地制宜开发分散式风电和分布式光伏，提高能源自给率。聚焦农村未来个性化、综合化、智能化服务需求，加快实现电网状态全感知、企业管理全在线、运营数据全管控，提升用户用能体验。顺应数字革命与能源革命加速融合新趋势，以坚强智能电网为基础，推动多个异质能源子系统间的协同运行、智慧运行、经济运行。

3. 转型路径

着力推进分布式新能源就地开发利用。以自发自用和就近利用为主，大力建设分散式风力发电、分布式光伏、风光互补型分布式发电系统。深化光伏与农业生产、农村生活的深度融合,创新发展"光伏+种植""光伏+养殖""光伏+村舍"等多种形式,提升农民参与感和开发质效。探索虚拟电厂应用,引导居民、企业积极参与电力需求侧响应,着力提升系统调节能力和消纳水平。借鉴湖南省典型经验,在强化地市级内部统筹、做好选址和落实环保措施的基础上,结合新型城镇化建设进程,稳步发展生活垃圾焚烧发电及热电联产。

着力升级能源生产消费新形态。全面强化农村节能降耗,围绕农业现代化、生活电气化、交通绿色化以及特色产业发展等重点用能领域,深化实施电能替代,促进用能方式转型升级。综合借鉴河南兰考、河北正定等农村能源互联网试点示范建设经验,借助"大数据、云计算、物联网、移动互联网、人工智能、区块链"先进信息通信技术,推动农村能源生产、消费各个环节信息互联融合,探索农村能源大数据建设模式,为政府、用能用户、新能源开发商等主体提供增值服务。按照"车—桩—网"一体化原则,协同开展新能源车辆替代工程、充电基础设施建设工程、智能交通信息工程建设,形成"1+3"发展模式,加快实现农村绿色交通转型升级。

(三)农业主导型农村能源转型变革路径

1. 模式特征

农业生产规模化程度高,农业生产设施具有清洁替代潜力;生物质资源充足,农林废弃物、畜禽粪便等生物质资源丰富;能源基础设施薄弱,生活用能方式粗放、品质较低。

2. 发展目标

构建以生物质能源化利用为主,以光伏发电和风能发电为辅的多能互补能源供应网络,完善能源基础设施配套及延伸服务,支持多元主体灵活便捷接入。创新能源消费模式,在厨炊、供暖、交通、农业生产等重点用能领域,扩大清洁能源消费,助力农村能源消费低碳化。聚焦农村特色用能需求保障问题,保障春节期间人口迁徙引起用能突增需求,理顺机井电力设施资

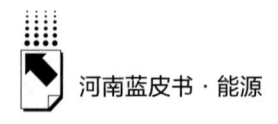

产权属，纾解扶贫光伏建维管突出矛盾。

3. 转型路径

着力推进生物质资源能源化利用。完善秸秆及生活垃圾收、储、运体系，结合用热需求以及原料的可获得性，合理布局生物质能热电联产项目，适时开展已投运生物质纯发电项目进行供热改造。借鉴山东阳新县、泗水县典型经验，坚持"分散式、分布式、集中式"三种模式并举，以生物质成型燃料为原材料，加快推进农村地区生物质清洁取暖。借鉴四川省典型经验，按照能源、农业、环保"三位一体"格局，采用"畜禽粪便—沼气—有机肥"循环利用模式，加快推进沼气工程建设向禽畜粪便、秸秆等农业农村废弃物资源丰富的地区倾斜。健全生物天然气输配体系，推进生物天然气技术进步和工程建设现代化，以并入常规天然气管网、热电联产为主攻方向，开展生物天然气示范县建设。

着力升级能源基础设施网络。加快实施农村电网巩固提升工程，通过提升线路联络率、优化配变布点、缩小供电半径、扩大线路截面、增加无功补偿设备和电压调节设备、规范负荷接入等措施，切实解决设备重过载、低电压、三相不平衡等问题，提升农网供电能力和供电可靠性。加快实施"气化乡村"工程，以2025年基本实现重点乡镇天然气管网全覆盖为目标，推动燃气管网向农村地区延伸，提高农村地区天然气获取能力。对于地处偏远山区或纳入整体搬迁、撤并类的村庄，通过建设小型LNG储罐、健全灌装气配送体系等措施，解决供应问题。借鉴四川省典型经验，有序推进生物质沼气工程，强化村级燃气供气站、供气管网的专业化管理，保障稳定供应能力。

（四）生态保护型农村能源转型变革路径

1. 模式特征

生态环境脆弱，对人类的经济社会活动较为敏感，容易出现退化现象；城镇化水平较低，人口密度低，以小农经济为主，农户自给自足。

2. 发展目标

坚持绿水青山就是金山银山理念，统筹好能源消费与生态保护的关系。

在消费侧，着力强化节能优先理念宣传、引导高效率高品质消费能源，着力强化农村住宅节能改造，着力推动农业生产、农村生活、休闲娱乐的全面清洁化试点示范建设，推动形成绿色低碳能源消费新模式；在生产侧，着力推动农林废弃物、生活垃圾的能源化利用，着力提高本地可再生能源供应比例，推动形成就地开发利用新模式。

3. 转型路径

着力推进散烧煤治理。以限制农村散煤消费和减少污染物排放为突破点，以散煤治理为抓手，以优化农村能源消费结构、减少污染物排放为重点，深入推进清洁替代。借助行政手段，切断散烧煤供应来源和地下供应渠道，大力开展存量散烧煤置换，积极推出经济、洁净的替代性能源。采用"一乡一村"模式，选择乡镇内部经济基础相对较好的村庄开展"无煤村"示范建设，以身边效应引导农村居民消除对散烧煤的依赖。

着力打造"零碳村镇"。针对农村住房面积大、墙体薄、保温性能差的突出问题，综合运用发展规划、法律法规、技术标准等行之有效的方式，全面推进农村住房节能改造，打造一批绿色建筑试点。推进新农村屋顶光伏建筑、光热建筑一体化等可再生能源建筑技术应用。持续完善城乡配电网、农业生产配套电力设施，全面保障农村生产生活用电需要。鼓励有条件的地区利用农村有机垃圾发展户用沼气、中小型沼气工程。

着力开展"全电景区"建设。围绕乡村生态旅游和红色旅游发展，加快电网末端延伸建设，对景区内用能设备进行节能与电能替代改造，建设冷、热、电三联供的综合用能系统，实现景区"吃、住、行、乐"能源消费全程电气化，降低景区用能成本，满足景区多元化的用能需求。

三 加快推动河南农村能源转型变革的对策建议

（一）加强农村能源发展组织领导

当前，与农村能源发展相关的职能分散在发展改革（能源）、农业农村、水利、商务、财政、科技等多个政府部门，缺乏全局协调和谋划，难以互相补充，影响总体效果。建议组建国家、省、市、县多层级的农村能源领导小组，或者类似协调机构，抑或在现有协调机构中增加农村能源主题，研究制定农村能源建设和发展的重大政策，审议示范试点、技术推广、产业建设等重大行动方案，加强宏观总体指导，研究制定有利于促进农村能源发展的综合财政、税收、价格和信贷等经济政策，推动形成分工合理、密切配合、整体推进的农村能源高质量工作格局。健全自下而上的县域能源数据统计体系，提升能源数据归集质量，强化全品类能源数据支撑，助力农村能源数字化管理。

（二）加强农村能源建设顶层设计

发挥我国规划体系制度优势，提前谋划、统筹，系统性地指导农村能源发展。建议研究制定"农村能源专项发展规划"，明确不同阶段农村能源发展的总体目标及各时期重点任务，提出不同地区的农村能源建设重点，明晰传统商品化能源供应体系向农村地区延伸及农村分布式低碳能源应用路径，指导各地加强农村能源建设，同时更好地将农村清洁能源设施有效融入城镇化发展建设规划之中。综合考虑农村当地能源资源、适宜技术成熟度，因地制宜地确定传统商品化能源技术，太阳能、地热能、生物质能等新兴低碳能源技术，以及节能建筑、高效节能炉具、电气化农业生产设施等各项节能技术成果的推广应用实施方案，切实推动农村清洁能源发展。定期组织召开省级及以上农村能源工作会议，及时沟通各地建设进展，推广好的经验，交流失败教训，破解因条块分割而形成的信息沟通不及时、交流主体不全面、关注领域太单一的局面。

（三）完善农村能源建设资金和财税体系

由于消费分散、负荷密度低，难以形成网络化供应和商业化服务，农村能源缺乏社会资金投入吸引力，影响总体转型变革进程。建议设立农村能源专项基金，或明确可再生能源发展基金中用于农村能源建设资金的份额；各级政府也应把农村能源建设纳入经济建设计划和财政计划，统筹各类涉农资金用途，增加对生物质能开发利用、光伏发电等资金投入，强化农村能源建设投入保障，增强农村地区"造血"功能；积极探索以政府为主导、社会资本广泛参与的资金投入机制。

此外，现行的能源价格和财税政策尚未充分反映能源资源稀缺程度、市场供求关系、生态环境价值和代际补偿成本等，现有的可再生能源开发模式下农民没有参与感，影响了清洁能源在农村领域的应用。建议加快建立充分反映化石能源外部性损害的财税价格体系，反映电力供需、资源成本和环境成本的辅助服务补偿机制，并在逐步探索商业模式基础上，拓展农村能源建设资金渠道；积极探索有可靠收益预期的分布式新能源项目投资机制，在增强农村居民获得感的同时，合理进行基础设施投资与成本分担。

参考文献

河南省发展改革委：《关于进一步推进农村能源革命试点示范的指导意见》（豫发改能综〔2021〕548号）。

国家能源局：《关于兰考县农村能源革命试点建设总体方案（2017—2021）的复函》（国能函新能〔2018〕90号）。

杜祥琬、刘晓龙等：《中国农村能源革命与分布式低碳能源发展战略研究》，科学出版社，2019。

习近平：《在黄河流域生态保护和高质量发展座谈会上的讲话》，《求是》2019年第20期。

B.22
服务新型电力系统构建的河南省电力灵活性资源发展展望

李虎军 赵文杰*

摘　要： 构建以新能源为主体的新型电力系统，是以习近平同志为核心的党中央着眼加强生态文明建设、实现可持续发展、保障国家能源安全做出的一项重大部署，明确了"双碳"背景下我国能源电力转型发展的方向，为加快构建清洁低碳安全高效的能源体系提供了基本遵循。本文阐述了电力调节能力建设对于加快构建新型电力系统的重要意义，梳理了源网荷储环节各类灵活性资源的特点，结合河南省未来电力负荷的发展特点、电源规划、跨区跨省电力规划、灵活性资源情况，基于电力系统生产模拟软件对全省调节能力需求进行了科学测算，并就灵活性资源健康发展提出了意见建议，助力新型电力系统和现代能源体系建设，推动全省如期实现"双碳"发展目标。

关键词： 调峰需求　灵活性资源　新型电力系统　河南省

能源安全和气候变化的严峻挑战使传统以化石能源为主体的能源发展方式难以为继，构建以新能源为主体的新型电力系统，需提升电力系统的灵活

---

* 李虎军，工学硕士，国网河南省电力公司经济技术研究院高级工程师，研究方向为能源电力供需与电网规划；赵文杰，工学硕士，国网河南省电力公司经济技术研究院工程师，研究方向为能源电力供需与电网规划。

性，解决新能源大规模接入电网带来的波动性、间歇性、脆弱性等问题，本文对灵活性资源特点、河南调节资源现状、未来调节需求进行了系统分析，并对未来全省电源侧、电网侧、负荷侧灵活性资源发展和体制机制方面提出了意见建议，全力服务全省能源清洁低碳转型。

一 电力系统调节能力建设对于加快构建新型电力系统具有重要的意义

2021年3月15日，习近平总书记在中央财经委员会第九次会议上强调，"十四五"要加快构建以新能源为主体的新型电力系统。在新型电力系统中，传统电力系统逐步向以高比例可再生能源和高比例电力设备为特征的"双高"趋势发展，高比例新能源接入电网后，风电和光伏将成为基础性电源，煤电将降为辅助性、支撑性电源。由于新能源出力具有随机性、波动性的特征，基本"靠天吃饭"，随着集中式风电、光伏大规模接入，发电侧出力无法按需调用，随着负荷峰谷差的持续拉大叠加大量分布式新能源接入，负荷侧波动性大幅增加，电力系统的平衡特征发生深刻变化，常规大型电源不仅要跟踪负荷变化，还要平衡新能源出力波动，维持系统平衡的难度不断加大。与此同时，新能源不具备传统电源的机械转动惯量，大规模接入会造成电力系统转动惯量降低，系统故障情况下，新能源机组容易从电网中解列。以新能源为主体的新型电力系统背景下，亟须进一步提升源网荷各环节的调节能力，助力"双碳"发展和新型电力系统建设。

二 灵活性资源基本概况

电力系统灵活性是指在合理的成本和不同的时间尺度下，电力系统对供应或负荷大幅波动做出快速响应的能力，这种灵活性包括"向上调节"和"向下调节"两类，其中，"向上调节"是指电力系统供应趋紧，通过电源侧上调出力或者负荷侧下调出力，促使电力系统恢复平衡；"向下调节"是

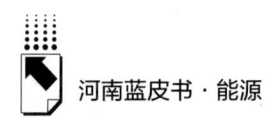

指系统供应宽松,通过电源侧下调出力或者负荷侧增加负荷,促使电力系统总体平衡。电力系统的灵活性资源广泛分布于源、网、荷、储各个环节,已成为衡量当前电力系统运行不可缺少的重要组成部分。

(一)电源侧灵活性资源

火电机组。火电机组的灵活性指标主要指机组启停速度、可调节出力和爬坡速率等。大型火电发电机组通过低压稳燃、电热解耦等措施可将机组最小出力降至额定容量的20%左右,火电机组的爬坡速度一般为额定容量的2%~6%/分钟。

常规水电。常规水电包括径流式和调节式两种,按照水库调节性能可分为跨年、年、季、月、周、日调节等,调节式水电均具有启停灵活、调节迅速等特点。

(二)电网侧灵活性资源

电网联络线。大型电力系统通常可分为多个分区,分区间联络线可以利用各分区大负荷的非同时性进行区间调整,有效减少事故备用容量,促进新能源消纳,提升电力系统抵御事故风险的能力。

柔性输电技术。灵活交流输电系统(FACTS)可以在不改变网络结构的情况下,迅速调整电网电压、线路阻抗及功率角参数,使系统潮流按指定路径流动,在短路和设备故障下可以提供一定的阻尼,显著降低系统短路电流,大幅度提高系统灵活性、稳定性、可靠性。

(三)负荷侧灵活性资源

需求侧管理。电力需求侧管理主要分为激励型和电价型两类,激励型需求侧管理通过行政等手段推动用户采用先进节电技术和设备来提高终端用电效率或改变用电方式,提高负荷利用率,提升电力系统运营效率。电价型需求侧管理通过价格杠杆,鼓励用户改变用电方式,减少电力需求和电量消耗,保障系统的安全、可靠运行和促进可再生能源消纳。

虚拟电厂。虚拟电厂通过先进信息通信技术和软件系统，实现分布式电源、新兴负荷、电动汽车、微电网等资源的聚合和优化，可以实现不同容量、不同速度的要求，满足系统调节的需要。

（四）储能灵活性资源

储能技术主要包括抽水蓄能、电化学储能等，其中抽水蓄能是当前电力系统最成熟的灵活性资源，具有启停速度快、装机容量大、清洁环保等优点，广泛用作调频、调相、调压和事故备用。电化学储能通过电池和电化学电容器的装置实现储能，具有功率或能量可调节、响应速度快等特点，发电侧电储能具有调压、调频、系统支援等特点，可提高可再生能源的利用效率；输电侧电储能可以提高设备利用效率，延缓电网投资；用户侧电储能可以提升分布式新能源的接纳水平，同时，用户可以通过需求侧响应或其他辅助服务获取收益。

三 河南省电力系统灵活性资源展望

"十三五"以来，河南省受产业结构调整影响，省网负荷尖峰化特征愈发明显，全省电力调峰需求逐渐增大，冬季夜间小负荷和午间腰荷时段、春秋季午间省网小负荷期间，省内新能源大发时存在弃风弃光风险，2020年全年累计弃电量为2136.9万千瓦时。结合未来河南省负荷曲线、风电、光伏出力曲线变化情况，根据电力生产模拟软件仿真，2030年、2035年全省最大调峰缺口将分别达到3060万千瓦、3920万千瓦。

（一）河南省调峰情况

1. 河南省负荷特性概况

"十三五"以来，全省用电负荷总体呈现先升后降的倒"V"形，年均增速4.1%，其中，2016~2018年年均增长8%，2019~2020年受省内电解铝产能转移及新冠肺炎疫情等因素影响，用电负荷增速明显放缓（见图1）。

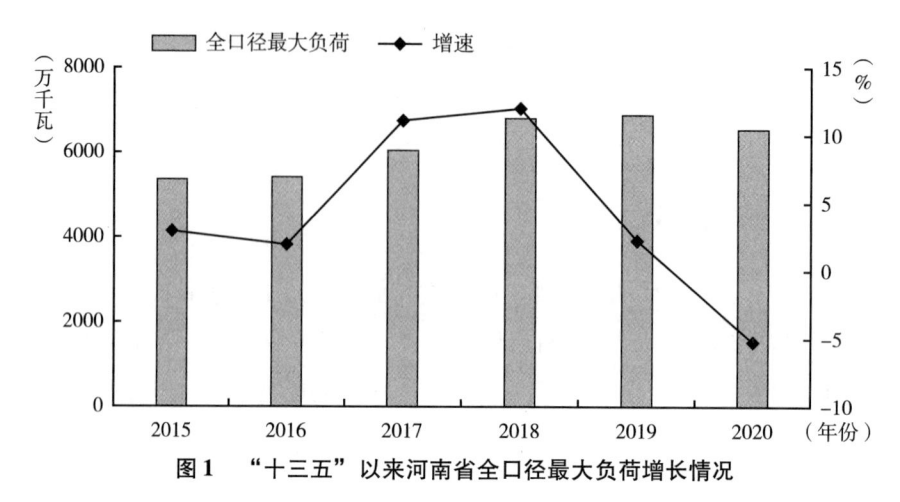

图1 "十三五"以来河南省全口径最大负荷增长情况

资料来源：行业统计。

"十三五"以来，河南省受产业结构调整影响，用电平稳的传统重工业比重持续下降、峰谷特性明显的第三产业及城乡居民等用电负荷持续上升，省网负荷尖峰化特征愈发明显，全省最大负荷基本出现在7月下旬和8月上旬，95%最大负荷持续时间不超过33小时，集中出现在10天以内，全省97%最大负荷持续时间不超过10小时（见表1）。省网最大峰谷差呈逐年上升态势，全省最大峰谷差由2015年的1630万千瓦快速提升至2459万千瓦，全省最大峰谷差率维持在38%左右，随着全省负荷尖峰特性逐渐突出及峰谷差率持续扩大，全省电力调峰需求也将逐渐增大（见图2）。

表1 河南电网2015~2020年统调负荷特性

单位：小时

年份	2015年	2016年	2017年	2018年	2019年	2020年
90%最大负荷时间	24	40	73	129	43	56
	(6天)	(10天)	(16天)	(17天)	(8天)	(12天)
95%最大负荷时间	7	5	15	33	8	8
	(3天)	(3天)	(5天)	(10天)	(4天)	(4天)
97%最大负荷时间	2	2	6	9	4	4
99%最大负荷时间	2	1	2	1	1	1

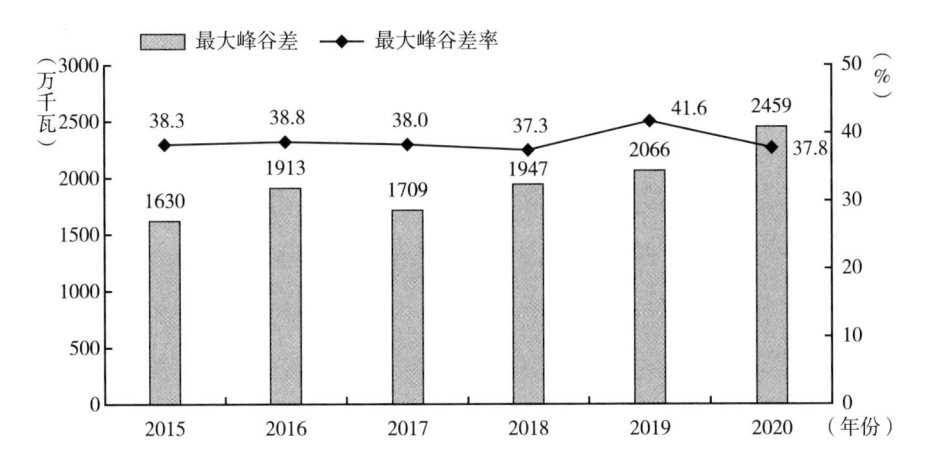

图2 "十三五"以来河南省最大峰谷差和最大峰谷差率变化情况

2. 河南省灵活性资源配置现状

煤电机组。截至2020年底，河南省电源总装机10169万千瓦，其中煤电机组6482万千瓦、水电机组276万千瓦、抽蓄机组132万千瓦、燃气机组314万千瓦。火电机组中非供热机组3668万千瓦，供热机组2814万千瓦，供热机组占比约43%。对于非供热机组，其最低出力能够达到机组额定容量的50%，即其调峰能力能够达到50%，供热机组整体的平均调峰能力在40%左右。目前，河南省火电机组灵活性改造积极性不高，全省开展灵活性改造的机组占比低于30%，火电机组调峰能力提升有限，需进一步通过市场机制激发火电机组灵活性改造的积极性。

燃气发电。截至2020年底，河南省燃气发电机组装机314万千瓦，燃气机组可根据系统调峰需要启停调峰，因此其调峰能力为额定容量的100%，但受启停次数限制，不能做到每日启停调峰，因此其大部分时间实际调峰能力仅为30%左右。另外，近年来受秋冬季燃气供应限制，燃气机组往往因来气量紧张无法保证开机发电，经常处于"开一停一"的状态，影响了其对电网的调峰作用。

常规水电。河南省常规水电资源较为匮乏，现已基本开发殆尽，仅有小浪底和三门峡两座大型水电站。水电机组的调度原则为以水定电，按照水电厂的要求全额上网，对小浪底电厂来说，其根据水调的流量要求计算每日的电量，省调根据其电量按照高峰多发、低谷少发的原则进行调度；三门峡电厂，因其库容较小，一般按照水位来控制，采用白天适当多发，后半夜低谷安排小开机方式，理论上调峰能力可达100%，但因其还承担着省网的调频任务，即使在低谷时段一般也不安排机组全停，实际水电机组的调峰能力仅为40%~50%，甚至在某些特殊时段会更小。如每年调水调沙期间，小浪底及三门峡水电厂出力维持满发，全天都不能参与电网调峰。

抽蓄电站。河南省抽水蓄能机组仅有2座，即宝泉抽蓄（120万千瓦）和回龙抽蓄（12万千瓦），共计132万千瓦。抽蓄机组调峰能力可达额定容量的200%，但由于其占全省总装机的比重仅为1.3%，调峰能力有限。

需求侧响应。2018年，河南省开始实施电力需求响应，共实施了3次需求响应（两午一晚，削峰响应），总响应负荷约13.7万千瓦；2019年，河南省启动1次季节性需求响应，参与响应负荷为52.8万千瓦；2020年，河南省启动1次季节性需求响应，响应负荷约37.6万千瓦，均为工业负荷。目前，河南省需求响应均为削峰响应，分约定响应和实时响应两种。

电网侧储能。2018年，河南省采用"单元化接入、分布式布置、模块化设计、集中式调控"技术方案，在洛阳、信阳等9个地区的16座变电站建成国内首个电网侧100兆瓦分布式电池储能示范工程。

3.河南省新能源消纳情况

2020年底，全省新能源装机容量达2693万千瓦，2020年最高出力达1150万千瓦，统调供热机组装机容量达到3320万千瓦，已超过统调燃煤机组总装机容量的一半，冬季供热机组维持大开机方式，受以热定电影响，热电机组出力调整空间降低，加之度冬期间是河南电网风电大发期，天中、青豫直流调节能力有限，河南电网出现了近年来最为困难的调峰局面。2020年，全年累计4次6天出现弃风弃光，合计弃电量达2136.9万千瓦时，2021年1~9月全省弃风弃光电量达2.09亿千瓦时，为2020年9.8倍。

预计2021年底，河南新能源并网规模将达到3500万千瓦，叠加省外来电，电网消纳形势更加严峻，考虑到2021年全社会用电量7.5%的增长率，区外来电规模为650亿~700亿千瓦时，经测算，2021年全省新能源利用率为92%~93%，同比下降8个百分点，冬季夜间小负荷和午间腰荷时段系统存在弃风弃光风险；在春秋季午间省网小负荷期间，由于区外天中直流电力不参与调峰，省内新能源大发时也存在弃风弃光风险。

（二）河南省中远期调峰需求分析

1.河南省电力需求

2025~2035年，河南省经济社会将继续保持稳步增长，年均GDP增速预计高于全国平均水平1个百分点左右，全省人口将在2030年左右达峰，2035年降至约9800万人，全省城镇化率预计进一步提升至70%左右。2035年，河南省综合实力、创新能力进入全国前列，人均生产总值、城镇化率、研发经费投入强度、全员劳动生产率、人均可支配收入达到或超过全国平均水平，基本建成经济强省，综合实力进入全国前列，河南省将与全国同步基本实现现代化，全省人均用电量达到或超过全国平均水平，预计2025年、2035年全省全社会用电量分别为4670亿千瓦时、6000亿千瓦时。

2025~2035年，河南将逐步由工业化后期进入后工业化阶段，工业用电占比将逐步下降，第三产业和居民生活用电比重将显著提升，系统峰谷差率将有所提升，预计全省负荷利用小时数将小幅下降，2025年、2035年全省利用小时数降至4600小时左右，系统峰谷差率将分别提升至44%、46%，2025年、2035年全省全社会最大负荷将分别为9800万千瓦、12800万千瓦（见表2）。

表2　2025年、2030年、2035年河南省电力需求预测

	2020年	2025年	2030年	2035年	"十四五"增速(%)	"十五五"增速(%)	"十六五"增速(%)
全社会用电量（亿千瓦时）	3392	4670	5400	6000	6.6	2.9	2.1
全社会最大负荷（万千瓦）	6545	9800	11500	12800	8.4	3.3	2.2

2.河南省电源规划

煤电："十四五"期间，河南省将继续淘汰煤电落后产能，关停落后煤电机组416.5万千瓦。根据当前电源建设进度，全省将投产统调煤电255万千瓦，"十四五"期间全省规划新增694万千瓦煤电项目，重点考虑布局在豫南及豫中东区域，主要布局在南阳、平顶山地区。2025~2035年受"双碳"目标约束，河南省不再规划新增煤电机组。

风电：截至2020年底，全省风电装机1518万千瓦。"十四五"期间，考虑已纳入政府核准的集中式及分散式风电全部投运，2025年全省风电装机预计达到2500万千瓦，2030年、2035年全省风电装机预计将分别达到3600万、4600万千瓦。

光伏：截至2020年底，全省光伏装机1175万千瓦。"十四五"期间，预计分布式光伏将成为太阳能装机的主要增长点，2025年全省太阳能装机预计将达到2300万千瓦，2030年、2035年全省太阳能装机预计将分别达到4000万、5000万千瓦。

生物质：截至2020年底，全省生物质装机150万千瓦，考虑到全省生物质装机潜力较大，2025年预计全省生物质装机将达到473万千瓦。

抽蓄电站：河南省已建成抽水蓄能电站两座，容量为132万千瓦，纳入国家规划的5个抽蓄电站项目有序推进。根据实际建设进度，"十四五"期间有南阳天池抽水蓄能电站（120万千瓦）、信阳五岳抽水蓄能电站（100万千瓦）建成投产；"十五五"期间，建成投产洛阳洛宁抽蓄电站（140万千瓦）；"十六五"期间，建成投产抽水蓄能电站（120万千瓦）。

跨区跨省电力：综合全省各分区电力平衡情况、外电入豫发展规划、环保空间、运煤通道及特高压安全稳定运行需求，为保障中远期河南省电力需求，远期将规划新增三条特高压直流新通道。

3. 河南省调峰需求

基于当前河南省风电、光伏发电规模及负荷曲线，结合未来各区域新能源装机及负荷变化情况，基于电力生产模拟软件仿真可测算未来河南省新能源及负荷波动情况，对中长期高比例新能源背景下河南省电力系统调峰需求进行分析研判。

根据生产模拟，"十五五"期间随着全省新能源装机的快速增长，2030年全省最大调峰缺口将达3060万千瓦，其中春季小负荷时刻最大调峰缺口突破2500万千瓦，秋季小负荷时刻最大调峰缺口突破3000万千瓦（见图3）；"十六五"期间随着全省新能源装机的持续增长，2035年全省最大调峰缺口进一步扩大至3920万千瓦，其中春季小负荷时刻最大调峰缺口超过3000万千瓦，秋季小负荷时刻最大调峰缺口接近4000万千瓦（见图4）。

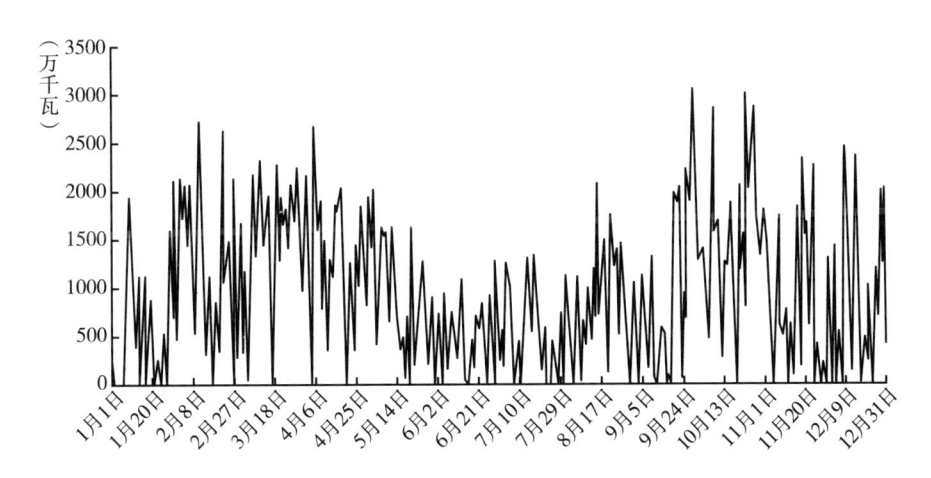

图3　2030年全省调峰缺口情况

从全年新能源消纳来看，2030年全省风电、光伏弃电率分别达到7.3%、23.8%，风光综合弃电率为13.5%；2035年全省风电、光伏弃电率分别达到8.6%、26.2%，风光综合弃电率为15.1%。这远超国家要求新能

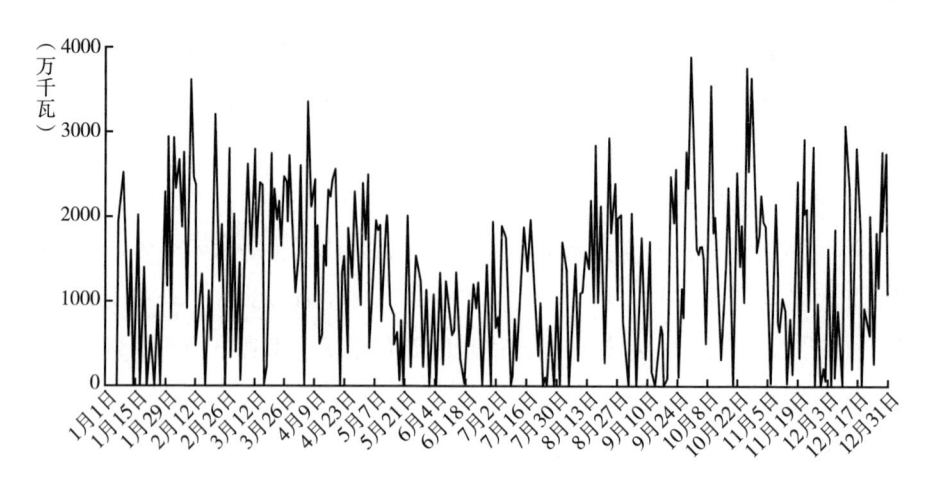

图 4 2035 年全省逐日调峰缺口情况

源弃电率小于5%的消纳水平，省网新能源消纳形势严峻，亟须新增调节性电源建设来解决消纳问题。

四 推动河南省灵活性资源发展对策建议

在以新能源为主体的新型电力系统建设背景下，保障电力供应和新能源消纳关键在于提升系统灵活调节能力，统筹考虑源、网、荷、储各类元素发展规模，推动煤电灵活性改造，优化抽水蓄能电站布局和投产时序，加快新型储能在电源侧的应用，推动需求侧资源和储能的健康高效发展，加强电网互联提升互济能力。除上述措施外，还应持续完善电力市场配套政策，共同提升电力系统调节能力。

（一）电源侧：提高灵活调节电源占比

加快煤电灵活性改造。加强规划引导，有序安排煤电灵活性改造项目，当前，全省煤电机组装机6482万千瓦，统调机组平均最低出力率41%，在构建新型电力系统的进程中，需进一步推进全省煤电机组的灵活性改造，深度挖掘现役煤电机组调峰能力。"十四五"期间，鼓励现役煤电机组采用切缸、光轴、优化燃烧工况等成熟技术进行灵活性改造，最小出力降至额定容量的30%以下。推动新能源电池配套储能。推动2021年及之后新并网的新能源项目明确配置不低于装机容量10%（能量时长2小时）的储能，推动已并网新能源项目配置储能改造，完善配储能技术标准，提升新能源厂站调频、调压水平，加速成为系统友好型电源，承担起合格电源的责任并履行义务。加快抽蓄电站建设。加快南阳天池抽水蓄能电站（120万千瓦）、信阳五岳抽水蓄能电站（100万千瓦）建成投产，做好中长期抽水蓄能站址保护、新一轮站址规划和布局优化。

（二）负荷侧：加大电力需求响应力度

做好用户侧资源摸底普查。根据河南省产业结构调整和负荷变化情况，定期开展需求侧负荷资源普查，不断完善负荷分类管理，建立涵盖传统大工业、居民、电动汽车、负荷侧储能以及5G、大数据中心等新兴用户可信可靠的可调节负荷资源库，实现对"负荷资源池"响应能力的动态评估和调整，形成占年度最大用电负荷5%左右的需求响应能力，推动需求侧由传统的"消费者"向"产消者"过渡，促进电网可调节能力和清洁能源消纳能力的提升，保障电力系统安全稳定运行、服务全省能源绿色低碳转型。加快能源大数据中心需求侧管理等特色场景建设。依托开放、高效、智能的一体化服务平台，加强与用户的深度灵活互动，及时掌握用户的用能需求、用能舒适度范围、参与需求响应的意愿以及用户参与需求响应的执行效果，满足个性化、智慧化用能需求，提高响应效率和准确性，并通过结算实时化，促进需求侧响应成为日常性调节手段，有效提升用户的满意度和参与响应的积极性。

（三）机制侧：加强完善相关配套政策

加快辅助服务建设。按照"谁受益，谁承担"原则，各利益方共同分担满足大比例新能源接入而导致的系统成本上升等问题。探索建立容量市场。未来煤电灵活性改造、气电、抽水蓄能以及电动汽车、储能项目等灵活性资源规模越来越大、品种越来越丰富，建议研究出台容量市场，分担煤电

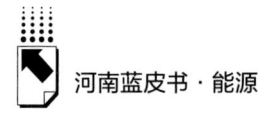

机组参与调峰补偿和辅助服务成本。持续完善抽水蓄能价格形成机制。近期坚持以两部制电价政策为主体，同时推动以竞争性方式形成电量电价，将容量电价纳入输配电价。加强与电力市场发展衔接，逐步推动抽水蓄能电站进入市场，充分利用电价信号，调动各方积极性，为抽水蓄能电站加快发展、充分发挥综合效益创造有利条件。完善跨省跨区调峰辅助服务市场机制。研究构建灵活有效的辅助服务市场机制，促进资源在更大范围内优化配置。提升用户侧资源参与调节的水平。通过优化峰谷电价、恢复尖峰电价等政策引导一般工商业、大工业、居民生活、储能、电动汽车等用户参与需求响应，提升需求侧参与系统调节的水平。

参考文献

习近平：《在中央财经委员会第九次会议上的讲话》，2021。

河南省人民政府：《河南省国民经济和社会发展第十四个五年规划和二〇三五年远景目标纲要的通知》（豫政〔2021〕13号）。

国家发展改革委：《关于进一步完善抽水蓄能价格形成机制的意见》（发改价格〔2021〕633号）。

国家发展改革委：《进一步完善分时电价机制有关事项通知》（发改价格〔2021〕1093号）。

河南省发展改革委：《河南省电力需求侧管理实施细则（试行）》（豫发改运行〔2018〕1060号）。

河南省能监办：《关于印发河南电力调峰辅助服务交易规则（试行）修订内容的通知》，2020。

Abstract

The book's general report of this book is an annual analysis report of Henan's energy operations, which clarifies the basic views on Henan's energy development trend in 2021 and the forecast outlook for 2022, and puts forward relevant suggestions for accelerating the construction of a modern energy system, promoting a green and low-carbon transition. In 2021, in the face of the complicated internal and external environment, arduous and arduous reform and development tasks, especially the impact of the epidemic situation. The Henan energy industry thoroughly implement the important instructions of General Secretary Xi Jinping's inspection of Henan's important speech, and fully implement the decisions and deployments of the provincial party committee and the provincial government. It set "two guarantees" and insisted on "projects are king", coordinated the advancement of epidemic prevention and control, post-disaster reconstruction, and energy supply. The industry won the battle against floods and rescues, the battle for supply guarantees, and the protracted battle for low-carbon transformation, which provided strong support for the continuous recovery of the province's economic operation and a good start in the "14th Five-Year Plan". In 2022, the situation facing Henan's energy development is still complex and severe, favorable conditions and constraints for promoting energy green and low-carbon transition will coexist, and the overall macro environment will improve. Preliminary judgment is that as the province's economic and social operations recover and the relationship between energy supply and demand is gradually improved, the tight energy supply situation will be eased, energy consumption demand will increase, and the energy structure optimization and green transition will continue to consolidate.

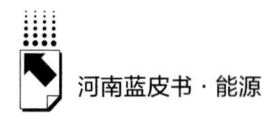

The industry development chapter of this book analyzes the development trend of various energy industries such as coal, oil, natural gas, electric power, renewable energy, and energy storage in Henan Province in 2021, and summarizes the annual characteristics of industry development and the main results achieved. It reviewed the macro policy situation and the opportunities and challenges faced, and forecasted the development of various industries in 2022, and put forward relevant countermeasures and suggestions for the high-quality development of various energy industries in Henan under the background of energy green and low-carbon transition.

The carbon peak and carbon neutral chapter of this book is about the overall situation of Henan energy development, focusing on the green development of energy under the "dual carbon" goal, focusing on the low carbon energy transformation path, the medium and long-term energy development outlook, new power system building, energy conservation effect of practice system, the photovoltaic roof county propulsion, such as a new type of energy storage efficiency and sustainable development project, conducted in-depth and systematic research and thinking.

The survey and analysis chapter of this book, based on detailed first-hand research data and massive energy and electricity big data, studied the rural energy consumption and power load regulation capacity of Henan under the background of rural revitalization, and established the province's rural revitalization power index, the Digital Industry Development Index and the Green Energy Development Index, provides a perspective and method system for evaluating energy development through field research and data analysis.

The special research chapter of this book focuses on the construction of the Henan Province carbon emission monitoring platform, the construction of the geothermal resource monitoring platform, the transformation of rural energy in the new era, and the development of flexible resources of the power system. It has studied the high-quality development path and strategy of Henan energy from multiple dimensions and perspectives, and can provide ideas and reference for the innovation and development of related fields.

Contents

I General Report

B.1 Build a modern energy system to promote a green and low-carbon transition

—*Analysis of Henan Province's Energy Developmentin 2021 and Prospects for 2022*

Research group of Blue Book of Henan Energy / 001

Abstract: In 2021, facing severe challenges and tests such as severe floods, new crown pneumonia, and energy supply shortages, the Henan energy industry has thoroughly implemented the important instructions of General Secretary Xi Jinping's inspection of Henan's important speech. And the industry revolved around the decision and deployment of the provincial party committee and the provincial government, anchored the "two guarantees", insisted on "projects are king". It has coordinated the promotion of epidemic prevention and control, post-disaster reconstruction and energy supply, and won the battle against floods and supply guarantees. With joint efforts, the overall stability of energy supply and demand has been achieved and the pace of green transformation has been accelerated, which has provided a solid energy guarantee for the continuous recovery of the province's economic operation and the recovery of stability and improvement. In 2022, facing the complicated internal and external environment and the arduous and arduous reform and development tasks, Henan should adhere to the guidance of

Xi Jinping Thought on Socialism with Chinese Characteristics in the New Era, based on the new development stage, fully, accurately and fully implement the new development concept, and firmly grasp Construct a strategic opportunity for a new development pattern. We should adhere to a systematic concept, coordinate development and safety, promote green transformation in a steady, orderly, and gradual manner, accelerate the construction of a clean, low-carbon, safe and efficient modern energy system, in order to ensure high-quality construction of modern Henan and ensure high-level realization Modern Henan provides a green, low-carbon, safe and reliable energy guarantee. According to preliminary judgments, as economic operations continue to recover and energy efficiency is steadily improved, it is estimated that the province's total energy consumption will show a low-speed growth trend in 2022, with a year-on-year increase of about 2%.

Keywords: Carbon Dioxide Emission; Carbon Neutrality; Green and Low-carbon; Modern Energy System; Henan Province

Ⅱ Industry Development

B.2 Analysis and Prospects of the Development Situation of Coal Industry in Henan Province from 2021 to 2022

Zhao Wenjie, Yang Qinchen / 027

Abstract: In 2021, due to the tight supply of the coal market and the continued high price operation, the overall supply and demand of coal will tighten. Henan will take multiple measures and make concerted efforts to promote stable production, ensure supply, strengthen the foundation, and promote the transformation of the coal industry, achieving a safe and stable supply of coal in the province and the overall stable operation of the market. In 2022, the internal and external environment for the development of the coal industry will remain complex and severe. Under the guidance of the carbon peak and carbon neutral targets, orderly reduction and substitution, clean and efficient utilization will continue to be the main tone of coal development. Preliminary judgment is that as the country's "dual control" efforts are strengthened and the "two high" industry production capacity is strictly controlled, the province's coal consumption demand will decline. Driven by the accelerated release of high-quality coal production capacity, the province's total coal production has steadily rebounded. It is expected that the tight coal supply situation will be significantly eased. Henan should be insisted on the direction of green low carbon, on the premise of safe and reliable supply, pushing coal consumption reduction, actively push forward coal clean and efficient utilization, vigorously promote the development of coal industry transformation to mention quality, give full play to the coal based energy out security role, for Henan province to realize the "two guarantees" to provide quality and reliable energy support.

Keywords: Coal Industry; Market Supply and Demand; Reduced substitution; Henan Province

B.3 Analysis and Prospects of the Development Situation of Oil Industry in Henan Province from 2021 to 2022

Lu Yao, Li Hujun / 040

Abstract: In 2021, with the overall planning of epidemic prevention and control, post-disaster recovery and reconstruction, and economic and social development, economic operations will generally maintain a recovery trend. Henan vigorously promoted the construction of infrastructure such as crude oil reserves, refining and chemical integration projects, and continuously optimized the pipeline network layout. The oil product supply capacity was steadily improved, and the oil product supply and demand throughout the year were generally stable. In 2022, as the order of production and life in Henan is restored and residents' travel demand is released, the consumption of refined oil will increase slightly, and the supply and demand of oil products in the province will remain loose. In the context of the dual-carbon target, in the face of market demand shrinking and industry transformation and development needs, while strengthening oil product supply capacity and stabilizing market supply, we should actively explore the road of low carbonization and decarbonization business transformation, and improve green production capacity of products and sustainable development capacity of the industry.

Keywords: Oil Industry; Crude Oil Production; Refined Oil Consumption; Oil Supply and Demand; Henan Province

B.4 Analysis and Prospects of the Development Situation of Henan Natural Gas Industry form 2021 to 2022

Guo Xingwu, Li Hujun / 051

Abstract: In 2021, the natural gas industry in Henan Province thoroughly implement the important instructions of General Secretary Xi Jinping's inspection of Henan's important speech, anchor the "two guarantees", continue to strengthen block production target responsibilities, and continue to improve the province's natural gas pipeline network channels and gas storage peak-shaving capabilities. It effectively guarantees the stable supply and demand of natural gas throughout the year. In 2022, driven by the continuous recovery of the province's economic operation and the acceleration of the pace of clean energy replacement, it is expected that the province's natural gas consumption will continue to maintain a steady and rapid growth. In order to improve the ability of natural gas supply guarantee in Henan Province, it is recommended to accelerate the promotion of natural gas pipeline network interconnection, balanced distribution of gas source supply, strengthen the construction of natural gas network terminal distribution capabilities, further improve the natural gas production, supply, storage and marketing system, and use the "Henan model" of natural gas to promote build a green, low-carbon, safe and efficient modern energy system.

Keywords: Natural Gas Industry; Three-stage Gas Storage; Balanced Layout; Gas Storage Facilities; Henan Province

B.5 Analysis and Prospects of the Development Situation of Henan Electric Power Industry from 2021 to 2022

Deng Zhenli, Jin Man / 064

Abstract: In 2021, in the face of the complex and severe power supply and demand situation, the Henan power industry resolutely implement the decisions and deployments of the provincial party committee and the provincial government, coordinate the promotion of power supply, post-disaster reconstruction, green and low-carbon transformation and other tasks, and accelerate the construction of new energy as the main body New power system. This ensures the safe, reliable, stable and orderly supply of electricity, and provides strong support for the recovery of the province's economic and social operations. In 2022, with the acceleration of the energy green transition under the background of "carbon peak and carbon neutrality", the development of the power industry will have both rare historical opportunities and many difficult challenges. Henan should coordinate development and security, adhere to the direction of green and low-carbon, safety guarantee as the basis, energy conservation and efficiency as the guide, reform and innovation as the driving force, and post-disaster reconstruction as an opportunity to promote the coordination of the entire link of source, network, load and storage, and the entire chain of the power industry. Develop and accelerate the construction of a new power system with new energy as the main body. For the new era and new journey, Henan is striving to achieve the goal of "two guarantees" to provide clean, low-carbon, safe and efficient power guarantee.

Keywords: Power Industry; Flood Prevention and Emergency Rescue; Supply and Demand Situation; New Power System; Henan Province

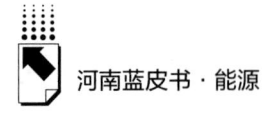

B.6 Analysis and Prospect of the Development Situation of Renewable Energy in Henan Province from 2021 to 2022

Zhao Wenjie, Liu Junhui / 082

Abstract: In 2021, Henan Province anchored the goal of "carbon peaking and carbon neutralization", gave full play to the role of the main force in the green and low-carbon transformation of renewable energy, established the clear guidance of "project is king", played a series of policy combination punches, promoted the exchange and rapid development of renewable energy in the province, realized the rapid growth of installed power generation capacity and significantly improved the overall utilization level, With the diversified development of scenery, geothermal, biomass and hydrogen energy, renewable energy has become the main body of consumption increment. In 2022, with the accelerated implementation of the province's green and low-carbon transformation strategy, the continuous improvement of policy mechanisms and the continuous optimization of the market environment, favorable factors for the development of renewable energy will further accumulate, but at the same time, it will also face risks and challenges such as weak support for energy supply and difficulties in consumption in some areas. Henan should adhere to diversified development, coordination between supply and demand, pilot demonstration and innovation, Strive to accelerate the development of renewable energy, improve security capabilities, promote the construction of a clean, low-carbon, safe and efficient modern energy system, and promote the construction of a clean, low-carbon, safe and efficient modern energy system, and provide green and clean energy guarantees for the realization of the "two guarantees".

Keywords: Renewable Energy; Green Development; Henan Province

B.7 Analysis and Prospect of the Development Situation of
Energy Storage Industry in Henan Province from
2021 to 2022 *Chai Zhe, Li Hujun* / 094

Abstract: Energy storage is a national strategic emerging industry. It has technical advantages such as rapid response, two-way adjustment, strong environmental adaptability, and short construction period. It is a key link in the construction of a new power system and an important means to transform the energy structure and seize the commanding heights of energy technology. The energy storage industry in Henan Province started early and developed rapidly, and has initially qualified for large-scale commercial application. In 2021, the government has successively issued a series of policy documents to support the high-quality development of the energy storage industry. The planning and site selection of pumped-storage power stations has accelerated the deployment, the new energy allocation and storage policy has been quickly implemented, and the peak-valley time-of-use tariff policy has been further improved. The energy storage industry ushered in a golden development period with multiple opportunities superimposed. In 2022, Henan Province will continue the rapid development of the energy storage industry, accelerate the promotion of large-scale development and innovative application of models, continue to improve supporting policies and mechanisms, and strengthen the coordinated development of upstream and downstream industrial chains.

Keywords: Energy Storage; Energy Transition; Pumped Storage; New Energy Storage; Time-of-use Price; Henan Province

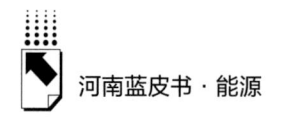

Ⅲ Emission Peak Carbon Neutrality

B.8 Thinking and Suggestions on Henan Energy's Low-Carbon Transition under "Carbon Peak, Carbon Neutrality"

Research Group of Energy Low Carbon Transformation Project / 106

Abstract: Achieving "carbon peak and carbon neutrality" is a broad and profound economic and social systemic change, which is not only the "country's big business", but also the key to the overall development of Henan. The Henan Provincial Party Committee and Government clearly stated that achieving carbon peaks and carbon neutrality should be a political task, and strive to achieve rigid goals as scheduled. Accelerating the construction of a clean, low-carbon, safe and efficient energy system and promoting the development of green transformation are key measures and an important starting point for the implementation of the "carbon peak and carbon neutral" target requirements. This article sorts out the relevant policy arrangements for "carbon peak and carbon neutrality", summarizes the typical experiences and practices of leading domestic provinces and cities, analyzes the problems and challenges facing Henan's energy development under the new situation, and finally focuses on energy production, energy allocation, energy consumption, innovation and development four aspects, countermeasures and suggestions to promote energy low-carbon transition are put forward.

Keywords: Carbon Dioxide Emission and Carbon Neutrality; Energy Development; Low-carbon Transition; Implementation Path

B.9 Prospects for the medium and long term energy development of Henan Province under "Carbon Peak, Carbon Neutral"

Deng Fangzhao, Zhao Wenjie and Yang Meng / 122

Abstract: Under the background of "Carbon dioxide emission and Carbon neutrality", the energy supply mode, energy demand development, and energy structure characteristics of the whole society will undergo revolutionary and fundamental changes. Proactively carrying out research and prospects for medium and long-term energy development are of positive significance for clarifying directions and guiding practice. And this article elaborates on the current status and foundation of energy development in Henan Province, systematically combs the domestic authoritative organizations' research and judgment on national energy development, and researches and builds an integrated analysis model of "energy-electricity-carbon emissions". It carried out the forecast and prospect of Henan Province's medium and long-term energy and power development by scenario, summarized the main characteristics of the stage, and proposed countermeasures and suggestions for transformation, in order to provide decision-making reference for government management and industry development.

Keywords: Carbon Dioxide Emission; Carbon Neutrality; Henan Energy; Mid- and Long-term Development

B.10 Discussion On The Construction Path Of New Power System In Henan Province under "Carbon Peak, Carbon Neutrality"

Research Group of New Power System Project / 136

Abstract: The construction of a new power system with new energy as the main body is a major decision and deployment made by the Party Central Committee, which points out the scientific direction for the development of energy and power. Based on the national requirements for the construction of the new power system and the enterprise expression, this paper analyzes the characteristics and connotation of the new power system, and points out that the new power system is a leapfrog upgrade of the traditional power system. The Henan power system has a solid foundation for development, which provides basic conditions for building a new power system. However, there are still a series of new problems in the six aspects of power grid development, power supply development, load development, dispatch operation, technological innovation, and industry development. To this end, the "Five Principles" and "Six Transformations" implementation paths for Henan's construction of a new power system have been put forward to promote the high-quality construction of a new power system.

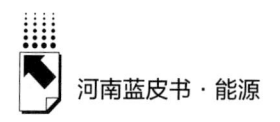

Keywords: Grid Development; Power Development; Load Development; Dispatching Operation

B.11 Research and Suggestions On Energy-saving and Efficiency-improving Paths In Henan Province under "Carbon Peak, Carbon Neutrality"

Liu Junhui, Zhang Hongyan, Fu Han, Liu Bo and Luo Pan / 150

Abstract: Energy saving and efficiency improvement are important measures to accelerate the energy revolution and reasonably control the total consumption. It is an inevitable requirement for promoting high-quality development, helping carbon peaks, and achieving carbon neutrality. As a large traditional energy province, Henan has a partial coal energy structure and low energy efficiency. To achieve the carbon peak target as scheduled, time is tight and tasks are heavy, and it is necessary to accelerate the promotion of energy conservation and efficiency in all aspects of the society. This article elaborates on the importance of accelerating the promotion of energy conservation and efficiency improvement. From the perspective of Henan, we systematically sort out the energy consumption situation of the province and the situation facing energy conservation and efficiency improvement. From the two aspects of optimizing the structure of end-use energy and promoting energy conservation in key industries, it proposes Henan vigorously implements specific paths and typical models for energy conservation and efficiency improvement. Finally, focusing on the four aspects of structure, service, standards and culture, it puts forward relevant countermeasures and suggestions for accelerating energy conservation and efficiency improvement.

Keywords: Energy Efficiency; Electrification Level; Electrical Energy Alternative; Energy Conservation

B.12 Prospects and impact analysis of the whole county's promotion of rooftop photovoltaics in Henan Province under "Carbon Peak, Carbon Neutrality"

Yu Haozheng, Li Ke, Xu Changqing and Mao Yubin / 164

Abstract: Carbon peaking and carbon neutrality are related to the sustainable development of the Chinese nation and the building of a community with a shared future for mankind. In the future, new energy represented by wind power and photovoltaic power generation will become the main body of energy increase. The development of distributed rooftop photovoltaics across the county in Henan Province is another important measure to help achieve carbon peaking, carbon neutrality goals and rural revitalization, and is of great significance for promoting the healthy and orderly development of photovoltaic power generation. This paper sorts out the policy environment for the development of China's photovoltaic industry, introduces the development of rooftop photovoltaics in counties in Henan Province, and selects typical sites for operational analysis. It discusses the opportunities and challenges for the promotion of rooftop photovoltaics throughout the county, which has certain guiding significance to promote the coordinated development of county rooftop photovoltaics and power grid.

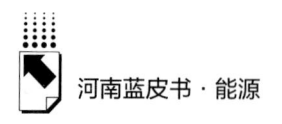

Keywords: Rooftop Photovoltaic; Whole County Promotion; Rural Revitalization; Power Grid Carrying Capacity; Henan Province

B.13 Research on Economics and Sustainable Development Models of New Energy Storage under "Carbon Peak, Carbon Neutrality" *Chen Xing, Yin Shuo* / 180

Abstract: In the context of carbon peaks and carbon neutrality, new energy storage technologies are more widely used. For the power system, energy storage can be used to charge at the trough of electricity consumption and discharge at the peak to increase the level of new energy consumption, enhance the flexible response of the grid, and improve the efficiency of energy conversion and utilization to a certain extent. This is of great significance to the construction of a green and low-carbon energy system in the province. In order to accelerate the high-quality and large-scale development of energy storage facilities in Henan Province, this article analyzes the cost composition and development trend of new energy storage projects based on the development of energy storage technology and the current policy status, and calculates the investment income of new energy storage projects. Based on the actual situation in Henan, research on the sustainable development model of new energy storage from the three dimensions of the power supply side, the grid side and the user side, and put forward suggestions to improve the adjustment of the electricity price mechanism, optimize the dispatching operation mode, and gradually participate in the development of the power spot market. This article strives to promote the coordinated development of energy storage, new energy, and conventional energy, to build a good situation for the high-quality development of multi-wheel-drive new energy storage in our province, to implement the strategy of changing lanes and lead the way, put forward forward-looking layout of future industries, and make suggestions for preempting emerging industries, so as to promote Henan to gain a firm foothold in the new competitive landscape.

Keywords: New Energy Storage; Economic Analysis; Flexibility Analysis

Ⅳ Investigation and Analysis

B.14 Investigation of rural energy consumption in Henan Province under the background of rural revitalization

Wang Shiqian, Li Huixuan / 198

Abstract: In building a modern energy system in an all-round way to help fully implement the rural revitalization strategy, the most arduous and arduous tasks are in rural areas, the most extensive and deepest foundation is in rural areas, and the greatest potential and stamina are also in rural areas. Taking Henan province as a sample, this paper comprehensively carried out household survey on rural household energy consumption, clarified the current situation and existing problems of rural energy consumption, and put forward targeted measures and suggestions to help the high-quality development of rural energy in Henan Province. The survey results show that the energy consumption of rural households in Henan presents the trend characteristics of "diversification of consumer products, quality of energy choices, and electrification of life energy", as well as "the proportion of commercial energy consumption is high in the north, central and western Henan". Henan's rural energy development is faced with outstanding issues such as "infrastructure construction needs to be strengthened, residents' income levels limit energy consumption capacity, and awareness of clean energy needs to be improved". It is urgent to "speed up rural energy infrastructure construction, speeding up the development of renewable energy that is both economical and clean, strengthening energy policy support and guarantee, and intensifying the promotion of clean energy use".

Keywords: Rural Energy; Energy Consumption Survey; Energy Transition; Henan Province

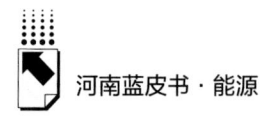

B.15 Investigation on the Adjustable Capacity of Electric Power Load in Henan Province and Research on the Market Mechanism *Liu Junhui, Deng Zhenli* / 216

Abstract: Constructing a new type of power system with new energy as the main body is a major strategic deployment made by the Party Central Committee for the development of China's energy and power industry in the new development stage, guided by the new development concept. Improving the ability to adjust the power load and strengthening the collaborative interaction between the supply and demand sides are inevitable requirements for accelerating the construction of a new power system with new energy as the main body. This paper selects 21 key industries and 129 companies in Henan Province to conduct an in-depth investigation and analysis of industry power consumption characteristics and adjustable capabilities. Based on big power data, this paper systematically studies the power load capacity of key industries in the province by season and time period. Regulating capacity status and 2025 scale potential, combing the status quo of load-side resources participating in power system regulation and related policies, and proposing market-oriented implementation paths and related policy recommendations. The research conclusions are of positive significance for promoting the province's load-side resources to participate in the operation of the power market, improving the overall flexible adjustment capability, promoting the construction of a new power system, and serving the achievement of carbon peak and carbon neutral goals.

Keywords: Key Industries; Adjustable Load; Market Mechanism; Henan Province

B.16 Research and Application of Rural Revitalization Power Index in Henan Province

Research Group of Rural Revitalization Power Index / 239

Abstract: The key to rural revitalization is "prosperity". Electricity is an important driving force foundation for rural economic prosperity, industry prosperity, and life improvement. It has a major impact on consolidating the results of poverty alleviation and continuing to promote rural revitalization. Based on the positioning of Henan's rural agricultural province, focusing on the three major aspects of industrial prosperity, wealth of life, and agricultural development, this article scientifically builds a "one total and three points" rural revitalization power index system, and completes the calculation and analysis of the county-level rural revitalization power index in Henan Province, selection of representative county representatives to expand the application of the rural revitalization power index, dig deeper into the value of power big data, provide quantitative analysis models and tools for the layout of rural industries, the level of electrification, and the degree of rural hollowing, and assist the government in determining investment orientation and industry support targets towards. The research results will help rural areas make up for shortcomings, strengthen industries, promote development, and benefit the people's livelihood, and empower Henan to "achieve greater breakthroughs in rural revitalization and be at the forefront of the country".

Keywords: Rural Revitalization; Electricity Index; Industrial Prosperity; Agricultural Development; Henan Province

B.17 Research and Application of Henan Digital Industry Development Index

Han Ding, Hua Yuanpeng, Liu Baozhi and Xiao Gang / 266

Abstract: In recent years, the rapid development of the digital economy, the wide range of radiation, and the depth of influence have never been seen before. It has become the most dynamic, innovative, and widely radiated economic form at present, and it is becoming a key force in reorganizing global factor resources, reshaping the global economic structure, and changing the global competitive landscape. As the basic industry for the development of digital economy and digital city, the digital industry continues to develop rapidly and has become an important engine to promote the conversion of new and old economic kinetic energy in the new development stage. Based on the big energy data of Henan Province, this paper constructs a system of economic indicators and power indicators that reflect the development trend of the digital industry, and develops a digital industry development index model. From the two dimensions of the monthly development index and the weekly power index analyze the development trend of the industry. On the whole, the digital industry in Henan Province is developing steadily and rapidly. The scale of the digital industry in Zhengzhou is "outstanding", and its radiating and leading role is significant. The Xuchang and Sanmenxia industries are developing strongly, and the digital industry is being cultivated to become a new engine driving the province's economic development.

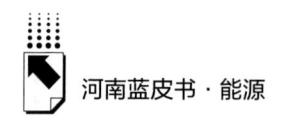

Keywords: Digital Economy; Digital Industry; Development Index; Electricity Index; Big Data

B.18 Research and Application of Henan Province Green Energy Development Index

Wang Yuanyuan, Bu Feifei and Li Qianqian / 282

Abstract: Promoting green development has become a social consensus. It is of great significance to carry out objective, high-frequency, and quantitative assessments of the energy green transition process, timely and accurately identify problems and pain points, for promoting the development of renewable energy and fulfilling the goal of "carbon peak and carbon neutrality". This article focuses on the research and construction of the green energy development index, relying on the Henan Province Energy Big Data Center, coordinating the three dimensions of green energy development, green energy consumption, and green energy life, and designing "three levels and three categories" evaluation indicators to form a green Energy development index system, and carried out empirical analysis with Henan Province as a sample. The research results show that during the "13th Five-Year Plan" period, Henan Province's "Green Energy Index" has steadily increased, with a cumulative increase of 9 places in the national ranking. Among them, the green energy development index, green energy consumption index, and green energy living index have respectively increased annually 76.7%, 29.7%, 5.4%, reflecting that energy supply has led the province's green transformation during the "13th Five-Year Plan" period, and the level of green development of energy demand still needs to be further improved.

Keywords: Green Energy; Index System; Energy Development; Energy Consumption

V Monographic Studies

B.19 Construction and Application of Henan Province Carbon Emission Monitoring and Analysis Platform

Bai Hongkun, Wang Han and Jia Yibo / 295

Abstract: Carbon emission monitoring and analysis is an important basic work to implement the "carbon peak and carbon neutral" work deployment, which helps to find out the emission base and clarify the key points of emission reduction. At the same time, it is of great significance to improve government governance capacity and promote clean and low-carbon transition. This article briefly sorts out the background and current situation of the construction of the carbon emission monitoring and analysis platform. Relying on the Henan Province

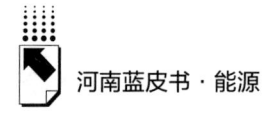

Energy Big Data Center, the functional system design of the Henan Province carbon emission monitoring and analysis platform is carried out, and a carbon emission model covering regions, industries, and enterprises has been established. In addition, we have established a carbon emission monitoring system of "province-city-county-enterprise". These are to activate the value of energy data, build a dual-carbon digital ecology, promote the clean and low-carbon transition and green development of Henan energy, and lay the foundation for achieving the goal of "carbon peak and carbon neutrality" as scheduled.

Keywords: Carbon Emissions; Monitoring and Analysis; Platform Construction; Henan Province

B.20 Research and Development Proposals for Geothermal Resources Monitoring Platform in Henan Province

Chen Ying, Wang Panke, Lu Wei and Ma Qingpo / 312

Abstract: In recent years, the development trend of geothermal resources in Henan Province has been strong, and the area of geothermal heating has exceeded 100 million square meters. The dynamic monitoring of geothermal resources is the basis for ensuring the scientific overall planning and sustainable development of geothermal resources. In accordance with the requirements of Henan Province's guidance on promoting geothermal energy heating, the platform construction was carried out in accordance with the deployment of heating in the field first and then in other fields, and the construction of a provincial-level geothermal resource monitoring platform was carried out. The construction of a provincial-level geothermal resource monitoring platform will make full use of geothermal resources, a clean and environmentally friendly renewable energy source. The platform will provide decision-making advice, popular science research, technical consultation and other services to the government, society, and the market, to provide guarantees for the scientific overall planning and healthy and orderly development of geothermal resources in Henan Province, increase the proportion of clean energy, and reduce carbon dioxide emissions. Contribute to the achievement of the double-carbon goal by quality, the promotion of ecological civilization and sustainable economic development.

Keywords: Geothermal Resources; Dynamic Monitoring; Big Data; Internet of Things; Henan Province

B.21 Typical Models and Countermeasures of Rural Energy Transformation Reform in the New Era

Zheng Yongle, Li Peng and Xie Anbang / 326

Abstract: Accelerating the transformation of rural energy is a key measure to implement the new energy security strategy of "Four Revolutions, One Cooperation", build a clean, low-carbon, safe and efficient modern energy system, and assist in the overall promotion of the rural revitalization strategy. This article follows the principle of "adapting measures to local conditions, comprehensive utilization, and economic application". On the basis of systematically summarizing the typical experiences of domestic rural energy reforms, and considering the characteristics of the economic society and resource endowment of rural areas in Henan, rural areas in Henan are divided into four categories: resource-driven, economic-led, agricultural-led, and ecological protection. The classification puts forward the development goals and transformation paths to promote energy transformation and change, in order to provide decision-making reference for the high-quality development of rural energy in the new era.

Keywords: Rural Energy; Energy Transition; Mode of change

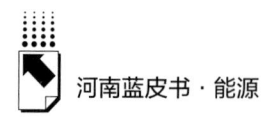

B.22 Prospects for the development of power flexibility resources in Henan Province serving the construction of new power systems *Li Hujun, Zhao Wenjie* / 340

Abstract: The construction of a new power system with new energy as the mainstay is a major deployment made by the Party Central Committee with Comrade Xi Jinping at the core, focusing on strengthening the construction of ecological civilization, achieving sustainable development, and ensuring national energy security, which clarifies the development direction of China's energy and power transformation under the background of "dual carbon", and provided basic follow-up for accelerating the construction of a clean, low-carbon, safe and efficient energy system. This article explains the importance of power regulation capacity building for accelerating the construction of a new power system, sorts out the characteristics of various flexible resources in the source network load storage link, and combines the future power load development characteristics of Henan Province, power supply planning, and cross-regional and cross-provincial power planning, flexible resource situation, in combination with the future power load development characteristics, power supply planning, cross-regional and cross-provincial power planning, and flexible resource conditions, the province's regulation capacity needs are scientifically estimated based on power system production simulation software. Then it put forward suggestions on the healthy development of flexible resources, fully serving the construction of new power systems and modern energy systems, and promoting the province's realization of the "dual carbon" development goal as scheduled.

Keywords: Peak Shaving Demand; Flexible resources; New Power System; Henan Province

权威报告·连续出版·独家资源

皮书数据库
ANNUAL REPORT(YEARBOOK) DATABASE

分析解读当下中国发展变迁的高端智库平台

所获荣誉

- 2020年，入选全国新闻出版深度融合发展创新案例
- 2019年，入选国家新闻出版署数字出版精品遴选推荐计划
- 2016年，入选"十三五"国家重点电子出版物出版规划骨干工程
- 2013年，荣获"中国出版政府奖·网络出版物奖"提名奖
- 连续多年荣获中国数字出版博览会"数字出版·优秀品牌"奖

皮书数据库　　"社科数托邦"微信公众号

成为会员

登录网址www.pishu.com.cn访问皮书数据库网站或下载皮书数据库APP，通过手机号码验证或邮箱验证即可成为皮书数据库会员。

会员福利

- 已注册用户购书后可免费获赠100元皮书数据库充值卡。刮开充值卡涂层获取充值密码，登录并进入"会员中心"—"在线充值"—"充值卡充值"，充值成功即可购买和查看数据库内容。
- 会员福利最终解释权归社会科学文献出版社所有。

数据库服务热线：400-008-6695
数据库服务QQ：2475522410
数据库服务邮箱：database@ssap.cn
图书销售热线：010-59367070/7028
图书服务QQ：1265056568
图书服务邮箱：duzhe@ssap.cn

社会科学文献出版社 皮书系列
卡号：218432525869
密码：

基本子库
SUB DATABASE

中国社会发展数据库（下设 12 个专题子库）

紧扣人口、政治、外交、法律、教育、医疗卫生、资源环境等 12 个社会发展领域的前沿和热点，全面整合专业著作、智库报告、学术资讯、调研数据等类型资源，帮助用户追踪中国社会发展动态、研究社会发展战略与政策、了解社会热点问题、分析社会发展趋势。

中国经济发展数据库（下设 12 专题子库）

内容涵盖宏观经济、产业经济、工业经济、农业经济、财政金融、房地产经济、城市经济、商业贸易等 12 个重点经济领域，为把握经济运行态势、洞察经济发展规律、研判经济发展趋势、进行经济调控决策提供参考和依据。

中国行业发展数据库（下设 17 个专题子库）

以中国国民经济行业分类为依据，覆盖金融业、旅游业、交通运输业、能源矿产业、制造业等 100 多个行业，跟踪分析国民经济相关行业市场运行状况和政策导向，汇集行业发展前沿资讯，为投资、从业及各种经济决策提供理论支撑和实践指导。

中国区域发展数据库（下设 4 个专题子库）

对中国特定区域内的经济、社会、文化等领域现状与发展情况进行深度分析和预测，涉及省级行政区、城市群、城市、农村等不同维度，研究层级至县及县以下行政区，为学者研究地方经济社会宏观态势、经验模式、发展案例提供支撑，为地方政府决策提供参考。

中国文化传媒数据库（下设 18 个专题子库）

内容覆盖文化产业、新闻传播、电影娱乐、文学艺术、群众文化、图书情报等 18 个重点研究领域，聚焦文化传媒领域发展前沿、热点话题、行业实践，服务用户的教学科研、文化投资、企业规划等需要。

世界经济与国际关系数据库（下设 6 个专题子库）

整合世界经济、国际政治、世界文化与科技、全球性问题、国际组织与国际法、区域研究 6 大领域研究成果，对世界经济形势、国际形势进行连续性深度分析，对年度热点问题进行专题解读，为研判全球发展趋势提供事实和数据支持。

法律声明

"皮书系列"（含蓝皮书、绿皮书、黄皮书）之品牌由社会科学文献出版社最早使用并持续至今，现已被中国图书行业所熟知。"皮书系列"的相关商标已在国家商标管理部门商标局注册，包括但不限于LOGO（ ）、皮书、Pishu、经济蓝皮书、社会蓝皮书等。"皮书系列"图书的注册商标专用权及封面设计、版式设计的著作权均为社会科学文献出版社所有。未经社会科学文献出版社书面授权许可，任何使用与"皮书系列"图书注册商标、封面设计、版式设计相同或者近似的文字、图形或其组合的行为均系侵权行为。

经作者授权，本书的专有出版权及信息网络传播权等为社会科学文献出版社享有。未经社会科学文献出版社书面授权许可，任何就本书内容的复制、发行或以数字形式进行网络传播的行为均系侵权行为。

社会科学文献出版社将通过法律途径追究上述侵权行为的法律责任，维护自身合法权益。

欢迎社会各界人士对侵犯社会科学文献出版社上述权利的侵权行为进行举报。电话：010-59367121，电子邮箱：fawubu@ssap.cn。

社会科学文献出版社